細田学園中学校

〈収録内容〉

JN102079

便利な DL コンテンツは右の QR コードから

解答用紙 ⇒

※データのダウンロードは 2025 年 3 月末日まで。
※データへのアクセスには、右記のパスワードの入力が必要となります。 ⇒ 819692

〈合格最低点〉

※学校からの合格最低点の発表はありません。

本書の特長

実戦力がつく入試過去問題集

- ▶ 問題 …………… 実際の入試問題を見やすく再編集。
- ▶ 解答用紙 …… 実戦対応仕様で収録。
- ▶ 解答解説 …… 詳しくわかりやすい解説には、難易度の目安がわかる「基本・重要・やや難」の分類マークつき（下記参照）。各科末尾には合格へと導く「ワンポイントアドバイス」を配置。採点に便利な配点つき。

入試に役立つ分類マーク

基本 確実な得点源！
受験生の 90％以上が正解できるような基礎的、かつ平易な問題。
何度もくり返して学習し、ケアレスミスも防げるようにしておこう。

重要 受験生なら何としても正解したい！
入試では典型的な問題で、長年にわたり、多くの学校でよく出題される問題。
各単元の内容理解を深めるのにも役立てよう。

やや難 これが解ければ合格に近づく！
受験生にとっては、かなり手ごたえのある問題。
合格者の正解率が低い場合もあるので、あきらめずにじっくりと取り組んでみよう。

合格への対策、実力錬成のための内容が充実

- ▶ 各科目の出題傾向の分析、合否を分けた問題の確認で、入試対策を強化！
- ▶ その他、学校紹介、過去問の効果的な使い方など、学習意欲を高める要素が満載！

解答用紙ダウンロード 解答用紙はプリントアウトしてご利用いただけます。弊社ＨＰの商品詳細ページよりダウンロードしてください。トビラのＱＲコードからアクセス可。

UD FONT 見やすく読みまちがえにくいユニバーサルデザインフォントを採用しています。

細田学園 中学校

生徒数　140名
〒353-0004
埼玉県志木市本町2-7-1
☎ 048-471-3255
東武東上線・有楽町線志木駅　徒歩15分

伝統ある雰囲気のなか
2040年に向けた次世代型教育で
未来を担うリーダーを育てる

URL	https://hosodagakuen.jp/juniorhighschool/

プロフィール　校舎建て替えで新キャンパスへ

1921(大正10)年、細田裁縫女学校開校。1999年に男女共学化し、現校名に改称。2016年度より食物科の募集停止。2019年4月、細田学園中学校が開校。「愛と奉仕」を建学の精神に、高い人間性を養うとともに、絶対的な学力を習得することで、未来というフィールドを切り開く力を養成する。最新の設備を取り揃えた快適な教育環境と安全・安心を兼ね備えた校舎が2022年に完成。

カリキュラム　3つの力で生徒の個性と価値観を育む

「未来創造力」

未来を創り出せる人になるために、最先端の次世代型教育を実施し、その土台となる確かな学力を育成する。

中学校の低学年次より論理性や思考力・判断力・表現力を重視した授業で、知識偏重型ではない新時代の大学選抜方式にも対応したカリキュラムが準備されている。また、それに並行して、最難関大学レベルに対応した独自の学力定着プログラムを実施。

「国際力・英語力」

国際社会で活躍する力を養うために、海外でも十分に通用する英語力を身につけ、多様な国際経験を積んでいく。

オンライン上での、海外の講師による英会話のマンツーマンレッスン(POEC)を朝のホームルーム中に行うなど、英語を使う環境も整えられている。

また、短期集中で英語力・表現力を向上させ、人や文化とのふれあいを通して、互いを理解する感覚を養うイングリッシュキャンプや1年間の海外留学制度も整えられている。

新校舎

「人間力」

人間にとって最も大切な力を育むために、建学の精神でもある「愛と奉仕」の精神のもと、他者を愛し、愛される人へと成熟することを目指す。

各学年に毎年、オリエンテーション合宿、宿泊研修、修学旅行などの宿泊行事がある。規律正しい生活の中で寝食を共にしながら、さまざまな体験を通して人間力を高めていく。また、普段とは異なる世界とふれあい、知的好奇心を刺激し、学校では学べない学びを体験できるフィールドワークも数多く用意されている。

学校生活　多様な課外活動を通して様々な体験を得る

登校時間	夏	8：20	冬	8：20

「学園祭」

学園祭は、生徒主体で運営される最も来場者の多い行事である。企画から運営までを生徒たちが行う学園祭はまさに青春。お客様に喜んでいただき、かつ自分たちも楽しめる最高のイベントを目指す。

「Subject Week」

設定したテーマに沿った内容の授業が全教科で一斉に展開される教科横断型の授業が、年2回行われる。この学びによって、物事に関する多面的な知識や広い視野を身につけ、物事を立体的に正しく捉える力が養われる。

「選択クラブ」

年2回、入部している部活動以外に短期間の集中教養講座を選び参加する。運動部の生徒は文化系の講座を、文化部の生徒は運動系の講座に挑戦することで、新たな発見や特性の理解につながる。

一人1台のノートPCで、いつでもどこでも学びの場が実現

トピックス　学校からのメッセージ

次世代の世界、日本を担う人材を育成します。そのためには、「絶対的な学力」と「未来を描く力」が必要であると考えます。緻密な分析と入念な計画から進捗確認を徹底し、確実な学力向上を実現しています。また、本校独自の教科FDC、白梅祭、部活動などで、人間性を高め、考える力を養成していきます。

6年間で自らを創り、自らへの理解を十分深めることで、目まぐるしく変化する時代の中をたくましく生きていくことができると考えています。

2024年度入試要項

試験日　12/1(第1回帰国生)　1/5(第2回帰国生)　1/10午前・午後(第1回一般・dots、第1回特待)　1/12(第2回一般・第2回特待)　2/4(第3回一般)

試験科目　英〈エッセイライティング〉+面接〈英語・日本語〉または英〈筆記〉・国か算+面接(帰国生)　国・算・理・社(一般第1・3回、特待生第2回)　国・算・理・社または国・算・英(一般第2回)　国・算・理・社または国・算(特待生第1回)　適性または適性+グループワーク+面接(dots)

2024年度	募集定員	受験者数	合格者数	競争率
一般 第1回/第2回	40/20	158/73	120/39	1.3/1.9
一般 第3回	5	7	3	2.3
dots	20	151	130	1.2
特待性 第1回/第2回	15/15	89/19	9/2	9.9/9.5

※帰国生の募集は若干名

過去問の効果的な使い方

① **はじめに**　ここでは，受験生のみなさんが，ご家庭で過去問を利用される場合の，一般的な活用法を説明していきます。もし，塾に通われていたり，家庭教師の指導のもとで学習されていたりする場合は，その先生方の指示にしたがって，過去問を活用してください。その理由は，通常，塾のカリキュラムや家庭教師の指導計画の中に過去問学習が含まれており，どの時期から，どのように過去問を活用するのか，という具体的な方法がそれぞれの場合で異なるからです。

② **目的**　言うまでもなく，志望校の入学試験に合格することが，過去問学習の第一の目的です。そのためには，それぞれの志望校の入試問題について，どのようなレベルのどのような分野の問題が何問，出題されているのかを確認し，近年の出題傾向を探り，合格点を得るための試行錯誤をして，各校の入学試験について自分なりの感触を得ることが必要になります。過去問学習は，このための重要な過程であり，合格に向けて，新たに実力を養成していく機会なのです。

③ **開始時期**　過去問との取り組みは，通常，全分野の学習が一通り終了した時期，すなわち6年生の7月から8月にかけて始まります。しかし，各分野の基本が身についていない場合や，反対に短期間で過去問学習をこなせるだけの実力がある場合は，9月以降が過去問学習の開始時期になります。

④ **活用法**　各年度の入試問題を全問マスターしよう，と思う必要はありません。完璧を目標にすると挫折しやすいものです。できるかぎり多くの問題を解けるにこしたことはありませんが，それよりも重要なのは，現実に各志望校に合格するために，どの問題が解けなければいけないか，どの問題は解けなくてもよいか，という眼力を養うことです。

算数

どの問題を解き，どの問題は解けなくてもよいのかを見極めるには相当の実力が必要になりますし，この段階にいきなり到達するのは容易ではないので，この前段階の一般的な過去問学習法，活用法を2つの場合に分けて説明します。

☆偏差値がほぼ55以上ある場合

掲載順の通り，新しい年度から順に年度ごとに3年度分以上，解いていきます。

ポイント1…問題集に直接書き込んで解くのではなく，各問題の計算法や解き方を，明快にわかるように意識してノートに書き記す。

ポイント2…答えの正誤を点検し，解けなかった問題に印をつける。特に，解説の 基本 重要 がついている問題で解けなかった問題をよく復習する。

ポイント3…1回目にできなかった問題を解き直す。同様に，2回目，3回目，…と解けなければいけない問題を解き直す。

ポイント4…難問を解く必要はなく，基本をおろそかにしないこと。

☆偏差値が50前後かそれ以下の場合

ポイント1～4以外に，志望校の出題内容で「計算問題・一行問題」の比重が大きい場合，これらの問題をまず優先してマスターするとか，例えば，大問2までをマスターしてしまうとよいでしょう。

理科

理科は1から順番に解くことにほとんど意味はありません。理科は，性格の違う4つの分野が合わさった科目です。また，同じ分野でも単なる知識問題なのか，あるいは実験や観察の考察問題なのかによってもかかる時間がずいぶんちがいます。記述，計算，描図など，出題形式もさまざまです。ですから，解く順番の上手，下手で，10点以上の差がつくこともあります。

過去問を解き始める時も，はじめに1回分の試験問題の全体を見通して，解く順番を決めましょう。得意分野から解くのもよいでしょう。短時間で解けそうな問題を見つけて手をつけるのも効果的です。くれぐれも，難問に時間を取られすぎないように，わからない問題はスキップして，早めに全体を解き終えることを意識しましょう。

社会

社会は1から順番に解いていってかまいません。ただし，時間のかかりそうな，「地形図の読み取り」,「統計の読み取り」,「計算が必要な問題」,「字数の多い論述問題」などは後回しにするのが賢明です。また，3分野（地理・歴史・政治）の中で極端に得意，不得意がある受験生は，得意分野から手をつけるべきです。

過去問を解くときは，試験時間を有効に活用できるよう，時間は常に意識しなければなりません。ただし，時間に追われて雑にならないようにする注意が必要です。“誤っているもの”を選ぶ設問なのに“正しいもの”を選んでしまった，“すべて選びなさい”という設問なのに一つしか選ばなかったなどが致命的なミスになってしまいます。問題文の“正しいもの”,“誤っているもの”,“一つ選び”,“すべて選び”などに下線を引いて，一つ一つ確認しながら問題を解くとよいでしょう。

過去問を解き終わったら，自己採点し，受験生自身でふり返りをしましょう。できなかった問題については，なぜできなかったのかについての分析が必要です。例えば,「知識が必要な問題」ができなかったのか,「問題文や資料から判断する問題」ができなかったのかで，これから取り組むべきことも大きく異なってくるはずです。また，正解できた問題も,「勘で解いた」,「確信が持てない」といったときはふり返りが必要です。問題集の解説を読んでも納得がいかないときは，塾の先生などに質問をして，理解するようにしましょう。

国語

過去問に取り組む一番の目的は，志望校の傾向をつかみ，本番でどのように入試問題と向かい合うべきか考えることです。素材文の傾向，設問の傾向，問題数の傾向など，十分に研究していきましょう。

取り組む際は，まず解答用紙を確認しましょう。漢字や語句問題の量，記述問題の種類や量などが，解答用紙を見て，わかります。次に，ページをめくり，問題用紙全体を確認しましょう。どのような問題配列になっているのか，問題の難度はどの程度か，などを確認して，どの問題から取り組むべきかを判断するとよいでしょう。

一般的に「漢字」→「語句問題」→「読解問題」という形で取り組むと，効率よく時間を使うことができます。

また，解答用紙は，必ず，実際の大きさのものを使用しましょう。字数指定のない記述問題などは，解答欄の大きさから，書く量を考えていきましょう。

算数　出題傾向の分析と合格への対策

●出題傾向と内容

近年の出題数は，大問が5題ないしは4題であり，小問数は20題である。

[1]は，四則計算4題，[2]は，小問群7題で構成されており，複雑な四則計算はないが，[2]のなかに考えさせる問題が含まれることがあり，発想に気づかないと時間をとられて得点が低くなる場合がある。したがって，問題を取捨選択して，解きやすい問題から優先して解くとよい。

出題率が高い分野は「平面図形」,「数の性質」,「割合と比」,「場合の数」,「規則性」などであり，比較的多くの分野から出題されている点が，本校の内容の特徴である。近年,「流水算」・「通過算」が出題されていない。

学習のポイント

各分野の基本を固めたうえで，標準問題と取り組み，難しめの問題にも挑戦していこう。

●2025年度の予想と対策

四則計算はそれほど難しくはないが，毎日，一定数ずつ計算の工夫をしながら練習し，計算の感覚，数に対する感覚を身につけて，1度で正解できるように注意しよう。

[2]の小問群のなかには難しめの問題が含まれることがあり，時間配分に気をつけて解きやすい問題から解いていく必要がある。

出題の三大分野は「平面図形」,「数列，規則性」,「割合と比」であるが，このほかにも「場合の数」,「数の性質」,「演算記号」などの分野の出題率が高く，過去問を利用して間違えた問題を反復練習しよう。

▼年度別出題内容分類表

※　よく出ている順に☆，◎，○の３段階で示してあります。

出題内容			2022年		2023年		2024年	
			1回	2回	1回	2回	1回	2回
数と計算	四則計算		○	○	○	○	○	○
	概数・単位の換算			○				
	数の性質		☆	☆	☆	☆	○	☆
	演算記号			☆	○		○	☆
図形	平面図形		☆	☆	☆	☆	○	☆
	立体図形			○	☆	○	☆	○
	面積			○	◎	☆	◎	◎
	体積と容積			○	☆	○	○	○
	縮図と拡大図		☆	○	◎			○
	図形や点の移動			☆		○	○	
速さ	三公式と比			○			○	○
	文章題	旅人算						○
		流水算						
		通過算・時計算						
割合	割合と比		☆	☆	☆	◎	○	◎
	文章題	相当算・還元算			○	○		
		倍数算	○					
		分配算						
		仕事算・ニュートン算	○					
文字と式								
2量の関係(比例・反比例)								
統計・表とグラフ								
場合の数・確からしさ			◎	◎	○	☆	☆	☆
数列・規則性			☆	○	☆	☆	☆	
論理・推理・集合			○	◎			○	
その他の文章題	和差・平均算							○
	つるかめ・過不足・差集め算		○					
	消去・年令算		○	○	○	○		
	植木・方陣算							

細田学園中学校

算 数 ——グラフで見る最近3ヶ年の傾向——

最近3ヶ年に出題されたすべての問題を内容別に分類・集計し，全体に対して何パーセントくらいの割合になっているかを示しました。

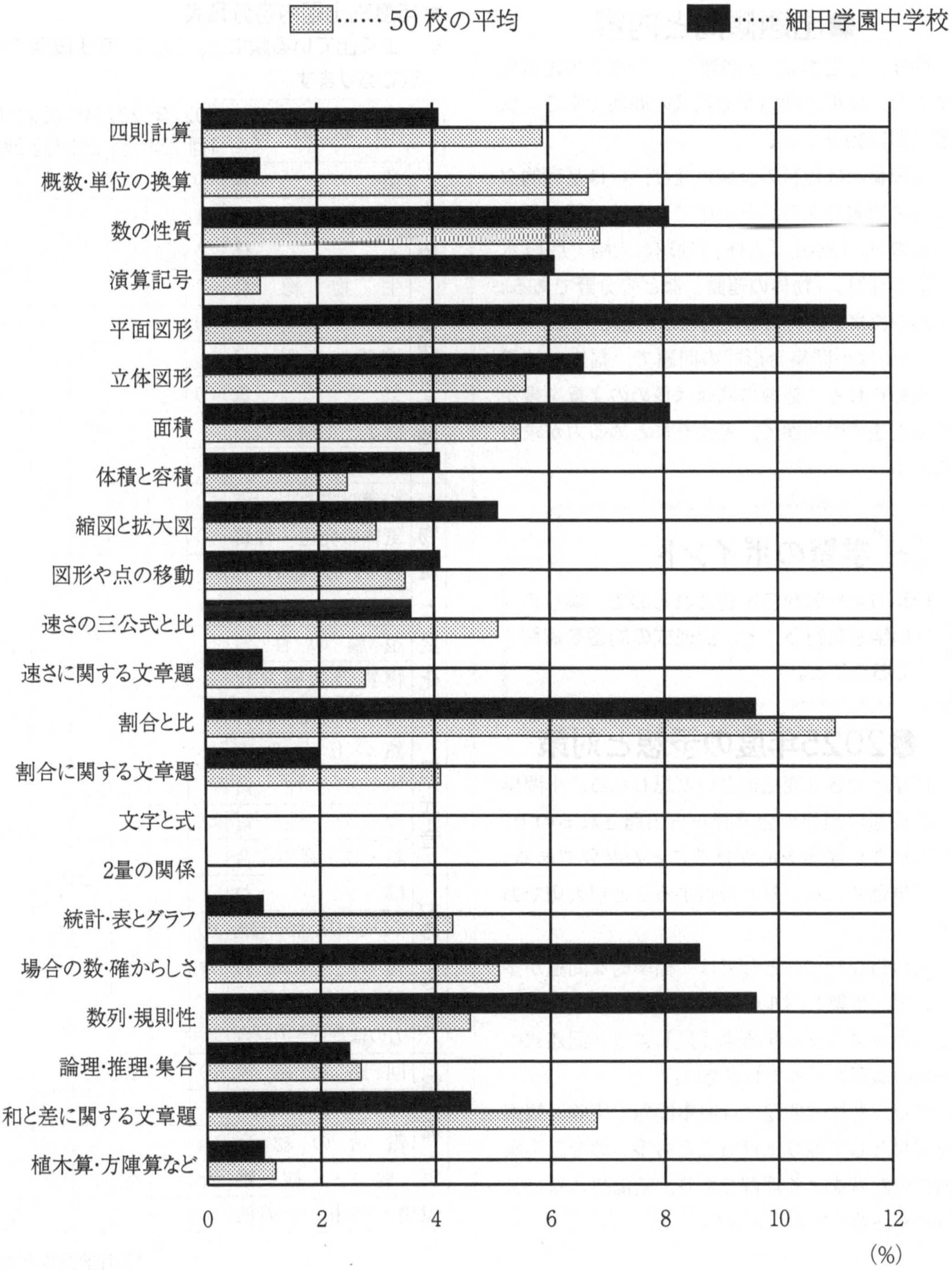

理科　出題傾向の分析と合格への対策

●出題傾向と内容

例年，出題数は大問3題で，小問は20題程度であり，最後の問題が記述式の問題である。試験時間は30分である。

出題範囲は理科の全域に及び，ほぼ基礎的な内容の問題である。その中でもよく出題されているのが，「動物」「人体」「地球と太陽・月」「水溶液の性質」「物体の運動」などの分野である。実験や観察を題材にした問題が出題される。

第1問は小問集合形式の問題で，幅広い知識が求められる。最後の問題は長めの文章を書かせる記述式の問題で，考えをまとめる力が求められる。

学習のポイント

理科の全分野から出題されるので，偏りのない学習を行うこと。記述式の問題を練習しておくこと。

●2025年度の予想と対策

例年と大きな変化はないと思われる。小問集合の問題は理科の全分野から出題されるので，偏りのない学習を心がけることが必要である。小問集合でしっかりと得点することが大切である。

全体的なレベルとしては，標準的な問題が多いので，標準レベルの問題集で典型的な問題をしっかりマスターするようにしよう。記述式の問題の演習も行っておきたい。

また，記述式問題では時事問題や実験・観察を題材として取り上げることも多いので，実験操作の意味をよく理解したり，新聞やニュース等にも注意しておくとよい。

▼年度別出題内容分類表

※　よく出ている順に☆，◎，○の３段階で示してあります。

出題内容		2022年		2023年		2024年	
		1回	2回	1回	2回	1回	2回
生物	植物	○	☆		○	◎	○
	動物	◎	○	◎	○	☆	○
	人体	○	○	○	○	◎	○
	生物総合						
天体・気象・地形	星と星座	○		○		○	☆
	地球と太陽・月				○	○	
	気象	○	○				○
	流水・地層・岩石				◎		
	天体・気象・地形の総合					○	○
物質と変化	水溶液の性質・物質との反応	○	☆	○		○	
	気体の発生・性質	○	◎	○	☆		
	ものの溶け方						☆
	燃焼		○			○	
	金属の性質				○	○	○
	物質の状態変化						
	物質と変化の総合						
熱・光・音	熱の伝わり方						
	光の性質			○	○		
	音の性質						○
	熱・光・音の総合						
力のはたらき	ばね				○	○	
	てこ・てんびん・滑車・輪軸	○				○	
	物体の運動	☆	○	○		○	
	浮力と密度・圧力						○
	力のはたらきの総合						
電流	回路と電流	○		☆	○		○
	電流のはたらき・電磁石		○				
	電流の総合						
実験・観察		☆		☆	☆	☆	◎
環境と時事／その他				○			◎

細田学園中学校

理科

——グラフで見る最近３ヶ年の傾向——

最近３ヶ年に出題されたすべての問題を内容別に分類・集計し，全体に対して何パーセントくらいの割合になっているかを示しました。

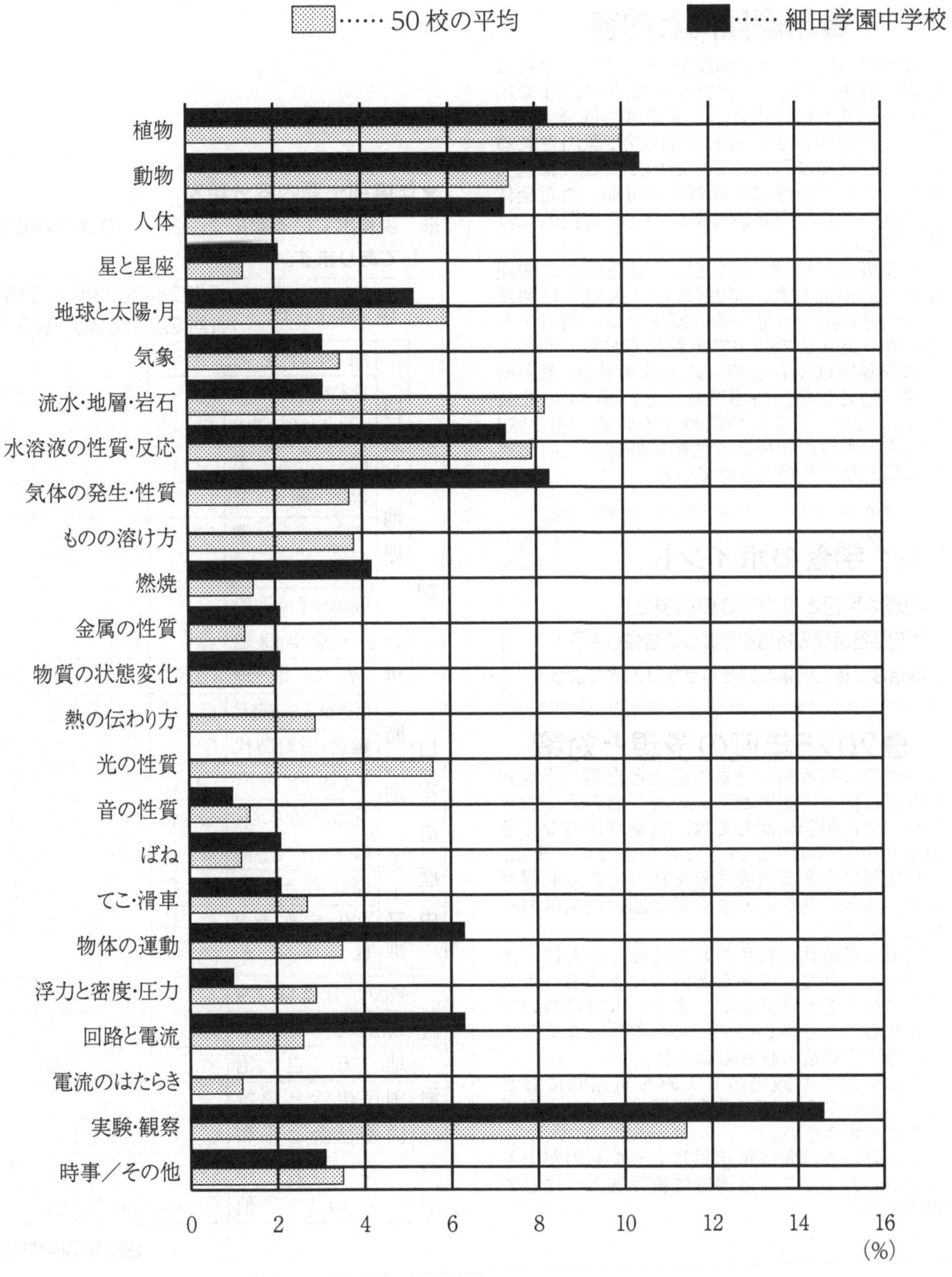

社会　出題傾向の分析と合格への対策

●出題傾向と内容

大問が4題，小問が25題前後出され，分野は地理，歴史，政治の3分野からまんべんなく出される形式がほぼ定着し，今年度も同様。4で毎年，やや考えさせられる記述が2題出されるが，やや傾向は固定しているので，これは過去問にあたっておけば十分対応は可能。ただ全体に時間のわりに問題数は多いので，時間的にはやや忙しい。

今年度は，地理は第1回は「温暖化」に関連するものが問われ，第2回では「人口」に関連する内容が出されている。歴史では，両方とも古代から近代までの中で出されており，地理よりは難易度はやさしめ。政治は第1回は選挙や三権，地方自治，時事的なこと，第2回は社会保障に関連することが問われている。4では2回とも，本校の特色ある活動に関連しての記述と時事的なことが出されている。

学習のポイント

地理は用語とその意味の勉強を！
歴史は各時代の特色を意識して勉強しよう！
政治は三権と時事問題をしっかりおさえよう！

●2025年度の予想と対策

地理では基本的な日本の国土と自然や土地利用などに関する出題が多いので，おさえておきたい。また用語に関しては，言葉だけでなくその意味をしっかりとおさえておきたい。また，世界地理にもある程度注意を払っておく必要がある。ニュースなどでよく見る国の場所はおさえておくこと。

歴史は各時代の特色をおさえるとともに，法制度や土地制度，経済などのテーマに沿っても歴史の流れをおさえたい。また，人物について問われることが多いので，人名だけでなくその人の時代や業績もおさえること。

政治は憲法や政治のしくみを重点的におさえ，ニュースや新聞で時事問題についても必ずおさえておきたい。

4の記述の傾向は毎年同じようなものが出されているので，ここは確実に書けるようにしておきたい。

▼年度別出題内容分類表

※　よく出ている順に☆，◎，○の３段階で示してあります。

出題内容			2022年		2023年		2024年	
			1回	2回	1回	2回	1回	2回
地理	日本の地理	地図の見方						
		日本の国土と自然	○	◎	◎	◎	○	◎
		人口・土地利用・資源	○	○		◎		○
		農業		○		○		
		水産業						
		工業	○	○	◎		◎	○
		運輸・通信・貿易	○		○			
		商業・経済一般						
	公害・環境問題		◎		○		◎	○
	世界の地理		○	◎				◎
日本の歴史	時代別	原始から平安時代	◎	◎	○	◎	◎	◎
		鎌倉・室町時代	○		◎	◎	◎	○
		安土桃山・江戸時代	○	◎	○	○	○	◎
		明治時代から現代	◎	☆	◎	○	◎	◎
	テーマ別	政治・法律	◎	◎	◎		☆	◎
		経済・社会・技術	◎	◎		○	◎	◎
		文化・宗教・教育	◎	◎		◎	◎	◎
		外交	○	○	☆	○		◎
政治	憲法の原理・基本的人権				◎		○	○
	政治のしくみと働き		◎	☆	☆		◎	◎
	地方自治						◎	
	国民生活と福祉							
	国際社会と平和		◎		◎	☆		○
時事問題			◎	○	◎	◎	◎	◎
その他			◎	◎	◎	◎	◎	◎

細田学園中学校

社会 ――グラフで見る最近３ヶ年の傾向――

最近３ヶ年に出題されたすべての問題を内容別に分類・集計し，全体に対して何パーセントくらいの割合になっているかを示しました。

□……50 校の平均　■……細田学園中学校

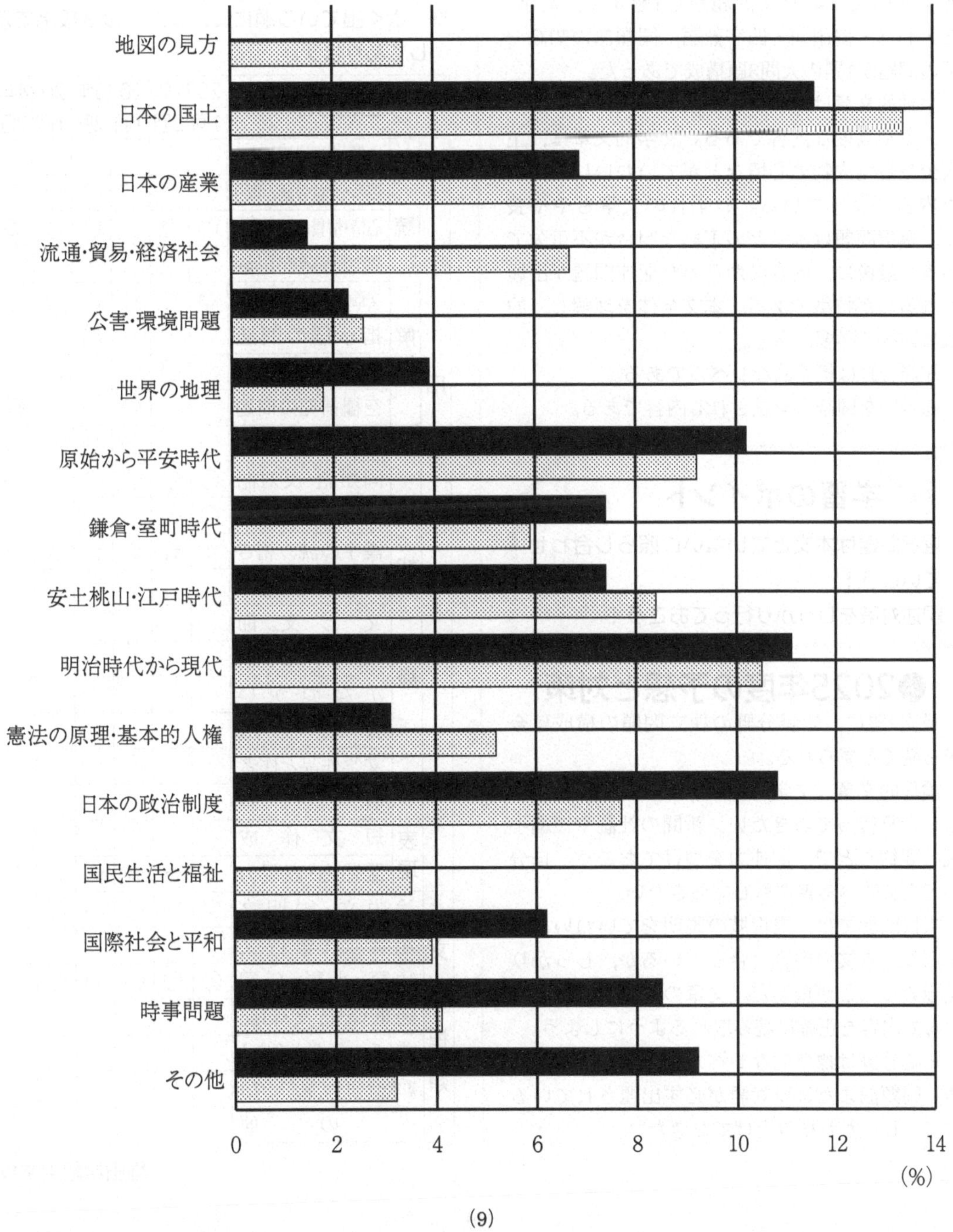

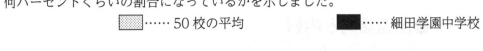

国語　出題傾向の分析と合格への対策

●出題傾向と内容

今年度は第1回・第2回いずれも，論理的文章と文学的文章の長文問題が各1題ずつ，漢字，ことわざ・慣用句・四字熟語，同類語の知識分野の問題が1題の大問3題構成であった。

論理的文章は，いずれの回も専門的なテーマで，やや高度な内容である。文学的文章は，主人公や登場人物の心情などがていねいに描かれた内容になっている。いずれの文章もやや長く，選択問題は本文との丁寧な照合が不可欠である。最後に，内容にからめた記述問題が出題されるのが特徴である。本文全体を理解し，的確に述べる必要がある。

知識分野は標準的なレベルである。

総合的な国語力を試される内容である。

✔学習のポイント

選択問題は本文とていねいに照らし合わせていこう！
記述対策をしっかり行っておこう！

●2025年度の予想と対策

長文2題に，知識分野の独立問題の構成は今後も続くと見られる。

論理的文章，文学的文章いずれも記述対策はしっかり行っておきたい。新聞の社説や短編小説の要約などで，記述力をつけておこう。自分の考えを述べる練習もしておきたい。

選択問題では，選択肢の説明をていねいに読み取り，本文の内容と合っているか，しっかり見極めることが重要だ。文章の流れを的確につかんで内容を正確に読み取れるようにしよう。

知識分野は標準的なレベルで，漢字，四字熟語，同類語または反対語が必ず出題されているので，しっかり積み上げておきたい。

▼年度別出題内容分類表

※　よく出ている順に☆，◎，○の３段階で示してあります。

出題内容			2022年		2023年		2024年	
			1回	2回	1回	2回	1回	2回
内容の分類	読解	主題・表題の読み取り						
		要旨・大意の読み取り	○	○	○	○	◎	○
		心情・情景の読み取り	◎	◎	◎	◎	◎	◎
		論理展開・段落構成の読み取り						
		文章の細部の読み取り	◎	◎	◎	◎	◎	◎
		指示語の問題				○		○
		接続語の問題	○	○	○	○	○	○
		空欄補充の問題			◎	◎	◎	◎
	知識	ことばの意味	○	○	○	◎	○	○
		同類語・反対語	○	○	○	○		○
		ことわざ・慣用句・四字熟語	○	○	○	○	○	○
		漢字の読み書き	☆	☆	☆	☆	☆	☆
		筆順・画数・部首						
		文と文節						
		ことばの用法・品詞						
		かなづかい						
		表現技法						
		文学作品と作者						
		敬語						
	表現	短文作成						
		記述力・表現力	☆	☆	☆	☆	☆	☆
文の種類		論説文・説明文	○	○	○	○	○	○
		記録文・報告文						
		物語・小説・伝記	○	○	○	○	○	○
		随筆・紀行文・日記						
		詩(その解説も含む)						
		短歌・俳句(その解説も含む)						
		その他						

細田学園中学校

国語 ——グラフで見る最近3ヶ年の傾向——

最近３ヶ年に出題されたすべての問題を内容別に分類・集計し，全体に対して何パーセントくらいの割合になっているかを示しました。

……50校の平均　　……細田学園中学校

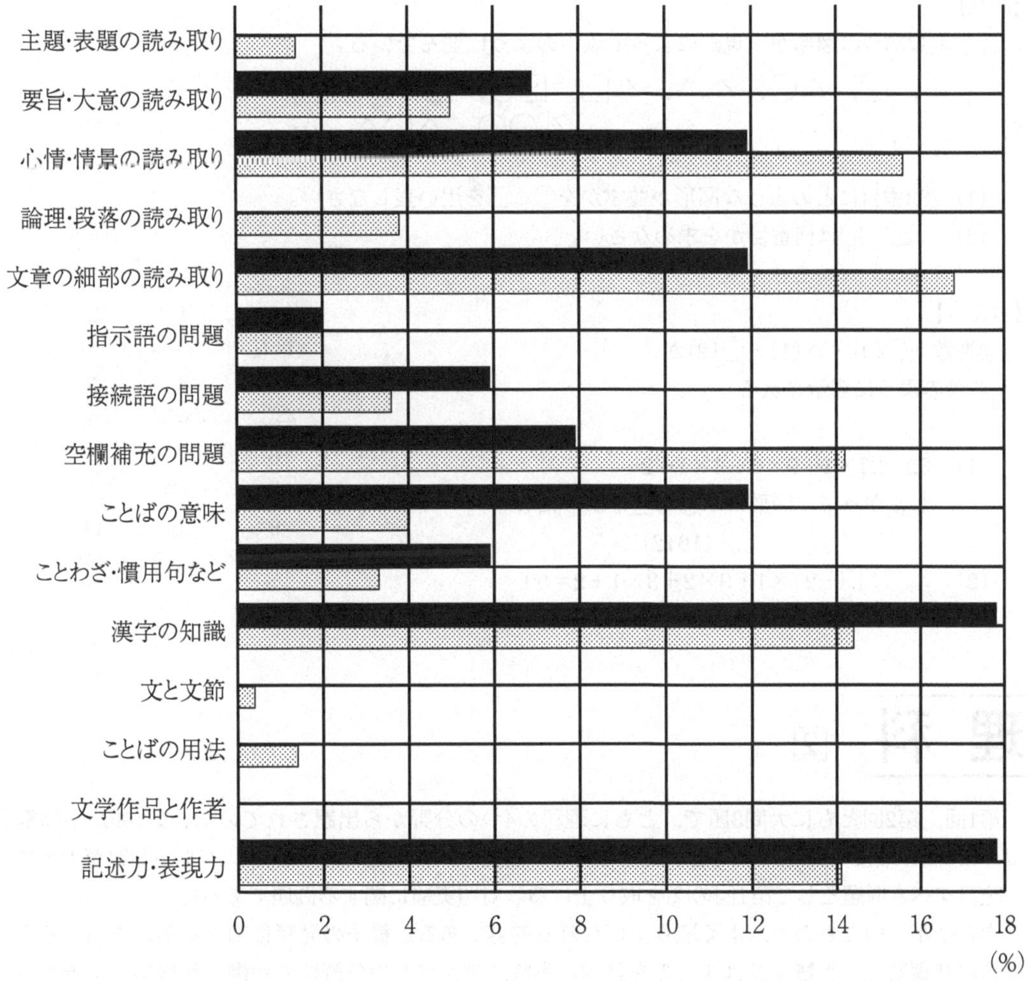

	論説文 説明文	物語·小説 伝記	随筆·紀行 文·日記	詩 (その解説)	短歌·俳句 (その解説)
細田学園中学校	50.0%	50.0%	0.0%	0.0%	0.0%
50校の平均	47.0%	45.0%	8.0%	0%	0%

2024年度　合否の鍵はこの問題だ!!

（第1回）

算　数　4　(1)・(2)

一見すると，わかり難いレベルの問題設定になっている。最初，○から始まっていると「3進数」であることに気づきやすいが，○から始まっていないので難しい。

【問題】

○△□の3つの図形が，規則によって以下のように並んでいる。

△，□，△○，△△，△□，□○，□△，□□，
△○○，△○△，…

(1)　32番目にどのような図形が並ぶかを○△□を用い表しなさい。

(2)　△□△□は何番目かを求めなさい。

【考え方】

3進数…○(0)・△(1)・□(2)が
右表のように表示される。

(0)	1	2
(○)	△	□
3	4	5
△○	△△	△□
6	7	8
□○	□△	□□
9	10	11
△○○	△○△	△○□

(1)　32…27×1＋9×0＋3×1＋2
したがって，図形は△○△□のようになる。
(1012)

(2)　△□△□…27×1＋9×2＋3×1＋2＝50
(1212)

理　科　2

第1回，第2回ともに大問3題で，ともに理科の4つの分野から出題されていた。第1問が小問集合形式で，第3問の最後に論述式の問題が出題される。論述形式の問題以外は標準レベルの問題が大半である。

注目すべき問題として第1回の2を取り上げる。対照実験に関する問題であった。

内容は基本的なもので，よく取り上げられる内容である。種子の発芽に関する条件を調べる実験，ふりこの往復時間に影響を及ぼすものを調べる実験，デンプンの分解酵素が働く最適条件を調べる実験であった。

問1　実験AとDで共に発芽するので，光の有る無しは発芽の条件でないことがわかる。また，実験AとBの比較から，空気や光があっても水がないと発芽しないことがわかる。実験AとCの比較から，発芽には空気が必要であることがわかる。

問2　4つの条件から，ふりこの往復の時間に影響するのはふりこの長さだけであることがわかる。

問3　デンプンを分解するには，だ液に含まれる酵素が必要であるが，酵素があっても温度が高すぎると酵素が働けなくなることが試験管Dの結果からわかる。

これらの実験のように，1つの条件だけを変えてその他の条件を同じにして行う実験を対照実験という。

全体としては，[1]の小問がほとんど基礎的な問題なので，ここでしっかりと得点することが必要である。しかし，[1]ではほとんどの受験生の正解率はそれほど変わらないと思われるので，[2]，[3]でまとまった得点をすることが大切である。例年[3]は題材として実験・観察について取り上げたり，時事問題が出題されることが多い。そのため実験操作の意味や，新聞・テレビ等の科学的なニュースに注目しておくことも必要である。

社 会 [1]

[1]は，地理の「温暖化」に関連した問題。

問1から問6までで小問が7つ。問1は日本の都市の雨温図の識別問題，問2が発電所で使われる1次エネルギーの資源の輸入先の国々の比率が示されたグラフの識別問題と日本の発電所の分布の地図の識別問題，問3がシリコンロードと呼ばれる高速道を選ぶ問題，問4が温暖化の影響を識別する問題，問5が京都議定書の京都を答える問題，問6が燃料電池を答える問題。

この中で，比較的難しいのが問2と問4，問6か。問2は石炭の輸入先がを示すグラフを選ぶものだが，石油に関しては勉強していれば必ず出てくるものだが，石炭の重要度は日本の中ではやや低いので意識していないかもしれない。温暖化の影響の問題は，選択肢の中にフロンガスによるオゾン層破壊のものが混ざっていて，これを答えられればよいのだが，最近ではオゾン層の破壊の話はあまり聞かないかもしれない。また燃料電池の問題も，燃料電池の名前は知っていてもどういうものかを知らないと答えにくいと思う。

国 語 [二] 問六

★合否を分けるポイント

――線部X「まわりの空気がしんと止まった」とあるが，あなたはクラスが「良い空気」であるために，中学校では同級生にどのように接するか，本文の内容に触れた上で，現時点でのあなたの考えを述べる記述問題である。本文の内容から考察し，自分の考えを具体的に説明できているかがポイントだ。

★「本文の内容に触れた上で」の指示をふまえて，考察する

本文における，クラスの「空気」に着目すると，

① イコのクラスに編入生としてやってきた利さんは，濃い色のめがねをかけ，顔半分を覆うようにたれ下がっている髪の毛を手で握っていたが，先生に指示された席に向かっている時，カバンが机にぶつかって手が離れ，隠れていた顔半分に大きなやけどの痕が見えたことで，イコは息をのみ，まわりの空気も固まった。 ② 利さんはもう顔を隠そうともせずに登校しているのに対し，教室の中は静かで，重たい戸惑いが居座っている。 ③ 一～二週間が過ぎると，少しずつ教室の空気も和らいでいき，あちこちでおしゃべりや笑い声が聞こえてくるようになったことが，利さんを楽にさせた。 ④ 利さんが描いていた絵を，いい人に思われたくて気遣っているような振りをしているだけの遠田さんが大げさ

にほめ，自分の顔も描いてほしいと頼むと，利さんは目を光らせ，絵を描いた紙を遠田さんに差し出す。イコはこの意地悪な空気を消したくて，自分がその絵をもらった。　⑤　利さんはもう絵を描くことはなかったが，少しずつ利さんに話しかける人も見かけるようになった。

というような内容になる。①・②では，利さんの顔に大きなやけどの痕があったため，どう接したらいいか戸惑って重く固まった空気になっている→自分ではどうすることもできないことなのだから，他の友だちにするようにふつうに接する，④での遠野さんの言動→相手を傷つけるようなことはしない，ということが考察できる。また，③・⑤からは，相手の望む空気という視点で考察できる。設問で問われているテーマについて，本文で描かれている内容と照らし合わせながら，自分の考えを整理してまとめていこう。

2024年度

★★★★★★★★★★★★★★★★★★★★★★★★

入　試　問　題

2024 年度

細田学園中学校入試問題（第１回）

【算　数】（50分）　＜満点：100点＞

【注意】・コンパス，定規，分度器などは使用してはいけません。
・円周率は3.14とします。
・円すいの体積は（底面積）×（高さ）÷３で求められます。
・問題に書かれている図は正確とは限りません。

1　次の □ にあてはまる数を求めなさい。

⑴　$\left(\frac{1}{22}+\frac{1}{24}-\frac{2}{23}\right)\times 3=$ □

⑵　$(23-$ □ $)\div\left(\frac{1}{2}+\frac{1}{3}\right)=7$

⑶　$4\times 5\times 6\times 9+4\times 6\times 7\times 8=$ □

⑷　$2.75+2.95+3.15+3.35+3.55+3.75+3.95+4.15=$ □

2　次の □ にあてはまる数を求めなさい。

⑴　74と49をある数で割ると，余りが同じになりました。このような数は，１，５， □ の３つあります。

⑵　Ａの村では１Ｌの水を100円で，Ｂの村では１Ｌの水を150円で売り買いできます。ある行商人は，水をもってＢの村へ行き水をお金に換え，そのお金をもってＡの村に行きお金を水に換えることを往復して繰り返します。はじめに16Lの水を持ってＡの村を出発して３往復した後，行商人は始めの □ 倍の水を得ることができます。

⑶　正方形の折り紙を半分に折って折り目を付けた後，図のように折り返しました。Ａの角度は □ 度です。

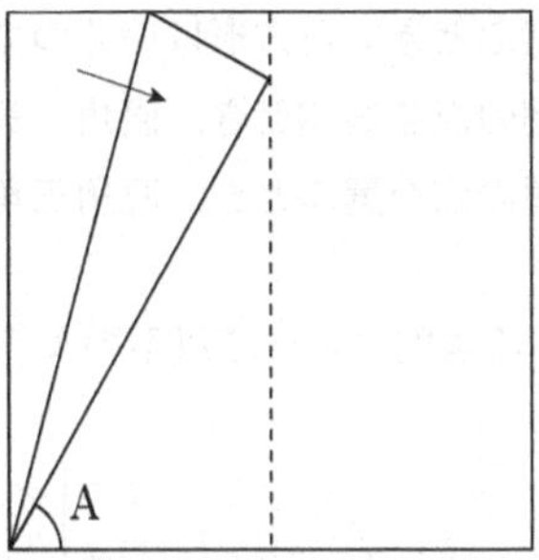

⑷　正方形ABCDについて，ABの真ん中の点をP，DAの真ん中の点をQとします。AはRS上に，BはCR上に，DとTはCS上にあります。△RBPと△APQと△TQDの面積の和が１cm^2であるとき，△RCSの面積は［　　］cm^2です。

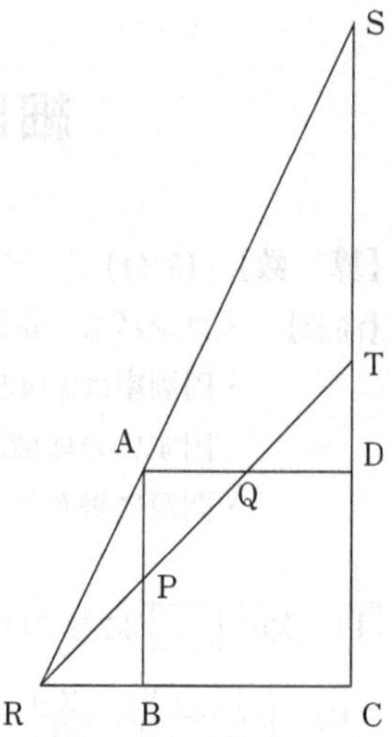

⑸　整数Ａ，Ｂについて，Ａ◎Ｂ＝Ａ×Ｂ＋Ａ＋Ｂとすると，３◎２＝３×２＋３＋２＝11，11◎［　　］＝95になります。

⑹　40人のクラスがあり，30人はサッカーが好きで，25人は野球が好きだといいます。サッカーと野球どちらも好きな人は少なくとも［　　］人います。

⑺　Ａさんの家は駅から800m離れています。ある日Ａさんが家から駅まで歩いていましたが，５分歩いたところで鍵を閉め忘れたことに気付いて走って家に戻り，再び走って駅に向かうと，最初に家を出発してから15分後に駅に着きました。Ａさんの歩く速さが分速80mであるとすると，走る速さは分速［　　］mです。

3　四角形ABCDは正方形であり，E，F，G，HはそれぞれAB，BC，DA，FGの真ん中の点です。

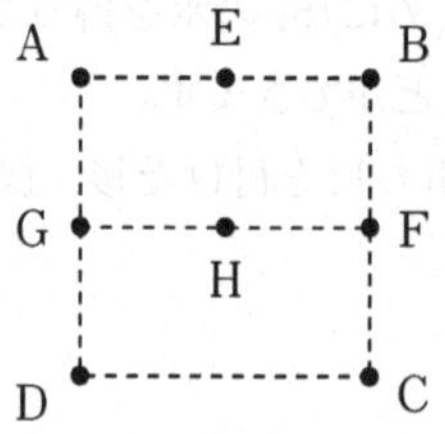

⑴　Ａ～Ｈの８点から４個の点を選ぶとき，正方形はいくつできますか。

⑵　Ａ～Ｈの８点からＤを含む３個の点を選ぶとき，直角二等辺三角形はいくつできますか。

⑶　Ａ～Ｈの８点からＡを含む３個の点を選ぶとき，直角三角形はいくつできますか。

4　◯ △ □の３つの図形がある規則によって以下のように並んでいます。

△，□，△◯，△△，△□，□◯，□△，□□，△◯◯，△◯△，・・・

このとき，以下の問いに答えなさい。

⑴　32番目にはどのような図形が並ぶかを，◯ △ □ を用いて表しなさい。

⑵　△□△□ は何番目かを求めなさい。

⑶　並んでいる図形の中で辺の数の合計が12本であるものを考えます。左から数えて６回目に辺の数の合計が12本になる図形は何番目か求めなさい。ただし，円の辺の数は０本とします。

5　右の図の四角錐OABCDについて，底面の四角形ABCDは正方形であり，１辺の長さは４㎝です。また，線分ACと線分BDの交点をPとしたとき，OP＝６㎝です。

このとき，以下の問いに答えなさい。

⑴　正方形ABCDの内側に接する円の面積を求めなさい。

⑵　正方形ABCDの外側に接する円の面積を求めなさい。

⑶　四角錐OABCDを直線OPの周りに回転させたとき，三角形OABが通過してできる立体の体積を求めなさい。

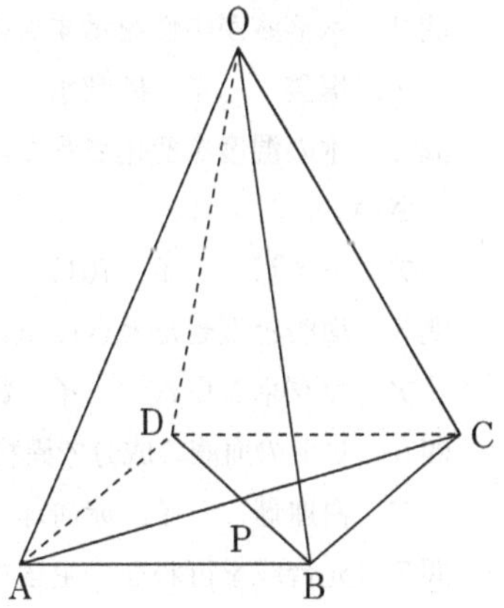

【理　科】（30分）　＜満点：50点＞

1　以下の問いに答えなさい。

問１　支点，力点，作用点の位置関係が穴あけパンチと同じものを，次から選び，記号で答えなさい。

ア．せんたくばさみ　イ．くぎ抜き　ウ．せん抜き　エ．ピンセット

問２　30ｇのおもりをつるすと６㎝のびるばねに，50ｇのおもりをつるすと何㎝のびますか。正しいものを次から選び，記号で答えなさい。

ア．5㎝　イ．10㎝　ウ．18㎝　エ．30㎝

問３　水溶液《すいようえき》が中性を示すものはどれか，次から選び，記号で答えなさい。

ア．塩酸　イ．砂糖水　ウ．石灰水　エ．水酸化ナトリウム水溶液

問４　水の温度を変化させた。最も体積が大きくなるのはどの温度か。次から選び，記号で答えなさい。

ア．－４℃　イ．70℃　ウ．105℃　エ．すべて一定

問５　塩酸と混ぜたときに気体が発生しないものはどれか。次から選び，記号で答えなさい。

ア．マグネシウム　イ．鉄　ウ．銅　エ．亜鉛《あえん》

問６　ヒトの血液の成分で異物を取りのぞくはたらきをもつものを次から選び，記号で答えなさい。

ア．白血球　イ．赤血球　ウ．血小板　エ．血しょう

問７　光合成を行わない生きものを次から選び，記号で答えなさい。

ア．ジャガイモ　イ．ミカヅキモ　ウ．マイタケ　エ．ワカメ

問８　空気中に最も多く含《ふく》まれる物質は何ですか。正しいものを次から選び，記号で答えなさい。

ア．水素　イ．窒《ちっ》素　ウ．酸素　エ．二酸化炭素

問９　「◎」この天気図記号があらわす天気は何ですか。正しいものを次から選び，記号で答えなさい。

ア．快晴　イ．晴れ　ウ．くもり　エ．雨

問10　明け方に金星を観測する方角として最も正しいものを次のア～エから１つ選び，記号で答えなさい。

ア．東　イ．西　ウ．南　エ．北

2　以下の文章と図を見て，あとの問いに答えなさい。

問１　図１のようにして，インゲンマメの種子をしばらく置きました。すると，ＡとＤの種子だけが発芽しました。結果から説明できることとして適切な文を次のページから選び記号で答えなさい。

図１

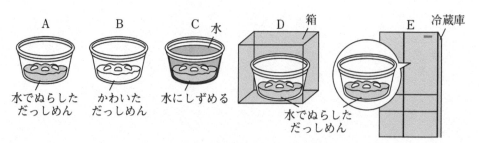

ア．種子が発芽する条件として，水・空気・適切な温度が必要である。

イ．種子が発芽する条件として，水・暗闇《やみ》・適切な温度が必要である。

ウ．種子が発芽する条件として，空気・光が必要である。

エ．種子が発芽する条件として，水・適切な温度が必要である。

問２　糸とおもりを用いて図２のようなふりこを作り，おもりの重さやふりこの長さ，ふれはばを変えて，ふりこが10往復する時間を測りました。表は４つの実験条件をまとめたものです。条件Ａと条件Ｄの結果から判断できることを簡単に説明しなさい。

	おもりの重さ	ふりこの長さ	ふれはば	10往復するのにかかる時間
条件A	50g	50cm	15°	14.3秒
条件B	100g	50cm	15°	14.2秒
条件C	50g	75cm	15°	17.3秒
条件D	50g	50cm	30°	14.4秒

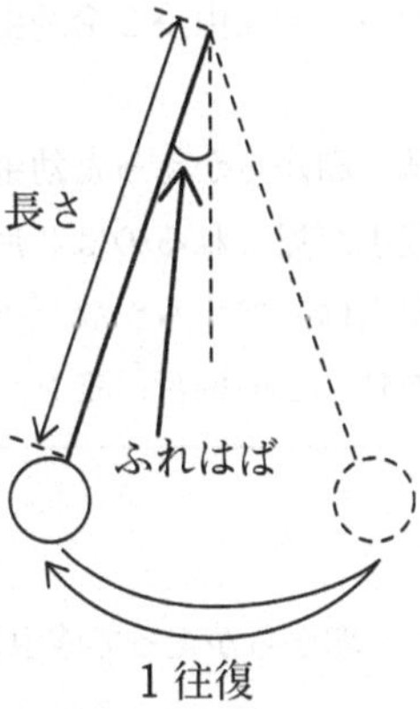

問３　図３のように，でんぷんと水を入れた試験管を４本用意しました。
それぞれの試験管に対して以下のような条件で溶液《ようえき》を加え10分間静かに置きました。

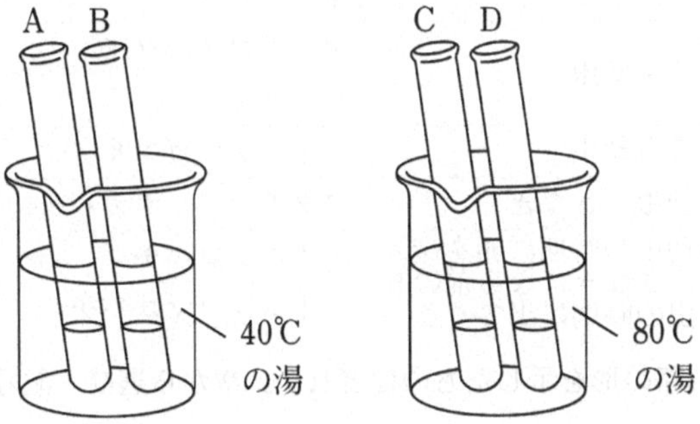

図３

試験管Ａ：水５mLを入れて40度の湯が入ったビーカーに入れた

試験管Ｂ：だ液５mLを入れて40度の湯が入ったビーカーに入れた

試験管Ｃ：水５mLを入れて80度の湯が入ったビーカーに入れた

試験管Ｄ：だ液５mLを入れて80度の湯が入ったビーカーに入れた

その後，それぞれの試験管にヨウ素液を加えると試験管Ａ，Ｃ，Ｄの色が青紫《むらさき》色に変化しました。このことからデンプンを分解するための条件を簡単に説明しなさい。

問４　前述の問１から問３は，共通するある科学的な方法を利用した実験になっています。共通しているのはどのような点であるか説明しなさい。

3　次の文章と表を見て，あとの問いに答えなさい。

モンシロチョウは春になるとよく飛んでいるのを見かけますが，その後は，あまり見かけません。気になったＡ君は，モンシロチョウの一生について調べることにしました。調べてみて分かったことは以下の通りです。

・卵はキャベツやアブラナなどに産みつけられて，たまごからかえった幼虫はそれらの葉を食べる。
・１令幼虫は４回皮をぬいて終令幼虫になったあと，さなぎになり，成虫になる。
　卵→１令幼虫→２令幼虫→３令幼虫→４令幼虫→５令幼虫→さなぎ→成虫

・秋に卵からかえった幼虫は，多くがさなぎの姿で冬をこして，春に成虫になる。
・成虫が見られるのは３月～11月ごろ。野原や畑でよく見られ，花のみつをすう。
・幼虫は，アオムシコバチやアオムシコマユバチというハチに卵を産みつけられていることがあり，この場合，モンシロチョウの幼虫は死んでしまう。

（出典：教育出版　Webずかん　モンシロチョウより一部改変）

また，卵からかえって成虫になるまでの間に下の表のような様々な天敵がいることもわかりました。

攻撃する成長時期	天敵名
１～２令幼虫	セスジアカムネグモ
	ニセアカネグモ
	ヤホシヒメグモ
１～３令幼虫	ヤマトコノハグモ
	ハナグモ
４～５令幼虫	ニホンアマガエル
３令幼虫～さなぎ	フタモンアシナガバチ
若い幼虫の時期に卵を産み付け，さなぎになる前の５令幼虫の時期に出てくる	アオムシコバチ
	アオムシコマユバチ

問１　モンシロチョウの卵の形を示したものはどれか。次から選び，記号で答えなさい。

ア　　イ　　ウ　　エ

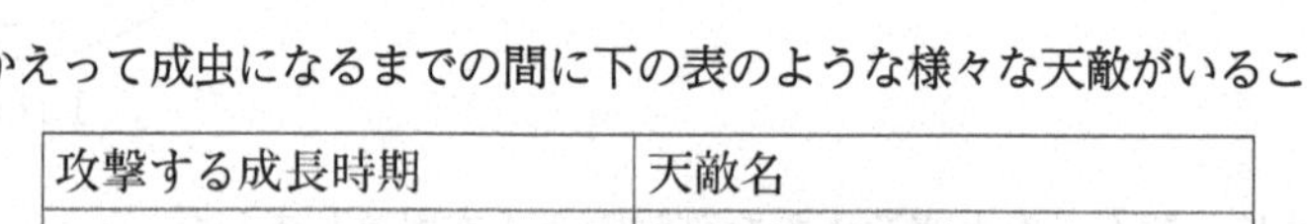

問２　モンシロチョウの頭はどれか。次から選び，記号で答えなさい。

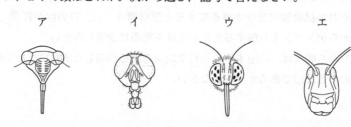

ア　　イ　　ウ　　エ

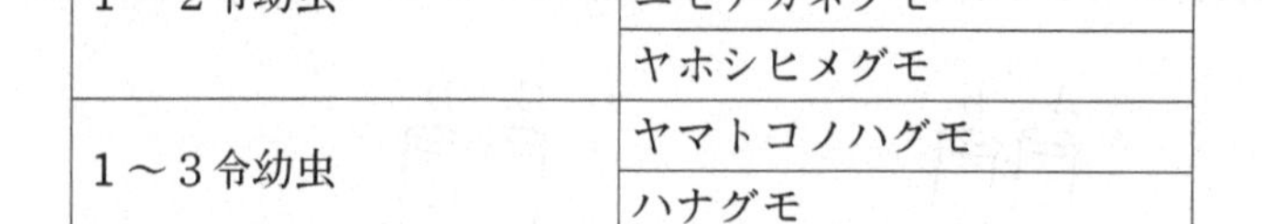

問３　次の図はモンシロチョウの体のつくりの一部を示したものです。腹側から見るとどのように触角《しょっかく》と羽，および足がついているでしょうか。それぞれの数，それらがついている場所に注意して，解答用紙の図に答えなさい。

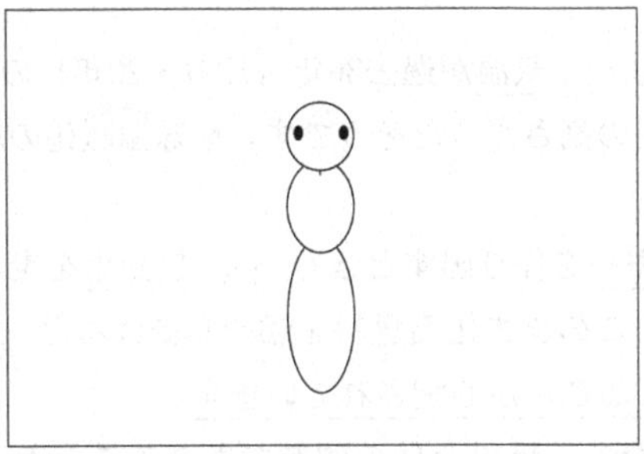

問４　４月生まれのモンシロチョウと10月生まれのモンシロチョウの生存率の変化を比べると下のグラフのようにちがいがあることがわかりました。どのようなちがいがあるか，ちがいが生じる理由と共にできるだけ多く挙げなさい。ただし，図中の数字は各成長時期を示しており，どちらの時期も観察期間中に絶滅《ぜつめつ》せず成虫にまで成長したモンシロチョウはいたとします。

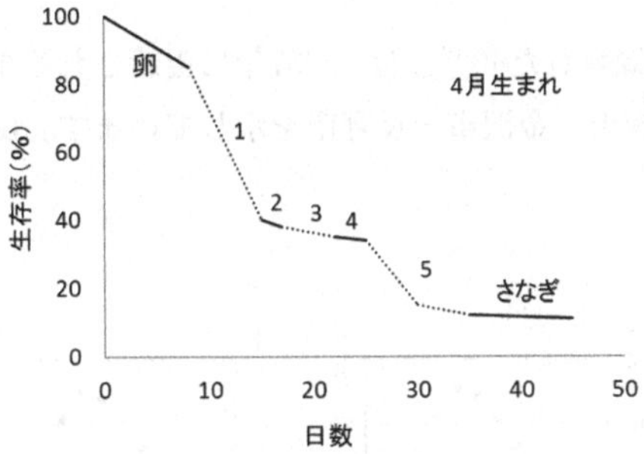

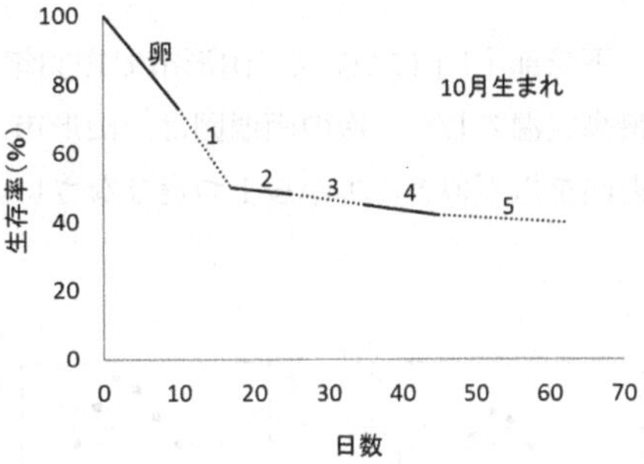

【社　会】（30分）　＜満点：50点＞

1　以下の文章を読んで，後の問いに答えなさい。

気象庁《ちょう》は，2022年の年平均［1］気温が過去30年（1991～20年）の平均値《ち》を0.6℃ 上回ったと発表しました。これは過去４番目の高さだったそうです。地球温暖《おんだん》化の原因の１つに，化石燃料の大量消費があげられます。

わたしたちは［2］エネルギーを作り出すときも，［3］自動車を走らせるときにも，化石燃料を頼《たよ》りにしてきました。しかし，このまま化石燃料を燃やし続けると，［4］地球の温暖化が一層《いっそう》進み，大きな問題がいくつも出てくることが心配されています。

この問題は日本だけではなく，世界全体の問題でもあることから，［5］国際会議でたびたびその対策《たいさく》が話し合われ多くの協定かつくられてきています。また，その協定の実現のために，化石燃料を使わないようにするさまざまな政策や方針《ほうしん》が出されてきています。たとえば，ＥＵは2035年からガソリン・ディーゼル自動車の新車販売《はんばい》を禁止すると発表しました。そのような動きの中，ガソリンエンジン車の代わりに［6］電気自動車の開発・生産が世界各国ですすめられています。

問１　下線部［1］について，山形市で1933年に記録された40.8℃は，2007年に更新《こうしん》されるまで日本の最高気温でした。次の雨温図は，山形市・札幌《さっぽろ》市・金沢《かなざわ》市・長野市を示しています。山形市の雨温図を以下のア～エから１つ選びなさい。

ア

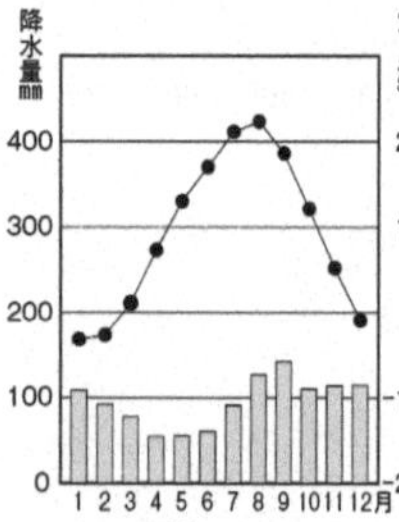

1年の平均《へいきん》気温 9.2℃
1年の降水《こうすい》量 1146.1mm

イ

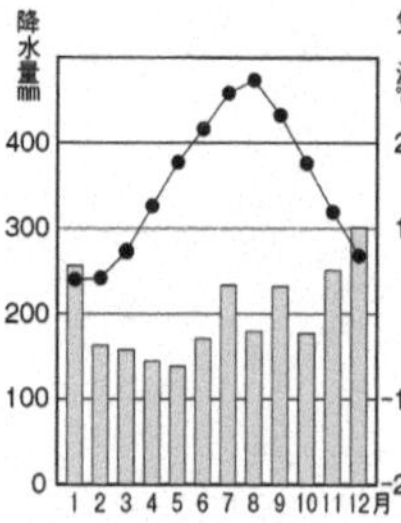

1年の平均《へいきん》気温 15℃
1年の降水《こうすい》量 2401.5mm

ウ

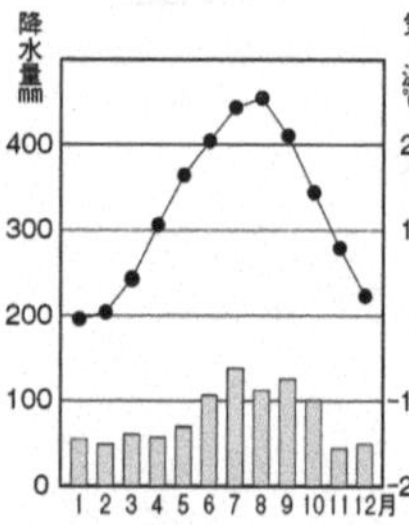

1年の平均《へいきん》気温 12.3℃
1年の降水《こうすい》量 965.1mm

エ

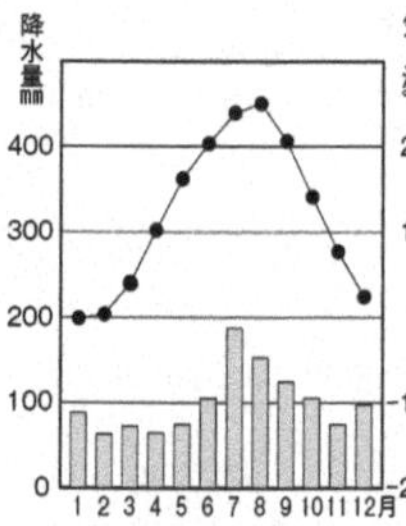

1年の平均《へいきん》気温 12.1℃
1年の降水《こうすい》量 1206.7mm

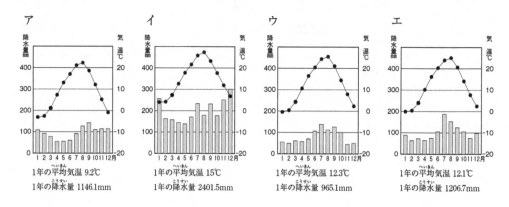

問２　下線部［２］について，日本のエネルギーの供給割合《きょうきゅうわりあい》の変化を示した以下のグラフを見て，次の問いに答えなさい。なお，グラフ中のＡは石油，Ｂは石炭，Ｃは天然ガスを示しています。

一次エネルギーの供給割合の変化

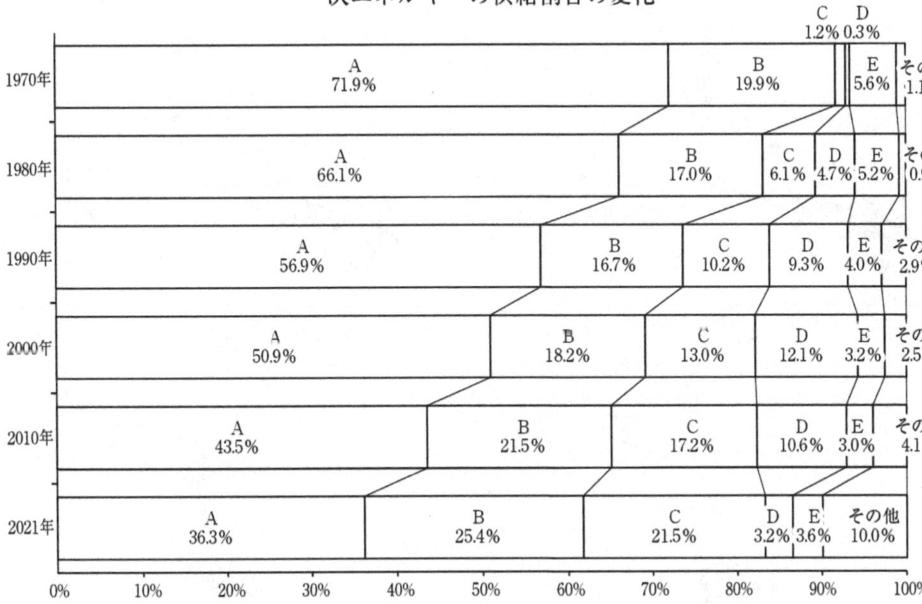

（資源《しげん》エネルギー庁ＨＰより作成）

①　Ｂの資源の輸入先を示したものを，以下のア～エから１つ選びなさい。

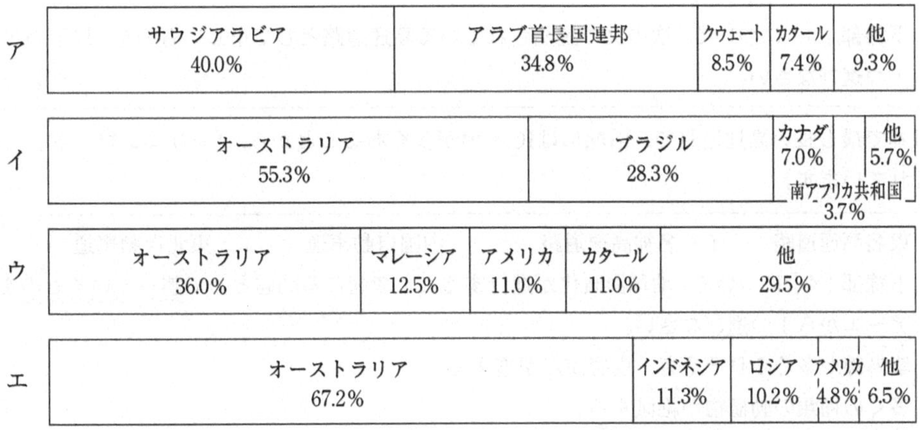

（日本国勢図会 2023/24より作成）

② Ｄのエネルギーを使った発電所の所在地を示した地図を，以下のア～エから１つ選びなさい。

ア

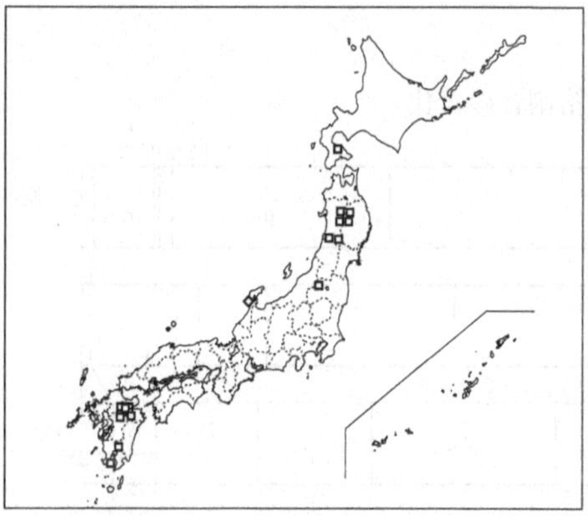

イ

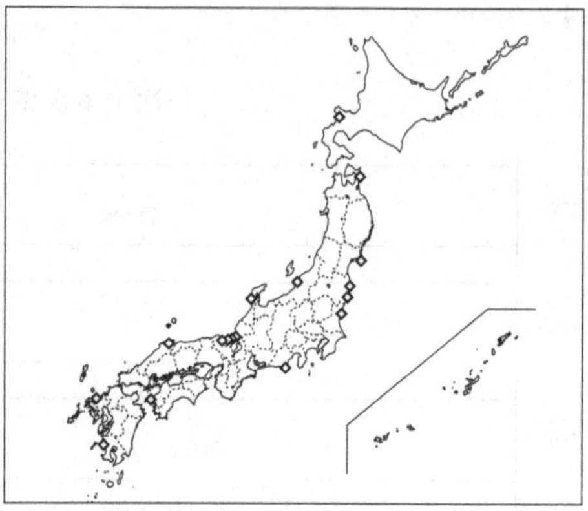

ウ

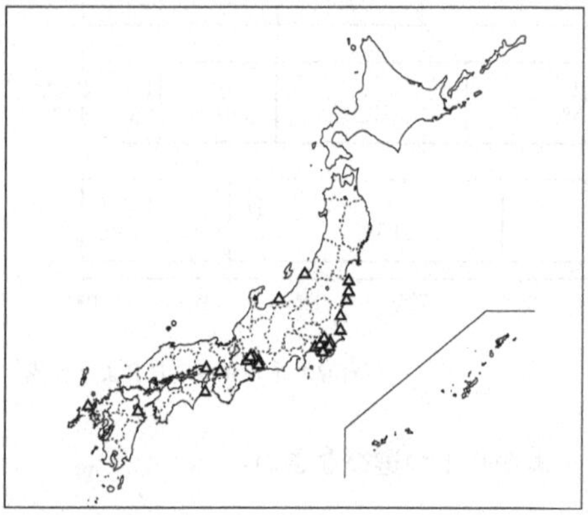

エ

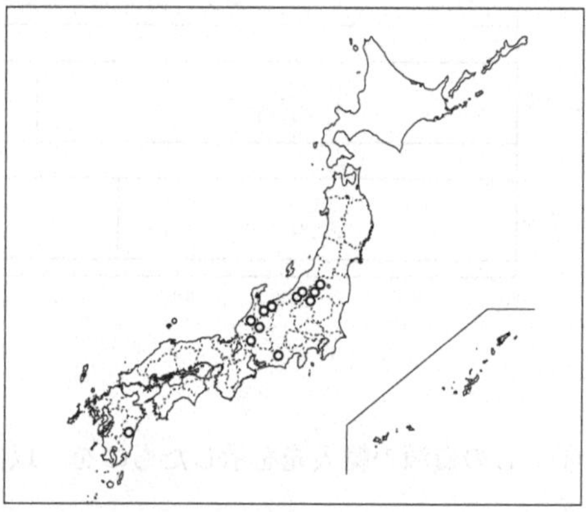

問３　下線部［３］について，次の文で説明されている高速道路として正しいものを，以下のア～エから１つ選びなさい。

> 日本で最も長い高速道路で，沿線《えんせん》にはIC工場が多くあることから，「シリコンロード」と呼ばれています。

ア　東名高速道路　　イ　名神高速道路　　ウ　中国自動車道　　エ　東北自動車道

問４　下線部［４］について，地球温暖化が進行することで起こる問題として誤《あやま》っているものを，以下のア～エから１つ選びなさい。

ア　紫外線《しがいせん》が多くふりそそぎ，皮膚《ひふ》がんが増える。

イ　多くの種類の動植物が絶滅《ぜつめつ》する。

ウ　異常《いじょう》気象が続き，干《かん》ばつや洪水《こうずい》が起こりやすくなる。

エ　海水面が上昇《じょうしょう》し，領土が少なくなってしまう国が出る。

問５　下線部［５］について，1997年に国際会議が開かれ，そこで結ばれた協定で先進国は1990年に比べて2008年から2012年のあいだの温室効果ガスの排出削減《はいしゅつさくげん》を約束しました。この会議が聞かれた都市を答えなさい。

問６　下線部［６］について，電気自動車のうち，電気を作り出す発電システムをその車に取り込《こ》み，排出するものが水だけになる自動車を［　　］自動車といいます。［　　］にあてはまることばを漢字4字で答えなさい。

2　以下の文章を読んで，後の問いに答えなさい。

佐賀県の吉野ヶ里遺跡《よしのがりいせき》で見つかった石棺《せきかん》墓は，日本古代史の大きな謎《なぞ》である邪馬台国《やまたいこく》についての大きなヒントになると言われています。

「魏志《ぎし》」倭人伝《わじんでん》によると，239年，邪馬台国は女王卑弥呼《ひみこ》が中国の王朝に使いを出したと記録されています。しかし，記録通りに邪馬台国を目指すと，九州沖の太平洋にたどりついてしまうことから，その位置がどこにあるのかが謎でした。有力であったのは，大和盆地《ぼんち》説と九州北部説です。このうち，大和盆地に邪馬台国があったとすると，大和政権《せいけん》と邪馬台国とのあいだに関係があったのではないかとも考えられています。また，3世紀頃《ごろ》に作られた箸墓古墳《はしはかこふん》が，その伝説から卑弥呼の墓ではないかとも言われています。また，北部九州説によると，「魏志」倭人伝に登場する国々が九州北部にあったことと，九州北部が中国に近く，当時の日本の先進地域《ちいき》であったことがその根拠《こんきょ》となっています。

[1]1986年に発掘《はっくつ》調査が開始された佐賀県の吉野ヶ里遺跡は，巨大《きょだい》な環濠《かんごう》集落のあとであることから，弥生《やよい》時代に『後漢書』東夷伝《とういでん》や「魏志」倭人伝にある，国同士がおこしたと考えられている大きな戦いと関係があるとされ注目を集めていました。

歴史の研究は，遺骨《いこつ》や土器などの発掘物や文字[2]史料，伝承《でんしょう》や証言などをもとに進められます。新しい発見物があれば史料などと照らし合わせて再度研究を行うため，それまでの歴史解釈《かいしゃく》が変わることもあるのです。調査や史料分析《ぶんせき》によって変化していくものであるからこそ，私《わたし》たちは慎《しん》重《ちょう》に歴史を学んでいかなければいけません。

以下の【A】～【F】は，歴史の研究により真実とされている歴史上のできごとや各時代の状況《じょうきょう》です。

【A】
大和政権は、5世紀には[3]関東地方から九州地方まで勢力を伸ばし、中国に使いを出して朝《ちょう》鮮《せん》半島の支配権を手に入れようとしました。

【B】
白河上皇は、自分の意のままにならぬものとして、加茂《かも》川の水・双六の目・[4]山法師をあげました。

【C】
疫病《えきびょう》や反乱が続いたことから、[5]聖武天皇《しょうむてんのう》は仏教の力で国を守ってもらうために大仏をつくらせました。

【D】
板垣退助《いたがきたいすけ》は、[6]民撰《みんせん》議院設立建白書を政府に提出し、藩閥《はんばつ》政治をやめて、国会を開くように要求しました。

【E】
[7]徳川綱吉《つなよし》は、生類憐《あわれ》みの令を出して、極《きょく》端《たん》な動物保護政策をとり、また貨幣《かへい》の質をおとしたことから物価上昇《じょうしょう》をもたらしました。

【F】
この時代は、農民たちが結束して惣村《そうそん》をつくり、寄合をひらいて掟《おきて》を定めたり、[8]一揆《いっき》を結んだりしました。

問1　下線部［1］について，起こった時期が1986年に最も近いできごととして正しいものを，以下のア～エから1つ選びなさい。

ア　ベトナム戦争

イ　第一次石油危機

ウ　ソ連崩壊《ほうかい》

エ　アメリカ同時多発テロ事件

問2　下線部［2］について，次の史料の □ にあてはまる人物を，後のア～エから1つ選びなさい。

> （文治元年十一月）廿八日……諸国平均に守護地頭を補任《ぶにん》し，権門勢家庄公を論ぜず，兵粮《ひょうろう》米段別五升《しょう》を宛《あ》て課すべきの由，今夜北条殿藤中納言経房卿に謁《えっ》し申すと云々。
>
> 『吾妻鏡』
>
> 〈現代語訳〉
>
> （文治元年十一月）二十八日……諸国に一様に守護・地頭を任命し，有力貴族の荘園とか国《こく》衙《が》領とかに関わりなく，兵粮米として一段につき五升ずつ課すべきである旨《むね》を，今夜 □ が中納言の藤原経房卿《ふじわらのつねふさきょう》に面会し申し入れたとのことである。

ア　北条早雲　　イ　源義家《みなもとのよしいえ》

ウ　北条時政　　エ　平将門《たいらのまさかど》

問3　文章【A】の下線部［3］について，大和政権が5世紀に関東地方まで勢力を広げていたということがわかるものが出土した古墳として正しいものを，以下のア～エから1つ選びなさい。

ア　江田船山《えたふなやま》古墳

イ　稲荷山《いなりやま》古墳

ウ　藤ノ木《ふじのき》古墳

エ　大仙《だいせん》古墳

問4　文章【B】の下線部［4］について，山法師とはある寺院の僧兵《そうへい》のことを指しますが，その寺院を建立した人物について説明した文として正しいものを，以下のア～エから1つ選びなさい。

ア　悪人こそが阿弥陀《あみだ》仏に救われるのだと，浄土真宗《じょうどしんしゅう》をひらいた。

イ　中国に留学して帰国後，高野山を拠点に真言宗をひらいた。

ウ　請《こ》われて中国から来日し，戒律《かいりつ》をあたえて正式な僧を育てた。

エ　中国に留学して帰国後，天台宗をひらいて伝教大師と呼ばれた。

問5　文章【C】の下線部［5］について，聖武天皇《しょうむてんのう》は口分田の不足から，743年にある法令を出しました。この法令の名を答えなさい。

問6　文章【D】の下線部［6］について，民撰議院設立建白書が出される前におきたこととして誤《あやま》っているものを，以下のア～エから1つ選びなさい。

ア　西南戦争がおこる

イ　富岡製糸場がつくられる

ウ　廃藩《はいはん》置県を行う

エ　徴兵《ちょうへい》令が出される

問7　文章【E】の下線部［7］について，徳川綱吉の時代の絵画として正しいものを，次のページのア～エから1つ選びなさい。

ア

イ

ウ

エ

問８　文章【Ｆ】の下線部［８］について，次の史料にみられるできごとがおきた時期として正しいものを，次のページの年表中のア～エから１つ選びなさい。

> 正長元年九月　日，一天下の土民蜂起《ほうき》す。徳政と号し，酒屋，土倉，寺院等を破却《はきゃく》せしめ，雑物等 恣《ほしいまま》 にこれを取り，借銭《しゃくせん》等悉《ことごと》くこれを破る。管領これを成敗す。凡《およ》そ亡国《ぼうこく》の基，これに過ぐべからず。日本開白以来，土民蜂起是《こ》れ初めなり。
>
> 『大乗院日記目録』
>
> 〈現代語訳〉
>
> 正長元年九月，天下の土民が暴動を起こした。徳政だといって，酒屋・土倉・寺院などに質入れした品物を奪《うば》ったり，借用証文などを破った。管領はこれを成敗した。そもそも国が滅《ほろ》びる原因でこれ以上のものはない。日本が始まって以来土民の暴動は初めてである。

1338年	足利尊氏《たかうじ》が征夷大将軍《せいいたいしょうぐん》となる。	
		ア
1392年	南北朝が合一する。	
		イ
1467年	応仁《おうにん》の乱《らん》がおこる。	
		ウ
1560年	桶狭間《おけはざま》の戦いがおこる。	
		エ
1588年	刀狩《かたながり》令が出される。	

３　以下の文章を読んで，後の設問に答えなさい。

2023年には統一地方選挙が行われました。1947年に制定された地方自治法にもとづいて最初の統一地方選挙が行われてから，[１]首長や議員の任期が同じなので，解散や任期途中《とちゅう》での辞職や[２]解職がない場合は，同じ機会に選挙が行われます。

[３]身近な問題を住民が参加しながら自分たちで解決に向けて働きかけることができるため，地方自治は「民主主義の学校」といわれます。しかし，統一地方選挙の前半戦の41の道府県議会議員選挙，6つの政令指定都市の市長選挙，17の[４]政令指定都市の市議会議員選挙で，いずれも平均投票率が過去最低となり，投票率は低下傾向《けいこう》のままです。

選挙権年齢《けんねんれい》は，国政・地方政治ともに（　X　）によって定められ，[５]2015年の改正により現在は満18歳《さい》以上の国民に選挙権が与《あた》えられています。また，成人年齢も満18歳に引き下げられることになりました。これにより，成人のみが行える契約行為《けいやくこうい》も満18歳から可能となりました。高校生のうちからそのようなことが可能となったのです。

しかし，地方選挙にとどまらず国政選挙においても20代までの投票率は高くありません。理由はさまざま考えられますが，投票行動などの政治への無関心が原因ではないかと言われています。

わたしたちは主権者として主権を行使する最大の行動が選挙であるかぎり，投票によって政治への意思を示すことが求められています。投票に行かないことを「棄権《きけん》」といいます。[６]権利をすてるという意味です。できるだけ政治への関心をもつよう日頃《ひごろ》から政治に関するニュースなどに目を向けていきましょう。

問１　文中の空欄《くうらん》（X）にあてはまる法律《ほうりつ》の名を答えなさい。

問２　下線部［１］について，地方公共団体の首長・議員の任期を算用数字で答えなさい。

問３　下線部［２］について，首長の解職請求《せいきゅう》をリコールといいますが，この流れを表した次のページの図のAにあてはまるものを答えなさい。

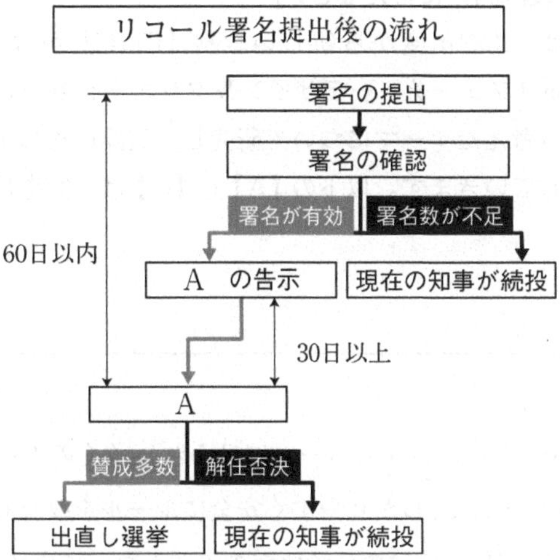

問４　下線部［３］について，地方公共団体が仕事を行っているところとして誤《あやま》っているものを，以下のア～エから１つ選びなさい。

ア　警察署《けいさつしょ》　　イ　地方裁判《さいばん》所　　ウ　消防署　　エ　教育委員会

問５　下線部［４］について，政令を出す内閣《ないかく》について説明した文として誤っているものを，以下のア～エから１つ選びなさい。

ア　内閣は，内閣総理大臣とその他の国務大臣によって構成されますが，内閣総理大臣は国会の中から，国会議員の選挙によって指名され，天皇《てんのう》によって任命されます。

イ　国務大臣は内閣総理大臣が任命しますが，たとえば国務大臣が14人であった場合，8名以上は国会議員でなければなりません。

ウ　内閣総理大臣は閣議を主催《しゅさい》しますが，閣議の決定は全会一致《いっち》でなければなりません。

エ　内閣は衆議院《しゅうぎいん》の解散を決めたり，最高裁判所の長官やその他の裁判官の任命を行います。

問６　下線部［５］について，選挙権が満20歳以上の男女に与えられたあとにはじめて行われた国政選挙によって選ばれた議員が議論《ぎろん》したものとして誤っているものを，以下のア～エから１つ選びなさい。

ア　労働組合法制定

イ　日米安全保障《ほしょう》条約承認《しょうにん》

ウ　日本国憲法

エ　独占《どくせん》禁止法制定

問７　下線部［６］について，基本的人権は侵《おか》すことのできない永久の権利であると日本国憲法に定められていますが，権利同士が衝突《しょうとつ》した場合，それを調整する原理があります。そのことについて述べた，以下の日本国憲法の条文内の空欄 B にあてはまるものを答えなさい。

第十二条　この憲法が国民に保障する自由及《およ》び権利は，国民の不断の努力によって，これを保持しなければならない。又《また》，国民は，これを濫用《らんよう》してはならないのであって，常に B のためにこれを利用する責任を負ふ。

４ 以下の文章を読んで，後の問いに答えなさい。

細田学園高等学校では，2022年度から新しい教科「FDC」がはじまりました。FDCとは，Future Design and Creation（フューチャーデザイン＆クリエーション）の略称《りゃくしょう》で，本校独自のキャリア教育です。生徒が自ら考えたテーマについて研究し，実際にそのテーマにそった社会課題の解決をめざしてアクションしていきます。以下の【A】～【C】は，実際に生徒たちが活動した内容を発表したものです。

【A】チームカバディ

私たちは、「カバディ」というスポーツにひかれ、多くの人にもっと認知《にんち》させられないかと考えました。そこで、わかりやすく安全にルールを改良した新しい競技、「ポーンチカバディ」を考えだし、地域の学童保育の子どもたちに広める活動を行いました。結果的には地域《ちいき》交流を広げることができ、多くの人に喜んでもらえました。

【B】埼玉県に伝わる民話集め

私たちの住む埼玉県には、さまざまな民話が伝わっています。そこで三郷《みさと》市、川越《かわごえ》市、さいたま市、新座《にいざ》市、所沢《ところざわ》市をそれぞれ調査し、河童や竜《りゅう》、ウナギなどのでてくる多くの民話を集めました。

それぞれの地域の特色が描《えが》かれた民話を今後も伝えていくために、公民館や小学校に寄付するための紙芝《しば》居やパンフレットを作成しました。

【C】丸木美術館「原爆《げんばく》の図」の分析《ぶんせき》

私たちは、「戦争」をテーマに設定し、戦争の悲惨《ひさん》さを伝える「原爆の図」を鑑賞《かんしょう》しに丸木美術館を訪《おとず》れました。実際に作品をみて衝撃《しょうげき》をうけ、それを表現するためにエッセイを書きました。

また、絵画としても「原爆の図」にひかれ、水墨画《すいぼくが》や西洋画の技法などと比較《ひかく》しながら作品の魅力《みりょく》を分析《ぶんせき》し、論文《ろんぶん》を作成しました。

野口英雄《ひでお》の描かれた千円札をあなたはあと何年くらい使うことになるでしょうか。日本銀行は2024年７月前半をめどにおよそ20年ぶりに紙幣《しへい》を一新すると発表しました。新１万円札には，実業家の①渋沢《しぶさわ》栄一が，５千円札には，教育に注力した津田《つだ》梅子が，千円札には，細菌《さいきん》学で功績をあげた北里柴三郎《しばさぶろう》の肖像《しょうぞう》があしらわれています。

お札を新しくする一番の理由は，お札を偽造《ぎぞう》されないようにするためです。偽物のお金は，作ることはもちろんのこと，使っただけでも②犯罪であり，もし偽造紙幣・硬貨《こうか》を行使した場合，無期または３年以上の懲役《ちょうえき》の刑《けい》が科されると法律《ほうりつ》で決まっています。そこで国は，約20年ごとに紙幣の偽造防止技術やデザインを新しくする「改刷」を行ってきました。

今回の改刷では，従来《じゅうらい》よりも精密《せいみつ》で細かい透《す》かしや，３Ｄホログラムといった世界で初めての③技術が使われています。現在の紙幣に採用されているホログラムは見る角度を変えると，見えるものや色が変わるというものですが，新紙幣では見る角度を変えることで，肖像画が浮《う》かび上がり，回転しているように見えます。この３Ｄホログラムは特殊《とくしゅ》な接着剤《ざい》を使って紙幣に貼《は》り付けるそうですが，詳細《しょうさい》な印刷方法や開発期間は非公表です。

問１　下線部①について，渋沢栄一が行ったこととして正しいものを以下のア～エから選び，記号で答えなさい。

ア　道徳よりも利益を追求することを重要だと考えた。

イ　日本初となる銀行，「第一国立銀行」を設立した。

ウ　明治時代のベストセラーである『学問のすすめ』を著《あらわ》した。

エ　黄熱病の研究を行った。

問２　下線部②について，ウクライナ侵攻《しんこう》を継続《けいぞく》するロシアのプーチン大統領は占領《せんりょう》地の子供を違法《いほう》に自国に連れ去ったとされている。この行為《こうい》が戦争犯罪にあたる疑《うたが》いがあるとして，2023年にプーチン大統領らに逮捕《たいほ》状を出した機関の名前は何か。以下のア～エから選び，記号で答えなさい。

ア　極東国際軍事裁判《さいばん》所

イ　国連児童基金（ユニセフ：UNICEF）

ウ　国際刑事裁判所（ICC）

エ　アメリカ合衆国連邦《がっしゅうこくれんぽう》裁判所（SCOTUS）

問３　下線部③について，日本や世界で発明・発見された科学技術のうち，発明・発見者との組み合わせが間違っているものを以下のア～エから選び，記号で答えなさい。

ア　飛行機　－　ライト兄弟

イ　ダイナマイト　－　チャールズ・ロバート・ダーウィン

ウ　電話　－　アレクサンダー・グラハム・ベル

エ　ペスト菌　－　北里柴三郎《しばさぶろう》

問４　本校生徒による発表内容の要約【A】～【C】について，以下の①・②の問いに，根拠《こんきょ》となる理由も合わせて自分の考えを述べなさい。なお①・②で同じ案を取り上げても構いません。

①あなたが志木市の住民であったら，どの活動が最もすばらしいと感じますか。

②企画《きかく》を一つ選び，その企画を実現させるうえで困難《こんなん》になると考えられることをあげ，その解決策《さく》を説明しなさい。

を避け、問題が起こらないようにするため。

問三　――線部②「長屋紳士録」とありますが、この映画はどのようなことを言うための具体例ですか。最も適当なものを次の中から選び、記号で答えなさい。

ア　つながりを維持するため過剰《かじょう》な感情を注ぎ込む現代より、生活維持を目的としてつながっていた昔の方がよい人間関係を築けていたということ。

イ　生活維持のため嫌でも身近な人とつながる必要があった昔は、現代と比べると意外なほどに、人間関係に感情がこもっていなかったということ。

ウ　身近な人間関係を大切にしながらも感情をおさえてつき合っていた昔は、人間関係と感情が強く結びつく現代より過ごしやすかったということ。

エ　不安定とはいえ嫌な相手とは付き合わなくてよくなった現代は、強制的に人とつながらされた昔より感情豊かに生きることができるということ。

問四　――線部③「この厄介な状況」とありますが、どのような状況を指していますか。最も適当なものを次の中から選び、記号で答えなさい。

ア　自分が大事にしたいと感じる相手と別にどうなってもよいと思っている相手とで、コミュニケーションをとる時にどれだけの感情を注ぎ込むのかを細かく調整して使い分けなければならない状況。

イ　コミュニケーションの指南書が書店に並び、「コミュ力」や「コミュ障」といった俗語が流布する一方で、だれもが気に入らない相手との関係を自分から自由に解消できる自由さを持っている状況。

ウ　コミュニケーションの相手がどのような感情を持つかは自分でコントロールできないので、うまくいかない場合に備えていつも関係を解消するタイミングを見計らっておかなければならない状況。

エ　目の前のつながりが不安定なのにそれをどうにかする最適解がなかなか見つからない中で、いつどう変わるかわからない相手の感情を気にしつつコミュニケーションをとらなければならない状況。

問五　本文の内容として**適当でないもの**を次の中から一つ選び、記号で答えなさい。

ア　現代では、社会が個人に対して「やらねばならない」と迫る規範はかつてに比べるとかなり緩くなり、個人の行動の自由が確保されている。

イ　感情に補強された現代の人間関係は、無理に付き合わなくてよい気楽さだけでなく、人から切り離される不安も連れてくるようになった。

ウ　多様な考え方の人がいる現代の社会では、自分の意見を強く主張することよりも「人それぞれ」という姿勢《しせい》を持つことの方が重要である。

エ　かつての社会には、生活を維持していくためには自分が嫌だと思っている相手でも付き合いを持たなければならないという状況があった。

問六　――線部Ｘ「無難に収めておけば、とりあえず波風は立ちません」とありますが、あなたはこのように、人間関係において無難さを優先する意見に賛成ですか、反対ですか。本文の内容に触《ふ》れた上で、現時点でのあなたの考えを書きなさい。

う不安定なつながりとも言えるのです。

かといって、目の前のつながりを安定させる最適解は、そう簡単に見つかりません。人の心を覗くことはできませんから。

コミュニケーションの指南書が書店に並《なら》び、「コミュ力」や「コミュ障」といった俗語が流布《るふ》する現状は、コミュニケーションにまつわる人びとの不安を物語っています。私たちは、人間関係を円滑《えんかつ》に進めてゆく行動様式がはっきり見えないまま、相手の心理に配慮《はいりょ》しつつ、コミュニケーションを行う厄介な状況にさらされているのです。

③この厄介な状況に対処《たいしょ》するにあたって重宝《ちょうほう》されてきたのが、「人それぞれ」を前提としたコミュニケーションです。私たちは、たとえ相手の見解が、自身の見解と異《こと》なっていたとしても、「人それぞれ」と解釈《かいしゃく》することで、対立を回避《かいひ》することができます。あるいは、相手の行動が自身にとって理解できないものであっても、「人それぞれ」とすることで、問題化することを避けられます。

[C]、この章の冒頭《ぼうとう》にあげたやりとりを振《ふ》り返ってみましょう。ここで、「一人のほうがラク」と語る友人に対して、「一人でいるなんて寂《さび》しくない!?　結婚した方がいいよ」と答えるのは、あまり望ましくありません。というのも、結婚を勧《すす》める言葉は、「一人でいる」という友人の決断を損なう可能性があるからです。友人の決断を損なう行為は、相手の意思の尊重という意味ではあまり望ましくありません。かといって、慰《なぐさ》めるのも、友人を下に見ているように思われる可能性があります。こうしたときに、「人それぞれ」と×無難に収《おさ》めておけば、とりあえず波風は立ちません。

ふたつ目の例は、率直に考えを述べる難しさを表しています。個の尊重を前提とした「人それぞれの社会」では、相手を否定《ひてい》しないことに加え、自らの考えを押しつけないことも求められます。それぞれの意思を尊重する社会では、意見を押しつけず、それぞれの考え方を緩やかに認《みと》めることが肝要《かんよう》なのです。

このような環境では、たとえ、自身はオンラインを制限した方がよいと思っていたとしても、それを表明すると、考えの押しつけになってしまいます。「人それぞれ」のコミュニケーションは、このようなときにも重宝されます。というのも、「人それぞれ」という言葉を使っておけば、自らの立ち位置を守りつつ、相手の意思を尊重することも可能だからです。

不安定なつながりのなかを生きる私たちは、「人それぞれ」という言葉を使って、お互いの意見のぶつかり合いを避けています。このようななかで率直に意見を交わし、議論を深めるのは、そう簡単ではありません。

（石田光規『「人それぞれ」がさみしい』より）

問一 [A]、[B]、[C] に当てはまる接続語の組み合わせとして最も適当なものを次の中から選び、記号で答えなさい。

ア　A　しかし　B　つまり　C　たとえば
イ　A　だから　B　あるいは　C　たとえば
ウ　A　だから　B　つまり　C　ですから
エ　A　しかし　B　あるいは　C　ですから

問二 ――線部①「つい『人それぞれ』と言ってしまう」とありますが、筆者はその目的をどのようにとらえていますか。説明した次の文の□に当てはまる言葉を本文中から九字でさがしてぬき出しなさい。

現代の不安定なつながりの中で、つながっていたい相手との□

何かにつけ雑談をします。親子のつながりや、長屋の住人どうしの密接《みっせつ》な交流。こういった言葉からは、「昔ながらの温かなつながり」を想像することができます。

[A]、今の人びとが見ると、この映画に対してかなりの違和感を抱《いだ》くでしょう。その理由は、登場する人びとの感情的な交流の少なさにあります。

人情劇であるこの映画のなかで、スキンシップと言いうる場面は、少年が女性の肩《かた》をたたくシーン以外、いっさいありません。感情的な交流の少なさは、実の親と子どもの再会のシーンに集約されます。

物語のクライマックスである親子の再会、および、少年と女性との別れは、現在の感覚からすると、さぞ感動的に演出されるのではないかと思います。しかし、『長屋紳士録』において、そのような表現はまったくありません。

再開を果たした親子は、互いに駆《か》け寄ることも、抱き合うこともありません。それどころか親は、近寄る子どもを手で押《お》しのけ、女性にお詫《わ》びと御礼《おれい》の挨拶《あいさつ》をすることを優先《ゆうせん》させます。つまり、儀礼《ぎれい》を優先しているわけです。

子どもと女性の別れのシーンでも、涙《なみだ》や抱擁《ほうよう》はいっさい見られません。少年が「オバチャンサヨナラ」とぶっきらぼうに述べ、別れのシーンは終わります。ここから、「人情劇」と言われた映画でさえも、感情表現は非常に乏《とぼ》しいことがわかります。

この映画を見た学生は、「昔のつながりは濃密《のうみつ》だけど感情や気遣《きづか》いが薄《うす》く、今のつながりは希薄だけど、感情や気遣いが濃い」と述べていました。この言葉は、感情に満たされた今の人間関係をよく表しています。

しかし、感情に補強されたつながりは、それほど強いものにはなりません。私たちは、相手とのつながりを「よい」と思えば関係を継続《けいぞく》させるし、「悪い」と思えば関係から退《ひ》くこともできます。この特性のおかげで、私たちは、無理して人と付き合わなくてもよい気楽さを手にしました。理不尽《りふじん》な要求や差別的な待遇《たいぐう》から逃《のが》れやすくなったのです。しかし、人と無理に付き合わなくてもよい気楽さは、つながりから切り離《はな》される不安も連れてきてしまいました。

お互いに「よい」と思うことで続いていくつながりは、どちらか、または、両方が「悪い」と思えば解消されるリスクがあります。放っておいても行き来がある長屋の住人とは違うのです。このような状況《じょうきょう》で関係を継続させるには、お互いに「よい」状況を更新《こうしん》してゆかねばなりません。[B]、つながりのなかに「よい」感情を注ぎ続けねばならないのです。

この特性は、その人にとって大事なつながりであればあるほど強く発《はっ》揮《き》されます。私たちは、大事なつながりほど「手放したくない」と考えます。しかし、あるつながりを手放さないためには、相手の感情を「よい」ままで維持しなければなりません。大事な相手とつながり続けるためには、関係からマイナスの要素を徹底《てってい》して排除《はいじょ》する必要があるのです。

とはいえ、個々人の心理に規定される「よい」状況は、社会に共有される規範ほどには安定していません。社会のルールはなかなか変わりませんが、個人の感情は日によって変わることもあります。何かの拍子《ひょうし》に、ふと、「悪い」に転じてしまうこともあるのです。つまり、人と無理に付き合わなくても良いつながりは、ふとしたことで解消されてしま

「そうだよなあ………」

皆《みな》さんも誰《だれ》かと話しているときに、①つい「人それぞれ」と言ってしまうことはありませんか。ここにあげたような会話は、こんにち、いたるところで見られます。この章では、あるていど顔を見知った関係のなかで展開《てんかい》される「人それぞれ」のコミュニケーションに注目していきます。

「一人」になれる条件が整い、人びとの選択《せんたく》や決定が尊重《そんちょう》されるようになった社会では、さまざまな物事を「やらない」で済《す》ませられるようになります。ある行為《こうい》を「やらねばならない」と迫《せま》る社会の規範《きはん》は緩《ゆる》くなり、何かを「やる」「やらない」の判断は、個々人にゆだねられます。

この傾向《けいこう》は人間関係にも当てはまります。私たちが生きる時代は、閉《へい》鎖《さ》的な集団に同化・埋没《まいぼつ》することで生活が維持《いじ》されてきたムラ社会の時代と違《ちが》います。生活の維持は、身近な人間関係のなかにではなく、お金を使って得られる商品やサービスと、行政の社会保障《ほしょう》にゆだねられるようになったのです。

このような社会では、誰かと「付き合わなければならない」と強制される機会が、徐々《じょじょ》に減っていきます。会社やクラスの懇親会《こんしんかい》への参加はもはや強制される時代ではありません。地域の自治会への加入も任意性が強くなりました。趣味《しゅみ》のサークルを続けるか続けないかは、まさに「人それぞれ」でしょう。

誰と付き合うか、あるいは、付き合わないかは、個々人の判断にゆだねられています。俗《ぞく》っぽく言えば、私たちは、(嫌《いや》な）人と無理に付き合わなくてもよい気楽さを手に入れたのです。

今や、人と人を結びつける材料を、生活維持の必要性に見出すことは難《むずか》しくなりました。人と人を結びつける接着剤《ざい》は、着実に弱くなっているのです。

では、このような社会で、つながりを維持するにはどうすればよいのでしょうか。生活維持の必要性という、人と人を強固に結びつけてきた接着剤は弱まっています。そうであるならば、私たちは、目の前の関係をつなぎ止める接着剤を新たに用意しなければなりません。そこで私たちは、弱まってきた関係をつなぎ止める新たな補強《ほきょう》剤として、つながりに大量の「感情」を注ぎ込《こ》むようになりました。

このような傾向は、メディアからも読み取ることができます。日本映《えい》画《が》界の巨匠《きょしょう》、小津安二郎《おづやすじろう》監督《かんとく》の作品に、『②長屋紳士《しんし》録』という短い映画があります。この映画は、終戦から二年後の一九四七年に公開されました。当時は、東京下町を舞《ぶ》台にした人情劇《げき》と評価されています。簡単《かんたん》にあらすじを紹介《しょうかい》しましょう。

おもな登場人物は、長屋の住人と少年です。物語は、長屋に住む女性のところに、実の親とはぐれてしまった子どもが届《とど》けられるところから始まります。そのさい、長屋のその他の住人とひと悶着《もんちゃく》あるのですが、結局、女性が少年の面倒《めんどう》を見ることになります。

最初は子どもの世話を嫌がっていた女性も、だんだんと情が移り、子どもをかわいらしく思ってきます。しかし、その矢先に、子どもを探《さが》していた実の親が登場し、女性と子どもの間に別れが訪《おとず》れます。子どもが去った後、女性はあらためて親子のつながりのよさに気づく、というのが大まかなあらすじです。

長屋の住人は、鍵《かぎ》もかけず、お互《たが》いの家にしょっちゅう行き来をし、

ですか。最も適当なものを次の中から選び、記号で答えなさい。

ア 遠田さんが、これまで他の転人生にしてきたのと同様に利さんにもお節介《せっかい》をやこうとしているということ。

イ 遠田さんが、自分をいい人に見せるための新たな相手として最近転入してきた利さんを選んだということ。

ウ 遠田さんが、教室の空気を和らげるため好きでもない利さんと無理やり会話しようとしているということ。

エ 遠田さんが、今度こそ本音で話し合える親友を作ろうとして利さんに近づいているということ。

問四 ――線部③「遠田さんはまわりを見回して拡声器のような声を出した」とありますが、これ以降《いこう》の教室の雰囲気《ふんいき》をイコはどのようなものだと感じていますか。本文中から六字でさがしてぬき出しなさい。

問五 ――線部④「暗いレンズの向こうで、やけどでゆがんでいる目がきっと光った」とありますが、ここから利さんのどのような気持ちがうかがえますか。最も適当なものを次の中から選び、記号で答えなさい。

ア 遠田さんの発言をきっかけに何人ものクラスメイトから絵をほめられてうれしいが、はずかしくて素直に喜べないでいる。

イ 本当は絵を上手だと思っていないのに、クラスになじめない自分に気を遣ってお世辞を言う遠田さんに腹を立てている。

ウ 顔を可愛く描いてほしいという遠田さんの発言に、顔にやけどがある自分に対する無神経さを感じていら立っている。

エ みんなの絵を描かせようとする強引な遠田さんにあきれつつ、要求を受け入れるしかないとあきらめている。

問六 ――線部**X**「まわりの空気がしんと止まった」とありますが、あなたはクラスが「良い空気」であるために、中学校では同級生にどのように接しますか。本文の内容に触《ふ》れた上で、現時点でのあなたの考えを書きなさい。

［三］　次の文章を読み、後の問いに答えなさい。（句読点や記号も一字にかぞえること。本文の行末にある数字は行数です。）

おしゃれなカフェでふたりの女性が話しています。友だちどうしでしょうか。

「わたし、このまま結婚《けっこん》しないでいようと思うんだ」

「ふ～ん、どうして」

「なんだか結婚って息苦しいし、このまま一人のほうがラクだなって……」

「そっか～、ま、人それぞれだもんねぇ」

次に、とある大学の授業を覗《のぞ》いてみましょう。どうやら討論《とうろん》形式の授業をしているようです。

「今日のテーマは『私《わたし》たちはオンラインの環境《かんきょう》を制限した方がよいのか』です。グループに分かれて、一〇分くらい議論してください」

教員の掛《か》け声とともに、学生が気だるそうに移動する。

「オンラインの制限だってよ。どうする？」

「どうしよっか」

「強制とか制限っていうより、人それぞれでよくね？」

遠田さんは怯えたように後ずさりした。

X一瞬《いっしゅん》まわりの空気がしんと止まった。

「じゃ、あたしにちょうだい。ね、いいでしょ、利さん」

イコはⅡとっさに脇《わき》から手を出し、さっと紙を取り上げた。

そばでひゅっと、息をのむような声がする。

利さんが、イコの方に顔を向けてかすかにうなずいた。

「どうぞ」

「ありがとう」

イコは体を翻《ひるがえ》して椅子に座ると、机の上に出しておいたつぎの時間の国語の教科書の下に、紙を滑り込ませた。

「ま、西田さんたら、お手がお早いのね」

遠田さんが言った。

まわりに寄ってきた人は、気まずそうにのろのろと席に戻《もど》っていった。

それまでずっと背中を向けてじっと座っていた、山田さんがちらっと顔をイコに向けて、何か言いたそうにうなずいた。

イコは家に帰ると、利さんの絵を見ないようにして、紙に包むと、机の引き出しにしまった。あのときなぜ「ちょうだい」なんて言葉が飛び出したのか、イコにもよくわからない。ただ早くあの意地悪な空気が消えて欲しかった、それだけだった。

こんなことがあった後、利さんはまた元どおり黙って前を見つめるようになった。それからはもう絵を描くことはなかった。それでもクラスの中で少しずつ、利さんに話し掛《か》ける人も見かけるようになった。

（角野栄子『イコ　トラベリング』より）

問一　――線部Ⅰ・Ⅱの言葉の意味として最も適当なものを次の中からそれぞれ選び、記号で答えなさい。

Ⅰ「ぶっきらぼう」

ア　愛想のない態度

イ　よそよそしい態度

ウ　怯えたような態度

エ　ひかえめな態度

Ⅱ「とっさに」

ア　無理やりに

イ　意識せずに

ウ　うれしそうに

エ　たちどころに

問二　――線部①「暗いレンズの中の利さんの目が怯えたように動いた」とありますが、それはなぜだと考えられますか。最も適当なものを次の中から選び、記号で答えなさい。

ア　大きなやけどの痕がある自分の顔を見たイコが目を背けたので、嫌われたかもしれないと思ったから。

イ　自分の顔にある大きなやけどの痕を見たみんなが何も反応しないので、どうすれば良いかとまどったから。

ウ　自分の顔に大きなやけどの痕があることにみんなが興味を持っていることがわかり、腹立《はらだ》たしく感じたから。

エ　まだみんなには知られたくなかった大きなやけどの痕を思いがけず見られてしまい、気が動転したから。

問三　――線部②「今度は利さん……だ」とありますが、どういうこと

「慣れるまで、お疲《つか》れでしょ」

「学校のまわり、ご案内しましょうね」

やたら甘《あま》いお嬢様《じょうさま》言葉で、気遣《きづか》っているような振りをしているだけなのだ。いい人に思われたい。そんな気持ちが見え見えで、イコのような編入生や、仲間はずれにされている人が対象になった。でも言葉だけで、いつもお誘《さそ》いはない。

（②今度は利さん……だ）

利さんが机の上の紙を隠すようにうつむいている。イコは机のはじをぎゅっと握って、はらはらしていた。

「見せて、ねえ、見せてくださらない」

遠田さんは利さんの隠した手からはみ出ている紙の端《はし》を引っ張っている。嫌がって、なおも隠そうとしている利さんの指に、力が入って白くなった。

③「すごいのよ。利さんの絵、すごいの！」

遠田さんはまわりを見回して拡声《かくせい》器のような声を出した。

「えっ！」

「ほんと！」

椅子から立ち上がって、ばらばらと数人が集まってきた。

利さんの手から紙が外れた。すかさず遠田さんが取り上げて、ぴらぴらと見せる。

「ね、可愛い女の子でしょ！」

「すごーい」

「可愛い！すてき！」

「中原淳一《なかはらじゅんいち》みたい！」

まわりからため息のような声が漏《も》れる。

イコも思わず立ち上がって、覗《のぞ》き込《こ》む。

それは本当に可愛い絵だった。濃いめの鉛筆で丁寧《ていねい》に描《えが》かれている。ぱっちりとあいた目は、長いまつげに縁取《ふちど》られ、どこかわからない、どこかをじっと見つめていた。利さんが顔を描いている！　可愛過ぎるほど可愛い顔を。イコの胸《むね》がわさわさと騒《さわ》ぎ出した。

すると利さんの手が素早く動いて、遠田さんから紙を取り上げると、帳面の中に滑《すべ》り込ませた。

「あら、どうして？　お隠しになるの？　もっと見せてよう。美術の先生にお見せしたら。きっと天才っておっしゃるわ」

遠田さんのわざとらしい甘い声が、追いかけるように言った。

「私《わたし》にも描いてほしいわ」

誰かが言った。

「あたしも欲《ほ》しいわ、利さん」

誰かが言った。

「そうよね、利さん、私のこと、描いてくださらない？　みなさんも、欲しいわよねえ。こんな可愛い顔にしていただけたら、自慢《じまん》しちゃう」

遠田さんが押《お》しつけるように言う。

利さんは顔を上げた。④暗いレンズの向こうで、やけどでゆがんでいる目がきっと光った。利さんはノートの間からさっきの紙を取り出すと、ぽいっと遠田さんに押しつけるように差し出した。

「あげる」

Ⅰぶっきらぼうな言い方だった。

「えっ」

「利さん、あなたの席はあそこ、お座《すわ》りなさい」

先生はイコの二つ後ろの席を指さした。

「はい」

利さんは顔を下に向けたままで、教壇《きょうだん》から下りると、イコの方に歩いてきた。すぐそばを通り過ぎる時、さげていたカバンが机《つくえ》の角にぶつかった。体が揺《ゆ》れ、髪の毛を握っていた手が離《はな》れて、めがねがずれ、隠《かく》れていた顔の半分が見えた。イコは、ひゅっと息をのんだ。思わず目を背《そむ》けた。そこには大きなやけどの痕《あと》があった。左の頬《ほほ》が、こそげたように引きつっている。空襲《くうしゅう》でやられたに違《ちが》いない。まわりの空気もしーんと固まったようになる。①暗いレンズの中の利さんの目が怯《おび》えたように動いた。

イコは慌《あわ》てて目を伏《ふ》せた。

どうしよう、どうしよう。

イコは顔が上げられない。

同じクラスの友だちに、この人がなるのだ。毎日、顔を合わせることになる。

どうしたらいいのだろう。

その日から、利さんは毎日登校してきた。長い髪に濃い色のめがねは変わらないけど、もう顔を隠そうともしなかった。

静かに教室に入り、椅子《いす》に座ると、じっと前を見ている。まるで、まわりに人がいるなんて気づかない風に、動かない。

戦争で体が傷《きず》ついた人は、街を歩いていると出会うことはよくある。そのたびにイコは申し訳ないような気になって、気持ちが沈《しず》む。でも利さんは、通りすがりにたまたま出会ってしまった気の毒な人、というようには見ることができない。同じ十四歳《さい》なのだ。同じ中学三年生なのだ。同じクラスなのだ。すべて同じ。二つ後ろに彼女《かのじょ》が座っていると思うだけで、イコは体が締《し》め付けられるように痛《いた》くなる。でも、イコはそんな気持ちを誰《だれ》にも話せない。この気持ちを表す言葉を自分の中に見つけることが出来ない。

あの日以来、教室の中が静かだ。遠慮《えんりょ》しているのでもなく、かと言って逃《に》げているのでもない。重たい戸惑《とまど》いが居座っている。どうしたらいいのだろう。そんな気持ちが沈黙《ちんもく》になっている。

一週間、二週間が過ぎていくと、少しずつ固まっていた教室の空気も和らいでいった。絶えていたおしゃべりも、笑い声も、あちこちで聞こえてくるようになった。それが利さんを楽にさせたのか、じっと一点を見つめていた顔が下に傾《かたむ》くようになって、左手で紙を隠しながら、右手に持った鉛筆《えんぴつ》でなにやら書き始めた。イコはその姿《すがた》を見て、はっとした。その鉛筆を握っている手がとても美しかった。長くほっそりとした透《す》き通るような指。その先の爪《つめ》も、薄《うす》い桃色《ももいろ》でつややかだ。その指が、しゅしゅと鉛筆の音を静かに立てて、絶えず動いていた。

「あら」声がして、イコの後ろで誰かが立ち止まった。

「わー、すてき！」

「すごいわ、お上手ねえ！」

裏返《うらがえ》ったような声。イコはつられて振《ふ》り向いた。見ると遠田《えんだ》さんだ。

この遠田さんは、いつも優《やさ》しそうな言葉で話しかけてくる。でも、どこかわざとらしい。

イコが編入してきたときもそうだった。

「あなた、なにかお困《こま》りなことがあったら、ご遠慮なくお聞きになって」

【国語】〈五〇分〉〈満点：一〇〇点〉

[一] **次の各問いに答えなさい。**

問一 次の――部について、漢字をひらがなに、カタカナを漢字に直しなさい。

① 軍隊が強権を発動する。
② 組閣の内容が報道される。
③ 文章の中間部分を略す。
④ 大事な部分を気に留める。
⑤ 陸上キョウギに打ちこむ。
⑥ 主君にチュウギをつくす。
⑦ 身体ケンサを受ける。
⑧ 相手の事情をスイサツする。
⑨ 年末年始の計画をネる。
⑩ お盆《ぼん》にハカ参りをする。

問二 次の1～3の四字熟語《じゅくご》には誤《あやま》った字が一つずつあります。例にならってそれぞれ正しく書き直しなさい。

[例] 三寒四音　音 → 温
1 玉夕混交　□ → □
2 日新月歩　□ → □
3 無賀夢中　□ → □

問三 次の1・2の□にはそれぞれ漢字一字が入ります。例にならって、四つの熟語が完成するように当てはまる漢字を答えなさい。矢印の向きに注意すること。

[例]
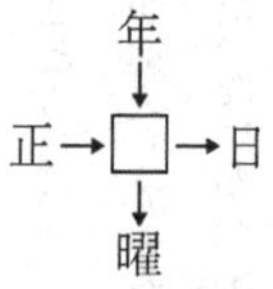

上から反時計回りに「年月・正月・月曜・月日」となるので、答えは「月」

1
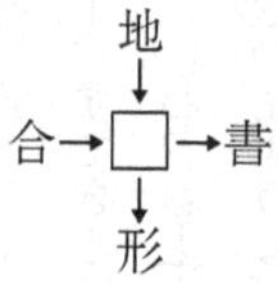

2
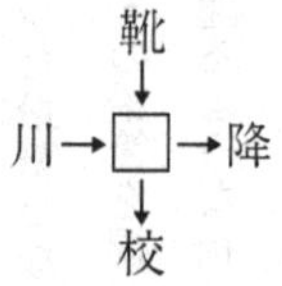

[二] **次の文章を読み、後の問いに答えなさい。（句読点や記号も一字にかぞえること。本文の行末にある数字は行数です。）**

イコが疎開《そかい》先の学校から大山女学校に移ってから、もう一年以上が経とうとしていた。

三年生になったばかりのある日、一人の編入生が現れた。

「利《り》道子《みちこ》さんです」

担任《たんにん》の飯田先生が言った。同時にその編入生は深くお辞儀《じぎ》をした。その後も、めがねをかけた顔を下に向けたまま立っていた。そのめがねのレンズは濃《こ》い藍色《あいいろ》をしていた。長く伸《の》ばした髪《かみ》の毛は横分けにされ、片《かた》方《ほう》が顔半分を覆《おお》うようにたれ下がっていて、手でその先を引っ張るように握《にぎ》っていた。

2024 年度

細田学園中学校入試問題（第２回）

【算　数】（50分）　＜満点：100点＞

【注意】
・コンパス，定規，分度器などは使用してはいけません。
・円周率は3.14とします。
・円すいの体積は（底面積）×（高さ）÷３で求められます。
・問題に書かれている図は正確とは限りません。

1　次の □ にあてはまる数を求めなさい。

(1)　$\left(\dfrac{3}{4}+\dfrac{2}{5}\right)\times\left(\dfrac{3}{4}-\dfrac{2}{5}\right)=$ □

(2)　$(5+$ □ $\times 15)\times\left(\dfrac{1}{3}+\dfrac{1}{6}\right)=25$

(3)　□ × □ ＝17×17－８×８　（ □ には同じ数字が入る）

(4)　$\dfrac{1}{5\times6\times7}+\dfrac{1}{6\times7\times8}+\dfrac{1}{7\times8\times9}+\dfrac{1}{8\times9\times10}=$ □

2　次の □ にあてはまる数を求めなさい。

(1)　A，Bにはそれぞれ，１から９までの整数が入ります。A×Bの値が３の倍数になるものは □ 個あります。ただしAとBには同じ数字が入ることもあります。

(2)　下図の平行四辺形ABCDについて，EはCD上の点であり，FはACとBEが交わる点です。AF：FC＝２：１のとき，平行四辺形ABCDの面積は三角形CEFの面積の □ 倍です。

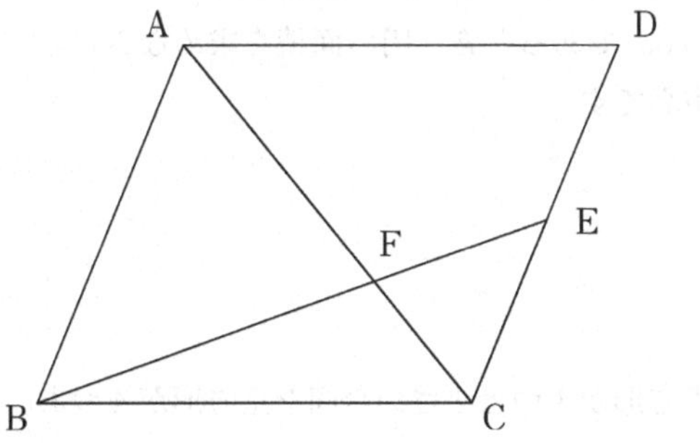

(3)　□ 人でたくさんの荷物を運ぶことになりました。１人当たり５個の荷物を運ばなければならない計算でしたが，新たに３人手伝いに来てくれたので，１人当たりの荷物の量が４個になりました。

(4)　次のページの図の立方体と三角すいの体積比はもっとも簡単な整数比で表すと □ ： □ です。ただし，三角すいの頂点は立方体の上面の正方形の中心です。

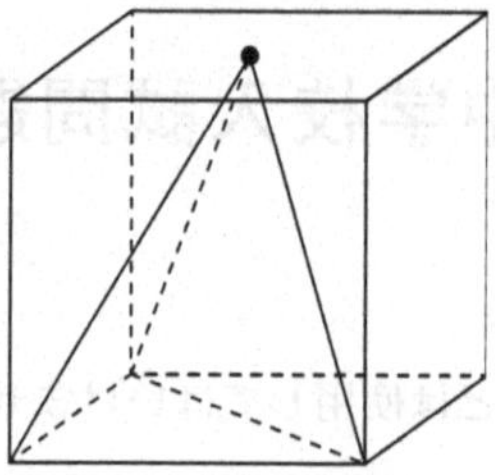

⑸　地点ＸにＡさん，地点ＹにＢさんがいます。地点Ｘと地点Ｙは1250m離れており，Ａさんは地点Ｙに向かって分速100mで，Ｂさんは地点Ｘに向かって分速150mで同時に移動し始めました。Ａさんと Ｂさんが出会うのは［　　］分後です。

⑹　$\{a \bigcirc b\}$ を，a を２回かけたものと b の合計とします。例えば，$\{2 \bigcirc 3\} = 2 \times 2 + 3 = 7$ です。このとき，$\{6 \bigcirc 4\} - \{4 \bigcirc 6\} = \{x \bigcirc y\}$ をみたす整数 x，y の組は［　　］通りあります。

⑺　ビーカーＡには濃度８％の食塩水が500ｇ，ビーカーＢには濃度14％の食塩水が500ｇ入っています。ビーカーＡから300ｇ，ビーカーＢから［　　］ｇ取り出して空のビーカーＣに入れてかき混ぜたところ，濃度9.5％の食塩水ができました。

3　右の図１，図２，図３について以下の問いに答えなさい。

⑴　図１は円の内側に正方形が接しています。円の面積が 15.7cm^2 であるとき，正方形の面積を求めなさい。

図１

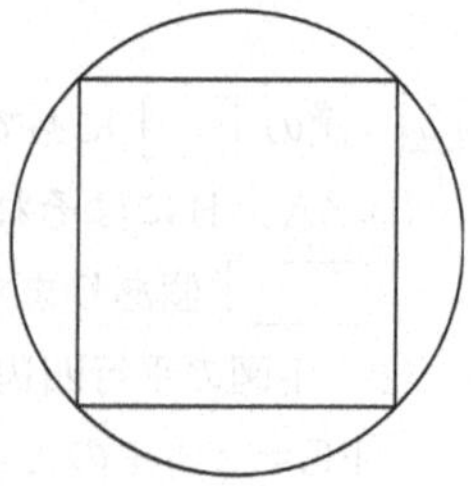

⑵　図２は円と正方形であり，２つの図形は１点で交わっています。正方形の面積が 3cm^2 であるとき，円の面積を求めなさい。ただし，点Ｏは円の中心です。

図２

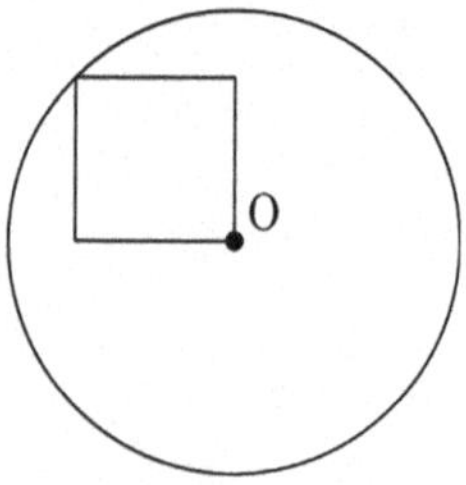

⑶　図３は円と大きい正方形が１つと小さい合同な正方形が４つあり，右のように配置されています。また，点Ｏは円の中心です。このとき，弧ＡＢを含む斜線部分をＰ，弧ＢＣを含む斜線部分をＱとします。
「Ｑの面積」－「Ｐの面積」＝ 5cm^2 であるとき，円の面積を求めなさい。

図３

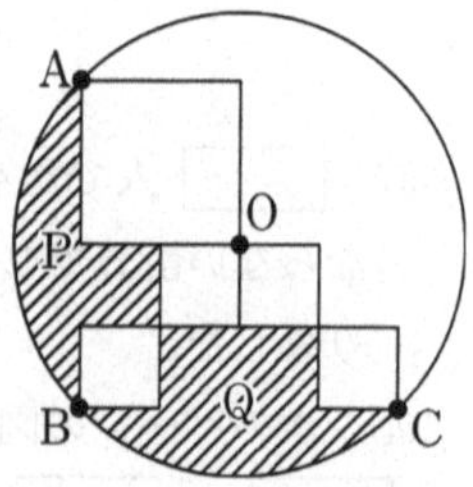

4 H，O，S，O，D，Aの6文字を並び変えて文字列を作ります。作られた文字列を辞書順に上から並べていきます。下の例は，最初の3つの文字列を並べたものです。

1番目　ADHOOS

2番目　ADHOSO

3番目　ADHSOO

このとき，次の問いに答えなさい。

(1)　4番目の文字列を求めなさい。

(2)　文字列ADSOOHは何番目の文字列か求めなさい。

(3)　文字列HOSODAは何番目の文字列か求めなさい。

5 2以上の整数pで，0でない整数aを割ることのできる回数を$\left(\dfrac{a}{p}\right)$と表すことにします。

例えば，24＝2×2×2×3であり，24は2で3回割ることができるため，

$\left(\dfrac{24}{2}\right)=3$です。

(1)　$\left(\dfrac{1134}{3}\right)$はいくつになりますか。

(2)　$\left(\dfrac{a}{4}\right)=2$となるような2桁の整数$a$はいくつありますか。

(3)　a，pがともに2以上99以下の整数のとき，$\left(\dfrac{a}{p}\right)$は最大でいくつになりますか。

【理　科】（30分）　＜満点：50点＞

1　以下の問いに答えなさい。

問１　ある電熱線に乾電《かんでん》池《ち》を１個つなぐと，0.8Aの電流が流れました。この電熱線を，長さは等しく直径が２倍の電熱線に変えると，流れる電流は何Aになりますか。正しいものを次から選び，記号で答えなさい。

ア．0.2A　イ．0.4A　ウ．1.6A　エ．3.2A

問２　体積200cm^{3}の物体を水に浮《う》かべたところ，20cm^{3}が水面より上に出ていました。このとき，この物体の重さは何ｇですか。正しいものを次から選び，記号で答えなさい。

ア．20ｇ　イ．80ｇ　ウ．180ｇ　エ．200ｇ

問３　ギターのげんをはじいて出す音についての説明で，正しくないものはどれですか。次から選び，記号で答えなさい。

ア．げんの太さが同じ場合，げんを短くするほど高い音が出る
イ．げんの長さが同じ場合，太さが細いげんほど高い音が出る
ウ．長さと太さが同じ場合，強くげんをはじくほど高い音が出る
エ．長さと太さが同じ場合，げんにはたらく力を強くすると高い音が出る

問４　ある水溶液《すいようえき》にBTB溶液を加えたところ黄色になった。この溶液を調べるのに不適切なものはどれか。次から選び，記号で答えなさい。

ア．フェノールフタレイン溶液　イ．青色リトマス試験紙
ウ．紫キャベツ液　エ．メチルオレンジ

問５　融点《ゆうてん》が最も高い物質はどれか。次から選び，記号で答えなさい。

ア．二酸化炭素　イ．水銀
ウ．水　エ．アルミニウム

問６　陸上に卵を産む動物を次から選び，記号で答えなさい

ア．ヘビ　イ．カエル　ウ．メダカ　エ．ウニ

問７　子房《しぼう》がなく，はいしゅがむき出しになっている植物を次から選び，記号で答えなさい。

ア．タンポポ　イ．ススキ　ウ．アサガオ　エ．イチョウ

問８　だ液が分解するものを次から選び，記号で答えなさい。

ア．アミノ酸　イ．タンパク質　ウ．デンプン　エ．脂肪《しぼう》

問９　日本において，1年の中で昼の時間が最も長くなるのはいつですか。正しいものを次から選び，記号で答えなさい。

ア．春分の日　イ．秋分の日
ウ．冬至の日　エ．夏至の日

問10　川の下流の様子として，正しくないものを次のア～エから１つ選び，記号で答えなさい。

ア．水の流れが上流と比べて速い
イ．川幅《はば》が上流と比べて広い
ウ．小石や砂などが多い
エ．石や砂の形は丸いものが多い

2 次の文章と図を見て，あとの問いに答えなさい。

はるきさん「今日はスーパームーンだから夜空を眺《なが》めると美しい月が観察できるって，ニュースで聞いたよ」

ひろとさん「スーパームーンって何ですか？」

はるきさん「理科の教科書にはのってない言葉だね，ＡＩチャットで聞いてみよう。」

＜ＡＩチャットの回答＞

> こんにちは，スーパームーンとは，1年に12～13回見える満月のうち，最も大きく明るく見える満月を言います。スーパームーンの時は，平均的な満月よりも約５％大きく，約13%明るく見えます。スーパームーンは天文学の正式な用語ではなく，占星術《せんせいじゅつ》に由来するものであると言われています。スーパームーンを観察する際には，日没《にちぼつ》直後や地平線近くの月が大きく感じられることがあります。スーパームーンには不思議な力があると言われているので，願い事をしてみるのもいいかもしれませんね。
>
> 詳細《しょうさい》情報
>
> www.xxx.sp-moon.com

ひろとさん「私たちが見ている夜空の月の明るさって，1年を通じていつも同じではないんだね，気がつかなかった。」

はるきさん「どうゆう原理で，いつもより大きくて明るい満月になるんだろう？月は太陽の光を反射して光っていて，月の満ち欠けは，太陽と地球と月の位置関係で決まるんだよね。そして，太陽と地球と月が一直線の位置にあるとき満月に見えるはず。理科の本ではこんな図で説明されているよ」

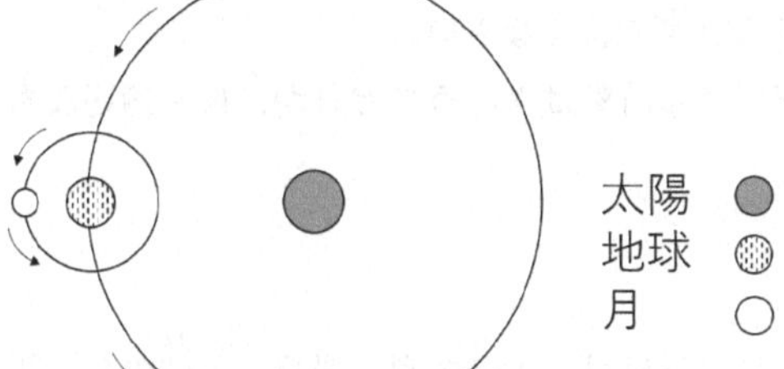

※天の北極から見た図

はるきさん「でも実際はこんな関係になっていて」

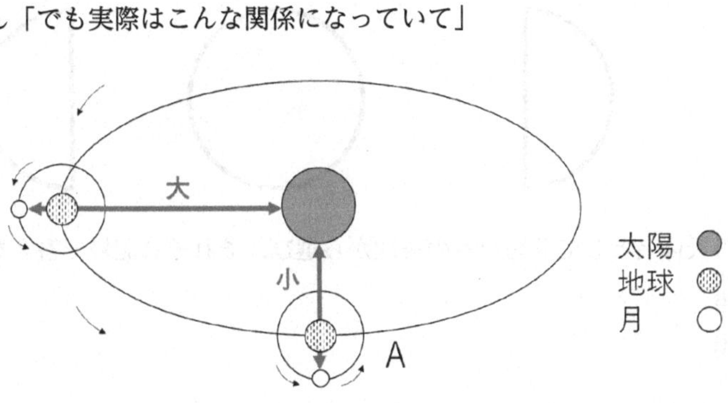

※天の北極から見た図

はるきさん「一年を通じて太陽と月の距離《きょり》が変わり，反射される光の量が変わって見かけの大きさが変わるんじゃないかな。この図なら，太陽と地球と月の位置関係がＡのとき，太陽と月の距離が一年で最も近いから，最も大きく明るく見える満月スーパームーンになるはず」
ひろとさん「ちょっと待って，こんな関係でも説明できるよ」

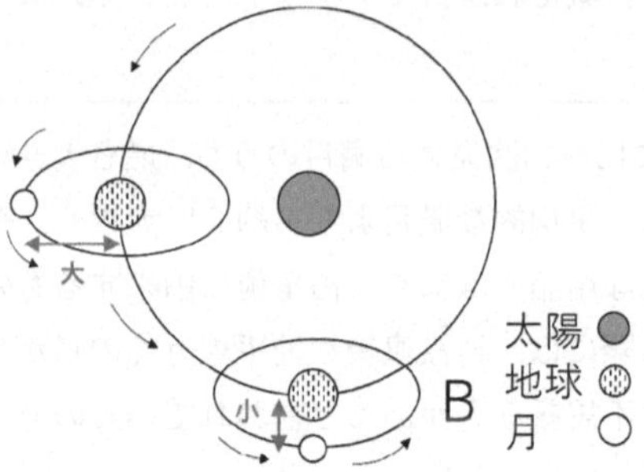

※天の北極から見た図

ひろとさん「一年を通じて地球と月の距離が何度も変わるから，地球に近いときの満月と，地球から遠いときの満月で見かけの大きさが変わるんじゃないかな。この図なら，太陽と地球と月の位置関係がＢのとき，地球と月の距離が一年で最も近い満月だから，最も大きく明るく見える満月スーパームーンになるはず」
はるきさん「どちらでも説明できそうで，わからなくなってきたなあ」

問１　月の満ち欠けは，太陽と地球と月の位置関係で決まります。地球が太陽の周りを一年間かけて一周することを表す用語を，漢字二文字で答えなさい。

問２　東京付近の南の空で満月を観察できる時刻は次のうちどれか，最も適切なものを選び記号で答えなさい。

ア．夕方　　　イ．真夜中
ウ．明け方　　エ．正午

問３　月の満ち欠けは，新月から始まり，三日月，上弦《じょうげん》の月，満月，下弦《かげん》の月，新月という順番で起きます。次のうち上弦の月のかたちはどれか，最も適切なものを選び記号で答えなさい。

ア．　　イ．　　ウ．　　エ．

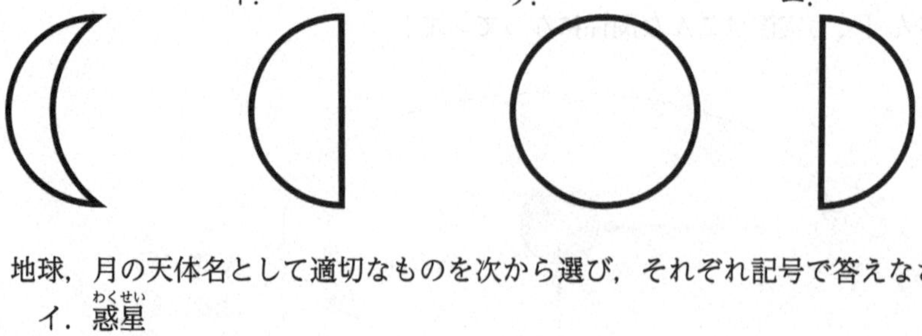

問４　太陽，地球，月の天体名として適切なものを次から選び，それぞれ記号で答えなさい。

ア．準星　　イ．惑星《わくせい》
ウ．恒星《こうせい》　　エ．衛星

問５　スーパームーンが観察できる仕組みとして，はるきさんの説明，ひろとさんの説明のどちらが適切でしょうか。参考データ①～③を用いて検討し，

「（　あ　）さんの説明が適切だと考える。

なぜならば（　い　）のデータを考慮《こうりょ》すると，（　う　）であるから」

という形であなたの考えを書きなさい。

参考データ①

2023年に最も大きく明るく見えた満月と，最も小さく暗く見えた満月の大きさ

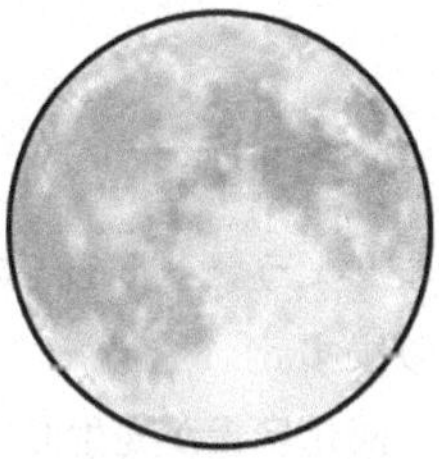

最も大きく明るく見えた満月
(8月31日)

最も小さく暗く見えた満月
(2月6日)

『理科年表より抜粋（一部改変）』

参考データ②　太陽と地球，地球と月の距離（中心同士の距離）

太陽と地球の距離	最も近いとき	約１億4700万km
	最も遠いとき	約１億5200万km
地球と月の距離	最も近いとき	約35万7000km
	最も遠いとき	約40万6000km

『理科年表より抜粋（一部改変）』

参考データ③　太陽，地球，月の大きさ（直径）

太陽	約140万km
地球	約１万2700km
月	約3500km

『理科年表より抜粋（一部改変）』

３　次の文章と次のページの図を見て，あとの問いに答えなさい。

Ａ君と先生が理科室で会話しています。

Ａ君「先生，この前キャンプに行ってきました。キャンプでは火をつけるのに苦労しました。そこで気になったのですが，キャンプで起こした火とキッチンのガスコンロの火の色が違うのはなぜですか」

先生「同じ火なのに色が違《ちが》いますね。それは火の温度や取り込《こ》む空気の量によって異なってくるの

ですよ。実はろうそくの炎《ほのお》でも色の変化は観察できます」

Ａ君「そうなんですね。ぜひ観察したいです。」

二人はろうそくの燃え方とものが燃えるということについて考えることにしました。

先生「まずものが燃えるのには３つの条件があります」

Ａ君「先生，燃焼の条件は知っています

条件１．燃えるものがあること

条件２．酸素（新しい空気）があること

条件３．発火点以上の温度があること

ですよね」

先生「さすがＡ君，その通りです。ではろうそくについて考えてみましょう。ろうそくの炎は３つの層に分かれています。また層によって，それぞれ特徴《とくちょう》があります。

・外炎《がいえん》：最も温度が高い部分。空気中の酸素と炭素が反応し二酸化炭素が発生している。

・内炎《ないえん》：最も（　ア　）部分。酸素が足りず不完全燃焼している。すすが残っている。

・（　イ　）：最も温度が低い部分。ガラス管を入れると白い煙《けむり》が出てくる」

問１　会話文中の（ア）に当てはまる性質を示す言葉を答えなさい。また（イ）に当たる部分はどこか，解答らんの図をぬりつぶしなさい。

問２　ガラス棒を炎の中に置いたとき，どの部分にすすがつくか図に書き込みなさい。

問３　以下の文はものが燃える条件のどの部分に着目しているか。文中の条件１～３から選び，数字で答えなさい。

⑴　江戸《えど》時代の火消しの活動

近くの建物や構造物をこわして取り払《はら》い，延焼を防ぐ。

⑵　使用後のアルコールランプにふたをして火を消す。

問４　人類が最初に手にした火は，落雷や火山の噴火《ふんか》による自然火災によってもたらされたものだと考えられています。あなたが火を起こさなくてはならない場合，以下の道具を用いてどのようにして火を起こしますか。火の起こし方を考えられるだけ書きなさい。

道具

虫眼鏡	わら	白紙	鉛筆《えんぴつ》	導線
鉄板	まっすぐな枝	平たい木板	紙やすり	はさみ
石ころ	ペットボトル	凹面鏡《おうめんきょう》	竹筒《たけづつ》	ぞうきん
乾電池《かんでんち》	ガラス	卵	アルミホイル	かれ葉

【社　会】（30分）　＜満点：50点＞

1　以下の文章を読んで，後の問いに答えなさい。

昨年６月，［１］山梨県の長崎知事は県内の人口の減少に歯止めがかからない状況《じょうきょう》を受け，全国で初めて「人口減少危機《きき》突破《とっぱ》宣言《せんげん》」を発表しました。2021年～2022年に人口が増加した都道府県は［２］東京都だけで，ほかの46道府県はすべて人口が減少しました。人口の減少は生産人口の減少を招き，国力の低下にもつながります。また，経済《けいざい》力が衰《おとろ》えると医療《いりょう》や福祉《ふくし》などの行政サービスの質が低下するおそれもあります。人口の減少はさまざまな分野に影響《えいきょう》を及《およ》ぼすため，人口問題を解決するための対策《たいさく》は，地方だけではなく国をあげて取り組むべき重要な案件と言えます。

ところで，日本で人口問題というと人口の減少や少子高齢《こうれい》化ととらえられますが，世界ではどうでしょうか。［３］世界人口は日本とは反対に増加の一途《いっと》をたどっています。今や世界人口は80億人に達していますが，上位２国の中国と［４］インドだけで30億人近い人口を抱《かか》えています。人口が増加するということは，その分だけ［５］食料や［６］電気などのエネルギーが必要になり，資源《しげん》の枯《こ》渇《かつ》や環境破壊《かんきょうはかい》の進行を早めます。つまり，人口の増加もまた，問題を生むことがあるのです。

人口問題は将来《しょうらい》にわたって住み続けられる地球を目指すSDGsの取り組みにも大きくかかわる問題と言えます。人口問題はそれぞれの国や地域《ちいき》によって内容が異《こと》なり，影響や原因もさまざまです。しかし，人口問題の動向は将来のみなさんにとっても大きな意味を持つため，受験勉強としてではなく中学生になってからも常に意識をもっておいてほしい問題の一つです。

問１　下線部［１］について，山梨県で果樹栽培《かじゅさいばい》がさかんに行われている盆地《ぼんち》の名を，漢字で答えなさい。

問２　下線部［２］について，次の雨温図は，関東地方で最も人口が多い東京と札幌《さっぽろ》市・新潟市・高松市のいずれかのものです。東京の雨温図として正しいものを，以下のア～エから１つ選びなさい。

ア

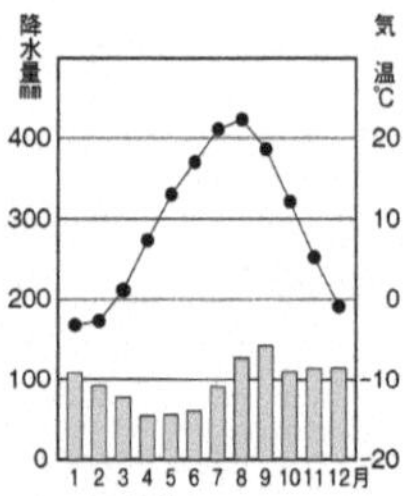

1年の平均《へいきん》気温 9.2℃
1年の降水《こうすい》量 1146.1mm

イ

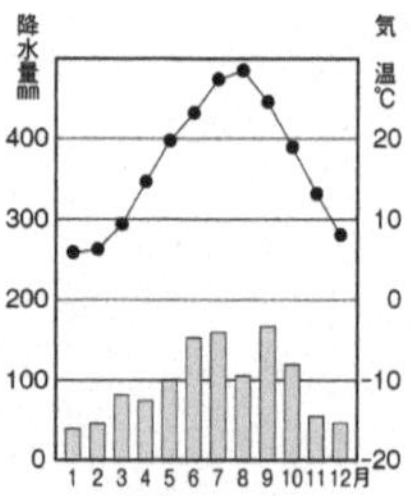

1年の平均《へいきん》気温 16.7℃
1年の降水《こうすい》量 1150.1mm

ウ

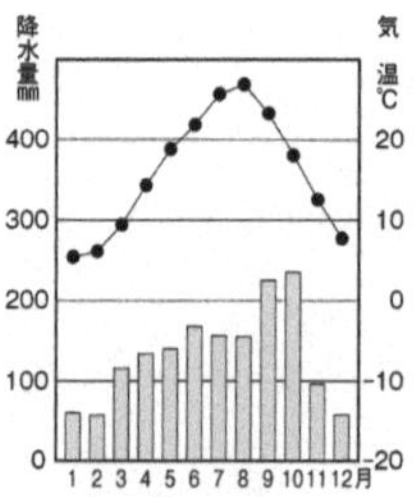

1年の平均《へいきん》気温 15.8℃
1年の降水《こうすい》量 1598.2mm

エ

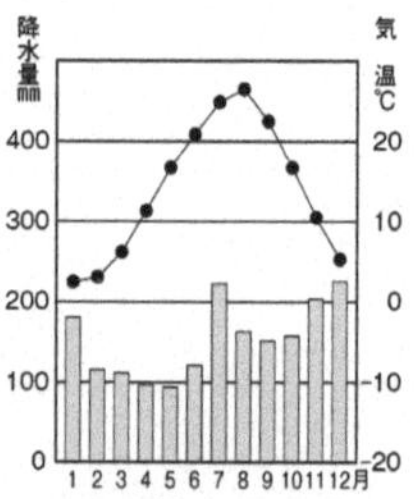

1年の平均《へいきん》気温 13.9℃
1年の降水《こうすい》量 1845.9mm

問３　下線部［３］について，次のページの図は世界の人口の地域別増加率（2000～2050年）の推《すい》移《い》を表したものです。この図から読み取れる内容を説明した文として正しいものを，後のア～エから１つ選びなさい。

ア　アフリカは人口増加率が最も大きいが，今後増加率は下がり続けると予測されている。

イ　コロナ禍《か》でオセアニアや北アメリカでは人口が減少したが，その後増加する予想である。

ウ　2030年～2050年の間で人口が減少すると予測されている地域はヨーロッパだけである。

エ　2025年の時点でアジアよりも人口増加率が小さい地域は３つある。

人口の増加率の推移（地域別、2000～2050 年）

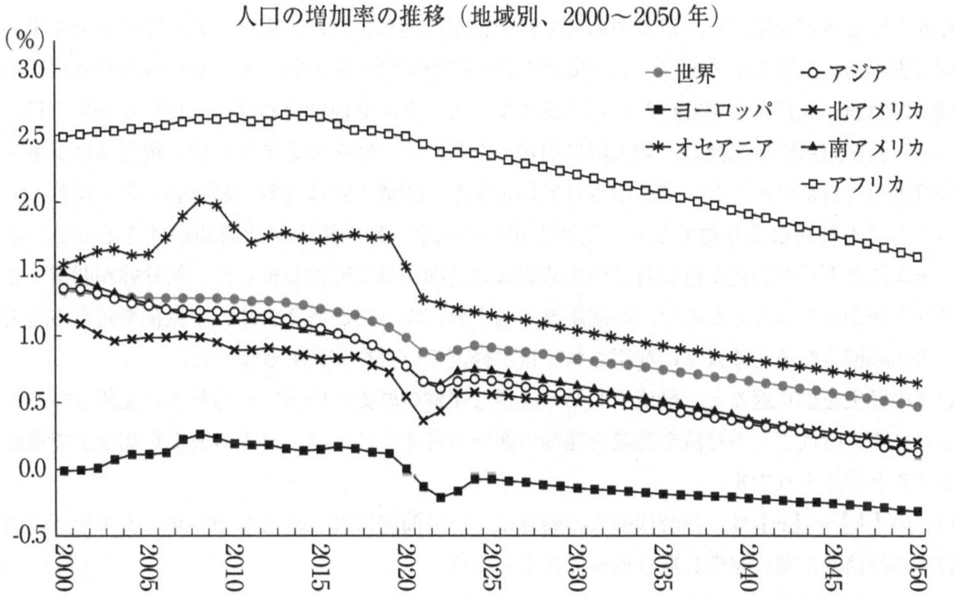

（総務省資料より作成）

問４　下線部［４］について，インドの大部分の人々が信仰《しんこう》している宗教《しゅうきょう》の名前を答えなさい。

問５　下線部［５］に関連して，日本が抱える食料問題について述べた次の文の空欄《くうらん》にあてはまるものを，カタカナで答えなさい。

> 日本は食料の多くを外国からの輸入に頼《たよ》っているにもかかわらず，食品の廃棄《はいき》量は世界ランキングで上位に位置しています。本来食べられるのに捨《す》てられてしまう（　　　）は環境にも悪影響を与《あた》えるため，これを削減《さくげん》するための取り組みが必要です。

問６　下線部［６］について，次の図は日本・ブラジル・ドイツ・中国の電源別発電電力量を表しています。日本にあたるものを以下のア～エから１つ選びなさい。

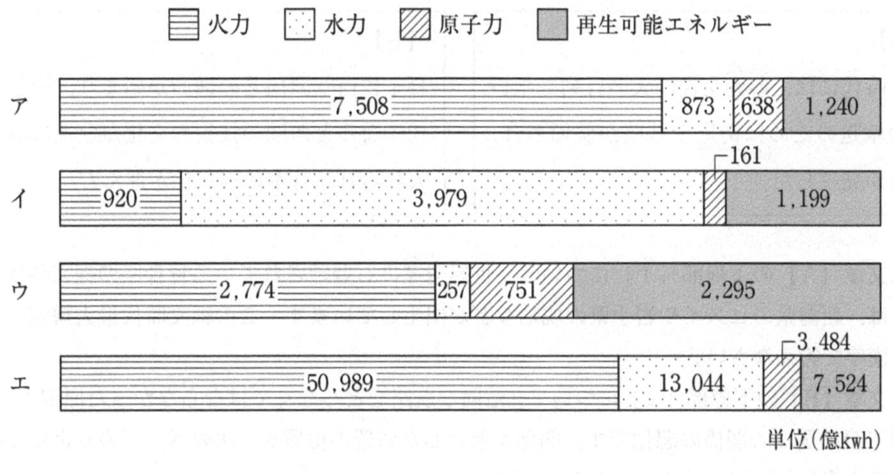

（データブック オブ・ザ・ワールド 2022より作成）

2 以下の文章を読んで，後の問いに答えなさい。

今からちょうど60年前に，日本で初めて新幹線が開通しました。東京－新大阪間を結ぶ東海道新幹線は世界初の高速鉄道であり，日本で最も古い歴史を持つ新幹線です。高度経済《けいざい》成長によって日本経済が急速に成長する中で行われた東京オリンピックの開催《かいさい》に合わせて，1964年10月１日に「ひかり１号」が東京駅を出発し，新大阪に向かったのがその歴史の始まりです。現在はビジネスマンや旅行者の「日常の足」として利用されていますが，開業当初は「夢の超《ちょう》特急」とよばれ，人々にとってとても特別な乗り物でした。開業１年目は東京－新大阪間を４時間かけて走っていましたが，翌年《よくとし》にはダイヤ改正が行われて所要時間は３時間10分に短縮《たんしゅく》しました。新幹線が開業する前は６時間半かかっていましたので，時間距離《きょり》が約半分になったと言えます。半世紀を超える歴史の中で，のべ65億人を超える人々に利用され，日本経済の成長を支えてきました。

日本の歴史を振《ふ》り返ると，経済や産業の成長と運輸の歴史は切っても切れない関係にあることがわかります。時代ごとの経済や産業を運輸の面から考えることは，日本の歴史を知る上で重要な意味があると言えそうです。

以下の【A】～【F】は，各時代の人の動きについて簡潔《かんけつ》にまとめたものです。人やモノの動きから日本の経済や産業の歴史を振り返ってみましょう。

【A】
[1]縄文時代の人々も船を使って遠方の地域との交流や交易を行っていたことが、出土品からわかっている。

【B】
奈良時代には中国の進んだ文化や政治制度を取り入れるために、遣唐使《けんとうし》が[2]危険を冒《おか》して派遣された。

【C】
平清盛が始めた日宋《にっそう》貿易によって銅銭《どうせん》が輸入されると、[3]鎌倉時代は貨幣《かへい》経済が発達し、産業がさかんになった。

【D】
室町時代には通行税をとるために[4]関所が設けられ、日野富子も通行税による収入を使って高い利子でお金を貸した。

【E】
江戸時代には、参勤《さんきん》交代の大名行列や年貢《ねんぐ》米の輸送のために[5]街道や航路が整備され、交通が発達した。

【F】
幕末に西欧諸国《せいおうしょこく》との通商が始まり、明治時代になると西欧の技術や文化が急速に取り入れられ、[6]日本の近代化が進んだ。

問１　文章【A】の下線部［１］について，世界遺産《いさん》にも登録されている青森県の縄文時代の遺跡《いせき》からは，新潟県のヒスイや岩手県の琥珀《こはく》などが出土しています。この縄文時代最大規模の遺跡の名を漢字で答えなさい。

問２　文章【B】の下線部［２］について，危険な航路をとらなくてはならなかった原因の一つが，朝鮮《ちょうせん》半島の国との関係の悪化です。関係が悪化した新羅《しらぎ》の位置を，次のページの６世紀ごろの朝鮮半島を表した地図中のア～エから１つ選びなさい。

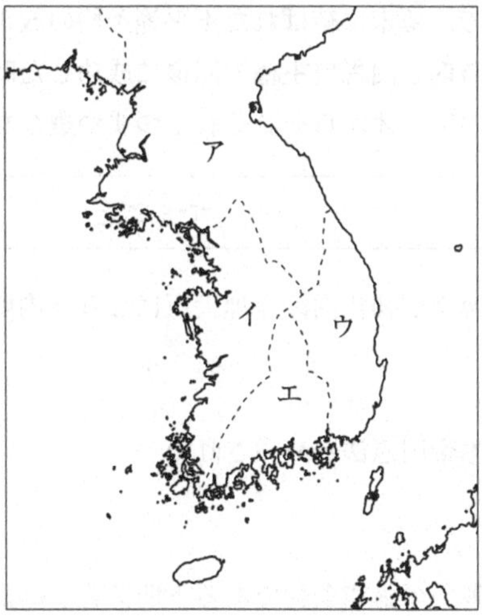

問３　文章【C】の下線部［３］に関連して，鎌倉時代の産業について説明した文として正しいものを，以下のア～エから１つ選びなさい。

ア　近畿《きんき》地方では米と麦をつくる二毛作が行われ，商品作物の栽培《さいばい》も始まった。

イ　備中ぐわや千歯こきが全国で使用されるようになり，生産力が向上した。

ウ　問丸が運送業に加えて高利貸しを行うようになり，武士の生活は苦しくなった。

エ　座《ざ》が解散させられたことで，市の税がなくなり自由な商業が可能になった。

問４　文章【D】の下線部［４］について，流通を促《うなが》すために関所の廃止《はいし》を徹底《てってい》した尾張《おわり》国出身の戦国大名の名を，漢字で答えなさい。

問５　文章【E】の下線部［５］について，右の地図は江《え》戸《ど》時代に整備された５つの街道のうち，4つを表しています。図中に示されていない街道を，以下のア～オから１つ選びなさい。

ア　東海道

イ　中山道

ウ　日光街道

エ　甲州《こうしゅう》街道

オ　奥州《おうしゅう》街道

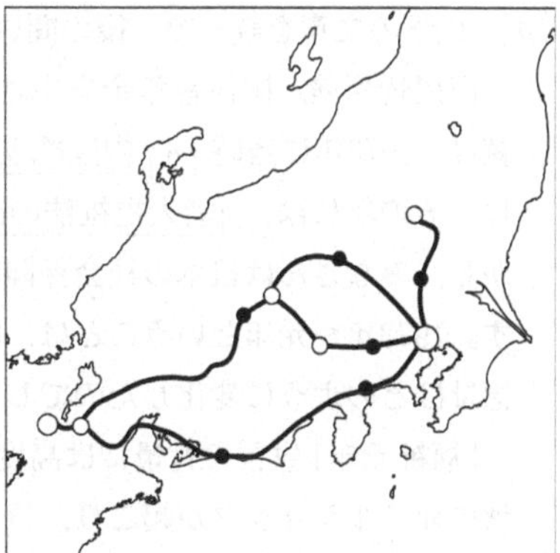

問６　文章【F】の下線部［６］について，後の①・②の問いに答えなさい。

①　明治政府は日本の近代化を進めるために，土地に関する新しい経済政策《せいさく》をとりました。この政策について説明した文として正しいものを，あとのア～エから１つ選びなさい。

ア　地主の土地を強制的に買い上げて小作人に安く売り渡《わた》し，自作農を増やした。

イ　全国の農地や屋敷《やしき》地の面積を測って収穫《しゅうかく》高を定め，土地の耕作者に年貢《ねんぐ》を納《おさ》めさせた。

ウ　土地と人民を国のものとし，人々には年齢《ねんれい》や性別によって納税や労役の義務を課した。

エ　土地の所有者に地券《ちけん》を発行し，地価の３％を税として現金で納めさせた。

② 日本は近代化される中で，幕末《ばくまつ》に結ばれた不平等条約の改正に取り組み，成功しました。治《ち》外法権《がいほうけん》の撤廃《てっぱい》に成功した時期と関税自主権の回復に成功した時期を，日本が近代化していく過程をまとめた次の年表中のア～オからそれぞれ１つずつ選びなさい。

年	できごと
1885	伊藤《いとう》博文が初代内閣《ないかく》総理大臣になり、内閣制度が開始した
	ア
1889	大日本帝国《ていこく》憲法が発布された
	イ
1895	日清戦争の講和条約である下関条約が結ばれた
	ウ
1905	アメリカのポーツマスで日露《にちろ》戦争の講和条約が結ばれた
	エ
1910	韓国《かんこく》を併合《へいごう》し、朝鮮半島で武力による植民地支配を始めた
	オ

3 以下の文章を読んで，後の問いに答えなさい。

国民皆《かい》保険，国民皆年金を中軸《ちゅうじく》とする日本の[1]社会保障《ほしょう》制度は高度経済《けいざい》成長を背景《はいけい》に拡充《かくじゅう》を続け，1973年に当時[2]内閣《ないかく》総理大臣を務めていた田中角栄が「福祉《ふくし》元年」を宣言《せんげん》しました。実際に，その年には[3]老人福祉法の改正や年金制度の改正が行われ，福祉の充実が図られました。しかし，みなさんは日本の社会保障制度が現在，多くの問題を抱《かか》えていることを知っていると思います。1973年が元年ということは，昨年は「福祉50周年」ということになります。この50年で日本の福祉はどのように変化したのでしょうか。

「福祉元年」宣言の背景には高度経済成長による豊富な財源《ざいげん》がありましたが，宣言が出された年の秋にオイルショックが起こり，日本は好景気から一転，不景気に見舞《みま》われました。手厚い福祉政策《せいさく》も[4]財政を圧迫《あっぱく》しました。1990年代にはバブルの崩壊《ほうかい》があり，「失われた30年」とも言われる日本経済の停滞《ていたい》がここに始まりました。さらに（　５　）化か進んだことで国際競争が激《はげ》しくなり，企《き》業《ぎょう》経営が厳《きび》しくなった結果，日本の社会保障の前提であった終身雇用《こよう》制や年功序列賃金《ちんぎん》制の形にも変化が見られるようになりました。少子高齢《こうれい》化も加速するなかで，多様な働き方に対応した法整備も進み，年金の支給開始年齢の引き上げや定年延長《えんちょう》に対する施策《しさく》も進みましたが，今も雇用基盤《きばん》や家族形態の変化，[6]貧困《ひんこん》や格差の問題，世代間の不公平など抱える課題は山積みです。

社会保障は小学生の皆さんの生活にも深くかかわっています。「福祉元年」から半世紀が過ぎた今，これからの社会保障のあり方について考えてみましょう。

問１　下線部［１］について，社会保障制度は生存権《せいぞんけん》を国が保障し，福祉社会を実現するために必要な制度です。生存権について規定した，次の憲法《けんぽう》の条文内の空欄《くうらん》Ｘ・Ｙにあてはまる数字と言葉を，それぞれ答えなさい。

> 第（　Ｘ　）条
> すべて国民は（　Ｙ　）で文化的な最低限度の生活を営む権利を有する。

問２　下線部［２］に関連して，内閣総理大臣が首長を務める内閣の仕事について説明した文として正しいものを，以下のア～エから１つ選びなさい。

ア　最高裁判《さいばん》所の長官を指名し，その他の裁判官を任命する。

イ　行政に必要な政令や条例を，国会が制定した法律《ほうりつ》にもとづいて制定する。

ウ　裁判官をやめさせるかどうかの弾劾《だんがい》裁判を行う。

エ　衆議院と参議院の解散や臨時《りんじ》国会の召集《しょうしゅう》を決定する。

問３　下線部［３］に関連して，法律の制定や改正は国会で行われますが，法律案を国会に提出できる人や機関を，以下のア～キからすべて選びなさい。

ア　衆議院議員　　イ　参議院議員　　ウ　内閣総理大臣

エ　最高裁判所裁判官　　オ　内閣　　カ　天皇《てんのう》

キ　都道府県知事

問４　下線部［４］に関連して，次の図は歳出《さいしゅつ》の主要経費別推移《すいい》を表したものです。図中の※にあたる費用を，後のア～エから１つ選びなさい。

一般会計歳出の主要経費別推移

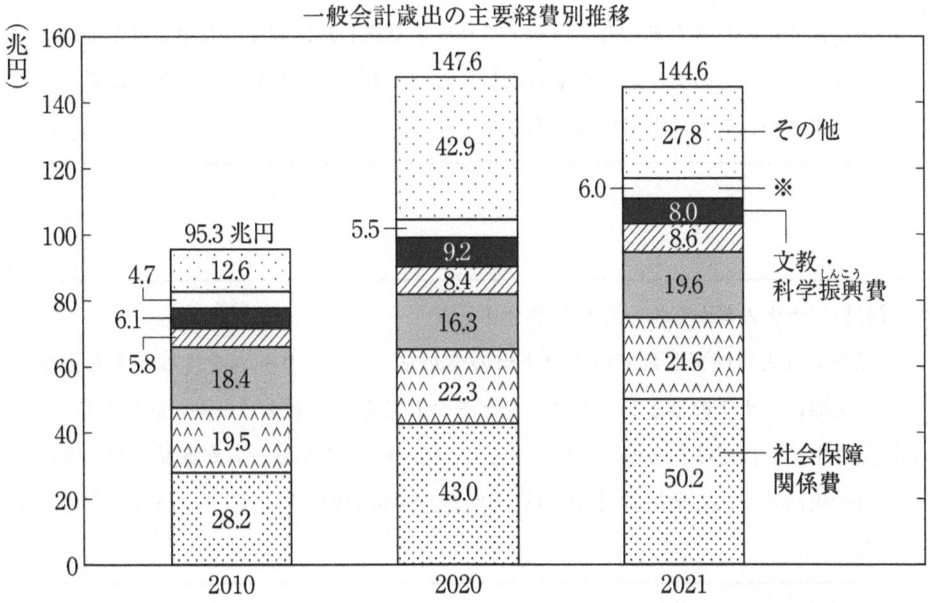

（日本国勢図会 2023/24より作成）

ア　国債《こくさい》費　　イ　防衛関係費　　ウ　地方交付税交付金　　エ　公共事業関係費

問５　空欄（５）には，人や資本，情報が国境をこえて移動し，世界規模《きぼ》でやりとりされることを表す語句が入ります。空欄（５）にあてはまるものを，カタカナで答えなさい。

問６　下線部［６］に関連して，日本に暮《く》らす子どものうち７人に１人が「相対的貧困」にあると言われています。子どもの貧困について説明した次の文の空欄（Ｚ）にあてはまるものを答えなさい。

> 子どもの貧困は，経済的な困窮《こんきゅう》にとどまらず，学習面や生活面，心理面などさまざまな面において，子どものその後の人生に影響《えいきょう》を及《およ》ぼします。子どもの貧困の問題や児童虐待《ぎゃくたい》，いじめなど，現代の子どもが直面している問題に対応し，子ども関連政策の司令塔《とう》となる行政機関として2023年４月に（　Ｚ　）庁《ちょう》が発足しました。

４　以下の文章を読んで，後の問いに答えなさい。

細田学園高等学校では，2022年度から新しい教科「FDC」がはじまりました。FDCとは，Future Design and Creation（フューチャーデザイン＆クリエーション）の略称《りゃくしょう》で，本校独自のキャリア教育です。生徒が自ら考えたテーマについて研究し，実際にそのテーマに沿った社会課題の解決をめざしてアクションしていきます。あとの【A】～【C】は，実際に生徒たちが活動した内容を発表したものです。

【A】誰《だれ》もが安心して利用できるバス

私《わたし》たちは、車椅子《いす》の方やお年寄り、小さな子を連れている方が安心して利用できるバスを作りたいと考えました。バリアフリーを意識した内装《ないそう》や、鉄道会社と連携《れんけい》したアプリケーションのアイデアを生み出し、大学の方に協力していただきながら、アイデアをまとめコンテストに出展《しゅってん》しました。

【B】バナナの葉から作ったハンドクリーム

私たちは大量廃棄《はいき》されているバナナの葉からハンドクリームを作ろうと考えました。実際にバナナの葉とシアバターなどを合わせたハンドクリームの試作品を作り、抗菌《こうきん》作用がどれだけあるのか実験しました。このハンドクリームが商品化すれば、原材料の生産地である発展途上《とじょう》国の貧困《ひんこん》問題や衛生問題の解決につながるかもしれません。

【C】お米の廃棄を減らす“ライスバーガー”

私たちは大量に廃棄されているお米を救うため、ライスバーガーを作り、販売《はんばい》しようと考えました。材料は志木市で生産されたものを使用し、実際に販売をしてくれる業者を探《さが》しました。

その結果、埼玉県内のお店でライスバーガーを販売していただけることになりました。今後はこの動きを全国にも広げていきたいと考えています。

2024年は，パリで夏季オリンピックが開催《かいさい》される予定です。それぞれの国を代表するトップアスリートたちの活躍《かつやく》からは目を離《はな》せません。彼らのプレーを見るのが今から待ち遠しいですね。

開催されるたびに世界中の人々を熱狂《ねっきょう》させる近代オリンピックですが，そもそもいつから，どのような理念のもとで開催されるようになったのでしょうか。

近代オリンピックの提唱者は，「近代オリンピックの父」とも呼《よ》ばれているフランス人のピエール・ド・クーベルタンです。 1863年にパリで生まれた彼は，教育に関心を持つようになります。そして，20歳《さい》の時にパブリックスクールを視察《しさつ》するために訪《おとず》れた①イギリスで，スポーツに励《はげ》む大学生たちの姿《すがた》に深い感銘《かんめい》を受けました。そして世界各国を巡《めぐ》ったのちに，「スポーツを通して心身を向上させ，さらには文化・国籍《こくせき》など様々な差《さ》異《い》を超《こ》え，友情，連帯感，フェアプレーの精神をもって理解し合うことで，平和でよりよい世界の実現に貢献《こうけん》する」というオリンピックの理念を提唱するようになります。 1896年にアテネで第１回大会が開催されて以降《いこう》，②世界大戦の影響《えいきょう》を受けて中止になったこともありましたが，平和を願うその理念とともに大会は今もなお開催され続けています。

しかし，現在の世界を見てみると，決して平和であるとは言えないでしょう。世界のいたるところで武力による③対立が生じています。夏季オリンピックが開催される2024年だからこそ，オリンピックの理念となっている「平和でよりよい世界の実現」のためにできることを考え直してみるのもいいかもしれませんね。

問１　下線部①について，イギリスに関連した文として，正しくないものを，以下のア～エから一つ選び，答えなさい。

ア　2022年９月８日に，在位70年を誇《ほこ》ったエリザベス女王が死去した。

イ　2016年の国民投票を経て，2020年１月31日にイギリスがＥＣから離脱《りだつ》した。

ウ　ロシアの南下を警戒《けいかい》したイギリスは，1902年に日本と日英同盟《どうめい》を締結《ていけつ》した。

エ　18世紀のイギリスでは，「産業革命《かくめい》」と呼ばれる社会経済《けいざい》上の変革が生じた。

問２　下線部②について，1919年にフランスで結ばれた第一次世界大戦の講和条約として正しいものをア～エから答えなさい。

ア　ベルリン条約　　　イ　ポーツマス条約

ウ　ヴェルサイユ条約　　エ　パリ条約

問３　下線部③について，2022年ロシアが隣国《りんごく》ウクライナに軍事侵攻《しんこう》を行いました。ウクライナの首都を答えなさい。

問４　本校生徒による発表内容の要約【A】～【C】について，以下の①・②の問いに，根拠《こんきょ》となる理由も合わせて自分の考えを述べなさい。なお①・②で同じ案を取り上げても構いません。

①あなたが志木市の住民であったら，どの活動が最もすばらしいと感じますか。

②案を１つ選び，実現するまで，もしくは実現した時の問題・課題を１つあげ，その問題の解決策《さく》を考えなさい。

問三　——線部②「こうした多様性」とありますが、どのようなことを指していますか。最も適当なものを次の中から選び、記号で答えなさい。

ア　目が見えない人が、視覚が使えない分それ以外の感覚がすぐれていることを利用して、必要な用事をうまくこなしていること。

イ　目が見えない人に社会的地位を保障するために、特別視による神聖化が可能な職業がいくつも生み出されてきたということ。

ウ　目が見えない人の中には、物の場所を知るために聴覚や触覚を利用する人もいれば、他の人にたずねる人もいるということ。

エ　目が見えない人は、目が見える人には使うことのできない特別な方法を使わなければ物の位置を知ることができないこと。

問四　——線部③「見えない世界でも同じように『点字離れ』が進んでいます」とありますが、それはなぜだと考えられますか。適当なものを次の中から二つ選び、記号で答えなさい。

ア　点字を理解し使いこなせるようになっても、触覚を鋭くすることにつながるとは言えないから。

イ　小学校高学年までに習っておかなければ、点字を使いこなすレベルで習得することはできないから。

ウ　書かれた文章が電子化されることで、音声読み上げソフトを使って耳で聞くことができるようになったから。

エ　様々な電子機器が扱《あつか》えるようになり、インターネットを通して情報を収集できるようになったから。

オ　時代の変化にともなって、駅の案内板などごく限られた場所でしか点字が使われなくなってきたから。

問五　——線部Ｘ「『すごい！』ではなく『面白い！』と言うようにしています」とありますが、あなたはこの言い方に賛成ですか、反対ですか。本文の内容に触《ふ》れた上で、現時点でのあなたの考えを書きなさい。

字識字率は、一二・六パーセント。つまり、見えない人の中で点字が読める人はわずか一割《わり》程度しかいないのです。

この低識字率の理由は、ひとつには点字を習得することの難《むずか》しさがあげられます。英語を小さいうちに学んでおくとLとRの発音が上手にできるようになるよ、なんて言いますが、同じように、点字も小学校高学年くらいまでに習わないと、なかなか速く読めるレベルに達することができないと言われています。成人してから事故や病気で視力を失った人にとって、これはかなりのハードルです。

［C］、読めたとしても自分で点字を打つとなるとさらにハードルが上がります。点字は、手で打つときと読むときでは、紙を裏返します。するとパターンが左右反転してしまう。他の言語にはないこの特性も、点字習得を難しくしている原因のひとつでしょう。もちろん点字には点字ならではの文化があり、難しいからといって劣った言語である、ということにはなりません。しかし現実問題として、使いこなせるようになるにはそうとうの努力が必要とされるようです。

もうひとつの理由は、電子化とインターネットの発達によって、点字を身につける必要性が減少していることです。電子化されたテキストなら、音声読み上げソフトによって耳で聞くことができます。「サピエ」というインターネット図書館を利用すれば、月刊誌《し》や週刊誌もほぼ時差なく読むことができますし、データをボイスレコーダーにダウンロードして持ち歩けば、通勤《つうきん》通学の途中《とちゅう》でも読書することが可能。全国のボランティアの尽力《じんりょく》のたまものです。こうなると、点字ができる人であっても、「日々の生活で使うのは整理整頓《せいとん》用のラベルくらい」というのが実際のところなのかもしれません。

さらに深刻《しんこく》なことに、こうした電子化の影響《えいきょう》は、若《わか》い世代ほど強く受けています。見える世界でも若者の「活字離《はな》れ」が叫《さけ》ばれて久しいですが、③見えない世界でも同じように「点字離れ」が進んでいます。若い世代は電子化の波をダイレクトに受けていて、パソコンや携帯《けいたい》を駆使《くし》して見える人と同じように情報を収集《しゅうしゅう》します。スマートフォンを使いこなす視覚障害者も増えています。タッチパネルも、もちろん使いこなします。

（伊藤《いとう》亜紗《あさ》『目の見えない人は世界をどう見ているのか』より）

問一　［A］、［B］、［C］に当てはまる接続語の組み合わせとして最も適当なものを次の中から選び、記号で答えなさい。

ア　A　だから　　B　つまり　　C　さて
イ　A　だから　　B　たとえば　C　また
ウ　A　ところが　B　たとえば　C　さて
エ　A　ところが　B　つまり　　C　また

問二　――線部①「『すごい』は単なる『すごい』ではなくて、実は『見えないのにすごい』ということなのです」とありますが、これについて次の問いに答えなさい。

Ⅰ　筆者はここでどのようなことを言いたいのですか。説明した次の文の［　　］に当てはまる表現を、本文中から二十五字以内でさがし、最初と最後の五字をぬき出しなさい。

目が見える人は、自分でも気づかないうちに「［　　］」と思いこんでいる可能性があるということ。

Ⅱ　筆者は、「見えない人」をどのような存在としてとらえようとしていますか。本文中から八字でさがしてぬき出しなさい。

て、自分とは全然違うアプローチでそれを達成しているのですから。

「へえ、そんなやり方もあるのか！」というヒラメキを得たような感触《かんしょく》。「面白い」の立場にたつことで、お互《たが》いの違いについて対等に語り合えるような気がしています。

特別視がもたらす問題の二つめは、見えない人のイメージを固定してしまうことです。道を歩くことひとつとっても、聞こえてくる音をたよりにする人、杖《つえ》と足の裏《うら》の感触から情報を得る人、頬《ほお》にあたる風を手がかりにして曲がるべき角やエレベーターホールの位置を把握《はあく》する人など、その手法はさまざまです。

同じ触覚を利用する人でも、きわめて慎重《しんちょう》に進む「石橋を叩《たた》いて渡《わた》る」タイプの人もいれば、とりあえず足や白杖を出してみて、ぶつかることで壁《かべ》や柱を把握する「出たとこ勝負」タイプの人もいます。駅などで壁に向かって行く人を見ると「危《あぶ》ないですよ」と声を掛《か》けたくなりますが、彼らはぶつかることで、対象を知覚しているわけです。

そう、私たちはつい「見えない人」とひとくくりにしてしまいがちですが、実はその生き方、感覚の使い方は多様なのです。「見えない人は聴覚《ちょうかく》や触覚がすぐれている」という特別視は、この多様性を覆《おお》い隠《かく》してしまうことになりかねません。

木下さんは「ぼくはポットの位置なんか分からないよ」と笑いながら言いますし、そもそも感覚なんか研ぎすまさずに「どんどん人に聞く」というのも一つの認識の方法です。②こうした多様性を無視して、「見えないということは触覚がすぐれているんですね」という態度で最初から接したら、「すごい」と称賛《しょうさん》したつもりが逆に相手にプレッシャーを与《あた》えてしまいかねません。

もっとも、かつては「イタコ」や「座頭市《ざとういち》」のように、こうした特別視が、社会における視覚障害者の地位を作り出してもいました。特別視が見えない人の社会的地位を保障していたことを考えると、それは一概《いちがい》に否定《ひてい》すべきものではないのかもしれません。

とはいえ、特別視による神聖化《しんせい》は、遠ざけることにつながります。「変身」をモットーとする本書では、見えない人を、むしろ「友達」や「近所の住人」のように身近に感じる方法をさぐります。そうすることで、社会の共同運営者としてつきあうような関係を作り出したいと願っています。

「見えない人の特別でなさ」について、ひとつ例をあげましょう。彼らの触覚についてです。

「見えない人は点字を触れるんだから、何でも触れば分かるんだろう、すごいな」――。私も見えない人と関わるまでは、そんなふうに思っていました。見えない人といえば点字、点字といえば触覚。見える人はついついそんな方程式をイメージしがちです。点字は駅の案内板などいろいろな場所で目にする機会が多いので、そういうイメージが助長されるのでしょう。

しかし実際は、見えないからといってみんながみんな点字が読めるわけではないし、仮に点字が分かったとしても、それがただちに触覚の鋭《するど》さにつながるわけではありません。 B 、「見えない人＝点字」と「点字＝触覚」という二つの方程式は、二つともかなりあやしい、信用できない方程式なのです。

まず「見えない人＝点字」の方程式について。少し古いデータですが、二〇〇六年に厚生労働省が行った調査によれば、日本の視覚障害者の点

りますが、ここから越のどのような様子が読み取れますか。最も適当なものを次の中から選び、記号で答えなさい。

ア　電話ではつぐみがどうなったかわからなかったが、おそらく大丈夫だろうと楽観的に考えている様子。

イ　マムシにかまれたつぐみが死んでしまうと思うと、悲しみで歩くことができなくなっている様子。

ウ　つぐみだけでなくピコまでマムシにかまれたと知って、一緒《いっしょ》にいてやらなかった自分を責める様子。

エ　かあさんから知らされた事実におどろき、落ち着こうとしながらも平常心を保てないでいる様子。

問五　――線部④「結衣はこうつけくわえた」とありますが、ここでの結衣の気持ちとして最も適当なものを次の中から選び、記号で答えなさい。

ア　つぐみの容態がわからず不安になっている越を、少しでも落ち着かせようという気持ち。

イ　緊急事態ではあるが、自分の知識が正しいということを越に信じてほしいという気持ち。

ウ　つぐみが死ぬことはないという嘘《うそ》をつき、越にショックを与《あた》えないようにしたい気持ち。

エ　自分の知識が少しでも越の役に立ってほしいと感じ、万全を期すためにはりきる気持ち。

問六　――線部X「夢って、かなうかどうかはべつとして、結衣みたいに、持っているほうがいいのかもしれない」とありますが、あなたにとって夢を持つことにはどのような意味がありますか。本文の内容に触《ふ》れた上で、現時点でのあなたの考えを書きなさい。

［三］　**次の文章を読み、後の問いに答えなさい。（句読点や記号も一字にかぞえること、本文の行末にある数字は行数です。）**

違《ちが》いを認《みと》めることと、特別視《し》することは違います。「視覚障害者《しょうがい》はすごい！」と誉《ほ》めているんだから、特別視するのはいいことじゃないか、と思われるかもしれません。［Ａ］、こうした態度は二つの点で問題をはらんでいます。以下にあげる二つの問題は、私《わたし》が考えたことではなくて、見えない人から直接聞いた、つまり彼《かれ》らが実際に感じている違和《いわ》感です。

まずひとつめの問題は、「すごい！」という驚嘆《きょうたん》の背後《はいご》には、見えない人を劣《おと》った存在《そんざい》とみなす蔑《さげす》みの目線があることです。①「すごい」は単なる「すごい」ではなくて、実は「見えないのにすごい」ということなのです。

もちろん、「すごい！」と言った人は、蔑むような意図などまるっきりなしにそう言ったはずです。でも、無意識のレベルで「見えない人は見える人にできることができないはずだ」と考えていることを、見えない人は感じとっています。

本棚《ほんだな》から本を探《さが》し当てることは、見えている人にとっては「当たり前」の行為《こうい》です。しかし、見えない人にとっても、それは同じように「当たり前」のことなのです。自分にとって当たり前のことを「すごい」と言われたら、誰《だれ》だって「おいおい、ナメないでおくれよ」となるでしょう。

だから私は、序章にも書いたように、Ｘ「すごい！」ではなく「面白い！」と言うようにしています。本を探し当てるという同じ目的に対し

「お願いね。越も気をつけて帰るのよ」

電話を切って、直登と結衣に事態を説明した。

「荷物は宅配《たくはい》便で送るから、すぐに新宿に行かなきゃ」

直登が出口へむかって歩きだした。

「つぐみちゃん、大丈夫《だいじょうぶ》かな」

結衣も神妙《しんみょう》な顔で、直登のあとを追った。

まだ半分混乱《こんらん》しながら、ぼくは、落ち着け、落ち着けと自分にいい聞かせ、③何もないのに何度かガクンとつまずきながらあとにつづいた。

「あの、結衣。マムシにかまれて死ぬことってあんのか?」

結衣なら知っているかもしれないと思った。

「うん。ごくわずかだけど、いる。体力のないお年寄りとか小さな子どもだと思うけど」

「毒を持つ生きものに気をつけましょう」というポスターがたしか保健室のかべに貼《は》られていた。スズメバチのとなりに、だいだい色と黒のまだら模様《もよう》のマムシの毒々しい写真があったな。あんなのにかまれたら、痛《いた》いんだろうな。

つぐみの容態が気になった。もちろん、ピコの具合も。

「あ、でも救急車ですぐに病院へ行ったなら、死ぬことはまずないと思うよ」

④結衣はこうつけくわえた。

舞浜《まいはま》から新宿までの電車の中で、再度かあさんにケータイからメッセージを送った。

「つぐみとピコの具合を教えて」

かあさんからのメッセージは返ってこなかった。きっとバタバタしていて、それどころじゃないのだろう。

「気が気じゃないだろうけど、落ち着いて帰れよ。明日、塾の先生には事情を説明しとくからな」

新宿から松本行きのあずさ号に間に合った。ホームの自動販売《はんばい》機でミネラルウォーターを一本買って、自由席の車両に乗りこんだ。

（森島いずみ『ずっと見つめていた』より）

問一　――線部Ⅰ・Ⅱの言葉の意味として最も適当なものを次の中からそれぞれ選び、記号で答えなさい。

Ⅰ「ほうけたような」

ア　やる気を失ったような
イ　ぼんやりしたような
ウ　ふざけたような
エ　ばかにしたような

Ⅱ「快活そうな」

ア　無邪気《じゃき》で礼儀《れいぎ》正しそうな
イ　初対面で遠慮《えんりょ》したような
ウ　心から喜んでいるような
エ　明るく元気が良さそうな

問二　［①］に当てはまる表現として最も適当なものを本文中から三字でさがしてぬき出しなさい。

問三　――線部②「あずさ号を降りて新宿駅のホームに立ったときの違和感」とありますが、この違和感がたとえを使って表現されている部分を本文中から三十五字以内でさがし、最初の五字をぬき出しなさい。

問四　――線部③「何もないのに何度かガクンとつまずきながら」とあ

「中学生になったばかりで、就《つ》きたい仕事が決まってる子なんて、そんなにいないわよ」

かあさんは笑ってたけど、考古学者になりたいという目標にむかって邁進《まいしん》している結衣が、なんだかうらやましかった。直登は、

「フツーのサラリーマンでいいじゃん。とりあえず、できるだけいい高校に行けばいいだけの話でしょ」

やっぱり［①］。あせりなんてまったくないみたいで、それもまたそれで、うらやましい気もした。それでも、何かになりたいぼくでいたほうがいいのかな、と考えはじめていた。X夢って、かなうかどうかはべつとして、結衣みたいに、持っているほうがいいのかもしれない。そういう話を、とうさんやかあさんと、真剣《しんけん》に話し合ったことはないし、二人ともつぐみの病気のことで大変そうで、ぼくのことでまで大変な思いをさせられないと、心のどこかで思ってきた気もする。

講師の先生がいうように、レベルの高い高校へ入れば、それだけ選べる職業も増えると考えるべきだろうか。塾にいると、だんだんそれが普《ふ》通《つう》で、ぼくは人生のレールから外れてきているんじゃないだろうか、と思えてくる。

結衣は毎日、生き生きと勉強を進めていた。直登も結衣の熱心さに影《えい》響《きょう》されて、結衣を「結衣先生」と呼び、数学の問題の解き方を教わったりして、いつになくマジメに受講していた。

ぼくだけがまだ、②あずさ号を降りて新宿駅のホームに立ったときの違和《いわ》感を引きずっていた。講義に身が入らないし、勉強に集中できなくて、自分で書いた字を消しゴムで消して、書いてまた消す。窓《まど》の外からかすかに聞こえてくる信号機のメロディーや、遠くから小さくひびいてくる電車の音が気になって、ちっとも成果が上がっていない気がした。

（中略）十日間のコースの真ん中の休みに、三人はディズニーランドへ出かけました。夕方になって、ジェットコースターから降りようとしていた越は、ケータイが鳴っていることに気づきます。

あわててポーチからケータイを引っぱりだすと、かあさんからの電話だとわかった。電話の前にメッセージも届《とど》いている。

「至急連絡《しきゅうれんらく》ください。つぐみが大変なの」

着信音が途絶《とだ》えてしまったので、アトラクションの外に出て、折り返しかあさんを呼びだした。

「あ、越。今どこ？」

「え。ディズニーランドだよ」

「そっか。楽しんでるとこ、ごめんね。あのね、つぐみがね、つぐみが、マムシにかまれた。あ、あのピコも。散歩中に。救急車で今病院に来たとこ」

「……うそ……」

これしか言葉にならなかった。

「越、悪いけど、これから帰ってこられる？　ピコも鼻先をかまれて顔が腫《は》れていて、動物病院に連れていかないといけないから」

頭がくらくらした。すぐには考えがまとまらない。でも財布には、いちおう電車賃《ちん》ぐらいはあるし、緊急事態なんだから、帰らなきゃ、という判断だけはついた。

「わ、わかった。とにかく今から乗れるいちばん早いあずさに乗るよ」

結衣は駅の人ごみをめずらしそうに観察しながら、「ほ～」と感心したような、Ⅰほうけたような声をあげた。

この空気にだってきっとすぐまた慣れるだろうと思いなおし、ぼくは乗りかえる電車まで結衣の前を歩いていった。

電車の中の吊《つ》り広告や液晶《えきしょう》画面を見まわして、結衣がまばたきをくり返した。

「私《わたし》たちって完璧《かんぺき》におのぼりさんだね」

浦和駅の改札で直登が待っていた。相変わらず、能天気に、

「おつかれちゃ～ん」

と目じりを下げて、結衣の荷物を手にとった。まず、結衣が予約していた駅前のビジネスホテルにチェックインして、それからバスで直登の家にむかった。直登の家もマンションの一室だが、ぼくが住んでいたマンションより大きくてきれいだ。直登は一人っ子なので、ぼくの部屋よりずいぶん広い部屋をあてがわれているし、十五階なので、見晴らしもいい。ぼくのために、直登の部屋にはお客さん用の簡易《かんい》ベッドがすでに置かれていた。新しいモデルの静かなエアコンは、部屋を快適な温度に保ってくれる。バスルームは、南アルプスの家の風呂《ふろ》場とちがって高級ホテルみたいにゆったりした浴槽《よくそう》があり、マッサージ機能つきシャワーから出るお湯はいつでも適温。到着《とうちゃく》したばかりのぼくに、直登のかあさんがニコニコ顔で、

「越ちゃんはポテトチップスが大好きだったよねえ」

と、大皿に山盛《やまも》りのポテトチップスとコーラの大きなペットボトルを出してくれた。

「結衣ちゃんも、山登りのときはありがとう。直登から聞いたわ。頼《たの》もしいわねえ。今日の夕飯はみんなで焼き肉にしようね」

「はい。ありがとうございます」

結衣がⅡ快活そうな返事をすると、直登のかあさんはまたニッコリ笑った。毎晩《まいばん》煮魚《にざかな》のおかずというのがいやだったわけではないけれど、久しぶりの焼き肉はやっぱりうれしい。

「私は、越ちゃんママみたいにお料理が得意じゃないから、ホットプレートで焼く焼き肉がいちばん簡単でいいわ」

どーんと大皿にならんだ牛肉をタレにつけて食べるごはんは、相当久しぶりで、いくらでも食べられた。食べすぎて、結衣を駅前のホテルまで送るあいだ、苦しくなって何度も立ち止まった。

翌日《よくじつ》から夏期コースがはじまった。小学生のころお世話になった講師の先生たちもなつかしかったし、受講生にも見知った顔がいくつかあった。

「こういうコースを受講するのははじめてだから、なんだか緊張《きんちょう》しちゃうなあ」

初日の朝にそういっていた結衣は、講義がはじまると、難問《なんもん》をすいすい解いてほめられっぱなしだったけど、ぼくは、なんだか頭がぼんやりして先生に、

「なんだ、越。山梨に行ってもちゃんと勉強しますっていってたくせに、こんな問題も解けんのか」

と、あきれられてしまった。草とりはうまくなったけど、たしかに勉強はあまりしていないから仕方がない。きっと結衣は、ほとんどの生徒が有名大学に入れるような高校へ進むんだろう。でも、ぼくはまだ、進路も将来《しょうらい》したい仕事も決まっていない。

【国　語】〈五〇分〉〈満点：一〇〇点〉

【一】　次の各問いに答えなさい。

問一　次の――部について、漢字をひらがなに、カタカナを漢字に直しなさい。

①　両親の遺産を相続する。
②　山の中腹に差しかかる。
③　監督《かんとく》としてチームを率いる。
④　油断がピンチを招く。
⑤　センモン家の指示に従《したが》う。
⑥　市民がカクメイを起こす。
⑦　フクソウの乱《みだ》れを注意される。
⑧　実験のジュンビを手伝う。
⑨　セーターがチヂむ。
⑩　ハンシャ的にボールをよけた。

問二　次の１～３の慣用句には誤《あやま》った字が一つずつあります。例にならってそれぞれ正しく書き直しなさい。

［例］　馬が会う　　会　→　合

１　うそも法便　　□　→　□
２　後悔《こうかい》先に絶たず　　□　→　□
３　一指を報いる　　□　→　□

問三　次の１・２の言葉が類義語（同意語）の組み合わせになるように、□に当てはまる漢字一字をそれぞれ答えなさい。

１　親切　＝　□意
２　完治　＝　全□

【二】　次の文章を読み、後の問いに答えなさい。（句読点や記号も一字にかぞえること。本文の行末にある数字は行数です。）

埼玉県の浦和《うらわ》で暮《く》らしていた平林越《えつ》は、妹のつぐみが化学物質過敏症《かびんしょう》という病気にかかり、環境《かんきょう》を変えるために一家で山梨県に引っ越した。中学生になった越は、埼玉にいた頃《ころ》からの友人である直登《なおと》に誘《さそ》われ、山梨で同じ中学に通う結衣《ゆい》とともに、埼玉にある塾《じゅく》の夏期講習に参加することになった。

午後、新宿駅に降《お》り立ったとき、ぼくは一瞬《いっしゅん》、呼吸《こきゅう》ができないような気がした。呼吸はしていたんだろうけど、酸素が体にまわらないみたいだった。

浦和に住んでいたころは、もちろん数えきれないくらい東京に足を運んだ。新宿も渋谷《しぶや》も原宿も、大まかな地図は頭に入っている。なのに、まるでにごり水のカプセルに、すっぽり包まれてしまったような窮屈《きゅうくつ》さをぼくは覚えた。

ハンカチで首の後ろの汗《あせ》をぬぐいながら早足で通りすぎるサラリーマンたちや、肩《かた》の出たカラフルなブラウスを着た女子のグループ、黙《だま》ったままスマホの画面に指をすべらす少年たち。世界は、ぼくが毎日をすごしてきた世界とはちがう。空気はぼくが毎日吸《す》っていた空気じゃない。太陽の光はぼくが浴びていた光じゃないし、さがさなければ地面に土すらない。

「わあ、人がいっぱいだあ」

【英　語】（50分）　＜満点：100点＞

1．［C］と［D］の関係が［A］と［B］の関係と同じになるように，［D］の（　）内に入れるのに最も適当なものを次の中から一つ選び，記号で答えなさい。

(1)　［A］brother －［B］sister　［C］father －［D］(　　)
　ア．man　イ．nephew　ウ．mother　エ．niece

(2)　［A］eat －［B］mouth　［C］write －［D］(　　)
　ア．foot　イ．hand　ウ．ear　エ．face

(3)　［A］kid －［B］kids　［C］child －［D］(　　)
　ア．childs　イ．childes　ウ．children　エ．child

(4)　［A］doll －［B］toy　［C］sofa －［D］(　　)
　ア．money　イ．stationary　ウ．tool　エ．furniture

2．次の英文が表すものを次の中から一つ選び，記号で答えなさい。

(1)　a room or building containing books that can be looked at or borrowed
　ア．hospital　イ．school　ウ．station　エ．library

(2)　the day between Sunday and Tuesday
　ア．Monday　イ．Wednesday　ウ．Thursday　エ．Saturday

(3)　a tall African animal with a very long neck and legs and dark spots on its yellow-brown fur
　ア．zebra　イ．cheetah　ウ．horse　エ．giraffe

(4)　someone who does a job willingly without being paid
　ア．work　イ．clean　ウ．volunteer　エ．study

3．対話を読んで（　）にあてはまる答えとして最も適当なものを，次の中から一つ選び，記号で答えなさい。

(1)　Father : I can't hear the program very well, Ken. Please turn (　　) the TV.
　Ken : All right, Dad.
　ア．by　イ．under　ウ．over　エ．up

(2)　Mother : Mike, what time will this movie be (　　)?
　Mike : It'll finish at nine, Mom.
　ア．yet　イ．down　ウ．over　エ．early

(3)　Girl : We're going shopping tomorrow, (　　) we?
　Boy : Yes. I need to buy some new things.
　ア．aren't　イ．are　ウ．won't　エ．couldn't

(4)　Man : Excuse me. I'm looking for Room 343. Can you tell me where it is?
　Resident : I'll show you. Please (　　) me.
　ア．go　イ．after　ウ．follow　エ．listen

⑸ Boy : I'm sorry, Tina. I forgot to bring your dictionary to school.
Girl : That's OK. (　　　　　　)
ア. It's not on my desk.　　イ. It's in my locker.
ウ. I'm using it now　　エ. I don't need it today.

⑹ Grandson : Could I have some more pie?
Grandmother : Sure. Here you are. (　　　　　　)
Grandson : Yes, thanks.
ア. Is that enough?　　イ. Did you buy some apples?
ウ. Are they open?　　エ. Do you often make cookies?

⑺ Boy : Tomoko, can you tell me about life in Japan?
Girl : Sure. (　　　　　　)
Boy : I want to learn about the food and the people.
ア. What would you like to know?
イ. How long are you going to stay?
ウ. When did you start studying?
エ. What did you enjoy the most?

4. 次の①～⑦はある友人の長所について述べた英文である。内容構成の点から各英文を分類すると，図１のようになる。図１の内容構成となるように，失敗についての英文⒜～⒢を並べかえるとどのような英文となるかを，次のページの図２の①～⑦に当てはめて答えなさい。なお，②には⒜の英文，⑤には⒝の英文，⑥には⒞の英文が入ることとする。

① My best friend, Fred, has three important qualities.
② First of all, Fred is always ready for his fun.
③ Sometimes we play Frisbee in the park and sometimes just sit around in my room, listening to and talk.
④ Also, he is very trustworthy.
⑤ I can tell Fred my deepest secrets, and he doesn't share them with anyone else.
⑥ Moreover, Fred understands my moods.
⑦ When I am angry, he tries to make me feel better.

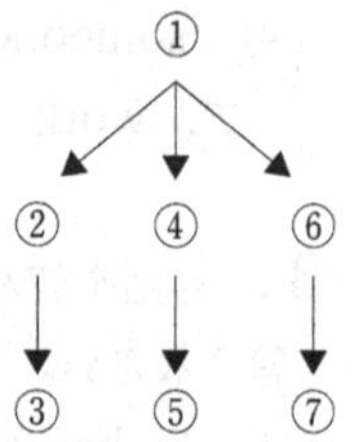

図１

⒜ When we fail, we learn from mistakes and figure out how to do better next time.
⒝ You can feel inner growth and can be more energetic after failure.
⒞ It makes us kinder and more understanding towards others.
⒟ Failure might seem like a bad thing, but it's actually important because it teaches us a valuable lesson.
⒠ If a friend goes through a difficult breakup, your own past relationship experiences can enable you to offer advice and support.
⒡ Facing failure also makes us stronger and more resilient.

(g) For example, when you initially failed at baking cake, you adjusted the recipe and made a delicious cake.

Next

図２

①（　　　　　　）

②（a）When we fail, we learn from mistakes and figure out how to do better next time.

④（　　　　　　）

⑥（c）It makes us kinder and more understanding towards others.

③（　　　　　　）

⑤（b）You can feel inner growth and can be more energetic after failure.

⑦（　　　　　　）

５．次のページの広告を読んで，(1)～(3)の各問いに対する答えとして最も適当なものを，次の中から一つ選び，記号で答えなさい。

(1) According to the leaflet, what is one thing that you cannot do?

ア．Book several events.

イ．Chat with foreigners.

ウ．Come by car.

エ．Try a lot of food.

(2) You are visiting the festival with your 2-year-old sister. Both of you have not made any reservations, but want to attend as many events as possible. Which option can they take?

ア．G Lounge → Craft trial → Musical

イ．Experiment → BINGO → Tea Party

ウ．Experiment → BINGO → Shooting game

エ．Dance performance → Shooting game → Musical

(3) According to the leaflet, which statement is true?

ア．You can get your work right after Craft trial.

イ．You do not have to report food allergy in advance to attend Tea Party.

ウ．You can get a discount if you come to the party with your parent.

エ．All the events will finish by 15:30.

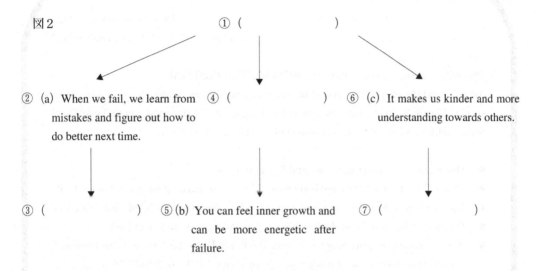

HOSODA WINTER FESTIVAL

Date : January 10th 2024
Place : HOSODA Junior High School

This winter we are going to have HOSODA WINTER FESTIVAL.
Anyone can take part in this event! In addition, you will have a chance to get something special. We are happy to welcome you and looking forward to meeting you at the festival! Some additional information is shown below, so please check it out.

- Our festival will start at 9 a.m. and finish at 4 p.m.
- Please do not come to our festival by car. There is no parking lot around our school.
- You can choose as many events as you want, but please be careful of time schedule.
- We have many stands on the 1st floor, so you can enjoy a variety of food.
- A reservation is required for Craft trial, Tea Party, Dance performance, and Musical.
(reservation form : www.hosodawinterfestival.com / TEL : 012-3456-789)

★ Special Offer
・If you come to our festival with your friend(s),
you will get a discount coupon for stands.
・Kids under 3 years old can get a free snack at the entrance.

Time schedule

2nd Floor

time	event	place
9:30~(1h)	Experiment	Science Lab
11:00~(1.5h)	Craft trial(※1)	Room 220
13:00~(0.5h)	BINGO	Media room
14:00~(1h)	Tea Party(※2)	Rise Hall

3rd Floor

time	event	place
10:00~(1h)	G Lounge(※3)	Room 311
11:15~(1h)	Dance performance	NOIBO
13:30~(1h)	Shooting game	Room 310
14:30~(1h)	Musical	NOIBO

(※1) The work you make will be delivered to your house in a week.
(※2) When you make a reservation, please note your food allergy.
(※3) It is where you can chat with people from different countries in English. Junior high school students will help you talk to them if you are in any trouble.

６．次のメールの内容に関して，(1)~(5)の各問いに対する答えとして最も適当なものを，後の中から一つ選び，記号で答えなさい。

From : Lucas Goodgold <Lucasishere@xxxx.com>
To : Akira Kuroiwa< Kirakirakk@xxxx.com>
Date : October 20
Subject : Re : Plans for winter vacation

Hi, Akira. How have you been?
Thank you for letting me stay in your house during the last summer vacation. I really enjoyed my one-month stay in Tokyo. My best memory is going to the summer festival wearing a rental-kimono. It took some time to get used to the kimono since it was my first time, but it was worth wearing. The fireworks I saw that night were incredibly beautiful. I still cannot forget that sight. I also enjoyed eating Japanese food very much. Even after coming back to the United States, I miss the taste, and recently, I've been cooking Japanese dishes myself. I plan to make some Japanese dishes at the home party next month, too.

I'm very happy that you'll be coming to the United States to meet me during the winter break. I live with my father, mother, and a sister. They are also looking forward to seeing you. If you haven't decided when to come, why don't you stay at our house from around Dec 29th and stay for a week? All my family members, including my grandparents, uncles, aunts, and cousins are coming to my house to spend New Year's Eve together. We will have a special dinner on Dec 31st. I want you to be there, too. Also, you can join our camping from Jan 2nd. Every year, we go camping at a nearby cottage. I look forward to this camping trip every year because the stars look very beautiful. You will enjoy it, too!

This is our family's plan for the winter vacation. Please let me know once you have decided when to come to visit us. I'm waiting for your reply.

P.S.
I have attached the picture of me and my family enjoying the Japanese dishes I made. If you don't mind, please also share pictures of you and your family.

Your friend,
Lucas

(1). What did Lucas do last summer?
ア. He bought his own Kimono.
イ. He traveled around the world.
ウ. He enjoyed a summer festival.
エ. He took a cooking lessons.

(2). What did Lucas do after he came back to the U.S. ?
ア. He had a home party.
イ. He ate Japanese dishes at a restaurant.
ウ. He watched fireworks.
エ. He made some Japanese food.

(3). How many people does Lucas usually live with?
ア. Three.
イ. Five.
ウ. Eight.
エ. Ten.

(4). If you opened the file attached to this email, what would you see?
ア. A picture of Lucas and Lucas's family.
イ. A picture of Lucas cooking.
ウ. A picture of Akira and Akira's family.
エ. A picture of Lucas and Akira.

(5). What is true about Akira?
ア. He will visit Lucas on Dec 29th
イ. He is good at cooking.
ウ. He enjoyed the camping trip with Lucas.
エ. He will visit Lucas during the winter vacation.

7．次の英文の内容に関して，あとの(1)～(5)の各問いに対する答えとして最も適切なものを，次の中から一つ選び，記号で答えなさい。

One Good Turn Deserves Another

This is a true story. In 1892 at Stanford University, an 18-year-old student was struggling to pay his school fees. His mother and father were dead, so he didn't know where to turn for money. One day, he had a bright idea. He and a friend decided to host a concert on campus to raise money for their education.

They contacted the great pianist Ignacy Jan Paderewski. His manager demanded that they pay a fee of $2,000 for the piano concert. The boys agreed and began to work to make the concert a success.

The big day arrived. Unfortunately, they had not managed to sell enough tickets. They could get only $1,600. They went to Paderewski and explained the situation. They gave him the entire $1,600 and they wrote a signed letter promising to pay another $400 as soon as possible.

“No,”said Paderewski. “I cannot accept this.” He tore up the letter, returned the $1,600 and told the two boys, “Here's the $1,600. Use the money to pay your school fees.” The boys were surprised, and thanked him a lot.

It was a small act of kindness. Why did he help two people he did not know well? We all come across situations like this in our lives. But most of us think, “If I help them, what would happen to me?” The truly great people think,“If I don't help them, what will happen to them?” Great people help others without expecting something in return. They feel it's the right thing to do.

Paderewski later became the prime minister of Poland. He was a great leader, but sadly his country suffered greatly during World War I. There were more than 1.5 million people without food to eat in Poland. Paderewski did not know where to turn for help. He contacted an organization in the U.S. for help.

The head of that organization was a man called Herbert Hoover, who later became the U.S. president. Hoover quickly shipped tons of food to help the hungry people in Poland.

The worst possible situation was avoided. Paderewski went over to meet Hoover to thank him in person. When Paderewski began to express his thanks, Hoover quickly stopped him and said, “You don't have to do it, Mr. Prime Minister. Several years ago, two young students were able to go to college thanks to your help. I was one of them.”

The world is a wonderful place. What goes around comes around!

『英語でちょっといい話　ベストセレクション』ちょっといい話製作委員会編（アルク）より引用

(1) What did Paderewski do when he was given the money and a signed letter by the two boys?

ア. He didn't accept the money and got the letter.

イ. He got only $400 and returned $1,600.

ウ. He tore up the letter and retuned the money because he got angry.

エ. He returned all the money the two boys earned and told them to use it for themselves.

(2) What did an organization in the U.S do when the prime minister of Poland contacted it for help?

ア. The head of that organization quickly transported a lot of food to Poland

イ. The head of that organization can't do anything because his country suffered during World War I.

ウ. The members of that organization quickly went to Poland to help the hungry people there.

エ. His request was refused, so he went over to meet the head of that organization in person.

(3) Why did Hoover say, “You don’t have to do it”?

ア. Because he wanted to avoid the worst possible situation.

イ. Because Paderewski came all the way there from the U.S. to thank him.

ウ. Because he also thanked Paderewski for his past action.

エ. Because one of the two young students known to him were able to go to college thanks to Paderewski’s help.

(4) According to the passage, which one of the statements is correct?

ア. An 18-year-old student decided to host a concert and asked his friend to perfortn the piano.

イ. Ignacy Jan Paderewski demanded that the two students pay a fee of $2,000 for the piano concert.

ウ. Great people tend to act to keep others from experiencing happiness.

エ. When Paderewski became the prime minister, more than 1.5 million people suffered from poverty in Poland.

(5) What lesson can be learned from this story?

ア. Good deeds should be done quickly.

イ. All’s well that ends well.

ウ. After rain comes fair weather.

エ. Your kindness will be rewarded in the end.

第1回

2024年度

解　答　と　解　説

《2024年度の配点は解答欄に掲載してあります。》

＜算数解答＞《学校からの正答の発表はありません。》

1　(1)　$\frac{1}{2024}$　(2)　$17\frac{1}{6}$　(3)　2424　(4)　27.6

2　(1)　25　(2)　3.375　(3)　60　(4)　6　(5)　7　(6)　15　(7)　120

3　(1)　3　(2)　6　(3)　11

4　(1)　△○△□　(2)　50番目　(3)　94番目

5　(1)　12.56cm²　(2)　25.12cm²　(3)　25.12cm³

○推定配点○

各5点×20　　計100点

＜算数解説＞

1　(四則計算)

(1)　$(23\times24+22\times23-2\times22\times24)\div(22\times23\times24)\times3=(23\times24+22\times23-2\times22\times24)\div(22\times23\times8)=(23\times23-22\times24)\div(11\times23\times8)=\frac{1}{2024}$

(2)　$\square=23-7\times\frac{5}{6}=17\frac{1}{6}$

(3)　$24\times(45+56)=24\times101=2424$

(4)　$(2.75+4.15)\times4=6.9\times4=27.6$

重要　2　(数の性質，割合と比，規則性，平面図形，相似，演算記号，集合，速さの三公式と比)

(1)　74と49の差…25

25の約数…1，5，25

したがって，求める数は25

(2)　A村…1Lが100円　　B村…1Lが150円

1回目の行き…16LをもってB村へ行く

1回目の帰り…150×16(円)をもってA村へ帰る

2回目の行き…1.5×16(L)をもってB村へ行く

2回目の帰り…150×1.5×16(円)をもってA村へ帰る

3回目の行き…1.5×1.5×16(L)をもってB村へ行く

3回目の帰り…150×1.5×1.5×16(円)をもってA村へ帰り

1.5×1.5×1.5×16(L)の水を得る

したがって，求める割合は1.5×1.5×1.5＝3.375(倍)

(3)　図1

角Aは60度

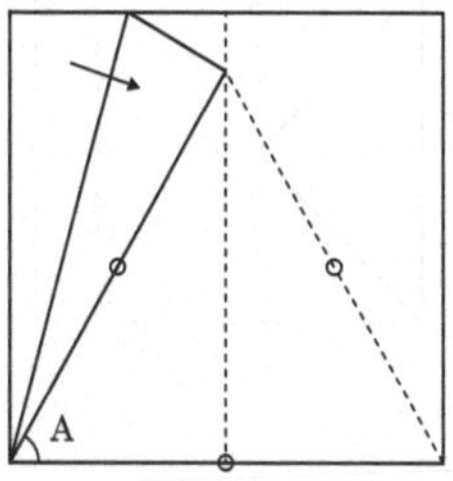

図1

(4)　図2

直角二等辺三角形RBPの面積×3…1cm^2

直角二等辺三角形RCTの面積…3cm^2

したがって，全体の面積は3×2＝6(cm^2)

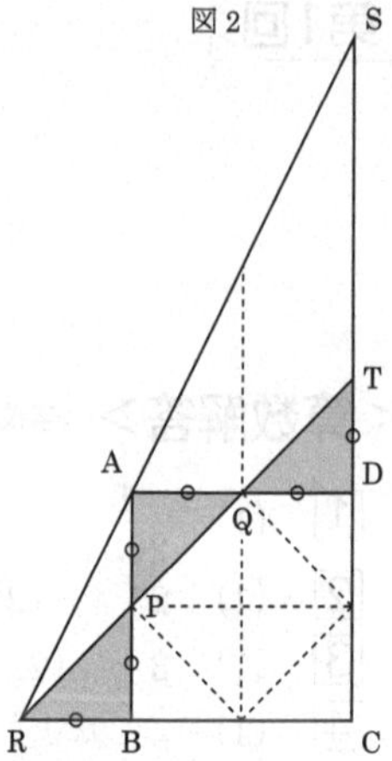

(5)　11◎□＝11×□＋11＋□＝95

□＝(95－11)÷12＝7

(6)　両方が好きな生徒の最少人数…30＋25－40＝15(人)

(7)　歩いた距離…80×5＝400(m)

走った距離…400＋800＝1200(m)

したがって，走る分速は

1200÷(15－5)＝120(m)

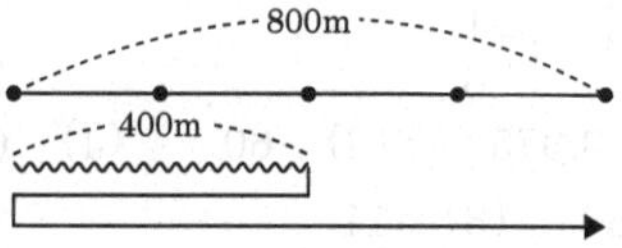

3 (平面図形，場合の数)

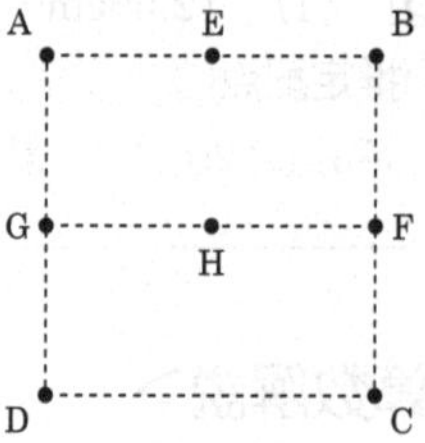

基本　(1)　正方形…下図の3通り

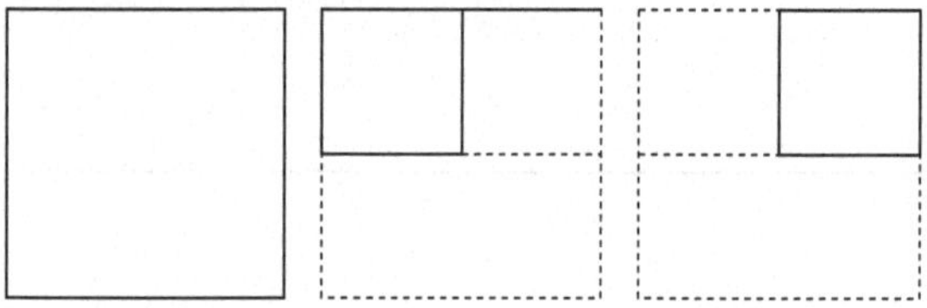

重要　(2)　Dを含む直角二等辺三角形…下図の6通り

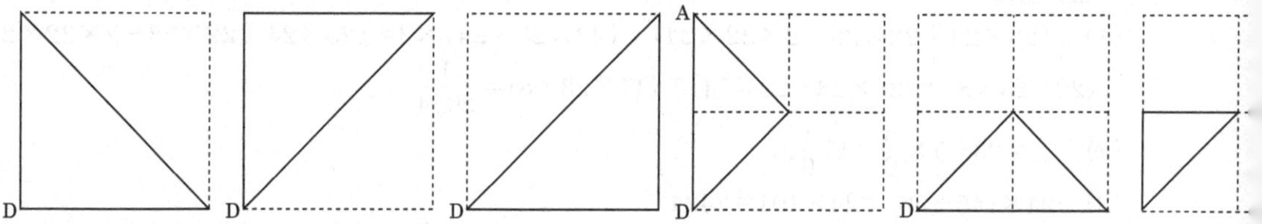

(3)　Aを含む直角三角形…下図の11通り

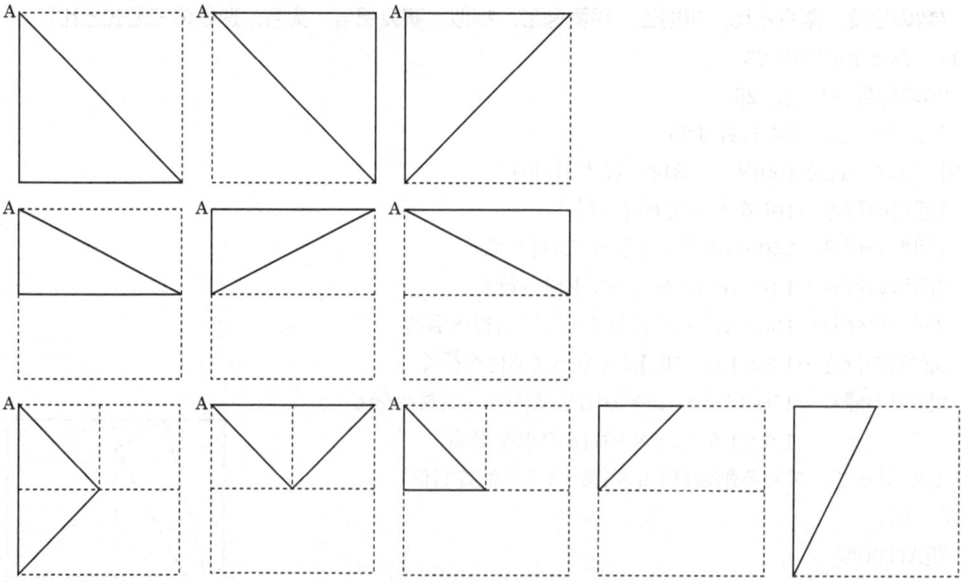

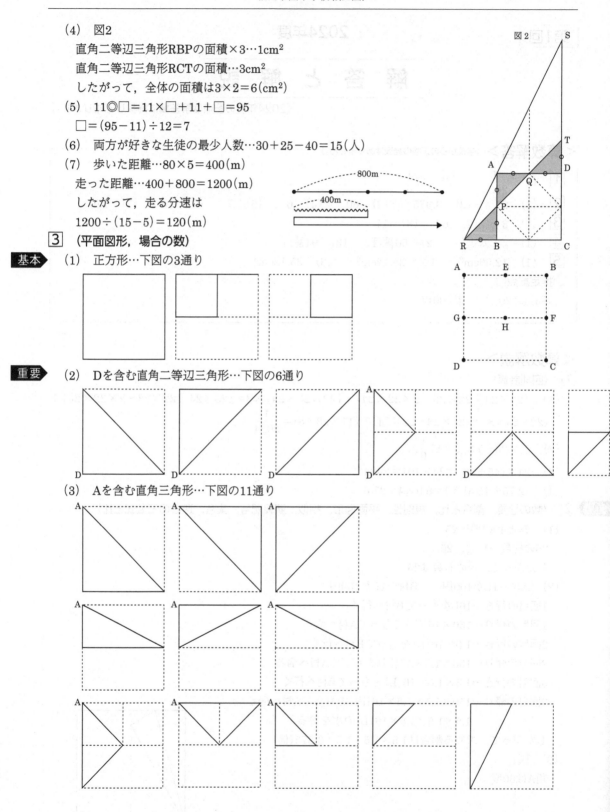

やや難 4 (平面図形，規則性)

3進数…○(0)・△(1)・□(2)が
右表のように表示される。

0	1	2
(○)	△	□
3	4	5
△○	△△	△□
6	7	8
□○	□△	□□
9	10	11
△○○	△○△	△○□

(1) 32…27×1+9×0+3×1+2
したがって，図形は△○△□のようになる。

(2) △□△□…27×1+9×2+3×1+2=50

(3) 辺の数が12…4×3より，□が3個または
3×4より，△が4個

辺の数が12になる6回目の図形…□□□，□○□□，□□○□，□□□○，
△△△△，△○△△△

したがって，△○△△△は81×1+27×0+9×1+3×1+1=94

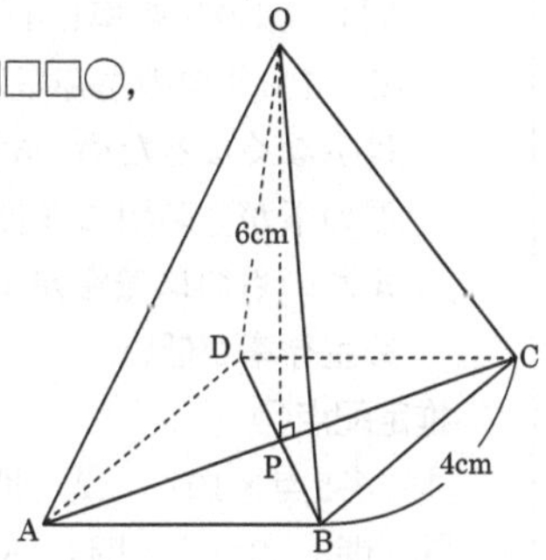

5 (立体図形，平面図形，図形や点の移動)

基本 (1) 図1 2×2×3.14=12.56(cm^2)

重要 (2) 図2…半径×半径は2×2×2=8(cm^2)であり，円の面積は
8×3.14=25.12(cm^2)

(3) 図3…(1)・(2)より，底面積は25.12−12.56=12.56(cm^2)
であり，体積は12.56×6÷3=25.12(cm^3)

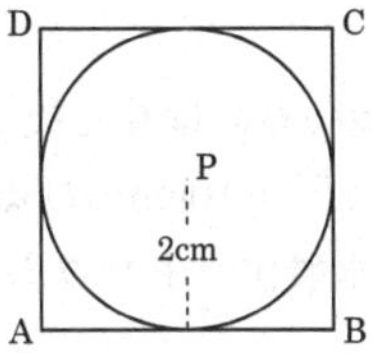

図1

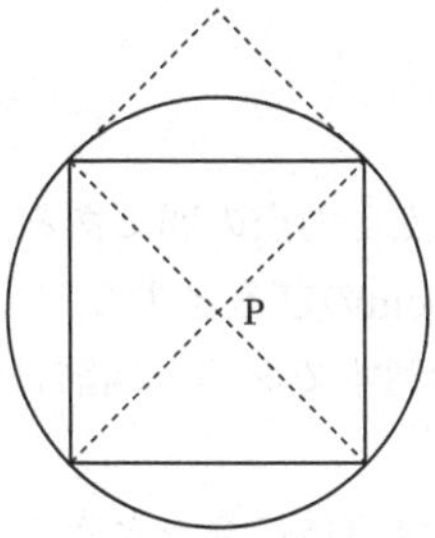

図2

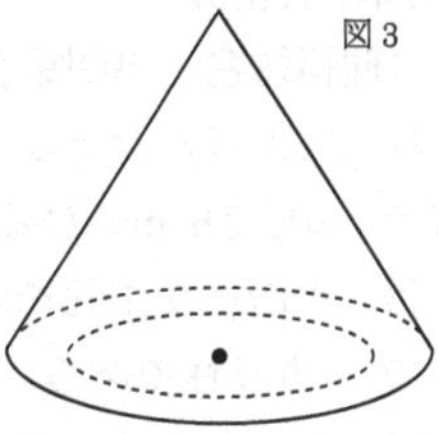
図3

★ワンポイントアドバイス★

1(1)は簡単な計算ではないが例年，西暦年に関連した答えが求められ，2の7題でどれだけ得点できるかが鍵になる。4「規則性」の問題は，「3進数」であることに気づかないと解けず，むしろ5「立体図形」が解きやすい。

<理科解答>《学校からの正答の発表はありません。》

1 問1 ウ　問2 イ　問3 イ　問4 ウ　問5 ウ　問6 ア　問7 ウ
問8 イ　問9 ウ　問10 ア

2 問1 ア　問2 ふりこのふれはばは，往復する時間に影響しない。　問3 だ液を加えて40℃程度の温度を保つこと。　問4 一つの条件だけ変えて，他の全ては同じ条件にして実験を行う。

3 問1 イ 問2 ウ 問3

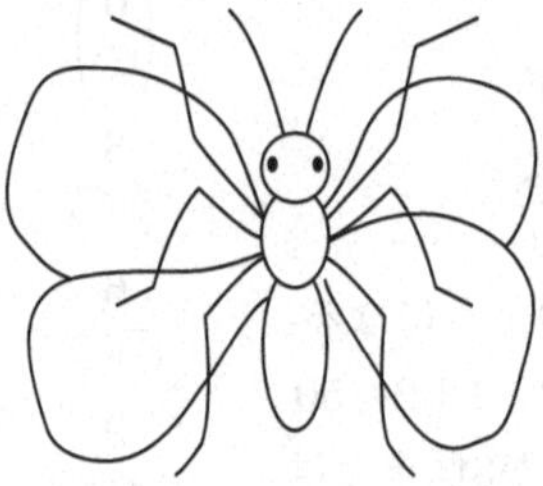

問4 卵の生存率は4月生まれの方が高い。これは4月の方が，天敵が少ないためと思われる。1令幼虫の生存率は10月生まれの方が高い。この時期幼虫の天敵のクモが10月後半頃には少なくなるため。5令幼虫の生存率も10月生まれの方が高い。10月に生まれたものは，気温の下がる時期に成長し天敵の活動が低下するため，生存率が高いと思われる。逆に4月生まれのものは気温が上がる時期に成長し成長の速度が速いが，天敵の活動も活発になるため生存率が低い。

○推定配点○

1 各2点×10 2 問1 2点 問4 5点 他 各4点×2

3 問3 3点 問4 8点 他 各2点×2 計50点

＜理科解説＞

1 (理科総合—小問集合)

重要 問1 穴あけパンチは，作用点が支点と力点の間にある。これと同じ構造のものはせん抜である。

問2 30gで6cmのびるので50gで□cmのびるとすると，30：6＝50：□ □＝10cmのびる。

問3 水溶液が中性を示すものは砂糖水である。塩酸は酸性，石灰水と水酸化ナトリウム水溶液はアルカリ性である。

問4 もっとも体積が大きくなるのは気体になるときである。水は100℃で沸騰するので，105℃では水蒸気になり最も体積が大きくなる。また，氷は水より体積が大きくなる。

問5 銅は塩酸とは反応しない。その他の金属は塩酸と反応して水素を発生する。

重要 問6 体内に入り込んだ異物を取り除く働きをするのは白血球である。赤血球の主な働きは酸素を運ぶことであり，血小板は血液の凝固に関係する。血しょうは栄養素などの運搬に関係する。

問7 マイタケなどの菌類は葉緑素を持たず，光合成をしない。

問8 空気中で約78%を占めるのは窒素である。

問9 「◎」は曇りを表す天気図記号である。

問10 明けの明星は東の空に見え，宵の明星は西の空に見える。

基本 **2 (実験・観察—対照実験)**

問1 AとDの条件でインゲンマメの種子が発芽したので，発芽には水・空気・適切な温度の3つの条件が必要とわかる。イの間違いは，明るい条件のAでも発芽することからわかる。ウの間違いは，Bで発芽しないので，発芽には水が必要とわかる。エの間違いはCで空気を遮断すると発芽しないことからわかる。

問2 条件AとDはふれはばだけが異なり，その他の条件を同じにして往復の時間を比較している。結果に違いがないことから，ふりこのふれはばは往復の時間に影響しないことがわかる。

問3 実験後の試験管にヨウ素液を入れて青紫色に変化するものは，デンプンが分解されずに残っていることを示している。デンプンが分解されたのは試験管Bだけなので，デンプンを分解するための条件は，だ液(分解酵素を含む)が必要で，温度は40℃程度にすることである。

問4　これらの実験は，1つの条件だけを変え，その他はすべて同じ条件で実験を行い，どのような違いが結果の違いに影響するかを調べるものである。このような実験を対照実験という。

3　(動物―モンシロチョウの成長)

基本　問1　モンシロチョウの卵は，図イのようにトウモロコシのような形をしている。はじめは白く透き通っているが，徐々に黄色からオレンジ色に変化する。

問2　モンシロチョウの顔は図ウのようである。黒と白の毛におおわれている。図アはセミ，イはハエ，エはバッタの顔である。

問3　モンシロチョウの胸には前羽と後ろ羽が2枚ずつと，3対6本の足が付いている。2本の触角は頭から出ている。

問4　グラフから読み取れることは，卵の生存率が4月生まれの方が高く，1令幼虫の生存率は10月生まれの方が高い。また，4月生まれの方が成長が速いこと，5令幼虫の生存率が4月生まれのものは急激に低下することなどである。これらに主に関係するのは，気温と天敵の数と思われる。

　卵の生存率が4月生まれの方が高いのは，卵が産み付けられる4月と10月では天敵の数は10月の方が多いことが関係すると思われる。しかし，1令幼虫になるころには，4月生まれの方は気温が高くなり天敵の数が増えてくるのに対して，10月生まれの方は気温が下がってくるので天敵の数が少なくなっていく。また。4月生まれの方が成長の速度が速いのも気温が上がっていくためと思われる。同様に5令幼虫になるころには5月と11月半ばになるため，天敵の活動が活発な5月には生存率が急激に減少すると考えられる。

★ワンポイントアドバイス★

論述式の問題が多く，単なる知識ではなくその結果になる理由を理解しておくことが大切である。また，自分の考えを文章に短くまとめる練習をしておこう。

＜社会解答＞《学校からの正答の発表はありません。》

1　問1　エ　問2　①　エ　②　イ　問3　エ　問4　ア　問5　京都
問6　燃料電池

2　問1　ウ　問2　ウ　問3　イ　問4　エ　問5　墾田永年私財法　問6　ア
問7　ウ　問8　イ

3　問1　公職選挙法　問2　4年　問3　住民投票　問4　イ　問5　エ　問6　ア
問7　公共の福祉

4　問1　イ　問2　ウ　問3　イ　問4　①　A　市内の学童保育の子供たちから，その保護者などにも広げ地域交流が活発になるのは地域のためによい。　B　県内の他の市の民話に触れる機会ができれば，面白い。　C　広島や長崎からは志木市は遠く，戦争もかなり前のことだが，今の子供が原爆や戦争の悲惨さを知り，広めようとするのはよいことだ。　②　A　競技が珍しいものであり，広めるうえでどういうものなのかを理解してもらうことがまずは大変か。実演するか，ビデオなどを見てもらうことで理解してもらう助けにはなる。　B　対象の地域で古くからの民話，言い伝えなどを知っている人を探すのが大変。市役所や教育委員会に相談して，地元の古い家を紹介してもらう必要がある。

C　原爆の図が与えるインパクトは強烈なものなので，その感想を言葉で伝えるのは難しい。パンフレットか何か複製されたものなどを借り出すなりの方法をして見てもらうのがよい。

○推定配点○

1　問2　各1点×2　　他　各2点×5　　2　問1，問2　各1点×2　　他　各2点×6

3　各2点×7　4　各2点×5　　計50点

＜社会解説＞

1　(地理－「温暖化」に関連する地理の問題)

基本　問1　イとエが日本海側の都市のもので，エの方が気温が低いから北にある山形市で，イの方が金沢市。アは梅雨の時期の降水量が少ないので札幌市で，ウが長野市。

問2　①　グラフのAが石油，Bが石炭，Cが天然ガスでDが原子力。①のグラフのエが石炭の輸入先を示すもの。アが石油でイが鉄鉱石，ウが天然ガスになる。　②　原子力発電所は日本の場合，人口過密な場所は避け，なおかつ電力の大消費地には比較的近い海沿いの場所になるのでイ。アが地熱発電所，ウが火力発電所，エが水力発電所になる。

問3　シリコンはケイ素のことで，半導体のトランジスタの材料になる。アメリカのコンピュータ関連の会社が集まっているシリコンバレーに倣って，東北自動車道沿いにICの工場が多く集まったことから東北自動車道をシリコンロードと呼び，同様に九州の空港や高速道のそばに同じようにコンピュータ関連の工場があるので九州をシリコンアイランドと呼ぶようになった。

重要　問4　アの内容はフロンガスの排出によりオゾン層が損なわれて紫外線の地上への到達量が増える問題のもの。

問5　1992年の国連環境開発会議を受けて，その後，話し合いが続けられた温室効果ガスの削減に関して，1997年に京都で開かれた会議で採択されたのが京都議定書。

やや難　問6　燃料電池は水素と酸素を化学反応させて電気をつくるもの。水素ガスを燃料として大気中の酸素と反応させるので，普通の化石燃料の燃焼のように二酸化炭素を排出しないので，クリーンなエネルギー発生装置とされる。

2　(日本の歴史－日本のさまざまな時代の「真実」に関連する問題)

問1　ソ連が崩壊するのは1991年12月。アのベトナム戦争は1965年～73年，イの第一次石油危機は1973年，エのアメリカ同時多発テロは2001年9月11日。

問2　『吾妻鏡』は鎌倉時代の重要な史料の一つ。史料の内容は守護地頭の設置に関するもので，文治元年は1185年。北条時政は北条政子と義時の父で初代執権となった人物。

基本　問3　稲荷山古墳は埼玉県にある古墳で，ここから出土した鉄剣にワカタケルと読める人名が刻まれていた。他の選択肢の古墳はいずれも東日本のものではない。

問4　山法師は比叡山延暦寺の僧兵のこと。比叡山延暦寺は最澄が開いた寺院で空海らとともに平安初期に唐にわたり，最澄は天台宗を日本に伝えた。

重要　問5　墾田永年私財法は743年に出された法令で，その前の723年に出された三世一身の法に代えて，新規に開墾された農地は永久に私有を認めるというもの。

問6　民撰議院設立建白書が出されたのは1874年で，西南戦争は1877年。イは1872年，ウは1871年，エは1873年。

問7　徳川綱吉の時代の文化が元禄文化で，ウの菱川師宣の見返り美人図は元禄期のもの。アは葛飾北斎の富嶽三十六景の中で化政文化の時期，イは歌川広重の東海道五十三次，エは東洲斎写楽の役者絵でいずれも化政文化のもの。

問8　史料は1428年の正長の土一揆のもの。

3　(政治―選挙，地方自治，三権などに関連する問題)

問1　国会議員，地方議会議員，首長などの選挙に関する法令は公職選挙法。

問2　地方公共団体の首長，議員の任期は4年。首長も議員も議会からの不信任決議や，直接請求の解職請求，議会の解散などがあるので，4年の任期の前に選挙を迎えることもある。

問3　住民投票　地方自治で首長の解職を求める直接請求の場合，有権者の3分の1以上の署名を集めて選挙管理員会に提出し，選挙管理委員会で署名の確認をして，有効な場合にはその請求の内容を公表し，首長の解職の賛否を問う有権者の投票を実施し，その投票で解職に多数の賛成が集まれば解職が行われ後任の選挙になる。

問4　裁判所の組織は国の司法権のもの以外には認められていないので，地方裁判所も含めすべての裁判所は国の司法権の組織の中のもの。

重要　問5　最高裁判所長官は内閣総理大臣と同様に，三権の中のものが指名し，天皇が任命する。最高裁のその他の裁判官並びに下級裁判所の裁判官は内閣が任命する。

問6　1945年の12月に新しい選挙法が公布され，この選挙法による最初の選挙は1946年4月に実施されている。アの労働組合法は1945年に制定されているので，まだ新選挙法による議員ではない前の議員が議論したもの。

基本　問7　日本国憲法では，公共の福祉という概念が二つの考え方で使われており，第十二条の条文では社会全体の共通の利益という考え方で，基本的人権を制約する場合の公共の福祉に反するというのは，他の人の権利と衝突する場合と考えられる。

4　(総合問題―「FDC教育」に関連する問題)

問1　第一国立銀行は1873年に渋沢栄一が設立。のちに第一銀行，第一勧業銀行と変わり現在はみずほ銀行になっている。アは渋沢栄一の考えとは異なり，経済を考える際には私利私欲だけでなく道徳との両立が必要としている。ウは福沢諭吉，エは野口英世。

問2　国際連盟時代からあるICJ国際司法裁判所が国と国の対立や国の犯罪行為を法的に裁くものであるのに対し，ICCは国際的な紛争や民族紛争の中での個人の犯罪を裁くために設立されたもの。

問3　ダイナマイトを発明したのはアルフレート・ノーベル。ダイナマイトが戦争などで使われたことから，ノーベルがダイナマイトから得られる利益でノーベル賞を設立。

やや難　問4　①　志木市に限らず，どこの住民であっても自分の住むところに関連するものとして考えればよい。Aなら，地域交流を広げることができるというのが評価すべき点であろう。Bであれば，地域の特色が描かれた民話を今後も伝えていくということがよい。Cであれば，原爆の図から受けた衝撃を子供たちがエッセイにしたことを評価すべきであろう。　②　問題点と対策はAであれば，なじみの薄いカバティというスポーツを理解してもらうことが最大の問題点かもしれない。競技の内容やルールを口頭での説明や文字情報で理解してもらうのには限界があるので，広める対象の人たちの前で実際にやって見せることや，ビデオなどで実際にやっているところを見せるなどの方法が，一番効果的であろう。Bであれば，地域の古い民話を集めるのが大変であろう。文字に起こしてあるものがあれば良いが，言い伝えみたいに残っているものであれば，まずはそれを語れる人を探すことが大きな課題になる。この問題に関しては，他の地域から移ってきた人はまず知らないので，対象地域の古くからある家の人にあたるのがよいが，そういう家や人を探すのも大変なので，市役所や教育委員会などに相談して，紹介してもらうのがよい。Cの場合，「原爆の図」から受ける感想を生徒がエッセイにするにしても，絵のインパクトが強いものであり，意外と言葉で表現するのが難しいかもしれない。また，似たような単純な感想ばかりになってしまう可能性もある。この問題に関しての対策としては，そのエッセイを読んでもらう人に，「原爆の図」がどういうものかを見てもらえるように何らかの複製やパンフレットを一緒に提示するのがよい。複製やパンフレットは美術館に相談すれば何か方法があるであろう。

★ワンポイントアドバイス★

[1]から[3]の問題は基本的なものが多いので，手堅く解答していくことが合格点をとるのには重要。[4]の記述は書くのが大変ではあるが，しっかりと設問を読み設問の求めていることを理解してとにかく書くことが大事。ここはかなり正解の幅はあるので的外れでなければ書けば得点になるはず。

＜国語解答＞《学校からの正答の発表はありません。》

[一] 問一　①　きょうけん　②　そかく　③　りゃく(す)　④　と(める)
⑤　競技　⑥　忠義　⑦　検査　⑧　推察　⑨　練(る)　⑩　墓(参り)
問二　1　夕→石　2　新→進　3　賀→我　問三　1　図　2　下

[二] 問一　Ⅰ　ア　Ⅱ　エ　問二　エ　問三　イ　問四　意地悪な空気
問五　ウ　問六　(例)　利さんが編入してきたことでクラスが重たい空気になったことが描かれているが，編入生や外見といった自分ではどうすることもできない理由で特別視するのではなく，誰とでもふつうに接したいと思う。また，意地悪な空気を作った遠野さんを反面教師として，相手の気持ちを尊重しながら，相手が楽になれる距離で寄りそうことを心がけたい。

[三] 問一　ア　問二　意見のぶつかり合い　問三　イ　問四　エ　問五　ウ
問六　(例)　私は人間関係において無難さを優先する意見に反対である。なぜなら，そのような関係では率直に意見を交わし，議論を深めるのは簡単ではないと筆者が述べているように，相手の本当の考えを知ることができないからだ。意見のぶつかり合いがあったとしても，ぶつかることでお互いに本心を知ることができ，より深く理解し合える関係を築くことができるのだと思う。

○推定配点○

[一]　問三　各3点×2　他　各2点×13(問二各完答)
[二]　問一　各2点×2　問六　10点　他　各5点×4
[三]　問一　4点　問六　10点　他　各5点×4　計100点

＜国語解説＞

[一]　(空欄補充，四字熟語，漢字の読み書き)

重要　問一　①は強制的に実際に用いる権力。②は内閣総理大臣に指名された者が新たに内閣を組織すること。③は不要なものを除いて簡単にすること。④の音読みは「リュウ・ル」。熟語は「保留」「留守」など。⑤の「競」の下部2か所のハネは形が異なることに注意。⑥はまごころを尽くして仕えること。⑦の「検」を「険」「剣」などとまちがえないこと。⑧はおしはかって想像すること。⑨の音読みは「レン」。熟語は「洗練」など。⑩は「幕」「暮」などとまちがえないこと。

やや難 問二　1の「玉石混交」は優れたものとつまらないものが入り混じっていること。2の「日進月歩」はたえまなく，どんどん進歩すること。3の「無我夢中」は心を奪われ，われを忘れること。

基本 問三　それぞれ上から反時計回りに，1は「地図・合図・図形・図書」，2は「靴下・川下・下校・下降」。

［二］（小説－心情・情景・細部の読み取り，ことばの意味，記述力）

基本 問一　――線部Ⅰは，態度や話し方などが愛想のない，そっけない様子。Ⅱはごく短く瞬間的な時間を表す。

問二　利さんは編入してきた初日に，さげていたカバンが机にぶつかり，髪の毛で隠れていた顔の半分にある大きなやけどの痕をみんなに見られたことで，――線部①のようになっているのでエが適当。①前の状況と「怯えた」ことをふまえていない他の選択肢は不適当。

問三　――線部②は「イコのような編入生や，仲間はずれにされている人」を対象に「気遣っているような振りをして……いい人に思われたい」遠田さんが，「今度は利さん」に話しかけている，ということなのでイが適当。②前の遠田さんに対するイコの心情をふまえていない他の選択肢は不適当。

重要 問四　――線部③のようにして遠田さんが利さんの絵のことで騒いでいる様子を，「イコは家に……」で始まる段落で「意地悪な空気(6字)」と感じていたことが描かれている。

問五　――線部④は，顔に大きなやけどの痕がある利さんに，自分の顔を可愛い顔に描いてほしいと「押しつけるように言う」遠田さんに対する，利さんの様子なのでウが適当。「目がきっと光った」がいら立ちを表していることと，遠田さんの無神経さを説明していない他の選択肢は不適当。

やや難 問六　本文では，顔にやけどの痕がある利さんが編入してきたことでクラスが重たい空気になったこと，遠野さんが利さんに対して意地悪な空気を作ったことなどが描かれていることをふまえ，自分だったら利さんにどのように接するかを考え，「クラスが『良い空気』であるために」中学校で同級生に接する態度を具体的に説明していこう。

［三］（論説文－要旨・大意・細部の読み取り，接続語，空欄補充，記述力）

問一　空欄Aは直前の内容とは相反する内容が続いているので「しかし」，Bは直前の内容を言いかえた内容が続いているので「つまり」，Cは直前の内容の具体例として冒頭の部分を引用しているので「たとえば」がそれぞれ当てはまる。

基本 問二　□には，この文と同様のこととして，最後の段落で述べている「意見のぶつかり合い(9字)」が当てはまる。

問三　――線部②の映画の時代のような昔は，「この傾向は……」から続く2段落内容から「生活維持」は「身近な人間関係」にあり，「誰かと『付き合わなければならない』と強制される機会」があった時代であったこと，「子どもと……」で始まる段落で，「人情劇」と言われた②でさえも「感情表現は非常に乏しいことがわか」ることを述べているのでイが適当。②は感情的な表現が少ないことを説明していない他の選択肢は不適当。

問四　――線部③は「目の前のつながりを安定させる最適解は，そう簡単に見つか」らず，「人間関係を円滑に進めてゆく行動様式がはっきり見えないまま，相手の心理に配慮しつつ，コミュニケーションを行う厄介な状況」なのでエが適当。③直前の2段落内容をふまえていない他の選択肢は不適当。

重要 問五　最後の段落で，「……私たちは『人それぞれ』という言葉を使って，お互いの意見のぶつかり合いを避けてい」るが，「このようななかで率直に意見を交わし，議論を深めるのは，そう簡単ではありません」と述べているので,「『人それぞれ』という姿勢を持つことの方が重要である」とあるウは適当でない。ア・エは「この傾向は……」から続く2段落，イは「しかし，感情に……」で始まる段落でそれぞれ述べている。

やや難 問六　解答例では，相手の本心を知ることができないという理由で反対の立場を述べているが，賛成の立場として，無難さを優先することで余計な争いをせずに良好な関係を保つことができる，などの理由が考えられる。本文では，無難さを優先すると，率直に意見を交わし，議論を深めるのは簡単ではない，と述べていることをふまえ，自分の立場を理由とともに明確に述べていこう。

★ワンポイントアドバイス★

論説文では，本文で何度も出てくるキーワードを，筆者がどのような意味で用いているかを読み取ろう。

第2回

2024年度

解　答　と　解　説

《2024年度の配点は解答欄に掲載してあります。》

＜算数解答＞《学校からの正答の発表はありません。》

1　(1)　0.4025$\left[\frac{161}{400}\right]$　(2)　3　(3)　15　(4)　$\frac{1}{90}$

2　(1)　18　(2)　12　(3)　12　(4)　6：1　(5)　5　(6)　4　(7)　100

3　(1)　10cm^2　(2)　18.84cm^2　(3)　125.6cm^2

4　(1)　ADOHOS　(2)　12番目　(3)　168番目

5　(1)　4　(2)　5　(3)　6

○推定配点○

各5点×20　　計100点

＜算数解説＞

1　(四則計算)

(1)　1.15×0.35＝0.4025

(2)　□＝(25÷0.5－5)÷15＝45÷15＝3

(3)　17×17－8×8＝(17＋8)×(17－8)＝25×9＝5×3×5×3＝15×15　□＝15

(4)　$\frac{13}{5\times6\times7\times8}+\frac{17}{7\times8\times9\times10}=\frac{1170+510}{5\times6\times7\times8\times9\times10}=\frac{1680}{5\times6\times7\times8\times9\times10}=\frac{21}{5\times6\times7\times9}=\frac{1}{90}$

重要 2　(数の性質，場合の数，平面図形，相似，立体図形，割合と比，平均算，速さの三公式と比，旅人算，演算記号)

(1)　A×Bの積…3の倍数

A＝3のときの積…3，6，9，12，15，18，21，24，27

A＝6のときの積…30，36，42，48，54

A＝9のときの積…45，63，72，81

したがって，積が3の倍数になるのは9＋5＋4＝18(個)

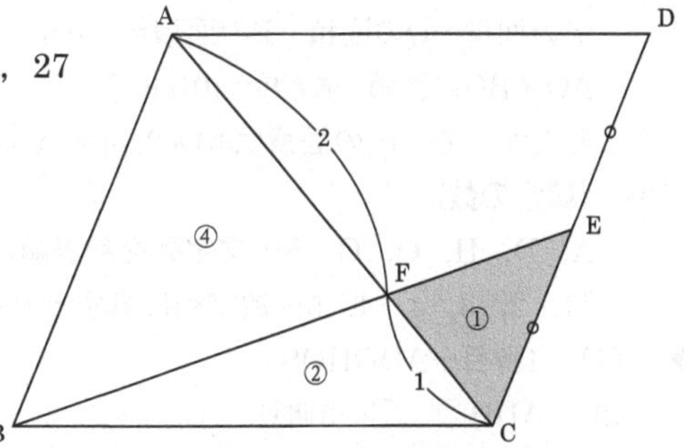

(2)　三角形FABとFCE…右図より，相似比が2：1

三角形FCE…面積が①

三角形ABC…②＋④＝⑥

したがって，平行四辺形の面積は三角形FCEの6×2＝12(倍)

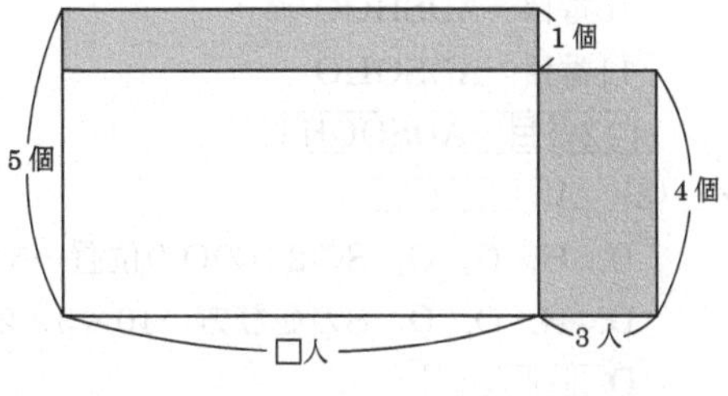

(3)　右図…色がついた部分の面積が等しい。

したがって，求める人数は4×3÷(5－4)＝12(人)

(4)　立方体の1辺…右図より，6とする。
立方体の体積…6×6×6
三角錐の体積…6×6÷2×6÷3＝6×6
したがって，求める比は6：1

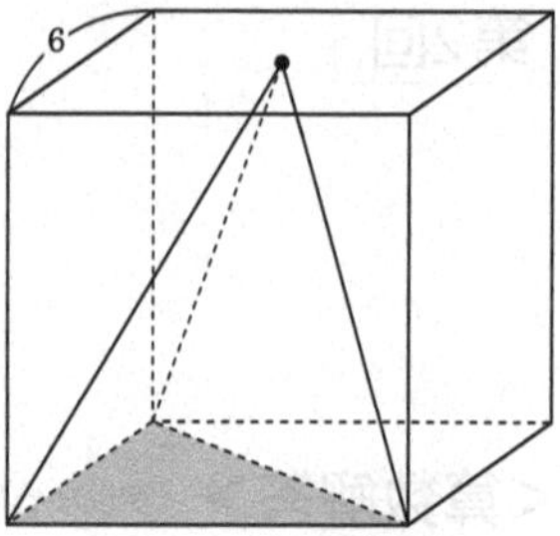

(5)　2人が出会う時刻…1250÷(100＋150)＝5(分後)
(6)　6◯4…6×6＋4＝40
4◯6…4×4＋6＝22
$x\times x+y$…22
したがって，xの数は1～4までの整数であり，求める組は4通り
(7)　右図…色がついた部分の面積が等しい。
したがって，求める重さは300×1.5÷4.5＝100(g)

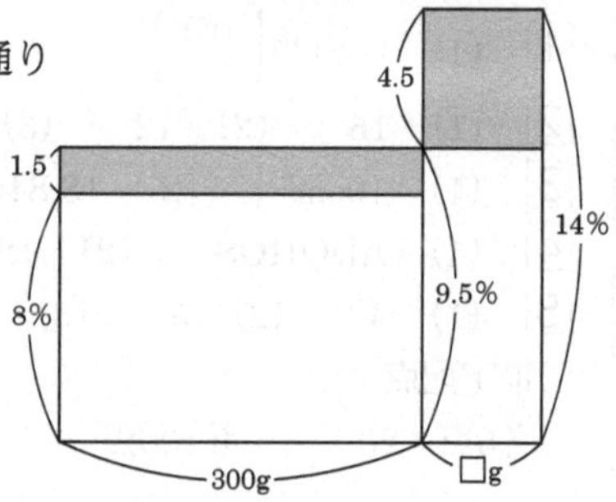

重要 **3**　**(平面図形)**

(1)　図1
半径×半径の面積…15.7÷3.14＝5(cm^2)
したがって，正方形は5×2＝10(cm^2)

図1

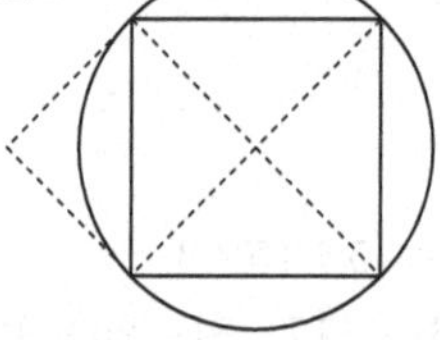

(2)　図2
半径×半径の面積…3×2＝6(cm^2)
したがって，円は6×3.14＝18.84(cm^2)

図2

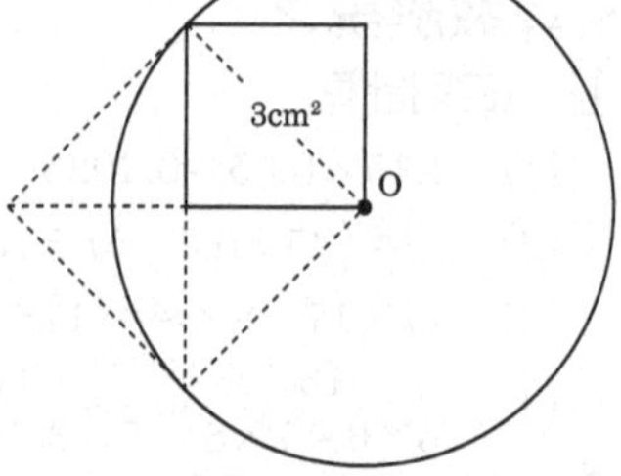

(3)　図3
弧BCを含む4分円の面積…Qの面積＋アの面積×2
弧ABを含む4分円の面積…Pの面積＋アの面積×3
アの面積…Qの面積－Pの面積＝5(cm^2)
AO×BOの面積…5×8＝40(cm^2)
したがって，円の面積は40×3.14＝125.6(cm^2)

図3

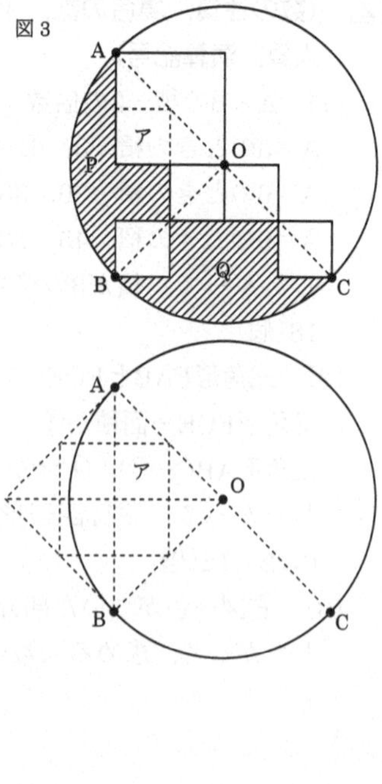

4　**(場合の数)**

A，D，H，O，O，S…文字列を辞書順に並べる。
(1，2，3，4，4，5…数字列に直すと計算しやすい)

重要 (1)　4番目…ADOHOS
(2)　ADH□□□…3通り
ADO□□□…3×2×1＝6(通り)
10番目…ADSHOO
11番目…ADSOHO
12番目…ADSOOH

1番目　ADHOOS
2番目　ADHOSO
3番地　ADHSOO
⋮　⋮

やや難 (3)　A□□□□□
D，H，O，O，Sの2つのOの位置…5×4÷2＝10(通り)
D，H，O，O，Sの並び方…10×3×2×1＝60(通り)
D□□□□□

H，O，O，Sの並び方…60通り
HA□□□□
D，O，O，Sの並び方…4×3÷2×2×1＝12(通り)
HD□□□□
A，O，O，Sの並び方…12通り
HO□□□□
A，D，O，S…4×3×2×1＝24(通り)
HO□□□□の最後の文字列…HOSODA
したがって，HOSODAは60×2＋12×2＋24＝168(番目)

5 (演算記号，数の性質)

重要 (1) 1134＝3×3×3×3×14
したがって，$\left(\frac{1134}{3}\right)=4$

(2) 4×4×□…2ケタの数は4×4×1，4×4×2，～，4×4×6
したがって，求める個数は6－1＝5(個)

やや難 (3) 64＝2×2×2×2×2×2
したがって，$\left(\frac{64}{2}\right)=6$が最大値

★ワンポイントアドバイス★

1(4)の計算に注意しよう。2(2)「平行四辺形と三角形の相似」の問題は，よく出題されるタイプの問題であり，解けなければいけない。4「文字列」の問題は「数字列」に変換すると計算しやすいが，(3)は簡単ではない。

＜理科解答＞《学校からの正答の発表はありません。》

1 問1 ウ　問2 ウ　問3 ウ　問4 ア　問5 エ　問6 ア　問7 エ
問8 ウ　問9 エ　問10 ア

2 問1 公転　問2 イ　問3 エ　問4 (太陽) ウ　(地球) イ　(月) エ
問5 あ ひろと　い ②　う 地球と月が最も近いときと最も遠いときの差を地球と月の距離で割った値が，地球と太陽で同様に求めた値より大きな値(であるから。)

3 問1 ア 明るい　イ

問2

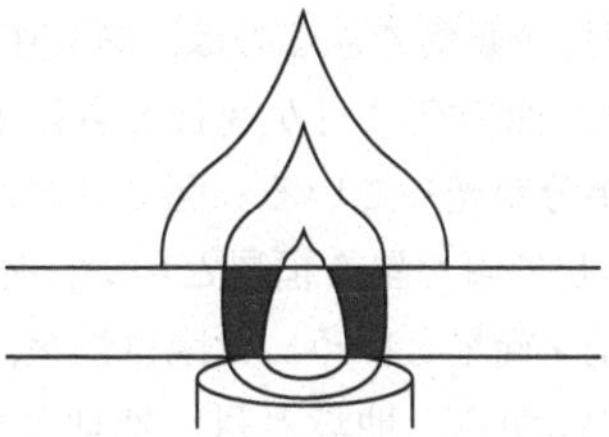

問3 (1) 1　(2) 2
問4 ・白紙を鉛筆で黒く塗り，虫眼鏡や凹面鏡や水を入れたペットボトルを使って太陽光を一点に集める。
・まっすぐな枝を平たい板にこすり合わせることを繰り返して，まさつ熱で火を起こす。

・アルミホイルを折って棒のようにし，中央部分をねじって細くし導線をアルミホイルの両端に接続し乾電池につなぐと細い部分から火花が出るので，これをわらを細かくしたものにあてて火を起こす。

○推定配点○

1 各2点×10
2 問4 各1点×3 他 各2点×6
3 問4 5点 他 各2点×5 計50点

<理科解説>

1 (理科総合—小問集合)

問1 電熱線の太さを2倍にすると，流れる電流の大きさも2倍になる。

重要 問2 浮力の大きさは，物体が押しのけた分の水の重さに等しい。水に沈んでいる部分の体積が180cm^3なので，浮力は180gである。これが物体の重さとつり合うので，物体の重さは180gである。

問3 げんの太さが同じとき，げんが短いほど高い音が出る。げんの長さが同じとき，げんが細いほど高い音が出る。長さと太さが同じとき，げんを強く張るほど高い音が出る。げんをはじく強さは音の大きさに関係し，音の高さには関係しない。

重要 問4 この水溶液はBTB溶液を黄色に変化させたので酸性である。酸性の水溶液では，青色リトマス紙は赤く変化し，紫キャベツ液は赤色～ピンク色になり，メチルオレンジは赤色になる。フェノールフタレインは色が変化せず，酸性か中性かの判断ができない。

問5 4つの中でアルミニウムだけが常温(普段の温度)で固体である。よって，融点が最も高い。

問6 ヘビはハ虫類なので，陸上に卵を産む。

問7 子房がなく，はいしゅがむき出しの植物を裸子植物という。イチョウは裸子植物である。その他は，はいしゅが子房でおおわれた被子植物である。

問8 だ液にはデンプンの分解酵素が含まれている。

問9 北半球で最も昼の時間の長いのは夏至の日である。

問10 川の下流では水の流れが上流と比べて緩やかで，川幅は広く軽い小石や砂がたい積する。石は川に運ばれる途中でけずられて丸いものが多い。

2 (地球と太陽・月—スーパームーンについて)

基本 問1 地球が太陽の周りを1年かけて一周する動きを公転という。

基本 問2 南の空に満月が観察できるのは，真夜中頃である。

基本 問3 上弦の月は，西の空に月が沈むときに上側がまっすぐな形のもの(欠けている部分)である。上弦の月は右半分が光っている。図ではエが上弦の月で，イが下弦の月である。

基本 問4 自ら光を出して輝く星を恒星といい，光は出さず恒星のまわりをまわる星を惑星，惑星のまわりをまわる星を衛星という。太陽は恒星，地球は惑星，月は衛星である。

やや難 問5 参考データ②から，地球と月，地球と太陽のそれぞれで，最も短い距離と長い距離の差をその距離で割って割合を比較する。この割合が大きいほど楕円周期の影響が大きいことになる。地球と月では，(406000－357000)÷406000＝0.12 地球と太陽では，(15200－14700)÷15200＝0.033 よって月の楕円軌道の影響の方が大きい。また，太陽の楕円軌道は満月の明るさに影響するが，月の見える大きさは光の量では変化しないと思われる。

3 (燃焼―ろうそくの燃焼)

重要 問1 ろうそくの炎は外炎，内炎，炎心の3つの部分に分けられる。外炎は酸素が豊富で最も温度が高くなる部分であり，内炎は不完全燃焼するが，最も炎が明るい部分である。炎心はロウが気体に変化する部分である。炎心は一番中心の部分。

重要 問2 内炎では酸素が不足し不完全燃焼を起こすので，すすが発生する。ガラス棒を置くと，内炎の部分にすすが付いて黒くなる。

問3 (1) 近くの建物を取り払い，燃える物を無くすことで延焼を防いでいる。条件1に相当する。 (2) ふたをすることで酸素が入ってこなくなるので，燃焼が止まる。条件2に相当する。

問4 ・太陽光を1点に集めて火をつける方法。紙を黒く塗って熱を吸収しやすくし，これに虫眼鏡や凹面鏡，ペットボトルに水を入れたものなどを使って太陽光を1点に集めることで発火させる。
・まさつ熱で火をつける方法 まっすぐな枝を平たい木板にこすり合わせてまさつ熱で火をつける。このときできる火種をわらや落ち葉などに移して火をつける。
・電気火花で火をつける方法 アルミホイルを棒状に折りたたみ中央部分をねじって細くする。両端に導線を接続し，導線を乾電池に接続すると，アルミホイルの細い部分から火花が出る。これをわらなどに移して火をつける。

★ワンポイントアドバイス★

小問集合は基本的な内容の問題がほとんどであるので，しっかりと得点することがポイントである。最後の問題は記述式なので，自分の考えを文章に短くまとめる練習をしておこう。

<社会解答>《学校からの正答の発表はありません。》

1 問1 甲府(盆地) 問2 ウ 問3 ア 問4 ヒンドゥー教 問5 フードロス
問6 ア

2 問1 三内丸山(遺跡) 問2 ウ 問3 ア 問4 織田信長 問5 オ
問6 ① エ ② (治外法権) イ (関税自主権) オ

3 問1 X 25 Y 健康 問2 ア 問3 ア・イ・ウ・オ 問4 イ
問5 グローバル 問6 こども家庭

4 問1 イ 問2 ウ 問3 キーウ[キエフ] 問4 ① A 市内を誰もが安心して利用できるバリアフリーのバスが走っていれば便利である。 B バナナの生産地の人々の助けになり，実用的なものが現実的な値段で売られるのならば，人助けにもなるので買いたい。 C 市内の産物を材料とするのであれば，フードロスを減らし地産地消にもつながるので食べてみたい。 ② A 特殊な車体で量産されるものではないため高価なものになるので，そろえられる台数が少なくなるが，少ないと走らせても効果が少ない。このバスを特に必要とする人が多そうな路線と時間帯に集中して走らせればよい。 B 志木市と関連が薄いのが問題。志木市内の企業や工場でこのハンドクリームの製造や販売ができればよい。 C ライスバーガーの米や志木市内の食材が安定して供給してもらえるかが問題。米以外の食材については，バーガーの種類に柔軟性を持たせて，時期ごとに食材を変えて供給元も選べるようにするのがよい。

○推定配点○

1 各2点×6　2 問6② 各1点×2　他 各2点×6　3 各2点×7

4 各2点×5　計50点

＜社会解説＞

1 (地理－人口に関連した問題)

基本 問1　甲府盆地は山梨県のほぼ中央部にある盆地。

問2　東京は比較的降水量が多く温暖な温暖湿潤気候。アは梅雨の時期の降水量が少なく，寒冷なので北海道の札幌市。イは比較的温暖だが降水量が年間を通して少ないので瀬戸内の香川県高松市。エは冬の降水量が多いので日本海側にある新潟県新潟市。

問3　それぞれの選択肢の内容をグラフと照らし合わせていけばわかる。アフリカは一番上の線なので人口増加率は他の地域よりも高いが，2015年以後，右下がりが続き増加率は低下するとされているので正しい。イはオセアニアは下がり続けており，北アメリカはわずかに2021年から2023年までは上がるが，その後は低下しているので誤り。ウはすべての線が右下がりなので誤り。エは2025年の時点で，アジアの線よりも下にあるのは北アメリカとヨーロッパの2つのみなので誤り。

問4　現在のインドで大多数の国民が信仰しているとされるのがヒンドゥー教。牛を神の使者の神聖な動物としたり，ガンジス川で沐浴をしたりするなどの特徴が有名。

重要 問5　フードロスは本来なら食べられるものを無駄にして捨てることになるもの。消費者が買った後に出してしまうものもあるが，食料品を販売する企業が大量に作って売れずに廃棄してしまうものもある。

問6　日本は火力発電が現在は中心で，東日本大震災の前までは原子力も2～3割ほどはあったが現在は少ない。イはブラジルでアマゾン川のおかげで水力発電でかなりの電力を賄えるのが特徴。イはドイツで日本同様に火力が主力ではあるが再生可能エネルギーの比率が日本よりもはるかに高い。エが中国でこちらも火力の比率が高いが，中国には大河があり日本よりは水力発電の比率は高い。

2 (日本の歴史－さまざまな時代の交通に関する問題)

問1　三内丸山遺跡は青森県青森市にある縄文時代の大規模な遺跡。

問2　新羅の位置がウ。日本が朝鮮半島に進出していたころのアが高句麗，イが百済，エは日本が足がかりをもっていた任那。

重要 問3　イは江戸時代，ウは室町時代，エは安土桃山時代。

基本 問4　織田信長は城下で自由な商工業が営まれ経済が発展するように関所を廃止したり楽市楽座の政策をとった。

問5　奥州街道は正確には奥州道中といい，江戸から途中，栃木県の宇都宮までは日光道中と同じで，ここから日光道中は日光の方へ分岐する。宇都宮から福島県の白河までが正規の奥州道中で，ここまでは江戸幕府の道中奉行の管理下で，福島県の白河から先，函館までも街道はありここは勘定奉行の管理下にあった。

問6　①　アは第二次世界大戦後の農地改革，イは豊臣秀吉の太閤検地，ウは律令時代の班田収授法の内容。　②　治外法権(正確には領事裁判権)撤廃が1894年なのでイ，関税自主権回復が1911年なのでオ。

3 (政治―社会保障に関連する問題)

基本 問1 生存権に関する日本国憲法の規定は，第25条の条文にある。健康で文化的な最低限度の生活を営む権利というのが生存権の定義としても重要。日本の場合には，人間らしく生きる権利の社会権の中に，この生存権の他，勤労権や教育を受ける権利などが含まれているとされる。

問2 最高裁長官は内閣が指名し，天皇が任命する。最高裁のその他の裁判官は内閣が任命する。最高裁の裁判官は，違憲立法審査の最終的な判断を行う必要もあり，裁判官だけでなく，外交や行政などの専門家からも構成されている。下級裁判所の裁判官は最高裁が指名した者の名簿の中から内閣が任命する。イは内閣は政令を定めるが，条例は地方自治体が定めるものなので誤り。ウは弾劾裁判を行うのは国会なので誤り。エは衆議院には解散があるが参議院には解散はないので誤り。

問3 法律案を国会に提出できるのは，内閣と国会議員で，内閣総理大臣は内閣と一心同体と考えれば内閣総理大臣もある。内閣法案が多いのは，内閣の行政行為の裏付けの法律が多いため。また国会議員は個人で法案提出は可能だが，その際には賛同する議員が衆議院では20人，参議院では10人必要であり，さらに衆議院ではその議員の所属する会派が承認していない場合は議長が受理しない。議員が支援を受けている企業などの利益のために働いたり，自身の売名行為のために働いたりするのを防ぐことが目的とされる。

重要 問4 防衛関係費はかつてはGNPの1%とされていた。斜線の項目が公共事業関係費，その下の灰色の部分が地方交付税交付金，その下のものが国債費となっている。

問5 グローバル化とは国境を越えて世界規模でいろいろなものが移動するようになっていることを指して使われる言葉。グローバルの元の語のglobeは球を示すもの。

問6 こども家庭庁は，子どもに関連する行政が文部科学省，厚生労働省，総務省などの複数の役所にまたがるものであるにもかかわらず，いわゆる縦割り行政で横のつながりがない状態を問題として，創設された行政機関。

4 (総合問題―「FDC」に関連する問題)

重要 問1 イギリスが離脱したのはECではなくEU。ECは1967年に結成されたヨーロッパ共同体のこと。イギリスは当初はECに加盟していなかったが，1972年に加盟。

問2 第一次世界大戦の講和会議はパリ講和会議で，ドイツと協商国側が結んだのがヴェルサイユ条約。他の敗戦国にもそれぞれ条約がある。

問3 ウクライナの首都はキーウ。以前はキエフと日本では呼ばれていたが，現地語の発音に近いのがキーウということで改められている。

やや難 問4 ① 設問のA，B，Cそれぞれの活動について志木市の住民であったら魅力を感じるものとしてどれを選んでも問題はない。志木市に限らず自分の住む街に関連させて考えればよい。地域とのつながりが考えやすいのはAかCであろう。 ② それぞれの活動内容を行う際に障害となりそうな物事を考え，その解決策，対応策を答える。Aのバリアフリーバスで言えば，まずどの程度までバリアフリーにするのかにもよるが，バスの車体をバリアフリー仕様にするとかなり高価なものになりそうではある。そのバリアフリーのバスを市内のバス路線すべてですべての時間に走らせるとなるとその費用がかなりのものになる。現実的に考えた場合には市内で，そのバスを必要とする人が多そうな路線で，一番利用が多そうな限られた時間帯に走らせるのが現実的な対応であろう。Bのバナナの葉のハンドクリームは，自分の地域とのつながりがまずわからないと思う。また，その問題点を考えるにしてもイメージがわかないのではないだろうか。解答例としては地域とのつながりが見えないことを問題点として，地域の企業や工場となんとか接点を見いだせるようにする解決策を挙げておいたが，このBの活動を選んで解答しない方が良さそうではある。Cのライスバーガーは，既存のものから考えて，パン(バンズ)を米を加工したものにして，その中に地元の食材から作ったものを挟み込むかたちのものであろう。その場合に問題点とすると，その挟むものと地元の食材の関係であろう。普通に考えられる葉物の野菜やトマト，キュウリなどのピクルスといったものにはそれぞれの旬の季節があり，路地栽培のものとハウス栽培のものを混ぜても同じ種類を年間を通じて得るのは難しそうである。そうなると別の産地のものも時期によっては使うようにするか。あるいははさむものを地元のものを使える範囲で，季節によって変えていくのが現実的な対応策であろう。

★ワンポイントアドバイス★

どの大問にもやや悩みそうな設問があるので，悩んだらとりあえずは飛ばして先に進むことが大事。一通り全ての問題に解答してから，悩んだものを再度考える方が時間のロスもないし，他の問題がヒントになっていることもある。

＜国語解答＞《学校からの正答の発表はありません。》

〔一〕 問一 ① いさん ② ちゅうふく ③ ひき(いる) ④ まね(く)
⑤ 専門 ⑥ 革命 ⑦ 服装 ⑧ 準備 ⑨ 縮(む) ⑩ 反射(的)
問二 1 法→方 2 絶→立 3 指→矢 問三 1 厚 2 快

〔二〕 問一 Ⅰ イ Ⅱ エ 問二 能天気 問三 まるでにご 問四 エ
問五 ア 問六 (例) 考古学者になりたいという目標にむかって結衣が生き生きと勉強を進めているように，夢を持つことで，その夢に近づくために勉強にも前向きに取り組めると思う。越のように，私も今は具体的な夢はないが，人生を楽しみ，味わうためにも，じっくりと自分の可能性を探りながら自分の夢を見つけていきたい。

〔三〕 問一 エ 問二 Ⅰ 見えない人～ないはずだ Ⅱ 社会の共同経営者
問三 ウ 問四 ウ・エ 問五 (例) 私は「『すごい！』ではなく『面白い！』」という言い方に賛成である。筆者が述べているように，「すごい！」という言葉は，相手を蔑んでいる印象を与えてしまう可能性があるからだ。この「すごい！」のように，自分では気がつかないうちに，相手に嫌な思いをさせる言葉もあることを意識して，相手の立場を考えながら気持ちよく会話することを心がけたい。

○推定配点○

〔一〕 問三 各3点×2 他 各2点×13(問二各完答)
〔二〕 問一 各2点×2 問六 10点 他 各5点×4
〔三〕 問一 4点 問五 10点 他 各5点×4(問四完答) 計100点

＜国語解説＞

〔一〕 (空欄補充，同類語，ことわざ・慣用句，漢字の読み書き)

重要 問一 ①は死後に残された財産。②は山頂とふもとの中間。③の音読みは「リツ・ソツ」。熟語は「比率」「率先」など。④の音読みは「ショウ」。熟語は「招待」など。⑤の「専」の右上に「、」はつけない。「門」を「問」などとまちがえないこと。⑥は国家や社会の組織を根本的に変えること。

⑦は衣服やその付属品を身につけた姿。⑧はあらかじめ必要なものをそろえたり整えたりして用意すること。⑨の音読みは「シュク」。熟語は「縮図」など。⑩の「反射的」は瞬間的に反応し，無意識に何かをするさま。

やや難　問二　1の「うそも方便」は，よい結果を得る手段として，時にはうそも必要であるということ。2の「後悔先に立たず」は，してしまったことを後で悔んでも取り返しがつかないこと。3の「一矢を報いる」は，相手の攻撃などに対して少しでも反撃すること。

基本　問三　1の「親切」「厚意」は他人を思いやってつくすこと，また，その心。2の「完治」「全快」は病気やけがが完全になおること。

〔二〕（小説－心情・情景・細部の読み取り，空欄補充，ことばの意味，記述力）

基本　問一　――線部Ⅰの「ほうける」は感覚がにぶったような，ぼんやりした様子。Ⅱの「快活」は明るくて元気の良いさま。

問二　①は「あせりなんてまったくない」様子の直登のことなので，「浦和駅の改札で……」で始まる段落でも描かれている，のんきで何事も深く考えないさまを表す「能天気(3字)」が当てはまる。

重要　問三　――線部②の「違和感」は，「浦和に住んでいた……」で始まる段落で「まるでにごり水のカプセルに，すっぽり包まれてしまったような窮屈さ(32字)」という形で，たとえを使った越の心情が描かれている。

問四　――線部③前で描かれているように，妹のつぐみがマムシにかまれて救急車で運ばれ，飼い犬のピコも動物病院に連れていかなければならない，ということを母親からの電話で聞いたことで，「落ち着け，落ち着けと自分にいい聞かせ」ながらも越は③のようになっているのでエが適当。③前の状況をふまえ，平常心を保てないでいる様子を説明していない他の選択肢は不適当。

問五　――線部④前で，マムシのことを結衣に聞きながら，つぐみの容態を心配している越に，「『……すぐに病院に行ったなら，死ぬことはまずないと思うよ』」と結衣は話しているのでアが適当。不安になっている越を落ち着かせようとしていることを説明していない他の選択肢は不適当。

やや難　問六　本文では，考古学者になりたいという目標にむかって生き生きと勉強を進めている結衣とともに，進路も将来したい仕事も決まっていない越，あせりなんてまったくない直登それぞれの様子が描かれている。結衣や越を参考にしながら「夢を持つこと」の意味を具体的に考えていこう。

〔三〕（論説文－要旨・大意・細部の読み取り，指示語，接続語，空欄補充，記述力）

基本　問一　空欄Aは直前の内容とは相反する内容が続いているので「ところが」，Bは直前の内容を言いかえた内容が続いているので「つまり」，Cは直前の内容にさらにつけ加える内容が続いているので「また」がそれぞれ当てはまる。

問二　Ⅰ　□には，――線部①直後の段落の「見えない人は見える人にできることができないはずだ(24字)」が当てはまる。　Ⅱ　「とはいえ，……」で始まる段落で，筆者は「見えない人を……『友達』や『近所の住人』のように身近に感じる方法をさぐ」ることで，「社会の共同経営者(8字)としてつきあうような関係を作り出したいと願ってい」ることを述べている。

問三　――線部②は，目が見えない人が「道を歩く」ときに，「音をたよりにする人」，「感触から情報を得る人」，「慎重に進む」タイプ，「ぶつかることで壁や柱を把握する」タイプ，「どんどん人に聞く」方法など，さまざまな手法があることを指しているのでウが適当。②直前の3段落の内容をふまえていない他の選択肢は不適当。

重要　問四　――線部③は，電子化の影響による見える世界での若者の「活字離れ」と同じように，という文脈で，③直前の段落と③後で，「電子化とインターネットの発達によって，点字を身につける必要性が減少してい」て「電子化されたテキストなら，音声読み上げソフトによって耳で聞くことができ」，「パソコンや携帯を駆使して見える人と同じように情報を収集し……スマートフォンを使いこなす視覚障害者も増えてい」ることを述べているので，ウ・エが適当。「電子化とインターネット」の影響を説明していない他の選択肢は不適当。

やや難　問五　解答例では，「すごい！」という言葉は，相手を蔑んでいる印象を与えてしまう可能性があるという理由で賛成の立場を述べているが，反対の立場として，見える人でもできないようなことを見えない人ができている場合は，蔑んでいるのではなく心から尊敬する気持ちで「すごい！」と素直に表現する場合もある，などの理由が考えられる。なぜ賛成か，あるいは反対か，本文をふまえてその理由を明確に述べていくことが重要だ。

★ワンポイントアドバイス★

ことわざや慣用句，四字熟語などは，その成り立ちも理解することで正確に覚えることができる。

＜英語解答＞ 《学校からの正答の発表はありません。》

1.　(1)　ウ　(2)　イ　(3)　ウ　(4)　エ

2.　(1)　エ　(2)　ア　(3)　エ　(4)　ウ

3.　(1)　エ　(2)　ウ　(3)　ア　(4)　ウ　(5)　エ　(6)　ア　(7)　ア

4.　①　d　③　g　④　f　⑦　e

5.　(1)　ウ　(2)　ウ　(3)　エ

6.　(1)　ウ　(2)　エ　(3)　ア　(4)　ア　(5)　エ

7.　(1)　エ　(2)　ア　(3)　ウ　(4)　エ　(5)　エ

○推定配点○

4.　各4点×4　他　各3点×28　計100点

2023年度

★★★★★★★★★★★★★★★★★★★★★★★

入　試　問　題

2023年度

細田学園中学校入試問題（第１回）

【算　数】（50分）　＜満点：100点＞

【注意】　１．コンパス，定規，分度器などは使用してはいけません。
２．円周率は3.14とします。
３．角すいの体積は（底面積）×（高さ）÷３で求められます。
４．問題にかかれている図は正確とは限りません。

1　次の □ にあてはまる数を求めなさい。

(1)　$\frac{1}{7}-\frac{2}{17}-\frac{7}{289}=$ □

(2)　$\left(\square+0.25\right)\times\frac{5}{4}+13=38$

(3)　$2.3\times0.9+8.8\times0.3+2.3\times0.3+2\times8.8=$ □

(4)　$(15+35\div4)\times8=$ □

2　次の □ にあてはまる数を求めなさい。

(1)　Ａさん，Ｂさんは１時間で折りづるをそれぞれ110羽，120羽折ります。Ａさんが □ 時間折った後，Ｂさんが２時間折ったところ，全部で570羽の折りづるができました。

(2)　図の長方形ABCDにおいて，AB，BCの長さはそれぞれ８㎝，５㎝であり，BE：ECの長さの比は３：２です。このとき，四角形ABEFの面積は □ cm^2です。

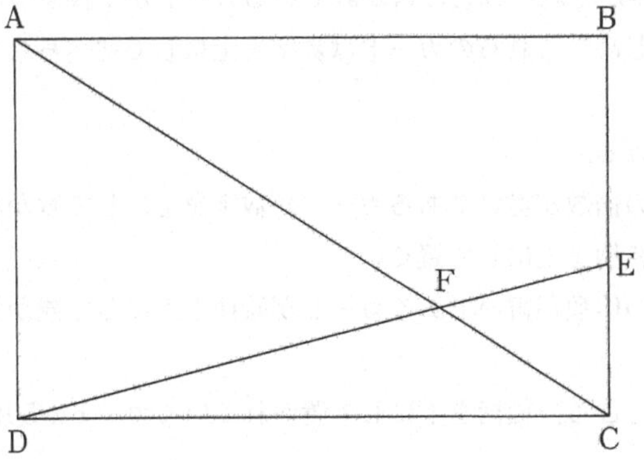

(3)　$\frac{23}{11}$の小数第2023位の数は □ です。

(4)　Ａ，Ｂの２人がおり，Ｂの所持金は □ 円です。いま，ＡはＢより6000円多くお金を持っており，Ｂに1000円をあげたところ，Ａの所持金はＢの所持金の３倍になりました。

⑸　図の長方形ABCDはAB＝９㎝です。また半径が等しい３つの円はそれぞれ直線AD，BCに接しており，P，Q，Rは各円の中心です。このとき，斜線部分の面積は □ cm^2です。

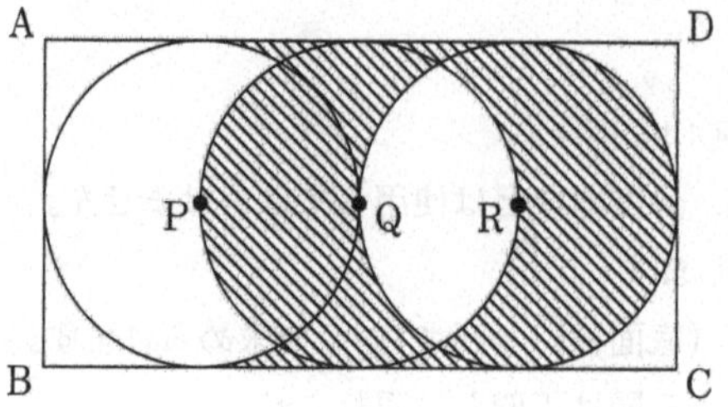

⑹　[a ＊ b] は，a，bをそれぞれ２回ずつかけたものを表します。例えば，[２＊３]＝２×２×３×３です。このとき，[11＊12]－[10＊13]＝ □ です。

⑺　右の図形は，合同なひし形を組み合わせて作られています。点Aから点Bまで移動したときの最短経路は □ 通りあります。

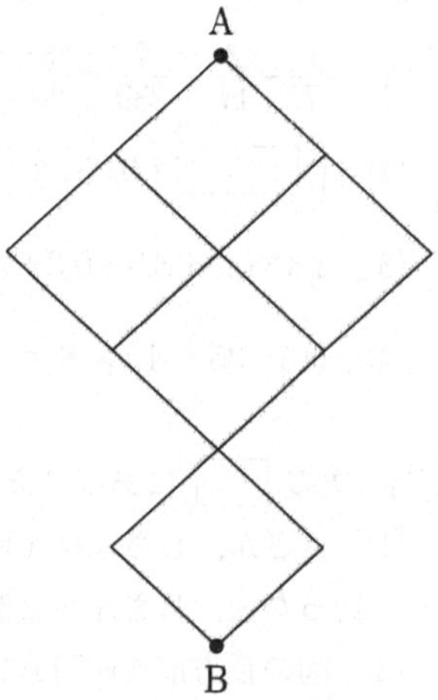

３　１から100までの数字がそれぞれ表に書かれているカードが１枚ずつあり，それらの裏には絵柄が書かれています。はじめ，これらのカードは数字を上にして並べられており，以下の操作を何回か行います。

・さいころを１回投げる。
・さいころの出た目の倍数が書いてあるカードが数字を上にして置かれている場合，そのカードをひっくり返し，絵柄を上にして置く。
・さいころの出た目の倍数が書いてあるカードが絵柄を上にして置かれている場合，そのカードを取り除く。

⑴　操作を１回行ったところ，絵柄を上にして置かれているカードが50枚でした。さいころの出た目はいくつでしたか。

⑵　⑴のあとで，２回目の操作を行ったところ，25枚のカードが取り除かれました。２回目の操作でさいころの出た目はいくつでしたか。

⑶　はじめの状態に戻し，操作を３回行ったところ，絵柄を上にして置かれているカードが51枚でした。１回目の操作で絵柄が上になったカードの枚数が50枚であることがわかっているとき，２回目，３回目の操作の際に出たさいころの目の組み合わせとして考えられるものを（２回目の目，３回目の目）の形で全て答えなさい。

4　３の倍数と７の倍数を除いた整数を，小さい順に左から並べた列を考えます。この列の左から６番目の数まで並べると次のようになります。

1，2，4，5，8，10，…

このとき，次の問いに答えなさい。

(1)　左から12番目の数はいくつですか。

(2)　左から12番目までの数をすべて足すといくつになりますか。

(3)　左から順に足していくとき，その和が2023より初めて大きくなるのは左から何番目の数を加えたときですか。

5　１辺の長さが６㎝の立方体ABCD－EFGHを平面で切断することを考えます。

(1)　３点A，C，Fを通る平面で右の立方体を切断してできる２つの立体の内，点Hを含む方の体積はいくつですか。

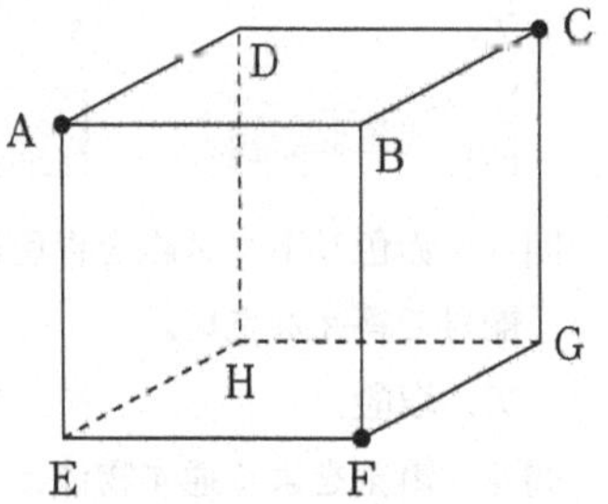

(2)　右の図の点P，Qはそれぞれ辺AE，BCの真ん中の点です。このとき，３点P，Q，Fを通る平面で右の立方体を切断してできる２つの立体の内，点Bを含む方の体積はいくつですか。

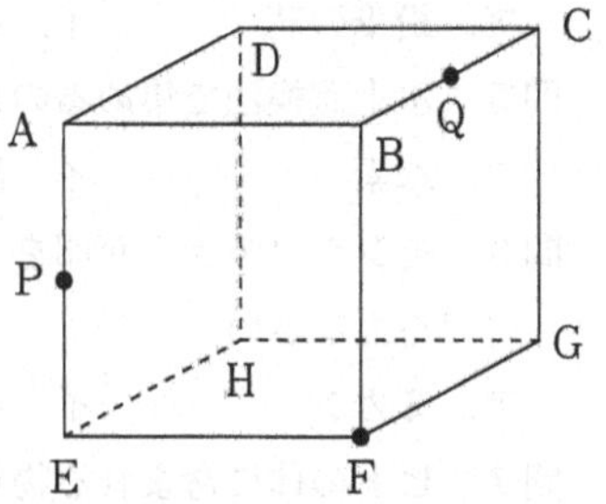

(3)　右の図の点R，S，Tはそれぞれ辺AD，EF，CDの真ん中の点です。このとき，３点R，S，Tを通る平面で右の立方体を切断してできる２つの立体の内，点Hを含む方の体積はいくつですか。

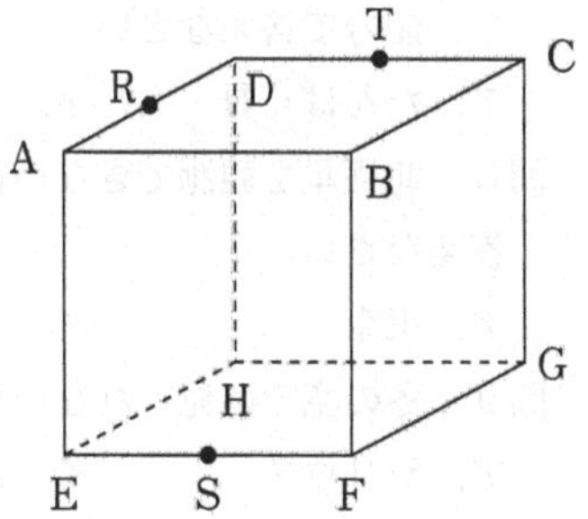

【理　科】（30分）　＜満点：50点＞

1

問１　ふりこが１往復する時間を長くするための操作として正しいものはどれですか。次から選び，記号で答えなさい。

ア．ふりこに付けるおもりの重さを重くする

イ．ふりこのひもの長さを長くする

ウ．ふりこに付けるおもりの重さを軽くする

エ．ふりこのひもの長さを短くする

問２　虫めがねのレンズの中心を通る断面図として，正しいものはどれですか。次から選び，記号で答えなさい。

ア．　イ．　ウ．　エ．

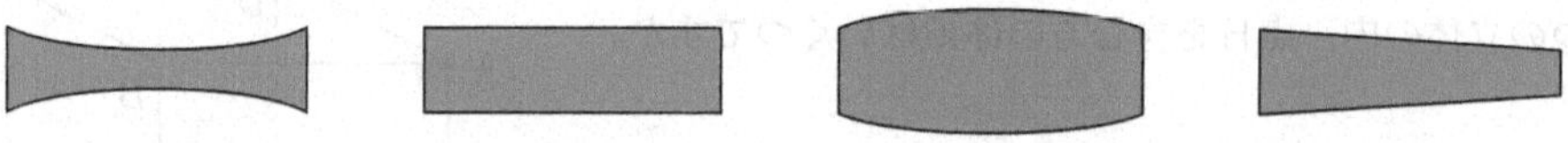

問３　赤色リトマス紙を青色に変化させる水溶液として，正しいものはどれですか。次から選び，記号で答えなさい。

ア．塩酸　イ．アンモニア水　ウ．食塩水　エ．炭酸水

問４　電気をよく通す物体として，正しいものはどれですか。次から選び，記号で答えなさい。

ア．鉛筆の芯　イ．窓ガラス　ウ．ペットボトル　エ．木製バット

問５　水上置換法で集めるのに不適切な気体はどれですか。次から選び，記号で答えなさい。

ア．水素　イ．酸素　ウ．窒素　エ．アンモニア

問６　モンシロチョウが卵をうみつける植物の葉として正しいものはどれですか。次から選び，記号で答えなさい。

ア．ミカン　イ．キャベツ　ウ．シロツメクサ　エ．ニンジン

問７　ヒトの体に含まれる物質の中で，最も大きい割合をしめているものはどれですか。次から選び，記号で答えなさい。

ア．たんぱく質　イ．炭水化物　ウ．脂肪《しぼう》　エ．水

問８　北極星を観測できない都市として，もっとも適したものはどれですか。次から選び，記号で答えなさい。

ア．東京　イ．ニューヨーク　ウ．シドニー　エ．ミラノ

問９　冬の空では見られない星はどれですか。次から選び，記号で答えなさい。

ア．シリウス　イ．ポルックス　ウ．デネブ　エ．リゲル

問10　次の生物の化石を生きていた年代が古い順に並べたものはどれですか。次から選び，記号で答えなさい。

ア．ビカリア→フズリナ→アンモナイト

イ．フズリナ→アンモナイト→ビカリア

ウ．ビカリア→アンモナイト→フズリナ

エ．フズリナ→ビカリア→アンモナイト

[2] 次の文章と図を見て，あとの問いに答えなさい。

ひろしくんは，理科の授業で先生から発光ダイオード（LED）について教わっています。

ひろし：豆電球とLEDの違いって何ですか。

先　生：LEDには，図１のように長さの異なる２本の端子《たんし》があります。これを図２のように電池とつなげて，スイッチを入れると，Ａのときは点灯しますが，Ｂのときは点灯しません。

ひろし：なるほど。ＡとＢでは電流の向きが反対なので，LEDには [あ] 性質があるのですね。

先　生：少し複雑な回路を組んでみましょう。図３のように回路を組んで，スイッチを入れると，どうなりますか。

ひろし：点灯したLEDや豆電球は，[い] になります。

図１

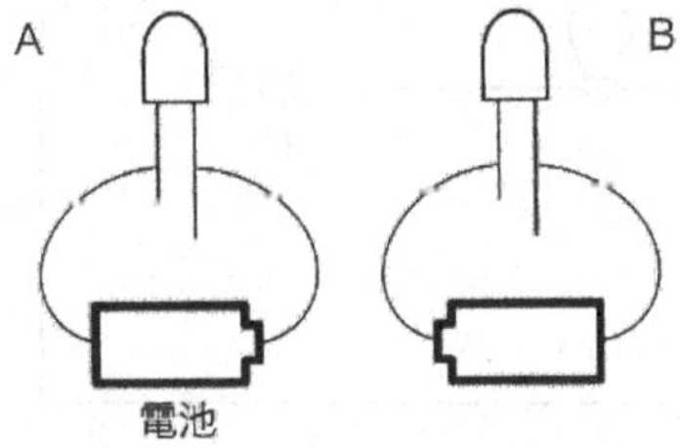

図２

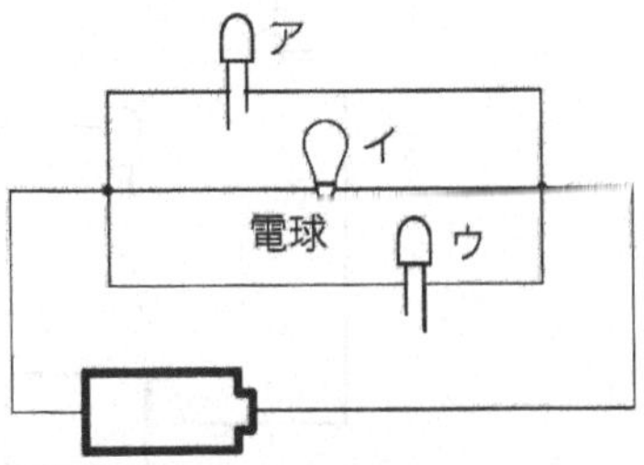

図３

問１　[あ] に当てはまるように，LEDの性質を答えなさい。

問２　[い] に当てはまる，点灯したLEDや豆電球を，図３の記号ア～ウから全て選びなさい。

授業の後，ひろしくんは先生に質問をしました。

ひろし：ぼくの家の階段には図４のように電球が１つ付いています。１階にあるスイッチと２階にあるスイッチ，どっちを入れたり切ったりしても電球がついたり消えたりします。これはどんな回路になっているのでしょうか。

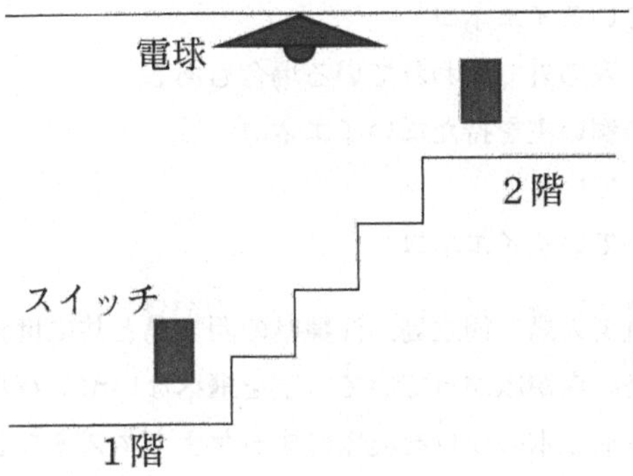

図４

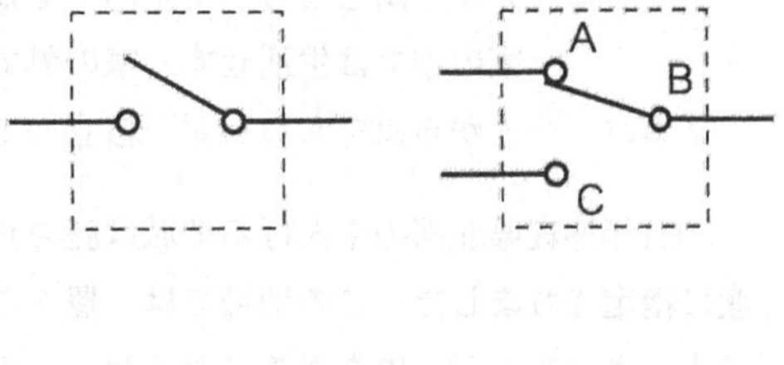

図５

先　生：それはスイッチに秘密があります。図５を見てください。ふつうのスイッチは左側のようになっています。破線の中がスイッチで，〇印を端子と言います。端子には導線をつなげるようになっています。一方，右側は切り替えスイッチというもので，端子が３つあり，端子のＡとＢがつながっている状態から切り替えると，ＢとＣがつながった状態になります。図５（前のページ）のようなスイッチを組み合わせると，１階でも２階でも電灯をつけたり，消したりすることができる回路がつくれます。

ひろし君はこのスイッチを使って階段の電球の回路を考えました。

問３　図６のように回路を組んだときに，アの電球だけが点灯している場合，切り替えスイッチの端子はどのようにつながっていますか。解答らんに合うように答えなさい。

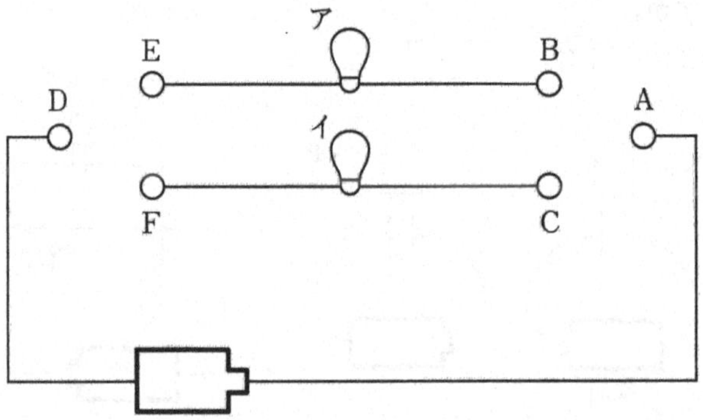

図６

問４　階段の１階と２階のスイッチで電球をつけたり消したりできる回路になるように，図６にならって導線と電球，スイッチの端子を解答用紙に書き込みなさい。

３　次の文章と表を見て，あとの問いに答えなさい。

イエネコは，古代エジプトでネズミ対策としてリビアヤマネコを家畜化《かちくか》したものを起源としている動物です。現在，日本ではイエネコは北海道から沖縄県まで広く生息しています。イエネコの中でも，飼育状況《じょうきょう》あるいは生息状況の違《ちが》いによって大まかに３つに分類されます。

飼いネコ…特定の飼い主によって飼育管理されているイエネコ
　　　　　家の中で飼われている場合もあれば，家の外で飼われている場合もある
ノラネコ…人から餌《えさ》をもらって生活するが特定の飼い主を持たないイエネコ
　　　　　家の中では生活せず，家の外で生活している
ノネコ　…人から餌をもらわず，自立して生活しているイエネコ

2021年沖縄県北部のやんばる地域は鹿児島県の奄美大島《あまみおおしま》，徳之島《とくのしま》，沖縄県の西表島《いりおもてじま》と共に世界遺産に指定されました。この地域では，豊かな亜熱帯《あねったい》の森が広がっていて，空を飛べないヤンバルクイナや木に穴を掘り巣を作るノグチゲラ，樹上で生活し木のウロを寝床《ねどこ》にするケナガネズミなど，固有の生物が数多く生息しています。

しかし，やんばる地域ではイエネコが増えていることが問題になっています。やんばる地域にイエネコが増えた理由には，道路ができたことで都市部から人が流入し飼いきれなくなったネコを放してしまいノネコになる，地域住民が飼っていたネコが野生化してノネコになる，地域住民がノラ

ネコに餌をやりノラネコの数が増えてしまうことなどが挙げられます。

飼っていたネコを捨てていく飼い主の中には，動物愛護センターに収容されると殺処分されるが，野生生物の多いこの地域に捨てれば，何とか生きながらえることができると考えている人もいるそうです。実際に，イエネコは獲物《えもの》を狩る能力が高いため野生の生物を食べて生き延びるものも多く，絶滅危惧種《ぜつめつきぐしゅ》であるヤンバルクイナが食べられているという調査報告もあります。

もともと，やんばる地域にはイエネコのような肉食動物は生息していなかったため，やんばる地域固有の生物は身を守る習性がなく食べられやすいという特徴《とくちょう》があります。そのため，イエネコの数が増えることで在来の野生生物が減り絶滅してしまうことが予想されます。表１はやんばる地域でのイエネコの糞《ふん》を調査して分かったイエネコが食べた生物の一例です。調査した糞は，やんばる地域の住宅地付近や森の中で採取されたものです。

表１　やんばる地域のイエネコの糞を調べて分かった生物

分類	生物名	備考
ほ乳類	オキナワトゲネズミ	絶滅危惧種
	ケナガネズミ	絶滅危惧種
	ワタゼジネズミ	絶滅危惧種
鳥類	ノグチゲラ	絶滅危惧種
	カラスバト	絶滅危惧種
は虫類	オキナワキノボリトカゲ	絶滅危惧種
	ヘリグロヒメトカゲ	
昆虫類	クロイワニイニイ	
	リュウキュウツヤハナムグリ	
	マダラコオロギ	

問１　イエネコと同じほ乳類であるものはどれか，次から選び記号で答えなさい。

ア．アホウドリ　　イ．エイ　　ウ．ラッコ　　エ．イグアナ

問２　やんばる地域のイエネコが食べる動物として間違っているものはどれか，次から選び記号で答えなさい。

ア．トカゲ　　イ．ネズミ　　ウ．ハト　　エ．コオロギ

オ．マムシ

問３　ヤンバルクイナと同じように絶滅の恐れのある日本の生物はどれか，次から選び記号で答えなさい。

ア．ニホンオオカミ　　イ．エゾシカ　　ウ．アライグマ　　エ．イリオモテヤマネコ

オ．ヒアリ

問４　やんばる地域の野生生物に影響《えいきょう》を与えるイエネコを減らすための方法を理由と共に考えられるだけ書き出しなさい。

【社　会】（30分）　＜満点：50点＞

1　以下の文章を読んで，後の問いに答えなさい。

2022年３月21日，[１]東京電力管内で運用開始以来初めてとなる「電力需給ひっ迫警報」が発令されました。これは，３月16日に福島県沖で発生した地震によって[２]東北地方の６基の発電機が停止していたことに加え，翌22日の天候が悪く，気温も例年に比べて大きく低下することが予想されたためでした。東京電力と経済産業省によって節電が呼びかけられましたが効果が小さく，翌22日には東京電力管内につづいて東北電力管内にも警報が出されました。

停電になる可能性も高まったため，[３]経済産業大臣が緊急記者会見を開いたり，各テレビ局が視聴者に対して呼びかけたりする事態になりました。結果，各企業や各家庭の節電努力によって15時以降は急速に節電量が拡大し，大規模な停電を避けることができました。

しかし，日本の電力消費量は戦後ほぼ一貫して増加しています。[４]エネルギー資源の自給率が低く，[５]自然災害の多い日本では，今後もこのような事態に陥ることが予想されます。国にインフラの整備を期待するだけでなく，私たち消費者もエネルギーの使い方について考え直す時期にきているのではないでしょうか。

問１　下線部［１］について，次のグラフは東京電力管内にある東京都・神奈川県・千葉県・群馬県の製造品出荷額等の割合を表したものです。神奈川県の製造品出荷額等の割合を表したものとして正しいものを，以下のア～エから１つ選びなさい。

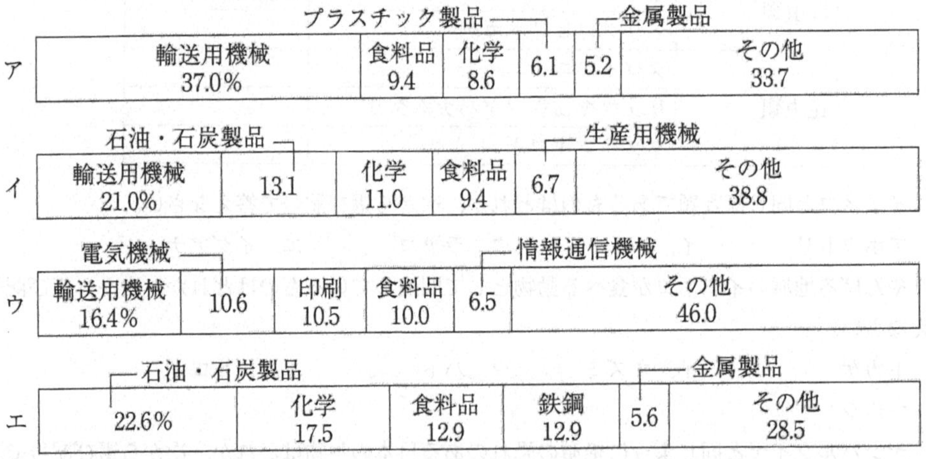

（データでみる県勢2022より作成）

問２　下線部［２］について，次の各問いに答えなさい。

①　次の文は，東北地方に属するある県について説明しています。（Ⅰ）・（Ⅱ）にあてはまる語句の組み合わせとして正しいものを，次のページのア～エから１つ選びなさい。

> 県の大半を山地が占めています。県の中央には，南から北へと（　Ⅰ　）が流れ，日本海に注いでいます。川の流域には平野と３つの盆地が形成され，平野では水田単作，盆地ではさくらんぼや洋ナシなどの果樹栽培がさかんに行われています。毎年８月には（　Ⅱ　）が開催され，多くの観光客が訪れます。

ア　Ⅰ－雄物川　Ⅱ－竿燈まつり　　イ　Ⅰ－雄物川　Ⅱ－花笠まつり
ウ　Ⅰ－最上川　Ⅱ－竿燈まつり　　エ　Ⅰ－最上川　Ⅱ－花笠まつり

② 東北地方の地方中枢都市である仙台市の雨温図として正しいものを，以下のア～エから１つ選びなさい。

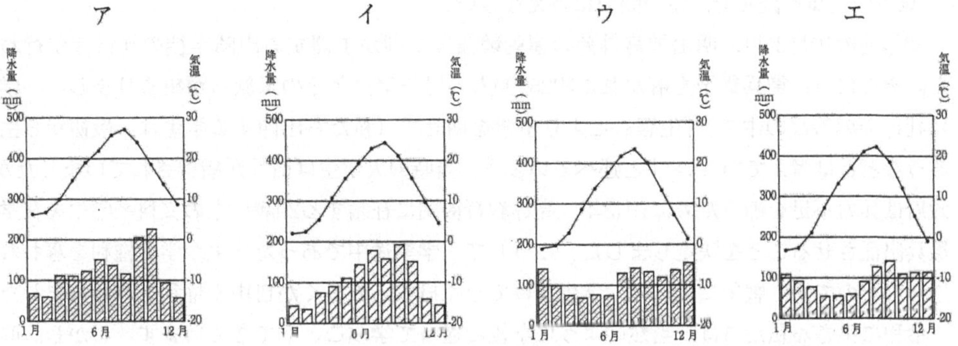

（気象庁Webサイトより作成）

問３　下線部［３］に関連して，伝統的工芸品の指定は経済産業大臣によって行われます。伝統的工芸品とその産地の組み合わせとして正しいものを，以下のア～エから１つ選びなさい。

ア　鳴子こけし － 徳島県　　イ　熊野筆 － 和歌山県
ウ　益子焼　　 － 栃木県　　エ　九谷焼 － 京都府

問４　下線部［４］について，次の各問いに答えなさい。

① 次の表Ⅰ～Ⅲは，電力のおもなエネルギー源である原油・石炭・液化天然ガスの輸入先上位５カ国とその割合を表しています。液化天然ガスを表すものと表中の（　Ｘ　）の国の組み合わせとして正しいものを，あとのア～カから１つ選びなさい。

	Ⅰ		Ⅱ		Ⅲ	
１位	オーストラリア	40.2％	オーストラリア	60.2％	サウジアラビア	39.5％
２位	マレーシア	13.2％	インドネシア	13.3％	アラブ首長国連邦	31.5％
３位	カタール	11.3％	（　Ｘ　）	11.4％	クウェート	8.9％
４位	（　Ｘ　）	7.8％	カナダ	6.7％	カタール	8.6％
５位	アメリカ	6.9％	アメリカ	6.5％	（　Ｘ　）	4.1％

出典：「日本国勢図会2022/23」

ア　Ⅰ・ロシア　　イ　Ⅰ・中国　　ウ　Ⅱ・ロシア　　エ　Ⅱ・中国
オ　Ⅲ・ロシア　　カ　Ⅲ・中国

② エネルギー資源の中心である化石燃料の消費は温室効果ガスの排出につながりますが，日本政府は2050年までに温室効果ガスの排出を全体としてゼロにする「（　　　）ニュートラル」を目指すことを宣言しました。（　）にあてはまる語句をカタカナで答えなさい。

問５　下線部［５］に関連して，近年日本で起こった自然災害や災害に対する備えについて説明した文として正しいものを，以下のア～エから１つ選びなさい。

ア　鹿児島県の桜島や沖縄県の硫黄島の近海で火山の噴火が起きた。

イ　熊本県を流れる八代川や筑後川が氾濫し，流域では浸水による被害がでた。
ウ　逃げ遅れによる被災を防止するため，避難勧告を廃止して避難指示に一本化された。
エ　大規模な災害が発生すると，原則として被災地からの要請がなくても自衛隊が出動する。

２　以下の文章を読んで，後の問いに答えなさい。

80年前の10月21日，明治神宮外苑の運動競技場で国が主催する出陣学徒の壮行会が行われました。そこには，徴兵猶予を解かれた約25000人の男子学生とその家族らが集まりました。学徒代表は壮行会の答辞の中で，「生等もとより生還を期せず（私たち出陣する学生は，最初から生きて帰ろうなどとは考えていない）」と述べています。当時の大学生は徴兵が猶予されていましたが，日本政府は兵力不足を補うために1943年，高等教育機関に在籍する20歳以上の文科系学生を在学途中で徴兵出征させることを決定しました。こうして，学業途中であった学生が学ぶ権利を奪われ戦場に送られたのです。戦争によって，学生だけでなく日本人の多くが自由や権利を奪われました。

令和に生きる私たちは，当然のように学校に通って学ぶことができています。しかし，昨年からロシアによる侵攻が始まったウクライナでは，学ぶ場を奪われ，住む場所を奪われ，家族を奪われた人々が多くいます。戦争は，これまでも人々のくらしに大きな影を落としてきました。

以下の【A】～【F】は，日本が行った外国との戦いに関連する内容について簡潔にまとめたものです。戦争は私たちのくらしに大きな影響を与えます。出陣学徒壮行会から80年の今，戦争を遠い過去のものとせず，話し合いにより解決をめざす外交の重要性と学ぶ権利の尊さについて考えてみましょう。

【A】
[1]中大兄皇子は，百済の再興を助けるために軍を送りましたが，中国と新羅の連合軍に敗れました。

【B】
服属するよう求められましたが，[2]北条時宗がこれを無視したため，中国・高麗軍が２度に渡って博多湾に侵攻しました。

【C】
中国の征服を企てた豊臣秀吉は，道案内を断られたため[3]朝鮮に軍を送りましたが，２度目の出兵中に病死しました。

【D】
日清戦争と日露戦争に勝利した日本は，不平等条約の改正にも成功し，[4]植民地をもつまでになりました。

【E】
人類史上初めての世界規模での戦闘になった[5]第一次世界大戦に，日本は日英同盟を口実に参戦し，戦勝国となりました。

【F】
[6]太平洋戦争末期の日本では，戦場となった沖縄や原爆が投下された広島・長崎以外でも多くの命が奪われました。

問１　右の図版Ⅰ・Ⅱはどちらも，文章【A】～【C】中のいずれかの 中国 との貿易で使用されたものです。図版Ⅰ・Ⅱと関係の深い 中国 を１つ選び，A～Cの記号で答えなさい。また，その王朝名を漢字１字で答えなさい。

図版Ⅰ

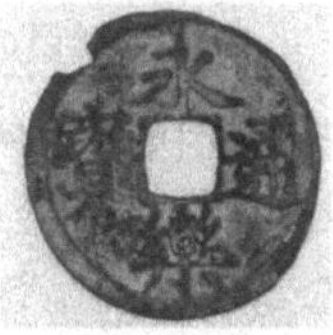

図版Ⅱ

（画像：colbase）

問２　文章【A】の下線部［１］に関連して，この人物は天皇中心の国をつくるための改革を行いました。天皇について説明した文として誤っているものを，以下のア～エから１つ選びなさい。

ア　大友皇子を壬申の乱で倒した大海人皇子は，天武天皇として即位した。

イ　後白河天皇は，息子に天皇の位を譲って院政を行った最初の天皇である。

ウ　桓武天皇は，蝦夷を征伐するために坂上田村麻呂を征夷大将軍に任命した。

エ　聖武天皇の愛用品や大仏開眼式に使われた品は，正倉院に収められている。

問３　文章【B】の下線部［２］について，この一族が代々就いた幕府での役職名を，漢字で答えなさい。

問４　文章【C】の下線部［３］に関連して，出兵によって途絶えた朝鮮との国交を回復させた藩として正しいものを，以下のア～エから１つ選びなさい。

ア　薩摩藩　　イ　松前藩　　ウ　長州藩　　エ　対馬藩

問５　文章【D】の下線部［４］に関連して，右の地図は日本の領土を表しています。次の年表中ア～エのどの時期のものか，正しいものを１つ選びなさい。

年	できごと
1894	治外法権が撤廃される
	↕ ア
1902	日英同盟が結ばれる
	↕ イ
1918	シベリア出兵が行われる
	↕ ウ
1931	南満州鉄道が爆破される
	↕ エ
1940	日独伊三国軍事同盟が結ばれる

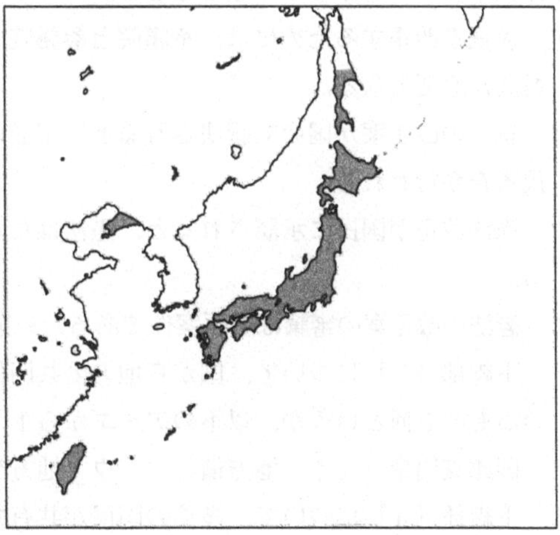

問６　文章【E】の下線部［５］について，この戦争の講和条約の名前を答えなさい。

問７　文章【F】の下線部［６］に関連して，戦後，日本政府が行った外交について説明した文として正しいものを，以下のア～エから１つ選びなさい。

ア　吉田茂内閣の時にソ連との国交は回復したが，北方領土問題の解決は先送りされた。

イ　日米安保条約を締結した佐藤栄作内閣は，激化した安保闘争の責任をとって総辞職した。

ウ　岸信介内閣が日韓基本条約を結び日韓の国交は回復したが，北朝鮮とは今も国交がない。

エ　田中角栄内閣の時に日中国交正常化が実現し，記念に中国から日本にパンダが贈られた。

３ 以下の文章を読んで，後の問いに答えなさい。

2022年７月10日，[１]参議院議員の選挙が行われ，景気対策や燃料などの物価高騰のほか，外交や[２]安全保障がおもな争点になりました。どれも私たちの生活に直結する重要な問題です。しかし，私たちひとりひとりがこれらの問題に取り組むことは非常に困難です。そこで，このような問題に取り組み，私たちのくらしや社会をよくするために，[３]国やそれぞれの地方公共団体で，[４]私たちの意見を反映させてくれる代表者を選ぶ必要があります。その代表者を決めるために行われるのが選挙です。したがって，選挙は常に正当に行わなければなりません。

日本は，国民が主権を持つ（　Ｘ　）国家です。（　Ｘ　）の根幹とも言える選挙によって，私たちの意見が[５]政治に反映されるよう，私たちは日頃から政治に関心をもち，選挙に備えなくてはなりません。もちろん，代表者を選ぶだけでなく，自ら代表者となるよう選挙で立候補することも可能です。「[６]人民の人民による人民のための政治」という言葉を知っていると思います。みなさんもそう遠くない将来，選挙権を獲得します。みなさんの手で，みなさんのための政治が実現できるよう，中学生になったら身近なことからでいいので政治に関心を持ち，お友達や家族と政治について話してみましょう。

問１　下線部［１］について，参議院議員の被選挙権として正しいものを，以下のア～エから１つ選びなさい。

ア　満18歳以上　　イ　満20歳以上　　ウ　満25歳以上　　エ　満30歳以上

問２　下線部［２］に関連して，日本の安全保障について考えるとき，これまでも憲法の改正がたびたび議題に上がりました。日本国憲法を改正するためのしくみを説明した文として正しいものを，以下のア～エから１つ選びなさい。

ア　憲法を改正するためには，衆議院と参議院のそれぞれの議院で，出席議員の３分の２以上の賛成が必要となる。

イ　憲法の改正案が国会で議決されると，国会は改正の是非を国民に問うために発議を行い，国民審査が行われる。

ウ　憲法改正が国民に承認されると，憲法はただちに改正され，天皇がこれを国民の名で公布する。

エ　憲法の改正案の審議は重要案件であるため衆議院の優越が認められ，衆議院に先議権がある。

問３　下線部［３］について，国から地方公共団体に給付される補助金のうち，使い道が決められているものを何というか，以下のア～エから１つ選びなさい。

ア　国庫支出金　　イ　地方債　　ウ　地方交付税交付金　　エ　財政投融資

問４　下線部［４］について，多くの国民が共有する意見を何というか，漢字２字で答えなさい。

問５　空欄（Ｘ）にあてはまる語句として正しいものを，以下のア～エから１つ選びなさい。

ア　資本主義　　イ　平和主義　　ウ　自由主義　　エ　民主主義

問６　下線部［５］に関連して，国の政治を行う行政権を担っている内閣の仕事として正しいものを，以下のア～エから１つ選びなさい。

ア　国勢調査を行う。　　イ　法律が憲法に反していないか審査する。

ウ　予算案を作成する。　エ　最高裁判所の長官を任命する。

問７　下線部［６］について，演説の中でこの言葉を残したアメリカ大統領の名前をカタカナで答えなさい。

4　以下の文章を読んで，後の問いに答えなさい。

細田学園高等学校では，特進Ｈ・特進コースの生徒を対象に，未来のグローバルリーダーを育成するための「リーダー教育」を実施しています。2022年度は，生徒たちが志木市の役に立つために活動を企画し，実行しました。以下の【Ａ】～【Ｃ】は，実際に生徒たちが活動した内容を発表したものです。

【Ａ】安全のための地図づくり

学校や職場などで，地域の不審者や事故の情報を伝えられたことはないでしょうか。わたしたちはそのような情報にもとづき，市内の危険な箇所《かしょ》をまとめた地図を作成しました。

地域の小・中学校などと連携することで，実際に地域の人びとに役立つような情報が多く記載された地図を作ることができました。

【Ｂ】志木市の文化財を知ってもらうために

志木市内の文化財について地域の小中学生にもっと知ってもらうために，佃堤《つくだつつみ》や田子《たご》山富士塚《やまふじづか》について調査を行い，ポスターを作成しました。

これからもっと活動を広げ，文化財ツアーや文化財についてのミニ講座といった企画を開催していきたいと考えています。

【Ｃ】世代を超えた交流会“WA Meet　&　Greet《ワ ミート アンド グリート》”

細田学園を通じて，地域の子ども世代や高齢者世代が交流できるようなイベントを企画しました。学校内のホールを使った読み聞かせやレクリエーションなどを考えましたが，新型コロナウイルスの感染拡大に配慮した結果，オンライン通話アプリを用いて，地域の高齢者と幼稚園が交流できるようなイベントを代わりに実施することにしました。

グローバルリーダーとして活躍するためには，海外の情勢についてよく理解することはもちろん，外国と自国とがどのように関わっているかを理解しなければいけません。海外で起こっている出来事について，日本政府はどのような対応をしているのでしょうか。

2022年に①ロシアがウクライナに軍事侵攻し，多数の犠牲が出ています。多くの人びとが戦禍《せんか》を逃れ，難民となりました。岸田首相は人道的な立場からと「避難民《ひなんみん》」の受け入れを宣言し，2022年８月現在でも1600人を超える人々がウクライナから来日しています。世界中の注目を集めているウクライナ情勢に対して，日本の立場を明らかにしたのです。

一方で，難民に対する政策に関しては，日本政府も問題を抱えています。ウクライナ難民に対しては「避難民」として受け入れを認めていますが，紛争や災害によって国を追われた難民は世界全体でも8000万人あまりに及びます。②パレスチナ，アフガニスタン，シリア，ミャンマーの難民などが有名でしょう。ところが2021年に日本政府が「難民」として受け入れを認定した人数は74人で，先進国のなかでも非常に少ない数字でした。

2021年には，名古屋市の出入国在留《ざいりゅう》管理局（入管）に収容されていたスリランカ人の女性が亡くなり，入管の対応に人権侵害がなかったかという問題になりました。女性の遺族は日本政府に対して訴えを起こしましたが，政府側は争うかまえを見せています。このような国の対応に対して，民間の団体などからも疑問の声は上がっており，これからも外国出身者の人権について，議論ははげしくなっていくでしょう。

海外では現在も紛争が続いており，③難民の総数はますます増えています。このような海外の情勢に対して，日本も無関係ではいられないでしょう。日本国内にも多くの外国籍を持つ人々が住んでおり，日本社会を支える構成員となっています。グローバル化の時代を生きる一員としての視点から，難民問題を捉えていかなければなりません。

問１　下線部①について，ロシアのウクライナ侵攻の背景には，アメリカなどを中心とする軍事同盟，北大西洋条約機構にウクライナが加盟しようと動いたことも関係しました。北大西洋条約機構の略称として正しいものを，以下のア～エから１つ選びなさい。

ア　NAFTA　　イ　ASEAN　　ウ　COMECON　　エ　NATO

問２　下線部②について，各国で難民が増加している理由について，説明が正しくないものを，以下のア～エから１つ選びなさい。

ア　パレスチナでは，イスラエルとアラブ系パレスチナ人との間で対立が起きている。

イ　アフガニスタンでは2021年にイスラム過激派組織のタリバンが武力で政権を奪った。

ウ　シリアでは内戦が続いており，イスラム過激派の活動も盛んである。

エ　ミャンマーではアウンサン＝スーチーの率いる軍部がクーデタを起こした。

問３　下線部③について，難民問題の解決に取り組んでいる国連難民高等弁務官事務所の略称を，アルファベット５文字で答えなさい。

問４　本校生徒による発表内容の要約【A】～【C】について，以下の①・②の問いに，根拠となる理由も合わせて自分の考えを述べなさい。なお①・②で同じ案を取り上げても構いません。

①　あなたが志木市の住民であったら，どの企画が最も魅力的であると感じますか。

②　企画を１つ選び，その企画を実現させるうえで困難になると考えられることをあげ，その解決策を説明しなさい。

問二　[C] に当てはまる表現を、本文中から十一字でさがし、ぬき出しなさい。

問三　――線部①「『人に迷惑をかけないように』という呪いの言葉」とありますが、この言葉はどのような点で「呪い」だといえるのですか。最も適切なものを、次から選び、記号で答えなさい。

ア　自分が他人に迷惑をかけないようにすることを優先するあまり、他人に迷惑をかけられてもいやだと言えなくなってしまう点。

イ　行動自体が正しいか正しくないかを判断することよりも、相手にとって迷惑か迷惑でないかを基準に考えてしまうようになる点。

ウ　人によって迷惑だと感じることは異なっているので、いちいちそのことについて話して合意を得ておかなければならない点。

エ　明確な基準がないためどうすればよいのかは判断しにくいのに、繰り返し聞かされることでそれが大切だと思いこんでしまう点。

問四　――線部②「演劇系の学生が『コミュニケーション能力』が高い」とありますが、それはなぜだと考えられますか。最も適切なものを、次から選び、記号で答えなさい。

ア　公演に向け、最低でも二ヵ月は続く稽古にそれぞれが真剣に取り組むことで、要求や主張が生まれ、議論をする経験に恵まれるから。

イ　「舞台は俳優を育てる」という考え方のもとで、毎日同じことを繰り返し、ストレスに耐えながら最適な演技方法を見つけるから。

ウ　卒業するまでに複数の公演の機会があり、出演者同士だけでなく演出家やスタッフを交えた、濃密で希薄な人間関係をつくるから。

エ　学生は対話に慣れていないので、感情的になることがあるが、それはスマホによるコミュニケーションではできないものだから。

問五　――線部③「コミュニケーション能力を高める良いレッスンになっている」とありますが、それはなぜだと考えられますか。最も適切なものを、次から選び、記号で答えなさい。

ア　ひっくり返すことのできない「絶対的な基準」が存在しないため、自分の感じたことを誰にも邪魔されず自由に言うことが可能になるから。

イ　判断基準がないからこそ何をもとにすれば正確な解釈や判断ができるか常に考えることになり、信頼できる基準を作成するために協力するから。

ウ　数字として表れたデータをもとに客観的な判断を下せないので、意見の食い違いはコミュニケーションを取ることによって解消するしかないから。

エ　最終的にどちらが正しいかという判断を選び取る必要がないので、気を楽にもってコミュニケーションに参加することができるから。

問六　――線部Ｘ「何も言わずに相手の要求を先取りし、対応する」とありますが、このような、言葉を用いない相手への気づかいにあなたは賛成ですか、反対ですか。本文の内容に触れた上で、現時点でのあなたの考えを書きなさい。

という基本的なものから、やがて、作品の解釈でもぶつかるようになります。

「どうしてそんな大きな声で叫《さけ》ぶの？」「どうしてそんな動きをするの？」「私がしゃべっている時は、動かないで欲しい」

それぞれが真剣になれば、要求を語るようになります。もちろん、それは他の誰かの迷惑です。

「もっと早く動いてほしい」と要求したら、相手が「私はこの時、じっくり考えているんだ。そんなに早く動けない」と反論するかもしれません。

それでいいのです。そこから、演劇の稽古は始まるのです。

片方が「どうして早く動いて欲しいか」を語り、もう片方が「どうして早く動けないか」を語ります。お互いが主張をぶつけて、納得するかどうかをまず判断します。

平行線なら、周りの出演者や演出家、スタッフを交えて議論は続きます。

「どうして早く動いて欲しいか」が、「自分がかっこよく見えるから」という理由なら、賛成を得られず却下《きゃっか》されるかもしれません。

でも、「この作品の一番大事な部分は、次の会話。これが作品のテーマだと思う。だから、早く話したい。だから、早く動いて、間をなくしたい」なんて理由なら、周りは賛同してくれるかもしれません。

議論することで、演劇系の学生達は、コミュニケーション能力を鍛《きた》えられるのです。

（中略）

中学・高校の運動系の部活や大学の体育系のサークルでコミュニケーション能力を磨いたという人もいるでしょう。

もちろん、それは否定しないのですが、演劇系が体育系と一番違うのは、「評価できる絶対的な基準がない」ということです。

体育系は、成績が数字として出ます。１００メートルを何秒で走るかから始まって、打率やシュート回数、試合結果何勝何敗まで、数字（データ）としての評価基準があります。

これは、話がこじれた時の目安になります。誰の意見を聞いて、誰の意見を後回しにするかは、スポーツ選手として優れているかどうか、結果を出しているかどうか、ということが手がかりとなって判断できるのです。（もちろん、それだけではないでしょうが、ひとつの判断基準になります）

ですが、演劇には、「どの演技が優れているか」とか「どの解釈が正しいか」という「絶対的な基準」がありません。出演者を選ぶための演技対決をしても、明確な勝負はつかないのです。そのために、体育系より、話がこじれる時は徹底的《てっていてき》にこじれます。

だからこそ、それが③コミュニケーション能力を高める良いレッスンになっているのです。（鴻上尚史『演劇入門　生きることは演じること』より）

※１　希薄……少なく、うすいこと。

問一　[A]、[B]、[D]に当てはまる接続語の組み合わせとして最も適切なものを、次から選び、記号で答えなさい。

ア　A　だから　B　したがって　D　でも
イ　A　だから　B　けれど　D　なぜなら
ウ　A　つまり　B　したがって　D　なぜなら
エ　A　つまり　B　けれど　D　でも
オ　A　つまり　B　なぜなら　D　けれど

んえんと会話が続きました。人間関係がそもそも濃密だったのです。

けれど、強引な飲み会はパワハラになり、それぞれが自分の時間を大切にしたいと思うようになりました。

日本では、「おもてなし」は、X何も言わずに相手の要求を先取りし、対応することでした。忖度《そんたく》ということです。

その象徴だった日本旅館は、まず外国人が許可なく部屋に入ってくる従業員に対して、プライバシーのなさに悲鳴を上げました。

逆に、「洗濯」や「深夜食」に対応してないことを信じられないと嘆《なげ》きました。

欧米《おうべい》では、「おもてなし」は、「フレンドリー」ということです。つまり、なんでも気軽に話せるからこそ、相手の要求が分かり、それに応えられるということなのです。

宿泊客が知らない間に、何も告げずに布団を敷《し》くことではないのです。

知らない人とフレンドリーに話す、ということは日本人が最も苦手としていることでしょう。

そして、前述したように、スマホが完全に大人と子供の風景を変えました。

はっきりしていることは、私達は大人も子供も、コミュニケーション能力を磨《みが》くことなく、スマホというツールによって濃密で※1希薄《きはく》な人間関係の中に放り込まれている、ということです。

仕事もまた、誰かの真剣は誰かの迷惑に、さらには、誰かの損失にもなります。

どうしても、コミュニケートしなければならないことはたくさんあります。けれど、その方法がよく分からないのです。

圧倒的な経験不足です。

②演劇系の学生が「コミュニケーション能力」が高いのは、もちろん理由があります。

演劇系の学科では、入学から卒業までの間で、演劇作品を複数回、上演します。

稽古《けいこ》は数ヵ月、続きます。

学生達は、最初は一般的な大学生で、「ぶつかるのは嫌だなあ」とか「なるべく平和に終わらせたい」と思っています。内心、納得してなくても、「じゃあ、いいです」と飲み込みます。

けれど、稽古は最低でも二ヵ月は続くのです。

「舞台は俳優を育てる」と書いたように、毎日、同じことをするのです。毎日「本当は違うと思うんだよなあ」と感じていることを稽古するのです。

たいていの学生は、やがて、我慢《がまん》できなくなります。「ぶつかりたくない」と自分の意見を毎回引っ込めていてはストレスがたまるだけになるからです。

「みんなの迷惑になるかもしんないんだけど」とか「これ言うの、私の単なるわがままなんだけどさ」と冒頭につけて、自分の気持ちを言い始めます。なによりも「集団のまとまり」を崩《くず》すことが最悪のことだと教えられてきたからです。

最初は、もちろん、対話に慣れてないので、感情的になったり、余計なことを言ったり、遠回し過ぎて何も伝わらなかったりします。

「自分だけ作業量がいつも多いと思う」「あなたはいつも遅刻している」

「コミュニケーション能力」とは、「話がこじれた時に、それでもなんとかやっていける能力」のことです。

お互いが真剣になればなるほど、ものごとはもめます。誰かの真剣は誰かの迷惑になります。

こんな当たり前のことを、わざわざ書かなければいけない時代になりました。

B、子供も大人も変化しているからです。

アニメ『ドラえもん』では、子供達は、今でも土管が置いてある空き地に集まり、ジャイアンを中心に集団で遊んでいます。

藤子・F・不二雄先生が描かれた時は、それはリアルな風景でしたが、今ではそれは失われた「共同体の郷愁《きょうしゅう》」の風景になりました。

子供達が毎日、年上も年下も入り乱れて集団で遊び、そこでぶつかり、笑い、怒り、くっついたり、離れたりしているのなら、学校での「演劇教育」の必要性は低かったでしょう。

子供達は、集団で遊ぶことで「コミュニケーション能力」を学んだのです。

繰《く》り返しますが、C になります。どんな遊びを、どんな風に、どんな組分けと配置でやるのか、真剣になればなるほどぶつかり、それを調整し、落とし所を見つけることが「コミュニケーション能力」なのです。

D、今、土管のある空き地に集まる子供達は消えました。

子供達は忙《いそが》しく、塾や習い事に行きます。子供達の声がうるさいと、子供達の大声での遊びを禁じた公園も日本中に現れ始めました。

遊ぶ時も、それぞれが好きなことをして時間を潰《つぶ》しますし、潰せます。友達の家に集まっても、ゲーム機で遊ぶ子供、マンガを読む子供、スマホで動画を見る子供、ただ話す子供とおのおの好きなことをして時間を潰します。

それでも、親には「みんなで遊んだ」と言うのです。

集団の中で、本当の「コミュニケーション能力」を学ぶことなく、人間関係について求められるのは①「人に迷惑をかけないように」という呪いの言葉だけです。

親は「人に迷惑をかけない子供になって欲しい」と願い、大人は「人に迷惑をかけるな」と繰り返します。それが子供達の人生の最大の目標になるのです。

この呪いの言葉の根本的な問題点は、何が迷惑で何が迷惑でないか、明確な基準がないということです。

孫を愛する祖父母が買ったお菓子を、母親は「子供のためにオーガニックしか与えません」と断ります。

転んで泣いている子供を公園で見つけて、立たせてあげようとしたら、「ウチは一人で立つまで待ちます」と怒られたりします。

誰が正しくて誰が間違っている、ということではありません。

何が迷惑になるかは曖昧《あいまい》で人によって違い、話してみないと分からない――それだけのことなのです。

けれど、話す機会が減り、話して確かめる能力はどんどん落ちているのです。

大人も同じです。

昔は、ビジネスマンは、無条件で部下を飲み会に連れ出し、そこでえ

エ　派手なものを撮りたいと考えていそうだった翔太が、自分とサジナのなにげない様子を実際に撮影していたこと。

問三　［A］に当てはまる表現として最も適切なものを、次から選び、記号で答えなさい。

ア　戦争を美化して満足するだけのこと

イ　他人が苦しむ様子を喜んでいること

ウ　積極的に戦争に関わろうとすること

エ　目の前のひとりを見殺しにすること

問四　――線部②「二人が何を話しているのかよくわからないと思ってもいた」とありますが、みのりはどのようなことを「わからない」と感じているのですか。最も適切なものを、次から選び、記号で答えなさい。

ア　二人とも、自分が実際に戦場にいて、目の前で人が血を流して倒れている状況を勝手に前提として話を進めていること。

イ　二人が、実際に自分が同じような場面に出くわしたらどうするかという仮定の話でヒートアップして話していること。

ウ　カメラマンの行動に対する感想でしかないことを、二人が自分の持つゆるぎない信念であるかのように語っていること。

エ　映画の感想を話し合っていただけなのに、いつの間にか自分がどういう報道をしたいかという話に変わってしまったこと。

問五　――線部③「もっとはげしい写真」とありますが、どのような写真のことですか。本文中から四十五字以内でさがし、最初と最後の五字ずつを書きぬいて答えなさい。

問六　――線部**X**「二人は呆れたように笑った」、**Y**「翔太は照れて笑っている」、**Z**「写真に写る少女が笑ったとき、『私はひとりを助けたい』と言った玲の言葉をみのりは理解した」とあるように、この作品にはさまざまな人の笑顔が描かれています。あなたにとって他の人の笑顔とはどのようなものですか。本文の内容に触れた上で、現時点でのあなたの考えを書きなさい。

〔三〕　次の文章を読み、後の問いに答えなさい。（句読点や記号も一字にかぞえること、本文の行末にある数字は行数です。）

近年、演劇系大学の卒業生に対する一般企業《いっぱんきぎょう》の評価が高まっています。演劇系学科の卒業生を率先して採用したいと希望する企業が多くなっているのです。

その理由を聞いた時には、思わず腰が抜《ぬ》けそうになりました。

一番の理由は「大きな声で挨拶《あいさつ》と返事ができるから」ということです。

［A］、普通の大学を出た学生は、「大きな声で挨拶と返事ができない」ということです。

もちろん、人によりますから、一般化は危険ですが、演劇系学科の大学を出た学生は、その他の学科を出た学生より、はるかにはっきりと挨拶と返事をするのだそうです。

そして、多くの仕事の現場では、これがまず最初に求められる重要な要素だということです。

二番目の理由は、まともな理由です。

「コミュニケーション能力が高い」からです。

コミュニケーション能力は、「多くの人と簡単に仲良くなれる能力」だと思われていますが、違います。

外に思えるのだった。もっと派手なことにばかり目がいく人だと思っていた。あのツアーでいえば、明かりのないぎゅうぎゅう詰めの教室とか、孤児院の乳幼児など、現状の困窮《こんきゅう》を強調した写真ばかりを撮るような人だと思っていた。

「写真さ、いつもみんなで撮ったのからいいのを選んで、現像して子どもたちに送るんだけど、今年はぜんぶ翔太のがいいよ」スライドショーが終わると市子が言う。

「現像じゃなくてフォトブックみたいなの、安くできないかな？　写真、すごくいいからさ」と澤。「この一年、働かずに写真ばっかり撮ってた甲斐《かい》あって、前よりうまくなったよな」

「いやみですか、それ」と言いつつも翔太はうれしそうだ。

「今年の新歓《しんかん》チラシの写真も、翔太のでいいよ」澤の卒業後、新しい代表となる神田寛美《かんだひろみ》が言う。

「えー、おれ専属カメラマンってことですか」Ｙ翔太は照れて笑っている。

スライドショーを見終わったみんなと居酒屋に向かって歩きながら、

「孤児院の、私の写真、ちょうだい」みのりは翔太に言った。

「あれ一枚だけでいいの」

みのりはうなずき、「翔太の写真は意外にやさしいね、③もっとはげしい写真を撮るのかと思ってた」とつけ加える。

「あののんびりした村と、笑ってばかりの明るい子どもたちを、どんなふうにはげしく撮れっつうのよ」翔太は笑う。

Ｚ写真に写る少女が笑ったとき、「私はひとりを助けたい」と言った玲の言葉をみのりは理解した。隣《となり》を歩く翔太にそう伝えたい気がしたが、黙《だま》っていた。

笑ってばかりの明るい子どもたち。翔太の言葉をみのりは胸の内でくり返す。ほかに刺激《しげき》がないから笑う子どもたち。けっして笑わなかった子が笑った瞬間。同じ場所で、私たちはまったく違《ちが》うものを見ていたんだなとみのりは思う。そして、一本の映画を見て、戦場で、銃弾《じゅうだん》に倒れているだれかを助けるか、写真に撮るか、それとも戦場になどいかないか、などと話していたあのときより、自分たちはずっと遠くに歩き出しているような気がした。

（角田光代『タラント』より）

問一　═══線部Ⅰ・Ⅱの言葉の意味として最も適切なものを次の中からそれぞれ選び、記号で答えなさい。

Ⅰ「鼻息荒く」

ア　意気ごみが激しい様子　　**イ**　怒りをおさえきれない様子

ウ　ひそかに期待する様子　　**エ**　納得がいかない様子

Ⅱ「おどける」

ア　こわがる　　**イ**　ふざける　　**ウ**　かなしむ　　**エ**　よろこぶ

問二　――線部①「意外な思い」とありますが、どのようなことが「意外」だったのですか。最も適切なものを、次から選び、記号で答えなさい。

ア　「麦の会」のみんなが、写真以外にはあまり仕事をしていなかった翔太の撮影した写真を高く評価し、口々にほめたこと。

イ　翔太が撮影した写真が、みのりの撮った記念写真とは比べ物にならないくらい色鮮やかでうつくしく仕上がっていたこと。

ウ　自分の意見が何より正しいという態度だった翔太が、戦場に行きたくないというみのりの意見もきちんと聞いてくれたこと。

だー」「このダルバート、まじうまかったな」「宿のトイレが手動水洗でさあ」だんだん声が上がり、笑いが広がる。孤児院《こじいん》の写真に移る。笑顔、Ⅱおどける顔、肩を組む子どもたち、彼らと話す、サークルの面々。指で狐《きつね》を作り、座るサジナをのぞきこむみのりを、翔太は写真に収めていた。壁《かべ》に大きく映し出される自分の写真をみのりは①意外な思いで眺める。

昨年、一九九九年末に翔太と玲と戦場カメラマンの映画を見たあと、居酒屋で朝まで盛り上がって話をした。戦禍《せんか》のベトナムが舞台の映画だったので、報道写真についての話にもなった。

「もし目の前に血を流して倒れている人がいたら、助けるか、写真を撮るか」というようなことを、玲が言い出したのだ。というのも、映画には実際の戦場カメラマンたちが撮ったベトナム戦争の写真が多く挿入《そうにゅう》されていて、ショッキングなものも多かった。人が撃ち合い、倒れていくなかで、彼らに接近してシャッターを押し続けるカメラマンたちの姿にみのりは衝撃《しょうげき》を受け、これが戦場カメラマンなのかとこわごわ思ったのだが、ジャーナリスト希望の玲も、何か思うところがあったのだろう。

おれは写真を撮る、と翔太は言った。私は助けるか、助けを呼びたいと玲は言った。そして二人はビールをおかわりし、唐揚《からあ》げやポテトフライを食べながら議論をはじめた。写真を撮ることで多くの人に人が殺されていく現状を知ってもらい、全体を助けたいと思うから写真を撮ると翔太は言い、でもそれは［Ａ］じゃないかと玲は言った。通信社に買い取ってもらう金額の高さと、写真の残酷《ざんこく》さが比例するのは、頭ではわかるけれど私はいやだと思うと玲が言い、それが報道カメラマンの仕事だ、売らなきゃお金にならないし、取材も続けられないと翔太が言う。じゃあ翔太は、ゴシップ写真が高く売れるならそれを撮るわけ、と玲が訊《き》き、それしか仕事がなければそうする、そのお金で自分の撮りたいものを撮ると翔太が答える。

「翔太が言うのは結局『戦争』ってかたまりだよ。そこで死んでいくひとりの人を無視してる。私はひとりを助けられるなら助けたいよ」と玲が言い、

「戦争っていう現実そのものを撮るのがカメラマンの仕事だろ？」と翔太が言う。

ヒートアップしていく二人の言い合いを聞きながら、みのりは、そんなふうに熱く話し合える二人をうらやましくも感じ、同時に、②二人が何を話しているのかよくわからないと思ってもいた。今のところ、翔太は戦場カメラマンではないし、玲は戦場ジャーナリストではない。二人が言い合っているのは、自分がどうしたいのかではなくて、映画のなかの、死にゆく人を夢中で撮るカメラマンたちがただしいのかどうか、ということで、なぜそれを自分の確たる信念のように二人が話しているのかわからないのだった。

「みのりはどう思うのよ」玲が、意見を聞きたいというよりは、話に加わっていないみのりを気遣《きづか》うように訊き、今考えたようなことを言いたいのにうまく言葉にできず、

「そもそも私は戦場にいきたくない」とみのりは言うが、

「なんだそれ」「そういうことじゃないじゃん」Ｘ二人は呆《あき》れたように笑った。

そのやりとりを思い出すと、孤児院の庭の隅《すみ》で、目立たないやりとりをしている自分たちの姿を翔太が写真におさめたことが、みのりには意

【国語】（五〇分）〈満点：一〇〇点〉

（一） 次の各問いに答えなさい。

問一 次の——線部について、漢字をひらがなに、カタカナを漢字に直しなさい。

① 身の潔白を証明する。
② 会議のメンバーを刷新する。
③ 都内で雑貨店を営む。
④ 幼いころからの友人と話す。
⑤ ランボウな言い方をする。
⑥ 集団のキリツを乱す。
⑦ 会見をしてシャザイする。
⑧ ソウテイをこえる被害が出る。
⑨ 反対意見をシリゾける。
⑩ ジシャクで方位を確かめる。

問二 次の１～３の慣用句には誤った字が一つずつあります。例にならってそれぞれ正しく書き直しなさい。

［例］馬が会う　会→合

１ 案ずるより産むが安し　□→□
２ 追うた子に教えられる　□→□
３ 芸は実を助ける　□→□

問三 次の１・２の言葉が類義語（同意語）の組み合わせになるように、□に当てはまる漢字一字をそれぞれ答えなさい。

１ 宣伝＝□告　２ 敬服＝□心

（二） 次の文章を読み、後の問いに答えなさい。（句読点や記号も一字にかぞえること、本文の行末にある数字は行数です。）

「麦の会」では、ネパール、カンボジア、ラオスと、政情や治安なども踏まえた上で、毎年の春休み、異なる支援国を訪れるのが恒例《こうれい》となっている。みのりもそれは知っていたが、めずらしく年度末のミーティングで手を挙げて、選択制にできないかとⅠ鼻息荒く提案した。毎年一か国ではなく、支援国すべてにいきたい人がいくのはどうか。単純にみのりはまたネパールにいきたいのだった。学校がどのくらいできているか、仲よくなった子たちは元気か、そしてサジナはちゃんと笑っているか、再来年や三年後までとても待てないと思ったのだ。とうぜんながらみのりの提案は却下されたが、

「個人でもいけるボランティアツアーもあるし、このあいだ引率してくれた津田山さんの団体でも、定期的にネパールにいっているから個人的にお願いすれば連れていってもらえるよ」と澤が教えてくれた。

ツアー中、撮影係のようにずっと写真を撮っていた翔太が、自身の通う大学の共用施設の一室を借り、スライドショーを開いた。スタディツアーに参加した面々と、参加しなかったが興味を持つサークルメンバーが集まった。翔太は部屋を暗くし、スクリーンに見立てた白い壁にパソコンを使って写真を映していく。みんな、パイプ椅子に腰掛《こしか》けたり、床に座ったり、好き好きにくつろいでそれを見た。

一眼レフで撮られた写真は、たしかにみのりが記念に撮った写真とは違って、格段に色鮮やかでうつくしかった。

山羊《やぎ》の群れ、寝そべる犬、遠く連なる稜線《りょうせん》、青いシャツの子どもたち。

「あ、ナラン」「この子、歌うまかったよね」「スリジャナ先生～！好き

【英　語】（50分）　＜満点：100点＞

１．［C］と［D］の関係が［A］と［B］の関係と同じになるように，［D］の（　）内に入れるのに最も適当なものを，次の中から一つ選び，記号で答えなさい。

(1)　［A］life ― ［B］lives　　［C］leaf ― ［D］（　　）

ア．leafs　　イ．leafes　　ウ．leaves　　エ．leave

(2)　［A］bird ― ［B］hawk　　［C］insect ― ［D］（　　）

ア．bee　　イ．snake　　ウ．whale　　エ．eagle

(3)　［A］pencil ― ［B］write　　［C］scissors ― ［D］（　　）

ア．paint　　イ．read　　ウ．cut　　エ．eat

(4)　［A］far ― ［B］near　　［C］early ― ［D］（　　）

ア．fast　　イ．late　　ウ．slow　　エ．short

２．次の英文が表すものを，次の中から一つ選び，記号で答えなさい。

(1)　to move through water in a horizontal position using the arms and legs

ア．run　　イ．boat　　ウ．ride　　エ．swim

(2)　the day in each year which is the same date as the one on which you were born

ア．anniversary　　イ．birthday　　ウ．holiday　　エ．New Year's day

(3)　a curved band of different colors that appears in the sky when the sun shines through rain

ア．cloud　　イ．star　　ウ．lightning　　エ．rainbow

(4)　a dish consisting of a flat round bread base with cheese, tomatoes, vegetables, meat, etc. on top

ア．pizza　　イ．spaghetti　　ウ．pie　　エ．hamburger

３．対話を読んで（　）にあてはまる答えとして最も適当なものを，次の中から一つ選び，記号で答えなさい。

(1)　Teacher：　What month comes（　　　）August?
　　Student：　September does.

ア．in　　イ．on　　ウ．before　　エ．after

(2)　Girl：　What does your father do?
　　Boy：　He is a carpenter. He（　　　）this building two years ago.

ア．had　　イ．built　　ウ．took　　エ．caught

(3)　Man：　Do you know the weather condition for tomorrow?
　　Woman：　Yes,（　　　）
　　Man：　OK. Then, I'm going to take an umbrella.

ア．I'm not sure.　　イ．you look tired.

ウ．you should wear a coat.　　エ．it's going to rain.

(4) Girl : Can I borrow your phone, please?

Boy : (　　　　) I'm using it now.

ア. Here you go.　　イ. Just a moment, please.

ウ. It's no problem.　　エ. You're welcome.

(5) Teacher : Taro, you're late again.

Student : I'm sorry. (　　　　)

ア. It won't happen again.　　イ. I will have a stomachache.

ウ. I will eat lunch quickly.　　エ. I can run fast.

(6) Woman : How often do you go shopping downtown?

Man : (　　　　)

ア. Yes, with my sister.　　イ. Twice or three times a month, I guess.

ウ. For about a week.　　エ. What's up?

(7) Girl : Oh, it's already 4:30. I have a piano lesson at 5 o'clock. I must go now.

Boy :(　　　　)

ア. So long.　　イ. Long time no see.

ウ. Would you like a cup of coffee?　　エ. Why don't you stay a little longer?

4．次の①～⑦は映画を用いた英語学習について述べた英文である。内容構成の点から各英文を分類すると，図１のようになる。図１の内容構成となるように自信を持つことについての英文(a)～(g)を並べかえるとどのような英文となるかを，次のページの図２の①～⑦に当てはめて答えなさい。なお，②には(a)の英文，⑤には(b)の英文，⑦には(c)の英文が入ることとする。

① Watching movies is one of the most effective ways of studying English.

② You can improve your listening skills.

③ To keep listening to English will help you to get used to the pronunciation.

④ You can also learn the culture of foreign countries.

⑤ Movies often teach you how people live in different countries.

⑥ You can learn English with fun.

⑦ You can always choose movies that interest you.

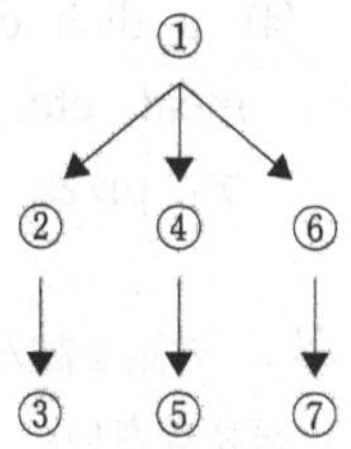

図1

(a) Fear and anxiety inside you decrease and you can live your life positively.

(b) Through trial and error, you will gain more knowledge and experience.

(c) This means better relationships are built if you are satisfied with yourself.

(d) You will feel like trying new things even if you might fail.

(e) Self-confidence helps you a lot to live a happier life.

(f) You will stop comparing yourself to others and you can be more open to them.

(g) When you are free from negative thought about yourself, everything around you turns out to be more enjoyable.

図２

①（　　　　　）

②(a) Fear and anxiety inside you decrease and you can live your life positively.

④（　　　　　）

⑥（　　　　　）

③（　　　　　）

⑤(b) Through trial and error, you will gain more knowledge and experience.

⑦(c) This means better relationships are built if you are satisfied with yourself.

５．次の広告を読んで，以下の問いに答えなさい。

Soccer Club Wants New Members!

Hosoda soccer club welcomes new members.

Is there anything you want to do?

If you have not found it yet, you should participate in our team.

The club was set up in 2020. Our club wasn't recently made.

No scary senior players or coaches!

No unreasonable punishment!

No hierarchical relationship

You can do what you want to do.

・Members can : **have their own uniforms. (supplies)**

take as many lessons as they like.

use the private gymnasium at a low price.

・Membership Costs (per month) : Ages 3-12 (junior) ¥2,500

Ages 13-15 (junior youth) ¥5,000

Ages 16-18 (youth) ¥8,000

・Training Schedule

SUN	MON	TUE	WED	THU	FRI	SAT
GAME	Training	OFF	Training	Training	OFF	GAME

Place : Football Park HOSODA

Address : 15-47-14 Honmachi, Shiki-shi, Saitama 450-0001

Time : **16:00-17:30** junior team / **17:30-19:00** junior youth team /

19:00-20:30 youth team

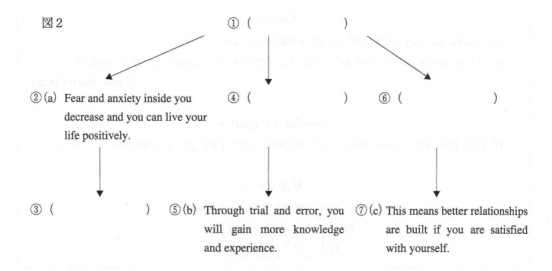

~ ***Notice*** ~

・You have to pay ¥25,000 as an admission fee.

・We recommend that you take out our sports insurance. ¥500 / month

※ **not mandatory**

~ ***Special Coupon*** ~

If you join our team from our website, you can get a discount of 10%.

~ ***Website*** ~

Click here for more information!

http://www.hosodasc.com

TEL: 052-0022-9911

(1) You are 14 years old, and you want to join the club.
You will apply for the club to join with the Special Coupon. How much should you pay?

ア. ¥5,000　イ. ¥5,500　ウ. ¥27,000　エ. ¥30,000

(2) What should we do to get a discount?

ア. Have a soccer ball.　イ. Play well.

ウ. Apply through online.　エ. Bring the leaflet.

(3) According to the leaflet, which of the following is true?

ア. You can get a discount of 10% when you join the club with your friend.

イ. You must take out a sports insurance.

ウ. Hosoda soccer club has a long history, and it has won a national tournament several times.

エ. You can get uniforms for free.

６．次のメールの内容に関して，(1)～(5)の各問いに対する答えとして最も適当なものを，次の中から一つ選び，記号で答えなさい。

From : Hiromi Ueda <hiromixcat@hmail.com>

To : Agnesia Tamm <goagnesiago@global.com>

Date : September 9, 2021

Subject : Thank you for everything!

Hi Agnesia,

How are you doing back home? Thank you again for staying in our town before the Paralympic games. I was so happy and excited when you and your teammates visited my junior high school. Before that, I didn't know much about Para sports. But when you showed us how you run in your wheelchair, I was so surprised. No one in our school could win against you! By the way, I started playing Boccia with my friends because I wanted to try a Para sport myself. You inspired me very much.

I was so disappointed when I was told that the homestay program was cancelled because of the new coronavirus. I was looking forward to having you in my house. I wanted to talk with you and ask many questions about Para sports. I also wanted to go to Tokyo to see you run, but I had to give it up, too. I did watch it on TV, though! I could not see you well with the gold medal because of my tears. Congratulations!

I hope we can keep in touch in some way. How about having an online video chat once in a while? If it is OK with you, please let me know.

You will start your training again for the Paris games, won't you? Next time, I am going to see you run in the stadium directly! I will improve my English skill by then!

Love,

Hiromi

(1) Who is Agnesia?

ア. She is an exchange student who studied at Hiromi's school.

イ. She is an AET who taught Hiromi English before and went back to her country.

ウ. She is an athlete who visited Hiromi's school.

エ. She is an actor in the movie Hiromi saw on TV.

(2) What surprised Hiromi so much?

ア. Agnesia had a disability.

イ. Agnesia ran so fast.

ウ. Agnesia's wheelchair was so expensive.

エ. Agnesia did not come to her house.

(3) Hiromi wanted to do all of the bellow, EXCEPT to

ア. invite Agnesia to her home.

イ. learn about Para sports.

ウ. see Agnesia's race at the stadium.

エ. play Boccia with Agnesia.

(4) Why could Hiromi not see Agnesia well on TV?

ア. Because Hiromi had poor eyesight.

イ. Because Hiromi was crying.

ウ. Because TV did not show Agnesia's race.

エ. Because Hiromi could not go to Tokyo.

(5) Hiromi is hoping to

ア. go to Paris in three years to travel.

イ. talk with Agnesia online.

ウ. do training with Agnesia.

エ. learn English from Agnesia.

7．次の英文の内容に関して，あとの(1)～(5)の各問いに対する答えとして最も適当なもの，または文を完成させるのに最も適当なものを，次の中から一つ選び，記号で答えなさい。

The Story of Doctor Dolittle

Dr. Dolittle, a country doctor who could speak to animals. And he is a shy man who enjoys being around animals and travels around the world.

Now Dr. Dolittle needed to find the sick monkeys. The group began walking, and they soon met a man. He said they would have to ask the king if they could stay on this land. The man took them to the king's palace.

This king did not trust strangers. Once before, strangers had come to his land. They killed a lot of elephants and they stole the king's gold. The king thought that Dr. Dolittle would do the same thing. So the king put him and his animals in jail. How could the doctor help the monkeys now?

Polynesia came up with a plan. She was small enough to get out through the window. At night, when everyone was asleep, she flew out of the window. She went into the king's room. She hid under the bed and pretended to be Dr. Dolittle.

"I am Dr. Dolittle", said the parrot, just the way the doctor would have said it.

"What are you doing in my bedroom?" cried the king. "Where are you? I don't see you!"

"Foolish king!" answered Polynesia. "Of course you cannot see me. I have made myself invisible[※1]. There is nothing I cannot do. Now listen to me! If you don't let me and my animals go, I will make you and all your people sick, too. Tell your soldiers to open the jail door right away. If you don't, you will be sick by morning."

The king was very afraid. He jumped out of the bed to tell his soldiers to open the jail door. Soon, the doctor and all his animals were on their way again to the monkeys.

Finally, Dr. Dolittle and his animals arrived in the Land of the Monkeys. Dr. Dolittle had a lot of work to do. There were many sick monkeys. First, he separated the sick monkeys from the healthy monkeys. Then he vaccinated[※2] all of the healthy monkeys. But there were too many sick monkeys. There were not enough healthy monkeys to help the sick ones. So the doctor sent out a message to all of the other animals on the island. He asked them to come and help the monkeys.

The leader of the lions came as Dr. Dolittle asked. But he ※3refused to help! He was too proud to nurse monkeys.

"If you don't help the monkeys now, the lions may find themselves left all alone when they are in trouble. That often happens to proud people," said Dr. Dolittle.

But the lion was too proud. He said, "Lions are never IN trouble — they only MAKE trouble."

The other animals also refused to help. Dr. Dolittle was very worried.

"The Story of Doctor Dolittle," Hugh Lofting, *Series Editor Casey Malarcher*

※１　invisible：目に見えない

※２　vaccinate：～に予防接種をする

※３　refuse：～を拒否する

(1) How did the king of the island treat Dr. Dolittle at first?

ア. The king welcomed Dr. Dolittle.

イ. The king put Dr. Dolittle in jail.

ウ. The king told Dr. Dolittle about the sick monkeys.

エ. The king forced Dr. Dolittle out of the island.

(2) Who is Polynesia?

ア. The doctor　イ. The king　ウ. The monkey　エ. The parrot

(3) Why did Dr. Dolittle want the other animals to help him?

ア. Because the other animals had sick children.

イ. Because there were too many sick monkeys.

ウ. Because the other animals were bored.

エ. Because Dr. Dolittle was asked to help them by the king.

(4) The leader of the lions

ア. helped the sick monkeys.　イ. did not help Dr. Dolittle.

ウ. is always in trouble.　エ. was not proud at all.

(5) Which of the following statement matches the text?

ア. Dr. Dolittle stole the king's gold.

イ. Polynesia stole a key to the jail.

ウ. The king didn't trust Dr. Dolittle.

エ. Dr. Dolittle vaccinated all of the monkeys.

MEMO

大切なことはメモしておこうネ！

2023年度

細田学園中学校入試問題（第２回）

【算　数】（50分）　＜満点：100点＞

【注意】　１．コンパス，定規，分度器などは使用してはいけません。
　　　　　２．円周率は3.14とします。
　　　　　３．角すいの体積は（底面積）×（高さ）÷３で求められます。
　　　　　４．問題にかかれている図は正確とは限りません。

1　次の $\square$ にあてはまる数を求めなさい。

(1)　$\left(1.7\times\square-\frac{4}{3}\right)\div\frac{5}{3}=2.6$

(2)　$17\times6\times6-1.7\times15\times8+170\times\frac{1}{2}\times5=\square$

(3)　$\frac{10\times9\times8\times7}{4\times3\times2\times1}-\frac{9\times8\times7}{3\times2\times1}-\square=\frac{8\times7\times6\times5}{4\times3\times2\times1}$

(4)　$1.875\times\frac{4}{3}+5.25\times\frac{2}{9}\div7=\square$

2　次の $\square$ にあてはまる数を求めなさい。

(1)　右の立方体ABCD－EFGHにおいて，AP：PB＝１：３，BQ：QC＝１：１であるとき，立方体ABCD－EFGHの体積は三角錐Ｆ－BPQの体積の $\square$ 倍です。

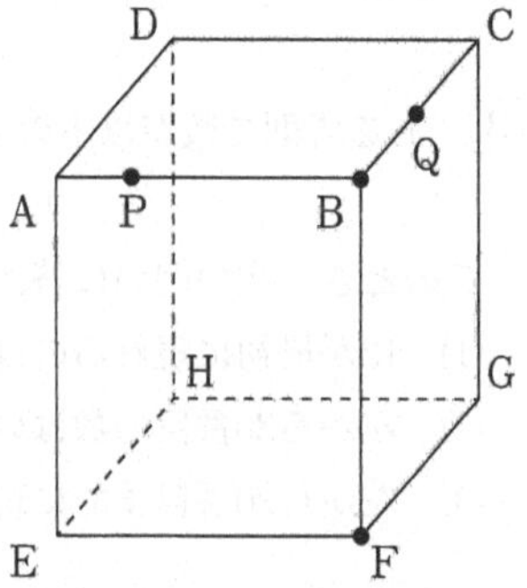

(2)　ある本は全部で $\square$ ページあり，20日間，毎日12ページずつ読み，21日目は残りの $\frac{1}{10}$ のページを読みました。その後，残りを毎日９ページずつ読んだところ全部読み終わるのに合わせて28日かかりました。

(3)　１辺が３㎝の正方形が２つ並んでいます。いま，１辺の長さが３㎝の正三角形を右の図の状態から反時計回りにすべることなく隣りの辺へ動かしていきます。ちょうど３回動かしたとき点Ｐは図のP′の位置に重なりました。このとき，点Ｐが動いてできる線の長さは $\square$ ㎝です。

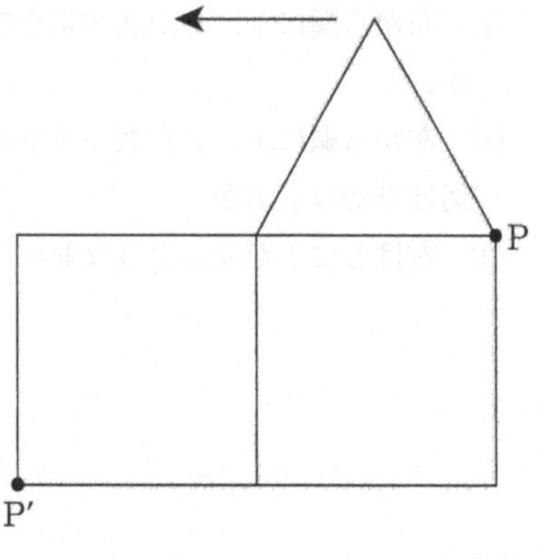

(4)　３種類の重りA，B，Cがいくつかあり，ある物体Mと重りA，B，Cについて以下のようなことが分かっています。

「A，A，B，C，Cの重さ」＝「物体Mの重さ」

「B，B，C，C，Cの重さ」＝「物体Mの重さ」

いま，「Bの重さ」－「Cの重さ」＝50ｇであり，Cの重さが100ｇであるとき，重りAの重さは □ ｇです。

(5)　正方形ABCD内の点Eは点Bを中心とし点Aを通る円と点Cを中心とし点Dを通る円の交点であり，正方形ABCDの面積が３cm^2であるとき，扇形ABEの面積は □ cm^2です。

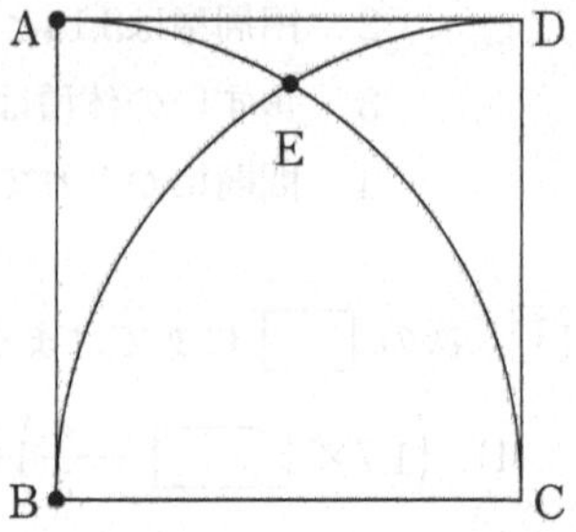

(6)　$\frac{1}{35}$，$\frac{2}{35}$，…$\frac{34}{35}$の中で，それ以上約分できないものをすべて足すと □ になります。

(7)　ある時刻に対して，「時」と「分」の数字の積を考えます。例えば，３時ちょうどであれば３×０＝０であり，５時22分であれば，５×22＝110となります。４時１分から５時59分までの１時間58分間のうち，この値が12の倍数となるのは □ 分間です。ただし，０は12の倍数とします。

３　ある規則で数が以下のように並んでいます。

１，３，１，５，３，１，７，５，３，１，９，７，５，３，１，…

このとき，次の問いに答えなさい。

(1)　13が最初に現れるのは左から何番目ですか。

(2)　左から30番目の数はいくつですか。

(3)　左から30番目までに現れる数をすべて足すといくつになりますか。

４　１，２，３の数字が２つずつあります。これらを１列に並べ，左から３つずつかけたものを合計した値をSとします。例えば，左から１２２３１３と並んだ場合は，S＝１×２×２＋３×１×３＝13となります。

(1)　左から順に１，２が並ぶような並べ方のうち，Sが奇数となるような並べ方は何通りありますか。

(2)　左から順に１，２が並ぶような並べ方のうち，Sが３で割ると２余るような数になる並べ方は何通りありますか。

(3)　左はしに１が並ぶような並べ方のうち，Sが５の倍数になる並べ方は何通りありますか。

5　下の図１，図２，図３の図形は１辺が１cmの正方形のマス目上にあり，曲線はすべて円周の一部分です。このとき，次の問いに答えなさい。

(1)　図１の斜線部分の面積はいくつですか。

(2)　図２の斜線部分の面積はいくつですか。

(3)　図３の斜線部分の面積はいくつですか。

図１

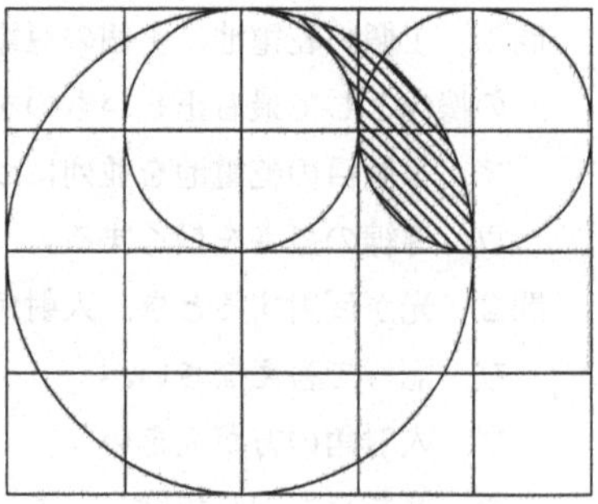

図２

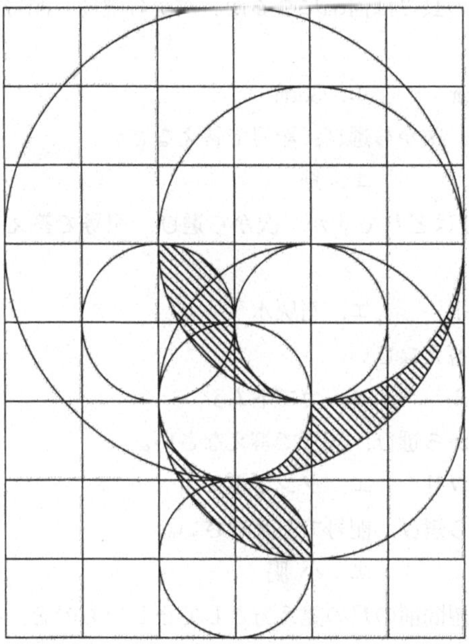

図３

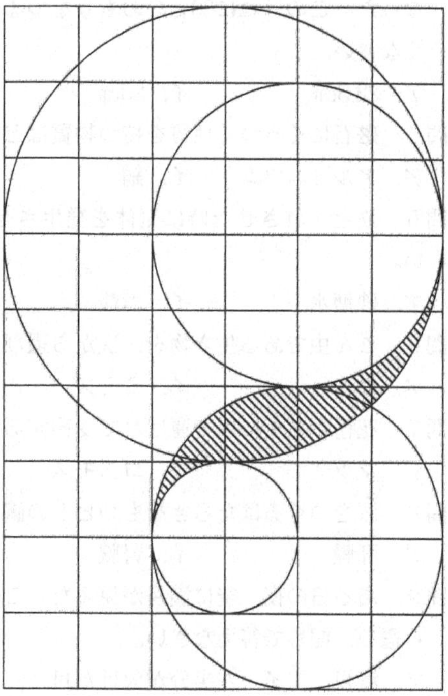

【理　科】（30分）　＜満点：50点＞

1

問１　１個の乾電池《かんでんち》に１個の豆電球を導線でつないで光らせた。この豆電球をより明るくするための操作として最も正しいものを，次から選び，記号で答えなさい。

ア．２個目の乾電池を並列につなぐ。　　イ．２個目の乾電池を直列につなぐ。

ウ．導線の長さを長くする。　　エ．導線の長さを短くする。

問２　光が反射するとき，入射角と反射角の大きさの関係を述べた文として正しいものを次から選び，記号で答えなさい。

ア．入射角の方が大きい　　イ．反射角の方が大きい

ウ．どちらも同じ角度　　エ．条件により変化する

問３　長さ20㎝のつるまきばねがある。このばねに20ｇのおもりをつるすとばねの長さは25㎝になった。このばねに30ｇのおもりをつるすとばねの長さは何㎝になるか。次から選び，記号で答えなさい。

ア．22.5㎝　　イ．25㎝　　ウ．27.5㎝　　エ．30㎝

問４　磁石にくっつく性質を持つ物質はどれですか。次から選び，記号で答えなさい。

ア．アルミニウム　　イ．銅　　ウ．金　　エ．鉄

問５　鉄とふれさせた時に気体を発生させる水溶液はどれですか。次から選び，記号で答えなさい。

ア．砂糖水　　イ．塩酸　　ウ．食塩水　　エ．石灰水

問６　こん虫である生き物を，次から選び，記号で答えなさい。

ア．ウニ　　イ．ミミズ　　ウ．カエル　　エ．カブトムシ

問７　花粉がおもに風で運ばれて受粉する植物を次から選び，記号で答えなさい。

ア．マツ　　イ．コスモス　　ウ，ヒマワリ　　エ．タンポポ

問８　尿《にょう》をつくるはたらきをもつヒトの臓器《ぞうき》を次から選び，記号で答えなさい。

ア．肝臓《かんぞう》　　イ．腎臓《じんぞう》　　ウ．心臓《しんぞう》　　エ．小腸《しょうちょう》

問９　ある日の夜，空に満月が見えた。この日の１週間前の月の見え方として正しいものを，次から選び，記号で答えなさい。

ア．満月　　イ．左半分が欠けた月　　ウ．右半分が欠けた月　　エ．月は見えない

問10　地球を大きな磁石と考えたとき，Ｓ極にあたる場所はどのあたりですか。次から選び，記号で答えなさい。

ア．北極　　イ．インドネシア　　ウ．南極　　エ．グリニッジ天文台

2　次の文章と図を見て，あとの問いに答えなさい。

Ａ君は炭酸水を飲む際にペットボトルのふたを開けるとプシュッと音が鳴り，気体が出てくると同時に壁面《へきめん》にも気泡《きほう》が現れることに気付きました。そこで，この気体を気体Ｘとし，気体Ｘについて調べることにしました。まず気体Ｘを石灰水に通すと白くにごりました。さらに，ペットボトルの中に水と気体Ｘを入れて，ふたを閉め，激しく振るとペットボトルがへこみました。

問１　炭酸水に含まれていた気体Ｘは何か，漢字で答えなさい。

問２　以下の文章はペットボトルの中に水と気体Ｘを入れて激しく振るとなぜペットボトルはへこむのかを説明したものである。空らんに当てはまる語句を答えなさい。

気体Ｘが水に溶けて（　　　　　）から。

この気体に興味を持ったＡ君はさらに詳しく知るために先生に聞いてみることにしました。

Ａ君：先生，炭酸水から気体を集めて実験をしてみました。石灰水を白くにごらせたり，いろいろな性質をもつ気体ということが分かりました。興味が出たのでこの気体Ｘについて教えてください。

先生：炭酸水から集めるなんて頑張りましたね。うすい塩酸と石灰石を混ぜれば同じ気体Ｘが発生しますよ。

Ａ君：そうなんですか。ぜひやってみたいです。

Ａ君と先生は実際に気体Ｘを発生させ体積を測定することにしました。

さまざまな量のうすい塩酸を用意し，石灰石８ｇを加えて反応させました。発生した気体Ｘを回収し，体積を測定して結果をまとめたところ以下のグラフになりました。

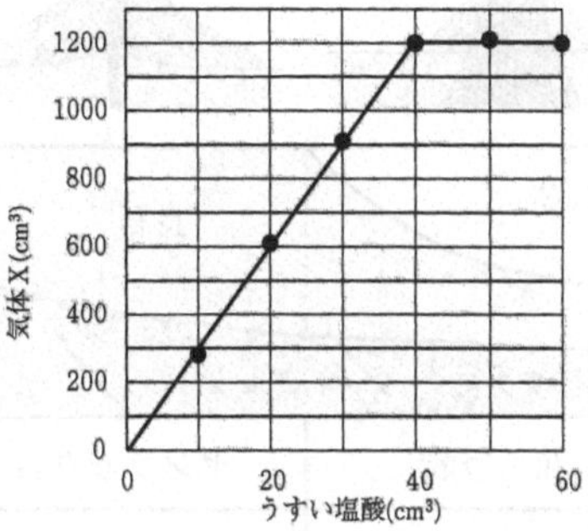

図１　加えたうすい塩酸と発生した二酸化炭素の関係

※発生した気体は全て回収されたものとする。

問３　うすい塩酸15cm^3と石灰石８ｇを反応させたときに発生する気体Ｘの体積はおよそ何cm^3になるか答えなさい。

問４　石灰石８ｇと過不足なく反応するうすい塩酸の体積は何cm^3になるか答えなさい。

問５　うすい塩酸50cm^3，石灰石16ｇを反応させたときに発生する気体Ｘの体積は何cm^3になるか答えなさい。

問６　うすい塩酸100cm^3，石灰石16ｇを反応させ，発生した気体Ｘを回収する際にいくらか気体がもれてしまい900cm^3しか回収できなかった。もれてしまった気体Ｘの体積は何cm^3になるか答えなさい。

問７　実験に用いたうすい塩酸を10cm^3，20cm^3，30cm^3用意し，うすい塩酸と同量の水をそれぞれ加えた。そこへ石灰石８ｇをそれぞれ反応させたとき，気体Ｘが発生した。この時の水を加えた塩酸と発生した気体Ｘの関係を示すグラフを解答用紙に描きなさい。

3 次の文章と図を見て，あとの問いに答えなさい。

ある年，細田中学では，２年生の夏に伊《い》豆《ず》大島《おおしま》へ合宿に行くことになりました。事前学習として，先生と生徒が理科室で話し合いをしています。

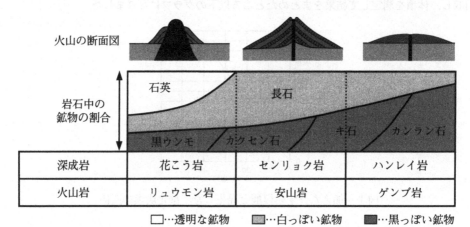

先　生：初日に行く三原山《みはらやま》について考えてみましょう。

Ａさん：図１の写真を見ると，とてもなだらかな山だということがわかります。

図１．三原山の写真

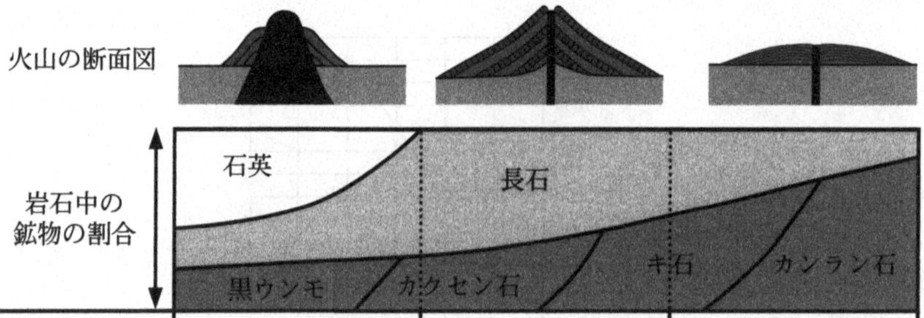

深成岩	花こう岩	センリョク岩	ハンレイ岩
火山岩	リュウモン岩	安山岩	ゲンブ岩

□…透明な鉱物　▨…白っぽい鉱物　■…黒っぽい鉱物

図2．火山と鉱物の対応

先　生：良い着眼点ですね。図１・図２を参考にして，三原山ではどのような噴火《ふんか》が起こるか予測してみましょう。

Ｂくん：鉱物の割合からマグマが冷えてできた岩石は［　Ａ　］色をしていて，山の形状からマグマのねばりけは［　Ｂ　］いので，マグマが流れ出すような噴火をすると思います。

先　生：Ｂくんの仮説を証明するには，どうしたら良いでしょう？

Ｂくん：合宿に行ったときに，岩石を採取してきたら，証明できませんか？

Ａさん：岩石を見分けるのは難しくないですか？

Ｂくん：岩石の表面をスケッチしてみると，色の割合がわかり，証明できると思います。

Ａさん：それだと深成岩と火山岩の違《ちが》いまではわかりませんね。せっかく岩石を採取するなら，岩石の名前まで特定したいです。

先　生：それであれば，顕微鏡《けんびきょう》で観察をすると，そのふたつは区別できますよ。

Ａさん：なるほど，深成岩は［　Ｃ　］組織，火山岩は［　Ｄ　］組織でしたね。

先　生：合宿で岩石を採取できたら，様々な情報を得られそうですね。研究のために標本を持ち帰ることをサンプリングと言いますが，勝手に自然のものを持ち帰るのは法律で禁じられています。

Ｂくん：え！それではサンプリングは出来ないのですか？

先　生：サンプリングが可能になるよう，役場に申請《しんせい》を出しておきます。
みなさんは，持ち物を確認しておいてください。

Ｂくん：何を用意したらよいでしょうか。

先　生：もしも，噴火が発生したときに，すみやかに避難《ひなん》できるようにしなければいけません。登山者は，火山情報の収集や連絡《れんらく》手段の確保などをする必要があります。また，山は天気が変わりやすく，大きな岩や急な斜面《しゃめん》もあり，身を守る用意も必要です。登山をするときには(1)事前によく準備をしておきましょう。

問１　文中の A と B に当てはまる言葉を漢字１文字で答えなさい。

問２　文中の C と D に当てはまる言葉を答えなさい。

問３　下線部(1)について，火山などの野外へ調査をしに行くには，少しでも危険を減らすために，服装や持ち物をよく考えて用意する必要がある。どういう理由で，どのような用意をすれば良いか，考えられるだけ答えなさい。用意に関しては，服装や持ち物等，事前に準備ができるものを答えなさい。

例）肌《はだ》を露出《ろしゅつ》していると怪我《けが》のリスクが上がるため，長袖《ながそで》・長ズボンを用意する。

【社　会】（30分）　＜満点：50点＞

1　以下の文章を読んで，後の問いに答えなさい。

一昨年は，沖縄が日本に返還されてからちょうど50年になる年でした。みなさんは，沖縄に行ったことがありますか。[1]沖縄県は，南西諸島の島々から構成されており，東シナ海と太平洋に挟まれています。日本（　①　）も沖縄県に属しています。県のほぼ全域が[2]亜熱帯の気候で台風が襲来することも多いのですが，日本屈指のリゾート地として全国から多くの観光客を集めています。したがって，産業別の[3]人口割合を見ると，観光業をふくむ第３次産業の割合が約80％を占め，非常に大きいことが特徴です。

サンゴ礁が広がる美しい海，南国の[4]果実など特色のある農作物，本土では見られない貴重な動植物と，沖縄には魅力がたくさんあります。しかし，沖縄には[5]琉球王国が滅び日本に編入された歴史，太平洋戦争で戦場となった歴史，日本の独立後もアメリカの施政下に置かれた歴史などもあり，今につながっています。そして，沖縄本島の（　②　）を占める米軍基地は今も沖縄の人々の大きな負担になっています。沖縄返還50年の今，わたしたちは沖縄の歴史や文化を改めて知ることで，基地問題について深く考え，現地の人びとに寄りそうことができるでしょう。

問１　下線部［１］について，沖縄県の県庁所在都市を漢字で答えなさい。

問２　文中の空欄（①）にあてはまる内容として正しいものを，以下のア～エから１つ選びなさい。

ア　最南端の沖ノ鳥島　　イ　最南端の与那国島

ウ　最西端の沖ノ鳥島　　エ　最西端の与那国島

問３　下線部［２］に関連して，気候や地形に合わせたくらしの工夫が日本各地で見られます。次のＡ～Ｃの写真と関連の深い地域の雨温図Ⅰ～Ⅲの組み合わせとして正しいものを，あとのア～カから１つ選びなさい。

A

B

C

Ⅰ

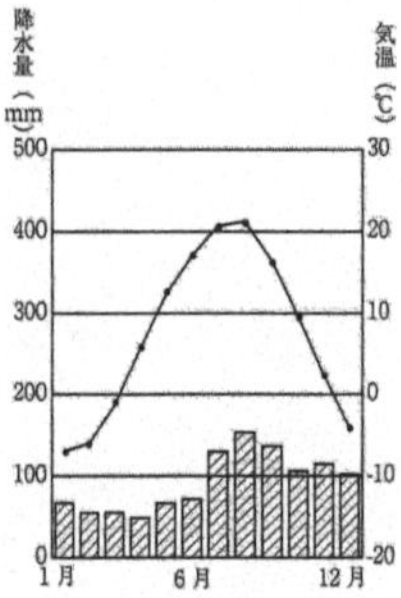

Ⅱ

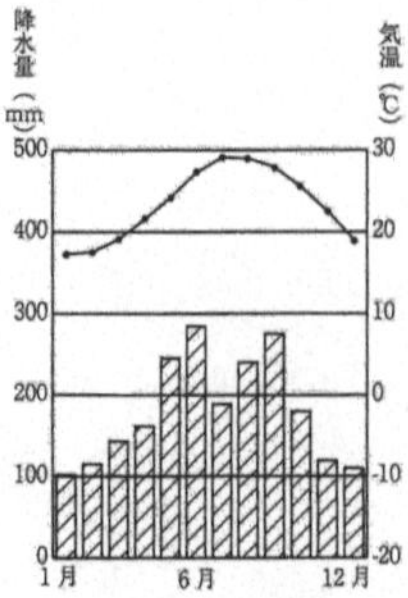

Ⅲ

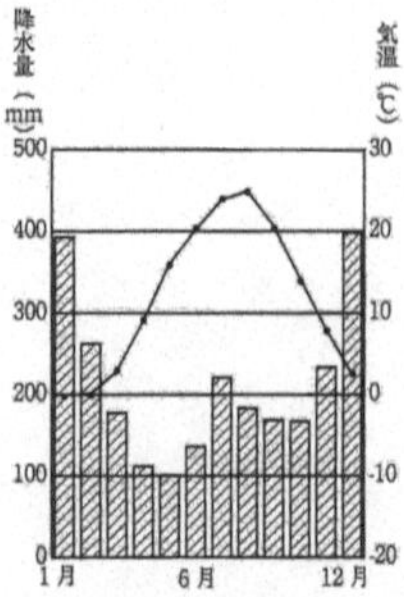

（気象庁Webサイトより作成）

ア　A－Ⅰ　B－Ⅱ　C－Ⅲ　　イ　A－Ⅰ　B－Ⅲ　C－Ⅱ
ウ　A－Ⅱ　B－Ⅰ　C－Ⅲ　　エ　A－Ⅱ　B－Ⅲ　C－Ⅰ
オ　A－Ⅲ　B－Ⅰ　C－Ⅱ　　カ　A－Ⅲ　B－Ⅱ　C－Ⅰ

問4　下線部［3］について，次のグラフは沖縄県の人口ピラミッドと東京都の人口ピラミッドを表したものです。グラフから読み取れる内容として誤っているものを，以下のア～エから1つ選びなさい。

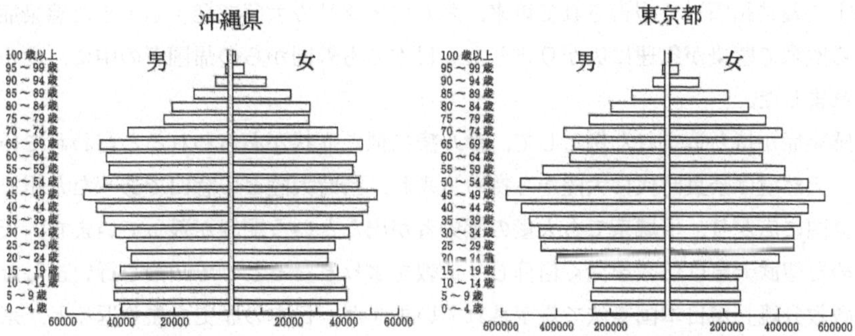

（出典：統計ダッシュボード）

ア　沖縄県は出生率が高いため，0歳～14歳の年少人口は東京都よりも沖縄県の方が多い。
イ　男性よりも女性の方が長生きする傾向は，東京都と沖縄県に共通してみられる。
ウ　東京都も沖縄県も「団塊ジュニア」とよばれる45歳～49歳の人口が最も多い。
エ　東京都は20歳～24歳の人口が15歳～19歳の人口よりも多いが，沖縄県は少ない。

問5　下線部［4］に関連して，右の地図はある果実の生産量上位5県を表しています。地図が表している果実として正しいものを，以下のア～エから1つ選びなさい。

ア　みかん　　　イ　ぶどう
ウ　もも　　　　エ　西洋なし

（日本国勢図会2022/23より作成）

問6　下線部［5］について，琉球王国の国王の居城であった右の建物の名を漢字で答えなさい。

問７　空欄（②）にあてはまる数値として正しいものを，以下のア～エから１つ選びなさい。

ア　約70％　　イ　約50％　　ウ　約20％　　エ　約10％

２　以下の文章を読んで，後の問いに答えなさい。

新型コロナウイルスにつづき，昨年はサル痘の流行拡大について世界保健機関が「国際的に懸念される公衆衛生の緊急事態である」と宣言しました。サル痘は，1970年代に初めてザイール（現在のコンゴ民主主義共和国）で報告されて以来，おもにアフリカ大陸で発生してきた感染症ですが，昨年５月から欧米で感染が急速に広がりました。日本でも外国からの帰国者の中に，サル痘の感染者が報告されました。

外国から感染症が持ち込まれた例として，サル痘に似た症状があらわれると言われている天然痘《てんねんとう》があります。天然痘は奈良時代に大陸から持ち込まれ，当時大陸との窓口であった九州で初めて発生した後，全国に広がり，平城京でも大量の感染者が出たという記録が残っています。天然痘の流行に心を痛めた聖武天皇は仏教を深く信仰し，仏教をよりどころとして政治を行いました。戦後の日本では「政教分離」が日本国憲法で規定されていますが，日本の歴史を振り返ると，宗教が政治や文化に大きく影響を及ぼしてきたことがわかります。時代ごとの宗教の特色について知ることは，日本の歴史を知る上で重要な意味があると言えそうです。

以下の【A】～【F】は，各時代の宗教について簡潔にまとめたものです。宗教から日本の歴史を振り返ってみましょう。

【A】

縄文時代の人々は，あらゆる自然現象に霊魂が宿ると信じる[1]アニミズムを信仰していました。

【B】

奈良時代には，正しい仏教を日本に伝えるために唐の高僧である[2]鑑真が来日しました。

【C】

鎌倉時代になると，平安時代から続く戦乱で不安な社会のよりどころとして民衆にもわかりやすい[3]仏教が生まれました。

【D】

[4]室町幕府第８代将軍の足利義政は，禅宗の影響を強く受けた書院造の銀閣を京都の東山に造営しました。

【E】

南蛮貿易とともに[5]キリスト教が日本に広まり，キリシタン大名と呼ばれる洗礼を受けた大名も誕生しました。

【F】

江戸時代には，[6]禁教令が出されてキリスト教が禁じられ，すべての人がいずれかの寺院の檀家になりました。

問１　文章【A】の下線部［１］に関連して，縄文時代の人々が子孫の繁栄などを願ってつくったと考えられている土製の人形の名を漢字で答えなさい。

問２　文章【B】の下線部［２］について，この人物が建てた寺院として正しいものを，以下のア～エから１つ選びなさい。

ア

イ

ウ

エ

問３　文章【C】の下線部［３］について，鎌倉新仏教とその開祖の組み合わせとして正しいものを，以下のア～エから１つ選びなさい。

ア　真言宗 － 空海　　イ　浄土真宗 － 親鸞　　ウ　臨済宗 － 道元　　エ　時宗 － 法然

問４　文章【D】の下線部［４］に関連して，室町時代の人々のくらしについて説明した文として正しいものを，以下のア～エから１つ選びなさい。

ア　庶民の間で旅行がブームになり，特にお伊勢参りが人気だった。

イ　新しい農具が開発されて農業が発展し，月に３回の定期市が開かれるようになった。

ウ　近江で一向宗を信仰する人々が団結し，徳政を求めて土倉や酒屋を襲撃した。

エ　戦乱から村を守るために，惣とよばれる自治組織がつくられるようになった。

問５　文章【E】の下線部［５］について，キリスト教を日本に伝えたスペイン人宣教師の名をカタカナで答えなさい。

問６　文章【F】の下線部［６］について，次の問いに答えなさい。

⑴　禁教令に関する世界文化遺産について説明した以下の文の空欄にあてはまる地名を漢字で答えなさい。

江戸時代を通して行われた厳しい弾圧に耐えながら，ひそかに信仰を守り続けた人々が暮らした集落や大浦天主堂，原城跡などが「長崎・（　　　）地方の潜伏キリシタン関連遺産群」として，2018年にユネスコの世界文化遺産に登録された。

(2) 次の年表は禁教令が出されてから鎖国に至るまでのできごとをまとめたものです。年表中の空欄（Ⅰ）～（Ⅳ）には，右の地図に示したヨーロッパの４つの国のいずれかがあてはまります。年表中の空欄にあてはまる国を地図中のア～エからそれぞれ１つずつ選び，Ⅰ→Ⅱ→Ⅲ→Ⅳの順に答えなさい。

年	できごと
1612	禁教令が幕府の天領に出される
1623	（　Ⅰ　）が平戸の商館を閉める
1624	（　Ⅱ　）船の来航が禁止される
1635	日本船の海外渡航が禁止される
1637	島原の乱が起こる
1639	（　Ⅲ　）船の来航が禁止される
1641	（　Ⅳ　）商館が平戸に移される

地図

3　以下の文章を読んで，後の問いに答えなさい。

昨年の６月に[1]国際連合の[2]総会で選挙があり，今年の１月から日本が安全保障理事会の非常任理事国になることが決まりました。日本が非常任理事国に選ばれるのは2016年～2017年以来12回目で，全加盟国中最多です。非常任理事国として日本にはどのような役割が期待されているのでしょう。

安全保障理事会は国際連合が発足した1945年に，世界の平和と安全を保つことを目的として創設され，５つの常任理事国と10の非常任理事国から構成されています。[3]国際連合の主要機関である総会がさまざまなテーマについて議論するのに対して，安全保障理事会は平和と安全の維持を目的に平和や紛争といった最も重要な議題について，大国を中心に話し合いを行います。また，安全保障理事会の決議は強い強制力を持っていますが，それが機能しない場合があります。その原因は，安全保障理事会の議決方法にあります。安全保障理事会の議決には９カ国以上の賛成が必要ですが，常任理事国が１カ国でも反対すると決まりません。これは，常任理事国に（　X　）があるからです。これまでも（　X　）が発動されて安全保障理事会が機能しないことがありました。[4]ロシアによるウクライナ侵攻によって，常任理事国であるロシアが（　X　）を行使し，この問題が浮き彫りになりました。「平和の番人」であるべき安全保障理事会が，その役割をはたせるようはたらきかけていくことが非常任理事国として[5]日本がはたす役割なのかもしれません。

問１　下線部［１］について，国際連合の事務総長の名を以下のア～エから１つ選びなさい。

ア　グテーレス　　イ　マクロン　　ウ　テドロス　　エ　バイデン

問２　下線部［２］について説明した文として正しいものを，以下のア～エから１つ選びなさい。

ア　平等な採決を行うために，議決は全会一致が原則である。

イ　国の人口に応じて議決の際に投票できる票数が配分されている。

ウ　すべての加盟国で構成され，１年に１回開催される。

エ　環境問題の解決をめざすユニセフは，総会によって設立された。

問３　下線部［３］に関連してUNESCO（国連教育科学文化機関）は，経済社会理事会の専門機関です。次の資料の空欄にあてはまる語句を答えなさい。

＜資料　ユネスコ憲章＞

戦争は人の心の中で生まれるものであるから，人の心の中に（　　　）を築かねばならない。相互の風習と生活を知らないことは，人類の歴史を通じて世界の諸人民の間に疑惑と不信をおこした共通の原因であり，この疑惑と不信のために，諸人民の不一致があまりにもしばしば戦争となった。

問４　文中の空欄（Ｘ）にあてはまる語句を漢字で答えなさい。

問５　下線部［４］に関連して，ロシアとウクライナについて説明した文として正しいものを，以下のア～エから１つ選びなさい。

ア「欧州のパンかご」と称されるウクライナは，小麦などの穀物の生産がさかんなEU最大の農業国である。

イ　ウクライナの首都にあるチェルノブイリ（チェルノービリ）原子力発電所が，一時ロシア軍に制圧された。

ウ　2014年にロシアがウクライナのクリミア半島を併合したため，ロシアはＧ８（主要国首脳会議）から除外された。

エ　イギリスとアメリカを中心とするワルシャワ条約機構に対抗して，旧ソ連時代にNATOが結成された。

問６　下線部［５］に関連して，日本が行っている国際連合への協力について，次の問いに答えなさい。

⑴　日本は安全保障理事会の議決によって組織される国連軍には参加できませんが，平和維持活動には参加しています。平和維持活動の略称をアルファベットで答えなさい。

⑵　次のグラフは，主要国の国連分担金の推移を表しています。日本を表しているものを，グラフ中のア～エから１つ選びなさい。なお，ア～エは日本・中国・アメリカ・ドイツのいずれかを表しています。

主要国の国連分担金の割合の推移

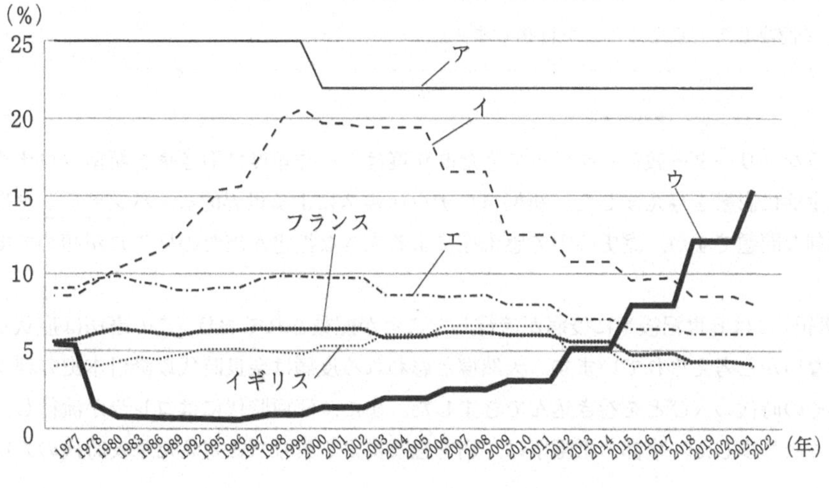

4 以下の文章を読んで，後の問いに答えなさい。

細田学園高等学校では，特進Ｈ・特進コースの生徒を対象に，未来のグローバルリーダーを育成するための「リーダー教育」を実施しています。2022年度は，生徒たちが志木市の役に立つために活動を企画し，実行しました。以下の【Ａ】～【Ｃ】は，実際に生徒たちが活動した内容を発表したものです。

【Ａ】避難所地図を作ろう

志木市が３つの河川に囲まれていることで災害が起こりやすいことから，その際に迅速に行動できるようにするため避難所の場所を記載した地図を作りました。従来のハザードマップには足りない細かな情報を載せることで，地域に根差した地図にしました。

作成した地図は市民会館に掲示し，地域の方々に見てもらえるようにします。

【Ｂ】新聞委員会の活性化

これまで学校のなかの情報しか扱ってこなかった新聞委員会の活動を見つめなおし，地域の情報を掲載した新聞を作成しました。

作成した新聞は公民館などで配布し，地域の情報や学校の情報を交換するよい機会を作ることができました。

【Ｃ】志木市清掃プロジェクト

志木市内の清掃活動をイベントとして主催しました。細田学園を中心にごみを集めるポイントを設置し，参加してくれた子どもたちには景品をプレゼントしました。

今後は地域のほかの学校とも連携を図り，より多くの参加者を集め，一つのイベントとして認識してもらえることを目指します。

このような「リーダー教育」を行ってきた昨年度は，一昨年度に引き続き新型コロナウイルスが私たちの生活に影響を与えました。新型コロナウイルスによる世界的な①パンデミックは世界が直面した深刻な問題ですが，歴史の中で感染症による大きな被害が出たのはこれが初めてではありません。

『日本書紀』には６世紀後半に疫病《えきびょう》が流行したことが記載されており，この疫病は症状からみて天《てん》然痘《ねんとう》ではないかと考えられています。天然痘と思われる疫病は奈良時代以降日本史の様々な場面で登場し，その時代の人びとを巻き込んできました。また，江戸時代にはコレラが流行し，多くの人びとが亡くなりました。京都の祇園祭は，病を怨霊《おんりょう》による祟りだと考えた平安時代の人びとが霊を慰めようとしたことがきっかけと言われています。さらに隅田川花火大会は江戸時代の疫病流行に際し，死者の供養《くよう》と疫病の終息を祈り打ち上げられた花火から始まったとされています。

日本だけでなく世界の歴史にも感染症は数多く登場しています。19世紀にはヨーロッパを中心にコレラ菌や破傷風菌などの研究がすすめられました。日本から外国へと渡り，②破傷風菌の研究を進め治療法を発見した学者もいます。20世紀には「スペイン風邪」とも呼ばれたインフルエンザの大流行が起きました。人類が根絶できた感染症は天然痘だけであるとも言われていて，実は感染症は私たちの生活の近くに存在するものなのです。

感染症に適切に対応するためには，正しい知識を身につける必要があります。インターネットやSNSで得た情報を正しいと決めつけてしまうと，間違った対応で自分の身を危険にさらしてしまうことになります。これは感染症に関することだけではありません。自分で調べ学習をする際は，情報源をしっかりと確認し，③自分の得た情報が本当に正しいものなのか判断することが非常に重要です。

問１　下線部①について，新型コロナウイルスによるパンデミックの発生を発表した世界保健機関の略称をアルファベット３文字で答えなさい。

問２　下線部②について，ドイツに渡り破傷風菌の研究を行った細菌学者で，2024年に新千円札の肖像画に描かれる人物は次のうち誰か，以下のア～エから１つ選び，記号で答えなさい。

ア　野口英世　　イ　樋口一葉　　ウ　北里柴三郎　　エ　渋沢栄一

問３　下線部③について，「インターネットを正しく使いこなすための知識や能力」のことをカタカナでなんというか答えなさい。

問４　本校生徒による発表内容の要約【A】～【C】について，以下の①・②の問いに根拠となる理由も合わせて自分の考えを述べなさい。なお①・②で同じ企画を取り上げても構いません。

①あなたが志木市の住人であったら，どの企画が最も魅力的であると感じますか。

②企画を１つ選び，その企画を実現させるうえで困難になると考えられることをあげ，その解決策を説明しなさい。

問四　――線部③「精神医学の専門用語では、この『打ち消す動き』のことを『否認』と呼びます」とありますが、「否認」は何によって引き起こされるのですか。本文中から五十字前後でさがし、最初と最後の五字ずつをぬき出しなさい。

問五　本文の内容として**適切でないもの**を次から一つ選び、記号で答えなさい。

ア　いじめや差別は、それを受けた側が傷ついてしまうという点だけを取り上げても絶対に許すべきことではないといえる。

イ　日本に住んでいると周囲にいるのが「同じ人」である場合が多くなるので、「違う人」の立場でものを考えるのは難しい。

ウ　「これはいじめや差別ではない」と考えるのはそれを行う側であって、される側は常にいじめや差別に気づいている。

エ　仕事や活動が急速にグローバル化していく今日の世界では、「違う人」と生きていく共生社会の道を選ぶ必要がある。

問六　――線部Ｘ「とりあえず『気づく』だけでもよいのです」とありますが、あなたはこの意見に賛成ですか、反対ですか。本文の内容に触れた上で、現時点でのあなたの考えを書きなさい。

③精神医学の専門用語では、この「打ち消す動き」のことを「否認」と呼びます。

　この「否認」は、自分がいじめや差別の被害者のときも、加害者のときも、まわりで見ている人つまり傍観《ぼうかん》者のときも、同じように起きます。そして、この「否認」には、そのいじめや差別の内容がひどければひどいほど起きやすくなる、という性質もあります。たとえば、親からの虐《ぎゃく》待《たい》でからだにあざができたり骨折したりしている子どもが児童養護施設に保護されても、その子が「これは転んでできたケガなんだよ」と言い張ることがあります。子どもが自分に暴力をふるう親をかばってそう言うときもありますが、「否認」のメカニズムが働いて本当にそう思い込んでいる場合もあるのです。

　小さな子どもの場合、自分でも気づかないうちに起きている「否認」を防ぐのはむずかしいのですが、中学生以上であれば「ちょっと待てよ。自分で〝見なかったふり〟をしているだけじゃないかな」と立ち止まって考えることもできるはずです。

　そこでもし、「自分で〝見なかったふり〟をしていただけで、やっぱり私が見たものっていじめなんじゃないかな」と気づくことができたら、それは解決に向けたとても大きな一歩です。

　気づいたら、多くの人は「何かしなきゃ」と次の動きを考えたくなるものです。それに、何も動けなくても、X とりあえず「気づく」だけでもよいのです。まずは気づき、認めなければ何も始まりません。

（香山リカ『「いじめ」や「差別」をなくすためにできること』より）

問一　A 、 B 、 C に当てはまる接続語の組み合わせとして最も適切なものを、次から選び、記号で答えなさい。

ア　A　しかし　　B　たとえば　　C　なので
イ　A　しかし　　B　でも　　C　しかも
ウ　A　もちろん　　B　でも　　C　なので
エ　A　もちろん　　B　たとえば　　C　しかも

問二　――線部①「こんな経験」の指す内容として最も適切なものを、次から選び、記号で答えなさい。

ア　本当は相手からは何とも思われていないのに、自分から相手を「違う人」と考え遠ざけてしまう経験。
イ　自分は明らかに周囲と比べて「違う人」なので、なるべく迷惑をかけないようにしようと感じる経験。
ウ　自分が周囲から「違う人」としてとらえられ、迷惑に思われているように感じて傷ついてしまう経験。
エ　自分が「違う人」になってしまったと痛感し、何とかして「同じ人」の仲間に入りたいとあせる経験。

問三　――線部②「もうひとつの理由」とありますが、その内容として最も適切なものを、次から選び、記号で答えなさい。

ア　日本は、生まれる子どもの数が少なく、子どもや若者の数が昔より減っている「少子化」という問題を抱えていること。
イ　日本にはグローバル社会の中でも、「同じ国の人たちだけでやっていくことにしたい」と考える人が多いこと。
ウ　自分がいつ「違う人」とみなされて周りの人から特別な目で見られるか分からないと、不安になる人が増えていること。
エ　世界中で人の流れが活発になっているため、日本でも外国人の数が増え、外国人とともに生きる社会になってきていること。

日本は、生まれる子どもの数が少なく、子どもや若者の数が昔よりどんどん減る「少子化」という問題を抱《かか》えています。このままでは将来、働き手が不足することが予測されますが、とくにどうしても多くの人手を必要とする医療《いりょう》や介護《かいご》の世界では、今後、外国から日本でその仕事をしてくれる人を多く迎《むか》え入れなければならないことは確実です。

そういう世界的な流れや日本の事情の中では、「〝違う人〟といっしょにやっていくなんて無理」などとは言ってられないのです。「違う人」と生きる、これを「共生」と呼ぶこともありますが、これからの世界はどこの国であっても、この共生社会の道を選ぶしか生き残る道はない、と言ってもよいでしょう。いまアメリカやヨーロッパの一部の国で、「国境を越えてやってくる移民は困る」「自分の国の内戦から逃れて来る難民を受け入れたくない」と共生社会を拒《こば》む動きが見られますが、これだけ仕事や人々の活動がグローバル化している中では、長い目で見ると「私の国は〝同じ人〟たちだけでやって行くことにしたい」というのは無理な話だと思います。

さて、「自分がいつ〝違う人〟とみなされて特別な目で見られるか分からない」「〝違う人〟といっしょに生きる共生社会を目指すしか日本も世界の国も生き残れない」といった理由からも、〝違う人〟を下に見たり追い出そうとしたりするいじめや差別は許されないこと、というのはわかってもらえたのではないかと思います。

それでも、私たちのごく身近なところにも、少し離れたところにも、いじめや差別はまだまだ残っています。新しく起きるいじめや差別もあります。ここからは、「いま起きているいじめや差別」に対してどうすればよいのか、という具体的な対処法を考えてみましょう。

何よりも大切なのは、「これはいじめだ」「あ、この言い方は差別じゃないか」と気づくことです。すでに、私たちは自分がその対象になっていても、なっていなくても、もちろんそれをやる側になっていても、いじめや差別を見たときに「これはいじめや差別なんかじゃない」と自分に言い聞かせようとするという話をしました。私たちは心のどこかでは「いじめや差別はダメ」と知っているので、逆に「そんなことはしていない、受けていない、見ていない」と自分をごまかそうとするのです。でも、「そんなのはない」とフタをしてしまえば、それは絶対に解決はしません。見て見ぬふりをするのがいじめや差別の解消にはならない、という「寝た子を起こすな論」の間違いについても説明してきました。

[C]、たいへんショックでつらいことではあるのですが、まずは「これはいじめ、差別だ」ときちんと認めることから始めるしかないのです。

しかし、実はこれは想像以上にたいへんなことです。

私たちの心には、自分が認めたくないこと、認めるのはつらいことがあったときに、〝見なかったふり〟をする自動装置のようなものがついているからです。一瞬、「あ、いじめが起きてるんじゃないかな」と気づきかけても、心の中で「そんなわけはない。フザけているだけだよ」とその気づきを必死に打ち消すような動きが起きるのです。その動きじたいは自分でも気づかないくらい心の奥のほうで起きるので、自分自身は「なんだ、フザけているだけなんだ」とごく自然に思ってしまいます。

私自身は、それだけでも「いじめや差別は絶対に許されない」と主張する理由になると思っています。しかし、いまの社会には、「そんなことは私には関係ないよ、差別されるほうが悪い」などと言う人もいることは、前の章でも説明してきた通りです。そういう人たちに対して、「それでもいじめや差別はいけない」と話すとき、私は次のふたつの理由をあげることにしています。これまでしてきた話と重なる部分もありますが、大切なことなのでもう一度、まとめておきます。

ひとつめは、自分もどこかに行ったときなどにまわりから「この人は、自分たちと違うぞ」と目をつけられ、いじめや差別を受けるかもしれない、ということです。日本人の場合、この日本に住んでいる限り、まわりは「同じ人」がいることが多いので、自分が「違う人」になったらどうだろう、と想像するのはむずかしいと思います。［B］、手や足をケガして、包帯を巻いたり松葉づえをついたりした経験がある人は、なんとなくわかるのではないでしょうか。私が大学で教えていた学生が、こんな話をしてくれたことがありました。

「高校時代、サッカー部の練習で骨折してしまい、しばらくの間、ギプスをつけて松葉づえをつきながら学校に通ったことがあったんです。バス停まで歩いてバスに乗るんだけど、歩いているときもバスの中でも、まわりの人の視線がとても気になりました。〝かわいそうに〟という目で見ている人もいたし、混んでるのに松葉づえでゆっくり乗ってきて邪魔《じゃま》だな〟とイヤな顔をする人もいた。いや、全部自分の考えすぎで、ホントはこっちを見ている人なんてそんなにいなかったかもしれないし、見ても何とも思われてなかったかもしれない。でもその間はとても敏感《びんかん》になっていて、〝あ、また見られた〟〝あ、あの人は骨折なんかしてと思われてる……〟といちいち気になってしまいました。

障碍《しょうがい》を持っている人や外国人で髪や肌の色が違う人などは、もしかするといつも①こんな経験をしているのでしょうか。こちらはふつうに接しているのに相手が気にしすぎということもあるかもしれないけれど、こちらも心のどこかで〝自分と違う人〟がバスに乗ってくるのは面倒だな、迷惑だな、と思っていて、それが表情や態度に出るかもしれません。〝違う人〟に対して何気なく接したり、もしその人が手伝いを求めているなら自然にそれをしてあげたりするのは本当にむずかしいんだな、とわかりました」

この学生の言葉には、私たちが「違う人」をどこか特別な目で見てしまいがちなこと、さらにその人を「面倒だな、迷惑だな」と思いがちなこと、そして、そう思われる人にとってそれはとても気になったり傷ついたりすることが、よく表れています。

そして、いじめや差別を「仕方ない」と思わずにやめなければならない②もうひとつの理由は、自分がいくら「私は日本に住む日本人だから、〝違う人〟なんかほとんどいないよ」と思おうとしても、世界の流れの中でもうそれはできなくなるから、というものです。

「グローバル化」という言葉を聞いたことがあると思いますが、世界ではいま、人の流れがとても活発になっていて、とくに学問やビジネスの世界では、国を超え大陸を超えて人が移動しています。私たちが住む日本にも、外国から来て働く人たちがどんどん増えていますし、学生の中にも「国際的な会社や組織で働きたい」と希望する人が多くなっています。どの地方の小学校や中学校にも、仕事などで日本にやって来た外国人の子どもがいると思います。

ア　半年前は考えもしなかった階段レースへの参加が正しかったのかどうか不安になり、神様にその不安を打ち消してほしいと感じている。

イ　小見さんは現実的な考えでベスト10には入りたいと言ったが、やるからには優勝でなければ満足できないと思い、気合を入れ直している。

ウ　今はまだ将来自分がどんな仕事に就くかはわからないが、どうなるにせよ自分が選んだ道で順調に出世できるように願っている。

エ　一生に一度だけのこの機会に本気で取り組み、レースでベスト10に入るという目標を何としても達成したい、と意気込んでいる。

問四　[A] に当てはまる表現として最も適切なものを、次から選び、記号で答えなさい。

ア　嫌な思いをさせて、申し訳なかった

イ　なぜ、癖のことをわたしに言わなかったのか

ウ　癖は直すから、またダブルスを組もう

エ　癖なんて、大したことじゃないでしょう

問五　――線部③「わたしと紅里先輩はもう違う」とありますが、どういうことですか。最も適切なものを、次から選び、記号で答えなさい。

ア　「わたし」はすでに卓球などもうどうでもよいと感じているが、紅里先輩は命の次に大事だと思うほど卓球に打ち込もうとしている。

イ　「わたし」は卓球以外にもやりたいことを見つけたが、紅里先輩は卓球と関係なくなっても「わたし」とつながっていたいと思っている。

ウ　「わたし」は卓球とは別のものにもやりがいを見出し始めているが、紅里先輩はあくまで卓球にこだわってやり続けていこうとしている。

エ　「わたし」は卓球に関わることをすべてなかったことにしたいと考えているが、紅里先輩はそんな「わたし」に心底がっかりしている。

問六　――線部X「大階段駆け上がり大会と卓球の全日本選手権は、違うと思っていた」とありますが、あなたは「自分の専門外の分野に挑戦すること」についてどう考えますか。本文の内容に触れながら、現時点のあなたの考えを書きなさい。

〔三〕　次の文章を読み、後の問いに答えなさい。（句読点や記号も一字にかぞえること。本文の行末にある数字は行数です。）

　どうして私たちは「自分と違う人」を気にしてしまうのでしょう？しかも私たちには、その「違う人」を気にしたときに、「違いがあっておもしろいな」とか「違いからいろいろ学びたいな」と思うのではなくて、「〝違う人〟は自分より劣ってるんだ」と下に見ようとしたり「仲間に〝違う人〟がいるとやりにくい」とその人を追い出そうとしたりする性質が備わっているのです。これがいじめや差別につながります。

　では、どうすればいいのでしょう。

「そうか、〝違う人〟を下に見たり追い出そうとしたりするのは人間に共通した性質なのか。じゃ仕方ない」とそれを受け入れればよいのでしょうか。そんなことをしたら、私たちの生活や社会はめちゃめちゃになります。

　[A]、いじめや差別がいけないのは、それを受けた人たちが傷つくからです。

い。そういう強気で自分中心の紅里さんだから好きだった。尊敬していた。でもわたしはもう、別のステップを上がり始めている。

「なんか言いなよ」

催促《さいそく》がきた。

「先輩、卓球より大事なものってありますか？」

「さあ……命くらいじゃない？」

「わたしは、卓球と同じくらいワクワクしちゃう大会に参加する予定で」

「何それ」

「卓球も大事だけど、卓球がすべてじゃなくなりました。多分、③わたしと紅里先輩はもう違うんです」

舌打ちが聞こえた気がしたけれど、それは現実ではなくて、頭に刻まれている残響《ざんきょう》だ。

電話を切りますね、と言おうとして、既《すで》に切れていることに気づいた。曖昧《あいまい》に遠ざかったはずなのに、結局、こんなにもきっぱりと決別してしまった。呆然として体が動かなくなるかと思っだけれど、意外とあっさり立ち上がれた自分にびっくりした。（吉野万理子『階段ランナー』より）

※1　イップス……スポーツなどで、自分の思い通りのプレーができなくなること。

問一　━━線部Ⅰ・Ⅱの言葉の意味として最も適切なものを次の中からそれぞれ選び、記号で答えなさい。

Ⅰ「白い目」

ア　珍しいものを見るような目

イ　とまどいと驚きに満ちた目

ウ　幼い子供を見守るような目

エ　冷ややかな悪意のこもった目

Ⅱ「おずおずと」

ア　びっくりしながら、ゆっくりと

イ　ためらいながら、おそるおそる

ウ　半ば怒ったように、投げやりに

エ　静かに、落ち着き払った様子で

問二　━━線部①「口が大きく開いてますよ」とありますが、ここでの広夢の様子として最も適切なものを、次から選び、記号で答えなさい。

ア　タクワン先生の話す曲垣平九郎の勇気ある行動に圧倒されながらも、自分もいつかは彼と同じように勇気を出して登り切りたいと決意している。

イ　目の前の急傾斜を見てしまうとタクワン先生のしてくれた曲垣平九郎の話が本当だとは思えず、信じられないような気持ちになっている。

ウ　曲垣平九郎のように上手に馬を駆ってこの急傾斜を登るのは無理でも、自分の足でならどうにかなるのではないかと気持ちを奮い立たせている。

エ　曲垣平九郎と自分をつい比べてしまい、周りの人たちにおじけづいている様子を見られているのも忘れて、気持ちが落ちこんでいる。

問三　━━線部②「わたしたちにお力を貸してください、と祈った」とありますが、ここでの「わたし」の様子として最も適切なものを、次から選び、記号で答えなさい。

上り切ると、正面が本堂だった。右手に池があって、鯉《こい》たちがじゃぶじゃぶと音を立てて泳ぎ回っている。

本堂で手を合わせた。

半年前は考えもしなかった、階段レースへの参加。この四人で走るのは、一生に一度だけ。

②わたしたちにお力を貸してください、と祈った。

先生が写真付きのメッセージを送ってくれた。愛宕神社の池の前で、通りかかった人にお願いして撮ってもらった集合写真。広夢はなぜだか弓を引くようなカッコいいポーズを取っていて、小見さんは池の縁《ふち》に群がっている鯉を指差している。先生は腕組みして保護者っぽい空気を出していた。自分はなんのポーズもなく棒立ちでつまらない。知らない人が撮ってくれたので、ちょっとかしこまってしまったのだ。

お礼の返事を送ろうとスマホを手に取ったら、ちょうど電話の着信があった。発信者を確認してびっくりした。今年に入ってから、一度も連絡をとっていなかったのに。

「はい、紅里《あかり》さん？」

「久しぶり」

「どうしたんですか」

懐《なつ》かしく雑談をしたい気分にはならなくて、さっさと本題を聞きたかった。

「あのね、昨日、尾津先輩《せんぱい》からダブルスを解消された」

「え？」

思いがけなくて、続く言葉が浮かばない。

「全日本選手権で一回戦負けしてから、先輩の態度がおかしくって」

三週間前、全日本選手権は開催《かいさい》された。紅里先輩と尾津さんのダブルスが一回戦負けしたのは、田浦卓球場のホームページで見て知っていた。

「『紅里が舌打ちするのがうるさい』って。最初気づかなかったけど、試合で気づいて、本当に嫌だって言われて」

わたしが潜在意識で聞いていたものを、尾津さんの耳はさすがリアルにとらえたのか。田浦卓球場で話したときの、鋭《するど》い目つきを思い出す。

「それで、田浦コーチとさっき話したら、瑠衣も舌打ちが原因で、※1イップスになったっていうじゃない？」

「あ……」

コーチは話してしまったのか。伝えないようにお願いしていたのだが。自分の舌打ちのせいで後輩がイップスになったなんて、紅里先輩がショックを受けるかもしれないから、と。

わたしはうつむいた。謝られたときに返す言葉が、思いつかない。

［Ａ］というのが用件だったら――。

「ひどくない？　瑠衣」

「え」

「わたしが舌打ちする癖《くせ》あるって、早く教えてくれてれば直せたのに。尾津さんに嫌われることもなかったのに」

早口が炸裂《さくれつ》して、止まらない。

「田浦コーチに口止めしてたんだってね？　こういうこと期待してたんでしょ。ざまあみろって今思ってる？」

ええええっ、とわたしは目を見開いた。そして思う。本当に先輩らし

に入れるってところをな。あなたがたにかかっとるんやで」

小見さんが、肩を叩《たた》いてきた。

「頑張ろうと思ってます」

と、わたしはうなずいた。

X大階段駈け上がり大会と卓球の全日本選手権は、違うと思っていた。その知名度も重さも。けれど、それはわたし次第なのだと気づいた。出る自分が遊び半分か、本気か。出場するからには爪痕《つめあと》を残したい。ただの付き合いや思い出作りでは断じてない。

先生が広い道を左に曲がった。

「え、何これ」

呆然《ぼうぜん》と立ち尽《つ》くした。

大きな鳥居が、わたしたちの前に現れていた。その先に階段があるのだ。まるで分厚い石を縦に整然と並べた壁《かべ》だ。

「愛宕《あたご》神社の出世《しゅっせ》階段。有名なんだ」

タクワンの講義が始まった。

「東京で最も有名な階段の一つだ。全部で八十六段。数だけで言えば、京都大階段の半分だ。しかし、見ればわかるようにこの威圧《いあつ》感はすごい。なぜなら傾斜《けいしゃ》が非常に急だから。お年寄りでなくても、手すりを頼りに登りたいだろう。特に上の方まで行くと、『絶壁《ぜっぺき》』は言い過ぎにしても、険しい崖《がけ》から見下ろしている気持ちになって目が眩《くら》む」

わたしたちは鳥居をくぐって階段のすぐ近くまで行った。踏み面がさほど広くなく、蹴上げが長い。つまり、段差が大きいのだ。十段ほどなら大した圧迫感はないだろうが、八十六段も続くと、普通に「上がる」というよりも「よじ登る」に近い気がしてしまう。

「なんで出世階段っていうの」

そこが気になって、わたしは聞いてみた。いい質問だったらしく、先生は満足そうにうなずいた。

「うん。江戸時代、徳川家光公がこの愛宕山の下を通られたとき、山に梅の花が咲いていたんだそうだ。『誰か馬であの梅の枝を取ってこられるものはおらぬか』と家来にお声をかけた。しかし何しろあまりの急傾斜、名乗りを上げるものはいなくて家光公は不機嫌になられた。そのとき、一人の若者が馬を駆《か》って見事、枝を取ってきた」

「馬でここは無理だ……」

広夢がつぶやく。①口が大きく開いてますよ、と声をかけてあげたい。

「曲垣平九郎《まがきへいくろう》というその名は、全国に轟《とどろ》いた。以来、ここは出世階段と呼ばれるようになったんだそうだ」

常緑樹《じょうりょくじゅ》の緑が階段の左右を鮮《あざ》やかに彩っている。遠く、てっぺんには灰色の鳥居が見える。手すりを持ちながら階段を下りてくる人が、ちらほらいる。上る人は今のところいない。

「お参りもせずに駆け上がる練習するのも失礼だから、まずは普通に上ろうな」

「はーい」

わたしたちは歩き始めた。意地でも手すりは使わない。中腹まで上ると振り返りたくなる。体幹を意識しながら、体がぶれないように、そっと後ろを見る。高所恐怖症の人なら、ぞっとするだろう。

足は大丈夫なのだが、やはり体は熱くなってきた。もうすぐ額から汗が出てきそうだ。

【国語】（五〇分）〈満点：一〇〇点〉

〔一〕次の各問いに答えなさい。

問一　次の――線部について、漢字をひらがなに、カタカナを漢字に直しなさい。

①　合格の祝賀会を行う。
②　見事に敵の策略にはまる。
③　事故で尊い命が失われる。
④　意外と易しい問題。
⑤　神が天地をソウゾウする。
⑥　メンミツな計画を立てる。
⑦　七回の攻撃はアッカンだった。
⑧　フクザツな問題を解決する。
⑨　イキオいに乗って進む。
⑩　いくつかのエダ分かれがある。

問二　次の１～３の慣用句には誤った字が一つずつあります。例にならってそれぞれ正しく書き直しなさい。

［例］馬が会う　　会→合

1　千利眼　□→□
2　虎の威を狩る　□→□
3　多山の石　□→□

問三　次の１・２の言葉が対義語（反対語）の組み合わせになるように、□に当てはまる漢字一字をそれぞれ答えなさい。

1　秘密→□開　　2　往復→□道

〔二〕次の文章を読み、後の問いに答えなさい。（句読点や記号も一字にかぞえること、本文の行末にある数字は行数です。）

「小見さんも、元アスリートなんですよね」

「アスリートなんて洒落《しゃれ》た言葉はない時代やったけどな。女子マラソン選手や。みぃんなにⅠ白い目で見られながら」

「白い目？」

「女子がマラソンなんて無理や、っていう時代やったからな。ロサンゼルス五輪で初めて女子マラソンが正式種目になったときも、まだみんな半信半疑やった。アンデルセンっていう選手が、最後、意識朦朧《もうろう》としながらゴールしたんや。女子にはやっぱり過酷《かこく》すぎるんや、っていう人は大勢おったなぁ」

「そうなんや」

つられて関西弁になってしまった。

「昔の話やけど、その頃の何クソっていう血が体の中に残ってる。だから、大階段駈《か》け上がり大会は勝ちたいんや」

「勝ち負けってどう決まるんですか？」

「全員のタイムを合計して、一番時間の少ないチームが優勝」

と、前を歩いていたタクワンが振り返って言う。

「優勝は、だってすごい人たちが出るんですよね……」

広夢が、タクワンと小見さんの顔を交互に見ながら、Ⅱおずおずと聞く。小見さんが答えた。

「せや。本物の陸上のスターたちや、この階段を登って十年のベテランやら。だから、さすがに優勝とは言わへん。でもベスト10に入りたいんや。わたしは多分、女性最年長やから。そういう人がおってもベスト10

第1回

2023年度

解 答 と 解 説

《2023年度の配点は解答欄に掲載してあります。》

＜算数解答＞《学校からの正答の発表はありません。》

1 (1) $\frac{2}{2023}$ (2) 19.75 (3) 23 (4) 190

2 (1) 3 (2) $17\frac{5}{7}$ (3) 0 (4) 1000 (5) 81 (6) 524 (7) 12

3 (1) 2 (2) 4 (3) (6, 3), (3, 6)

4 (1) 20 (2) 126 (3) 49番目

5 (1) $180cm^3$ (2) $31.5cm^3$ (3) $108cm^3$

○推定配点○

各5点×20(3(3)完答) 計100点

＜算数解説＞

1 (四則計算)

(1) $\frac{1}{7}-\frac{2}{17}=\frac{3}{7\times17}$ $(3\times17-7\times7)\div(7\times289)=\frac{2}{2023}$

(2) □$=25\div5\times4-0.25=19.75$

(3) $2.3\times1.2+8.8\times2.3=2.3\times10=23$

(4) $15\times8+70=190$

2 (割合と比，還元算，平面図形，相似，規則性，消去算，演算記号，場合の数)

基本 (1) 110×□＋120×2＝570(羽)
11×□＋24＝57より，□は
(57－24)÷11＝3(時間)

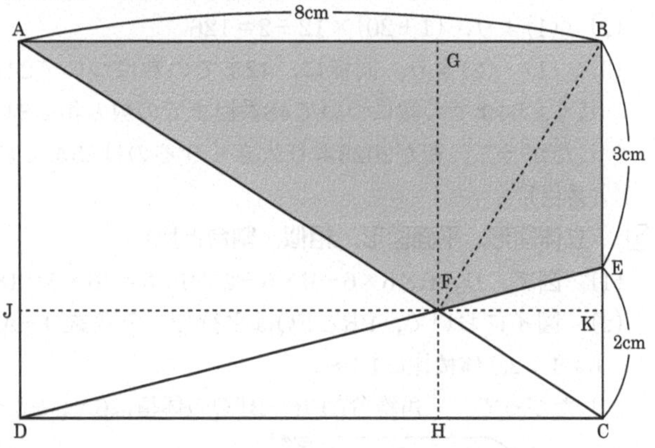

重要 (2) 右図において，三角形ADFとCEFは相似で，相似比は5：2

FK…$8\div(5+2)\times2=\frac{16}{7}$(cm)

三角形AFGとACBは相似で，相似比は5：7

FG…$5\div(5+2)\times5=\frac{25}{7}$(cm)

したがって，求める面積は$\left(8\times\frac{25}{7}+3\times\frac{16}{7}\right)\div2=\frac{124}{7}$$(cm^2)$

基本 (3) 23÷11＝2.090909…より，小数部分の奇数番目の数は0

重要 (4) Bの所持金が□のとき，Aの所持金は□＋6000でAからBに1000円渡すと□＋1000が□＋5000の3倍になる。
したがって，□×3＋3000が□＋5000に等しく，□は(5000－3000)÷(3－1)＝1000(円)

基本　(5)　右図より，斜線部分は9×9＝81(cm^2)

基本　(6)　11×11×12×12－10×10×13×13＝11×12×11×12－10×13×10×13＝(11×12＋10×13)×(11×12－10×13)＝524

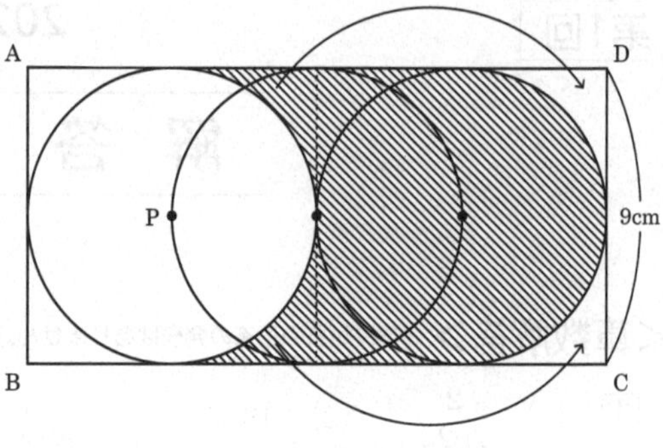

重要　(7)　右図より，AからBまでの経路は6×2＝12(通り)

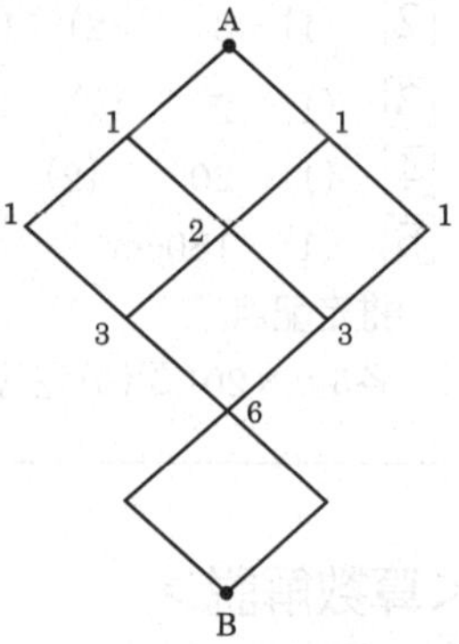

3　(数の性質，規則性)

基本　(1)　100÷2＝50より，さいころの目は2

重要　(2)　1回目…2から100まで偶数のカードは，裏の絵柄を上にする。
2回目…4の倍数，4，8，12，～のカードを取り除くと，100÷4＝25(枚)が取り除かれる。

やや難　(3)　1回目…(1)より，さいころの目は2
2回目…6の倍数，6，12，～，96のカードを取り除くと，96÷6＝16(枚)が取り除かれる。
3回目…3の倍数で6の倍数ではない数3，9，15，～，99のカードは，裏の絵柄を上にする。
この場合，裏の絵柄が上になっているカードは50－16＋{(99－3)÷6＋1}＝51(枚)
したがって，さいころの目の組み合わせは(6，3)と(3，6)

4　(数の性質，規則性)

基本　(1)　3の倍数を除いた21までの数…1　2　　4　5　　7　8　　10　11　　13　14　16　17　19　20
これらから7の倍数を除いた数…1　2　　4　5　　8　　10　11　　13　16　17　　19　20
したがって，12番目の数は20

重要　(2)　(1)より，(1＋20)×12÷2＝126

やや難　(3)　(1)・(2)より，同様に，42までの数について24番目までの数の和は42×24÷2＝504　同じく，84までの数について48番目までの数の和は84×48÷2＝2016
したがって，和が2023より大きくなるのは85まで加えたときであり，85は最初から48＋1＝49(番目)

5　(立体図形，平面図形，相似，割合と比)

基本　(1)　図アより，6×6×6－6×6÷2×6÷3＝36×5＝180(cm^3)

重要　(2)　図イにおいて，PRとFQは平行で，三角錐O－APRとO－BFQは相似であり，相似比は3：6＝1：2，体積比は1：8
したがって，三角錐台APR－BFQの体積は6×3÷2×12÷3÷8×(8－1)＝31.5(cm^3)

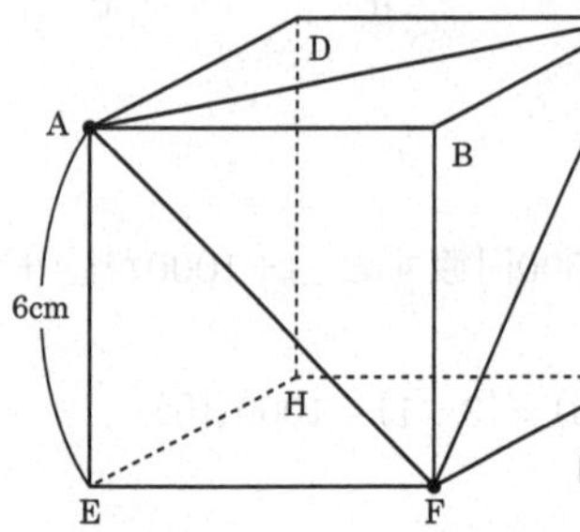

図ア

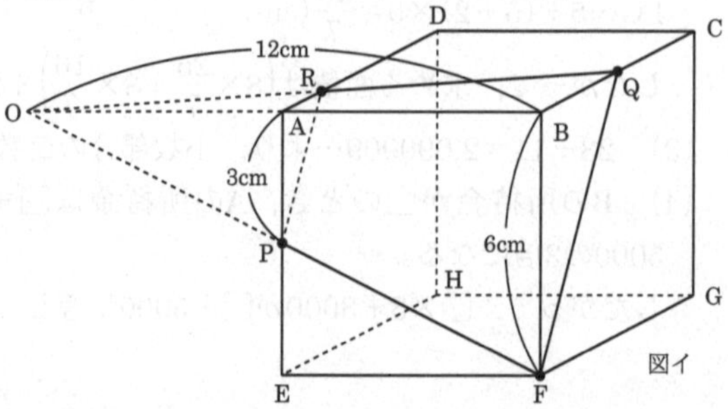

図イ

(3)　図ウにおいて，PRとMN，SPとNT，SMとRTはそれぞれ平行であり，切断面PSMNTRによって立方体は2等分されている。
したがって，求める体積は$6\times6\times6\div2=108$(cm³)

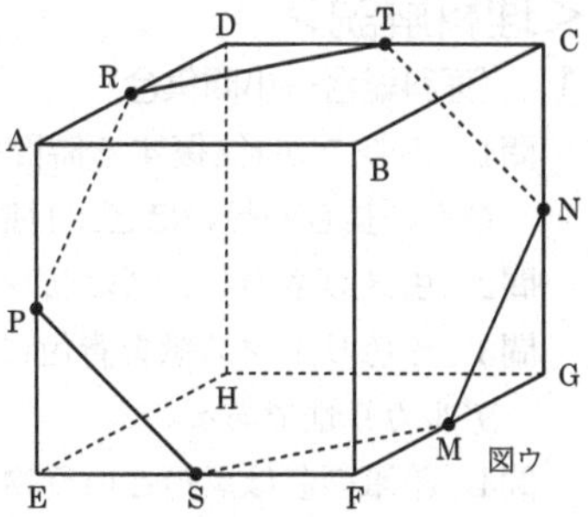

図ウ

★ワンポイントアドバイス★

[2](2)「相似」を利用して面積を求める，よく出題されるタイプの問題であり，解き方は複数ある。[3](3)「さいころの目の組み合わせ」は，目が6通りしかないので試行錯誤すれば解ける。[4]「数列」の問題で，(3)は(2)を利用する。

＜理科解答＞《学校からの正答の発表はありません。》

[1]　問1　イ　　問2　ウ　　問3　イ　　問4　ア　　問5　エ　　問6　イ　　問7　エ
問8　ウ　　問9　ウ　　問10　イ

[2]　問1　電気を通す導体と通さない絶縁体の中間の(性質)　　問2　イ，ウ
問3　AとB，DとEをつなぐ
問4

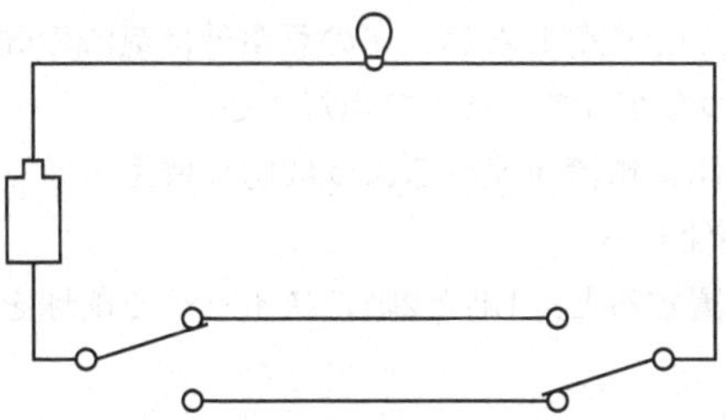

[3]　問1　ウ　　問2　オ　　問3　エ
問4　飼いネコは室内で飼うようにし，家の外に出て行って野生動物を食べないようにする。
責任を持って最後までネコを飼い，放して野生化することを防ぐ。
ノラネコに避妊や去勢手術を行い，子供を増やさないようにする。
ノラネコにエサをやらないようにし，ノラネコが増えるのを防ぐ。
飼いネコの飼い主がわかるような工夫をし，飼い主の意識を高める。
保護されたノラネコを責任をもって育ててくれる人を探して，飼ってもらう。

○推定配点○

[1]　各2点×10　　[2]　問1　4点　　問4　5点　　他　各3点×2
[3]　問4　6点　　他　各3点×3　　　計50点

＜理科解説＞

基本 **1** (理科総合—小問集合)

問1　ふりこが1往復する時間の長さはひもの長さだけで決まり，おもりの重さには関係しない。ひもの長さが長いほど，1往復の時間は長くなる。

問2　虫メガネのレンズは凸レンズである。

問3　赤色リトマス紙を青色にかえる性質を持つのは，アルカリ性の物質である。アンモニア水はアルカリ性である。

問4　鉛筆の芯は黒鉛という物質で，電気をよく通す。

重要 問5　水に溶けやすい気体では水上置換法を使えない。アンモニアは水に非常によく溶ける。

問6　モンシロチョウはアブラナ科の植物に卵を産み付ける。キャベツはアブラナ科の植物である。アゲハチョウはミカンなどの柑橘類に卵を産み付ける。

問7　年齢や性別でいくらか異なるが，人の体の水分は体重の約60%を占める。

問8　南半球では北極星は観察できない。シドニーはオーストラリアの都市で，南半球に位置する。

問9　シリウスは冬の星座のおおいぬ座の一等星で，冬の大三角の一つである。ポルックスは冬の星座のふたご座の一等星，リゲルは冬の星座のオリオン座の一等星である。デネブは夏の星座のはくちょう座の一等星で，夏の大三角の一つである。

問10　フズリナは古生代に栄えた生物で，アンモナイトは中生代，ビカリアは新生代に栄えた生物である。古い順にフズリナ→アンモナイト→ビカリアとなる。

2 (回路と電流—LED，スイッチ)

問1　LEDは半導体と呼ばれ，電気を通しやすい金属のような導体と，電気を流さないゴムのような絶縁体の中間の性質を持つ。

基本 問2　図の電池の右側が＋極なので，アのLEDは点灯しない。イの豆電球は電流の向きに関係なく点灯し，ウのLEDは図2のAと同じ向きにつながれているので点灯する。

問3　アの豆電球が点灯するには，上側の回路に電流が流れるように切り替えスイッチをつなげばよい。AとB，DとEをつなぐとアに電流が流れる。

問4　解答の図のように電球，スイッチを配置すると，1階と2階のスイッチで電球をつけたり消したりできる。

3 (動物—生物の発生)

基本 問1　アホウドリは鳥類，エイは魚類，ラッコはほ乳類，イグアナはハ虫類である。

問2　表1より，やんばる地域のイエネコの糞からトカゲ，ネズミ，ハト，コオロギを食べていることがわかる。食べていないのはマムシである。

問3　ニホンオオカミはすでに絶滅したと考えられる。イリオモテヤマネコは現在絶滅の恐れのある動物である。エゾシカは数が増えすぎてその食害が問題になっている。アライグマは外来の動物で，食害を引き起こし生態系に影響を与える恐れがある。ヒアリも外来のアリで数が増えることが心配されている。

問4　イエネコが増える原因を解決する方法を考える。次のようなことが考えられる。

・飼いネコは室内で飼うようにし，家の外に出さないで野生生物を食べることを防ぐ。

・責任をもって最後までネコを飼い，飼えなくなったネコを捨ててノラネコを増やすことがないようにする。

・飼いネコや地域のネコに避妊手術や去勢手術を行い，子供が増えないようにする。

・ノラネコにエサを与えないようにし，ノラネコが増えないようにする。
・ネコの飼い主がわかるような工夫をし，飼いネコが外で保護された場合飼い主に連絡し，家の外にネコを出すことの害について説明し，飼い主の意識を高めるようにする。
・捕獲，保護されたノラネコを，責任をもって飼ってくれる人を探して飼ってもらうような仕組みを作る。

★ワンポイントアドバイス★
基本的な内容の問題がほとんどである。教科書をしっかりと理解することがポイントである。最後の問題は記述式なので，自分の考えを文章に短くまとめる練習をしておこう。

＜社会解答＞《学校からの正答の発表はありません。》

[1] 問1 イ　問2 ① エ　② イ　問3 ウ　問4 ① ア　② カーボン　問5 ウ

[2] 問1 C　(王朝名) 明　問2 イ　問3 執権　問4 エ　問5 イ　問6 ベルサイユ条約　問7 エ

[3] 問1 エ　問2 ウ　問3 ア　問4 世論　問5 エ　問6 ウ　問7 リンカン大統領[リンカーン大統領]

[4] 問1 エ　問2 エ　問3 UNHCR　問4 ① 例 A 志木市の住民として，生活していくうえで注意すべき場所がわかるとありがたいから。　B 身近な場所の文化財を知ることができると，志木市にもっと親しみがもてるから。　C 様々な世代の人々の交流ができることで，地域の人々のつながりができるから。　② A 情報の種類，性格によっては集めにくいものもありそうだが，市役所や警察署，消防署などで趣旨を説明し，協力してもらう。　B 文化財によっては，そのものについての情報がほとんどないものもある。教育委員会や市役所などで調べられそうな場所を紹介してもらったり，情報を教えてもらったりする。　C オンラインの機材を用意することや，高齢者や幼稚園の協力を得るのが難しいかもしれないが，趣旨をていねいに説明しお願いする。

○推定配点○
[1] 問2 各1点×2　他 各2点×5　[2] 問1 各1点×2　他 各2点×6
[3] 各2点×7　[4] 各2点×5　計50点

＜社会解説＞

[1] (日本の地理－「東電管内」に関連する地理の問題)

問1 イ 神奈川県は京浜工業地帯にあり，特に自動車関連の輸送用機械や石油化学関連の工業の比率が高い。アが群馬県，ウが東京都，エが千葉県。

基本 問2 ① エ 説明文は山形県に関するもの。山形県内を流れ日本海にそそぐ川は最上川。雄物川は秋田県。山形県の夏祭りとして有名なのが花笠まつり。竿灯まつりは秋田県。 ② イ 仙台市は東北地方の中では太平洋側なので，冬の降雪量は少ない。ウが青森市，エが札幌市のもの。

アは太平洋側で比較的温暖な場所のもの。

問3　アの鳴子こけしは宮城県の伝統工芸品。イの熊野筆は広島県の伝統工芸品。エの九谷焼は石川県の伝統工芸品。

重要　問4　①　ア　表のⅠが天然ガスで，Ⅱが石炭，Ⅲが原油の輸入先。表中のXにはロシアが入る。
②「カーボンニュートラル」のカーボンとは炭素のこと。

問5　ウ　2021年5月に避難勧告と避難指示が一本化され避難指示のみになった。

2　(日本の歴史－日本の様々な時代の「戦争」に関連する問題)

問1　C　明　図版Ⅰは明の皇帝永楽帝の時代につくられた永楽通宝という銅銭，図版Ⅱは勘合符のもの。豊臣秀吉の朝鮮出兵は，朝鮮攻略が目的ではなく，その後ろにある明を攻略するためのもの。

問2　イ　院政を1086年に始めたのは後白河上皇ではなく白河上皇。

問3　鎌倉幕府の執権は幕府の中の侍所と政所のトップを兼ねる役職。

問4　エ　江戸時代に李氏朝鮮との国交を回復させたのは対馬藩の宗氏。

重要　問5　イ　樺太の南半分があることに注意。台湾とリャオトン半島までは日清戦争の下関条約で獲得したが，リャオトン半島はその後の三国干渉で返還している。樺太の南半分とリャオトン半島に三国干渉後にロシアが持っていた権益を譲り受けるのが日露戦争のポーツマス条約。

問6　第一次世界大戦の講和会議はパリで行われ，ドイツ相手に結ばれた条約がベルサイユ条約。三国同盟の他の国々とはベルサイユ条約とは別の条約が国ごとにあった。

問7　エ　1972年は沖縄返還までは佐藤栄作首相で，日中共同声明によっての日中国交正常化は田中角栄首相になる。アは吉田茂ではなく鳩山一郎，イは佐藤栄作ではなく岸信介，ウは岸信介ではなく佐藤栄作。

3　(政治－選挙，三権などに関連する問題)

基本　問1　エ　被選挙権の年齢が満30歳以上なのは参議院議員と都道府県知事のみ。他はすべて満25歳以上。

問2　ウ　アは出席議員ではなく総議員，イは国民審査ではなく国民投票，エは衆議院の優越はなく両院対等なのでそれぞれ誤り。

問3　ア　国から地方自治体への財政援助で支給されるもののうち，ウの地方交付税交付金は使途の制限はなく，アの国庫支出金は国が自治体に委託した仕事の費用を国が出すものなので，使途は限定される。

重要　問4　多くの国民の意見，一般の意見を世論という。

問5　エ　人民の意見に沿って政治を行うのが民主主義。

問6　ウ　アの国勢調査は総務省統計局が行う。イの内容は裁判所が持つ違憲立法審査のもの。エの最高裁判所長官の任命は天皇の役割。内閣は最高裁長官の指名を行う。

問7　エイブラハム・リンカン(リンカーン)はアメリカ合衆国第16代大統領。問題の演説は南北戦争の激戦地であったゲティスバーグでの追悼式典で1863年に行われたもの。

4　(総合問題－「リーダー教育」に関連する問題)

問1　エ　第二次世界大戦後の東西冷戦の中で，ソ連を中心とする東側の勢力に対抗するためにアメリカと西ヨーロッパの国々を中心に作られたのがNATO。

重要　問2　エ　アウン・サン・スー・チー女史はミャンマーの民主主義の指導者で，政府の要職にもあったが，軍部のクーデターで身柄を拘束されている。

問3　国連難民高等弁務官UNHCRは難民の国際的保護・救済および難民問題の恒久的解決を目的として活動。2023年現在の国連事務総長のアントニオ・グテーレスもかつては国連難民高等弁務官をつとめていた。また，日本の緒方貞子もつとめていたことで有名。

やや難 問4　①　志木市の役に立つための活動の企画について。Aは「安全のための地図づくり」ということで，既存のハザードマップではなく，防犯や事故を防ぐために市内の危険な箇所を明示した地図をつくるというもの。交通事故やその他，何か事故が発生した場所や何らかの犯罪事件が起こった場所を明示した地図をつくるのは，現実的でかつ地域の住民にとっても役に立つものかもしれない。Bは「志木市の文化財を知ってもらうために」というもので，市内の文化財についての調査を行いポスターを作製，今後は文化財を知ってもらうための企画を開催していくというもので，志木市内の住民にとっては身近な場所の文化財を知るいい機会になるのかもしれない。Cは「世代を超えた交流会WA Meet & Greet」というもので，子どもと高齢者の交流の機会をつくるというもの。身近に高齢者がいない子どもにとっては高齢者と交わる機会になり，高齢者にとっては小さな子どもたちとふれることで活気づく機会になるかもしれない。　②　Aはどういう情報まで集めるのかによって，情報を集めるのに苦労する可能性もあるが，警察署や市役所などに相談すれば情報を集めることも可能であろう。Bは文化財といってもいろいろあるので，その対象とするものによっては情報を集めることが困難かもしれないが，こちらも市役所や教育委員会に問い合わせれば，情報あるいはその情報が得られる場所を知ることができるかもしれない。Cは幼稚園や高齢者の協力を得ることが難しいかもしれないが，その趣旨等を相手にていねいに説明しお願いすれば何とかなるかもしれない。

★ワンポイントアドバイス★

4の記述は最後にまわすのが良いが，面倒くさがらずに，しっかりと設問を読み設問の求めていることを理解してとにかく書くことが大事。ここはかなり正解の幅はあるので的外れでなければ書けば得点になるはず。

＜国語解答＞《学校からの正答の発表はありません。》

[一]　問一　①　けっぱく　②　さっしん　③　ざっか　④　おさな(い)　⑤　乱暴　⑥　規律　⑦　謝罪　⑧　想定　⑨　退(ける)　⑩　磁石

問二　1　安 → 易　2　追 → 負　3　実 → 身

問三　1　広(告)　2　感(心)

[二]　問一　Ⅰ　ア　Ⅱ　イ　問二　エ　問三　エ　問四　ウ

問五　明かりのな～調した写真　問六　(例)　Xでは翔太と玲は笑ったことで言い合いが収まり，Yでは翔太がカメラマンとして認められたことがうれしく，Zでは少女の笑顔がみのりの心を動かしているように，笑うということには物事を良い方向に向かわせる力がある。他の人の笑顔は，喜びやうれしさを分けてもらっているように感じるので，自分も笑顔を心がけて人と接していきたい。

[三]　問一　オ　問二　誰かの真剣は誰かの迷惑　問三　エ　問四　ア　問五　ウ

問六　(例)　私は言葉を用いない相手への気づかいに反対である。なぜなら，相手が本当に望んでいることに応えたいと思うからだ。たしかに，相手の気持ちをおしはかることは大切である。しかし，それが相手の本当の要求かはわからないし，筆者が欧米の「おもてなし」として述べているように，話すことで相手の要求を正しく理解し応えることで，より良い関係につながると思う。

○推定配点○

［一］ 問三 各3点×2 他 各2点×13(問二各完答)

［二］ 問一 各2点×2 問六 10点 他 各5点×4

［三］ 問一 4点 問六 10点 他 各5点×4 計100点

＜国語解説＞

［一］ (類義語，慣用句，漢字の読み書き)

重要 問一 ①は心にうしろ暗いところがないさま。②は全く新しいものにすること。③は日常生活に必要なこまごまとした品物。④の音読みは「ヨウ」。熟語は「幼虫」など。⑤はあらあらしい行いをすること。⑥は基準として定められたもの。⑦は罪やあやまちをわびること。⑧は仮に考えてみること。⑨の音読みは「タイ」。熟語は「引退」など。⑩は鉄を引きつける性質を持つもの。

やや難 問二 1は心配していても実行してみれば意外に簡単なこと。「易」はたやすいという意味。2は背負った子供に浅瀬を教えられて，川を渡ることもあるということから。3は一芸にすぐれていると思わぬところで役に立ち，自分の身を助けられるという意味。

基本 問三 ある物の良さなどを多くの人に説明し，広めるという意味の1の「宣伝」の類義語は「広告(こうこく)」。尊敬の念を抱くことという意味の2の「敬服」の類義語は「感心(かんしん)」。

［二］ (小説－心情・情景・細部の読み取り，空欄補充，ことばの意味，記述力)

基本 問一 ――線部Ⅰは興奮して鼻息が聞こえるほど呼吸が激しくなっているような状況から。Ⅱは他人を笑わせようとおかしなことを言ったり行ったりすること。

問二 ――線部①は，本文後半「そのやりとりを……」で始まる段落の「……目立たないやりとりをしている自分たちの姿を翔太が写真におさめたことが……意外に思える……もっと派手なことにばかり目がいく人だと思っていた」というみのりの心情のことなので，エが適切。この部分の心情をふまえていない他の選択肢は不適切。

問三 A後で「『翔太が言うのは……そこで死んでいくひとりの人を無視してる。私はひとりを助けられるなら助けたいよ』」と玲が話していることから，エが適切。A後の玲のせりふをふまえていない他の選択肢は不適切。

重要 問四 ――線部②直後で，映画の中のカメラマンの行動が正しいのかどうかということを，翔太も玲も「自分の確たる信念のように二人が話しているのがわからない」という具体的なみのりの心情が描かれているので，ウが適切。②直後のみのりの心情をふまえていない他の選択肢は不適切。

問五 ――線部③の具体的な内容として「そのやりとりを……」で始まる段落で，「明かりのないぎゅうぎゅう詰めの教室とか，孤児院の乳幼児など，現状の困窮を強調した写真(42字)」であることが描かれている。

やや難 問六 ――線部Xでは言い合いが収まって笑っている翔太と玲，Yではみんなにカメラマンとして認められたことをうれしく思っている翔太，Zでは少女の笑顔によって心を動かされたみのり，それぞれが良い方向に向かっていることが読み取れる。これらの描写をふまえ，他の人の笑顔とはどのようなものかについて，自分の考えを具体的に説明する。

［三］ (論説文－要旨・大意・細部の読み取り，接続語，空欄補充，記述力)

基本 問一 空欄Aは直前の内容を言いかえた内容が続いているので「つまり」，Bは直前の内容の理由が続いているので「なぜなら」，Dは直前の内容とは相反する内容の理由が続いているので「けれど」

がそれぞれ当てはまる。

問二　空欄Cは「コミュニケーション能力」について「繰り返し」述べていることなので，「お互いが……」で始まる段落の「誰かの真剣は誰かの迷惑(11字)」が当てはまる。

問三　――線部①直後の2段落で「大人が『人に迷惑をかけるな』と繰り返」すことで「それが子供達の人生最大の目標になる」が，この「呪いの言葉の根本的な問題点は……明確な基準がない」ことを述べているので，エが適切。①直後の内容をふまえていない他の選択肢は不適切。

問四　――線部②直後～(中略)直前までで②の理由として，上演する作品の「稽古は最低でも二ヵ月は続」き，「真剣になれば，要求を語るようになり」，「お互いが主張をぶつけ……スタッフを交えて議論は続き」，「議論することで，演劇系の学生たちは，コミュニケーション能力を鍛えられる」と述べているので，アが適切。「議論すること」を説明していない他の選択肢は不適切。

重要　問五　「演劇には……『絶対的な基準』が」ないため，「話がこじれる時は徹底的にこじれ」るからこそ――線部③である，ということを述べているのでウが適切。基準がないからこそ，コミュニケーションを取るということを説明していない他の選択肢は不適切。

やや難　問六　解答例では反対の立場を述べているが，賛成の立場として，一つ一つ相手に確認するのではなく，ある程度相手の気持ちを推し量りながら相手へ気づかいすることで物事がスムーズに進む場合もある，などの理由が挙げられる。いずれの立場の場合も，具体的で説得力のある理由で，自分の考えを述べていくことが重要だ。

★ワンポイントアドバイス★

小説では，物語の最初～最後までで，主人公の心情の変化を読み取っていくことも重要だ。

<英語解答> 《学校からの正答の発表はありません。》

1. (1) ウ　(2) ア　(3) ウ　(4) イ
2. (1) エ　(2) イ　(3) エ　(4) ア
3. (1) エ　(2) イ　(3) エ　(4) イ　(5) ア　(6) イ　(7) ア
4. ① e　③ g　④ d　⑥ f
5. (1) ウ　(2) ウ　(3) エ
6. (1) ウ　(2) イ　(3) エ　(4) イ　(5) イ
7. (1) イ　(2) エ　(3) イ　(4) イ　(5) ウ

○推定配点○

4.　各4点×4　他　各3点×28　計100点

第2回

2023年度

解　答　と　解　説

《2023年度の配点は解答欄に掲載してあります。》

＜算数解答＞《学校からの正答の発表はありません。》

1　(1)　$3\frac{1}{3}$　(2)　833　(3)　56　(4)　$2\frac{2}{3}$

2　(1)　16　(2)　310　(3)　17.27　(4)　125　(5)　0.785　(6)　12　(7)　24

3　(1)　22番目　(2)　13　(3)　168

4　(1)　3通り　(2)　3通り　(3)　12通り

5　(1)　1.14cm^2　(2)　3.42cm^2　(3)　2.28cm^2

○推定配点○

各5点×20　計100点

＜算数解説＞

1　(四則計算)

(1)　$\square=\left(\frac{5}{3}\times2.6+\frac{4}{3}\right)\div1.7=\frac{17}{3}\div1.7=\frac{10}{3}$

(2)　17×(36−12+25)＝17×49＝850−17＝833

(3)　210−84−□＝70　□＝210−154＝56

(4)　$\frac{15}{8}\times\frac{4}{3}+\frac{21}{4}\div7\times\frac{2}{9}=\frac{5}{2}+\frac{1}{6}=\frac{8}{3}$

重要　2　(平面図形，図形や点の移動，立体図形，割合と比，相当算，消去算，数の性質，規則性)

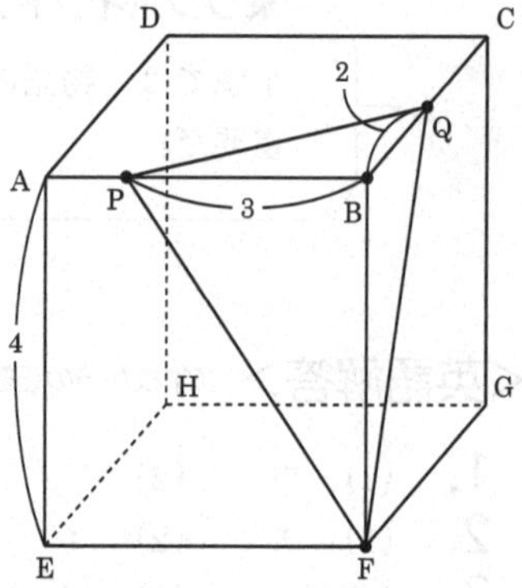

(1)　右図より，4×4×4÷(2×4÷2×3÷3)＝16×4÷4＝16(倍)

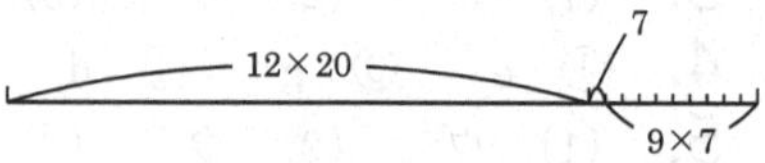

(2)　右図より，全体のページ数は12×20＋9×(28−21)÷9×10＝240＋70＝310(ページ)

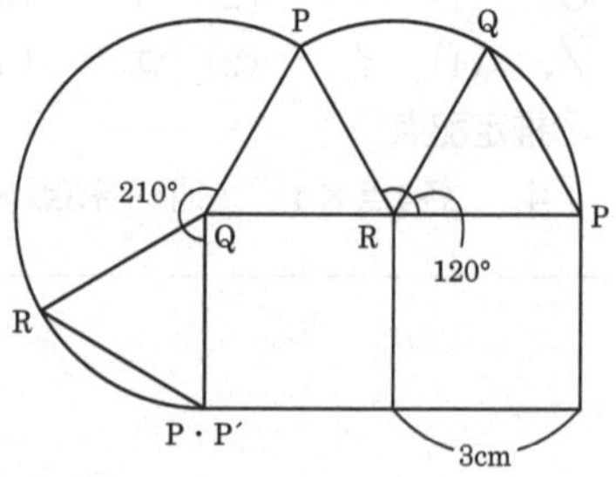

(3)　右図より，6×3.14÷360×(120＋210)＝6×3.14÷36×33＝5.5×3.14＝17.27(cm)

(4)　重りA，Bの重さをA，Bで表す。
A×2＋B＋100×2＝B×2＋100×3より，A×2＝B＋100
したがって，Aは(100＋50＋100)÷2＝125(g)

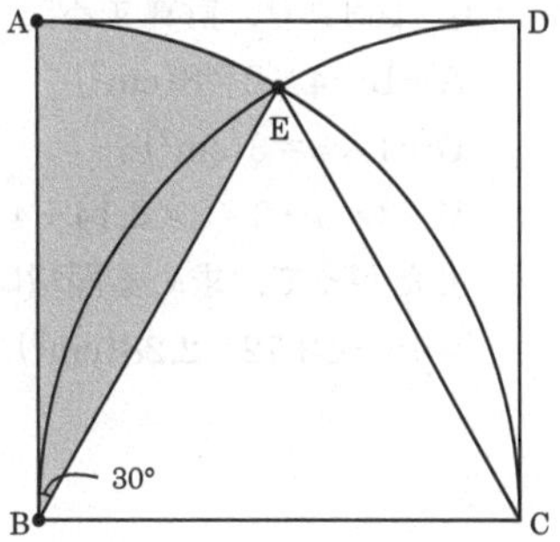

(5)　右図において，三角形BCEは正三角形であり，半径×半径の面積は3cm^2
したがって，求める面積は$3\times3.14\div360\times30=3.14\div4=0.785$ (cm^2)

(6)　$35=5\times7$，34までの5の倍数…5，10，15，20，25，30
34までの7の倍数…7，14，21，28
1から34までの整数の和…$(1+34)\times34\div2=35\times17$
したがって，約分できない分数の和は$\{35\times17-(35\times3+35\times2)\}\div35=17-5=12$

(7)　4時台…3分，6分，～，57分より，$57\div3=19$(分間)
5時台…0分，12分，24分，～，48分より，$48\div12+1=5$(分間)
したがって，求める時間は$19+5=24$(分間)

重要 3 (規則性)

1
3，1
5，3，1
7，5，3，1
9，7，5，3，1
11，9，7，5，3，1
13，11，9，7，5，3，1

(1)　右表より，13は$(1+6)\times6\div2+1=21+1=22$(番目)

(2)　右表と(1)より，7段目までの数の個数は$21+7=28$(個)
したがって，30番目は13

(3)　7段目までの各段の数の和…$1+4+9+16+25+36+49$
したがって，求める数の和は$1+4+9+16+25+36+49+15+13=50\times2+40+28=168$

重要 4 (数の性質，場合の数)

(1)　$1\times2\times1+2\times3\times3=20$…偶数＋偶数　$1\times2\times2+1\times3\times3=13$…偶数＋奇数
$1\times2\times3+1\times2\times3=12$…偶数＋偶数
したがって，1，3，3の並べ方は3通り

(2)　(1)より，$20\div3=6\cdots2$であり，2，3，3の並べ方は3通り

(3)　$1\times1\times2+2\times3\times3=20$　$1\times1\times3+2\times2\times3=15$
$1\times2\times2+1\times3\times3=13$　$1\times2\times3+1\times2\times3=12$
$1\times3\times3+1\times2\times2=13$
$1\times\boxed{1\times2}+\boxed{2\times3\times3}=20$…$2\times3=6$(通り)　$1\times\boxed{1\times3}+\boxed{2\times2\times3}=15$…$2\times3=6$(通り)
したがって，求める並べ方は$6\times2=12$(通り)

5 (平面図形)

重要 (1)　図1より，$2\times2\times3.14\div4-2\times2\div2=3.14-2=1.14$ (cm^2)

(2)　図2より，$2\times2\times3.14\div2-2\times2+3\times3\times3.14\div4-\{(1\times1+2\times2)\times3.14\div4+2\times1\}=2.28+\left(\frac{9}{4}-\frac{5}{4}\right)\times3.14-2=2.28+1.14=3.42$ (cm^2)

図1

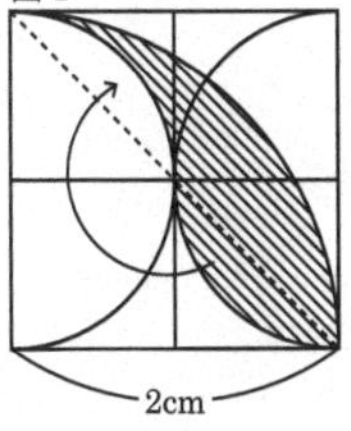

図2

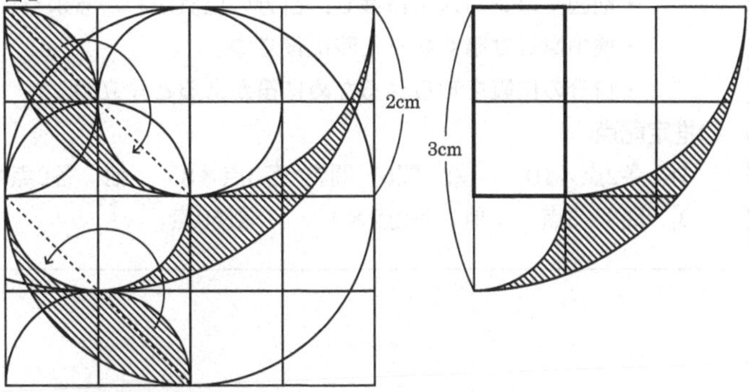

やや難　(3)　図3より，計算する。

A＋B…4×2＝8(cm^2)　　C…1×1×3.14÷4＝0.785

D…1×3＝3(cm^2)

E…3×3−3×3×3.14÷4＝9×(1−0.785)＝1.935(cm^2)

したがって，求める面積は4×4−(8＋0.785＋3＋1.935)

＝16−13.72＝2.28(cm^2)

図3

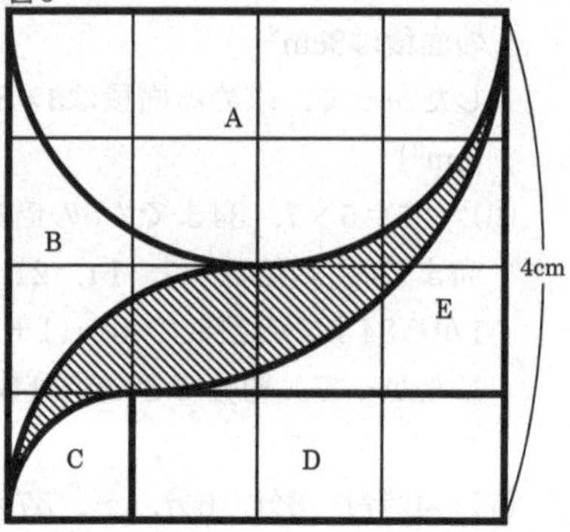

★ワンポイントアドバイス★

3「数列」は，上から1段，2段，…と数を書き直して規則をつかもう。(3)では，平方数が並ぶことに注意しよう。5(3)「斜線部の面積」は，1辺4cmの正方形の面積から斜線部以外の部分の面積を引いて求める。

＜理科解答＞《学校からの正答の発表はありません。》

1　問1　イ　　問2　ウ　　問3　ウ　　問4　エ　　問5　イ　　問6　エ　　問7　ア

問8　イ　　問9　イ　　問10　ア

2　問1　二酸化炭素　　問2　ペットボトルの中の圧力が小さく　　問3　$450cm^3$

問4　$40cm^3$　　問5　$1500cm^3$　　問6　$1500cm^3$　　問7

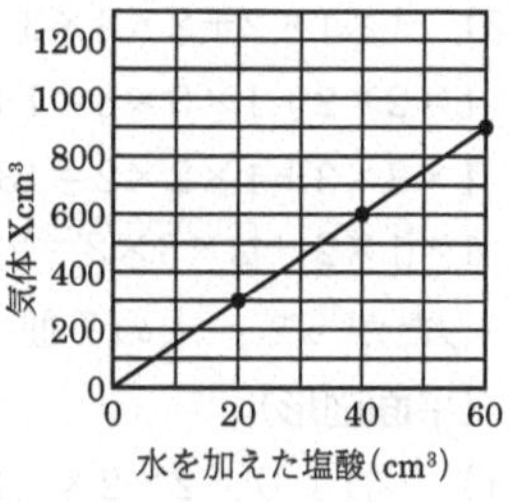

3　問1　A　黒　　B　弱　　問2　C　等粒状　　D　斑状

問3　・汗を吸い速乾性の素材のシャツを用意する。

・足場の悪い場所もあるため，動きやすいズボンにする。

・手の保護と作業のしやすさを考えて，丈夫でうすい手袋を用意する

・日差しを避けるため帽子をかぶる。

・歩きやすく，すべりにくい靴を使う。

・雨のときのために雨具を用意する。

・水分の補給のための水や行動食を準備する。

・地図やコンパスを持参し，自分の位置がわかるようにする。

・懐中電灯は暗くなった時に役立つ。

・自分の位置を知らせるために笛があると役立つ。

○推定配点○

1　各2点×10　　2　問5～問7　各3点×3　　他　各2点×4

3　問3　5点　　他　各2点×4　　　計50点

＜理科解説＞

基本 [1] (理科総合―小問集合)

問1　豆電球を明るくするには，電池を直列につないで電流を大きくする。

問2　入射角と反射角の大きさは同じである。

問3　20gで5cmバネが伸びるので，30gでは7.5cm伸びる。このときバネの長さは27.5cmになる。

問4　磁石にくっつく金属は鉄である。

問5　鉄は酸性の水溶液には溶けるが，中性やアルカリ性の水溶液には溶けない。塩酸は強い酸性の水溶液である。鉄は水素を発生して溶ける。

問6　ウニはきょくひ動物，ミミズは無セキツイ動物，カエルはセキツイ動物の両生類である。昆虫はカブトムシ。

問7　花粉が風で運ばれて受粉する植物を風媒花という。マツ，スギ，イチョウ，ソテツなどがその例である。

問8　腎臓では血液がろ過され，老廃物がこしとられて尿として排出される。

問9　満月から1週間前の月は向かって右側に太陽からの光が当たって輝き，左半分の欠けた月に見える。

問10　方位磁石のN極が北をさすので，地球の北極はS極になる。

[2] (気体の発生・性質―二酸化炭素の発生量)

基本 問1　炭酸水は二酸化炭素を水に溶かした水溶液である。二酸化炭素を溶かす際には圧力を高くして溶かすため，ペットボトルのふたを開けたとき中の二酸化炭素が出ていき，そのとき音がする。

問2　ペットボトルに水と二酸化炭素を入れて振ると，容器の中の二酸化炭素が水に溶け，容器内の圧力が小さくなるのでペットボトルがへこむ。

基本 問3　図1より40cm^{3}のうすい塩酸から1200cm^{3}の気体が発生するので，15cm^{3}の塩酸からは40：1200＝15：□　□＝450cm^{3}の気体が発生する。

重要 問4　図1より，塩酸が40cm^{3}以上では発生する気体の体積は変化しない。このとき8gの石灰石と塩酸が過不足なく反応した。

重要 問5　石灰石16gと過不足なく反応する塩酸の体積は40×2＝80(cm^3)である。それで50cm^{3}の塩酸はすべて反応し，このとき発生する気体の体積は40：1200＝50：□　□＝1500cm^{3}である。

重要 問6　塩酸が100cm^{3}のときには塩酸が多いので，16gの石灰石が全て反応し発生する気体は1200×2＝2400(cm^3)である。捕集できた気体が900cm^{3}だったので，2400－900＝1500(cm^3)の気体が漏れてしまった。

問7　塩酸に同量の水を加えると，水溶液の体積が2倍になるので塩酸の濃度は初めの半分になる。しかし，塩酸に溶けている塩化水素という物質の量は変わらないので，発生する二酸化炭素の体積はうすめる前と変わらない。それで水を加えた塩酸20cm^{3}からは二酸化炭素が300cm^3，40cm^{3}からは600cm^3，60cm^{3}からは900cm^{3}発生する。

[3] (流水・地層・岩石―火山と火成岩)

問1　三原山の形から図2の右端の火山であることがわかり，岩石中の鉱物の割合は黒っぽいカンラン石が多いので，岩石の色は黒色をしている。マグマの粘り気が弱くマグマが流れ出すような噴火が起こり，山の形は台形のなだらかな形になる。

重要 問2　マグマが冷えて固まってできる岩石を火成岩という。火成岩にはマグマが地下深くでゆっくりと固まってできる深成岩と，マグマが急激に冷やされてできる火山岩がある。深成岩は構成する鉱物の大きさが同じくらいの等粒状組織をしており，火山岩は粒の大きさの大きい結晶の斑晶と結晶でない粒の小さい石基が混ざり合った斑状組織になる。
問3　服装の点では暑さや寒さ，汗，雨が降った時，日射，皮膚の保護といった点を考える。
・汗を吸い，速乾性の素材のシャツを着る。
・足場の悪い場所もあるので，動きやすく丈夫なズボンをはく。
・手の保護のために手袋をする。作業がしやすいために丈夫で薄い手袋がよい。
・日差しを避けるために帽子をかぶる。
・歩きやすく，滑りにくい靴を選ぶ。
・雨が降った時のために，雨具を用意する。
・水分補給のための水や行動食を準備する。
・地図やコンパスを用意し，常に現在地を確認する。
・暗くなった時のために，懐中電灯を用意する。
・自分の位置を他の人に知らせるために，笛があると役立つ。

★ワンポイントアドバイス★

基本的な内容の問題がほとんどである。小問集合でしっかりと得点することがポイントである。最後の問題は記述式なので，自分の考えを文章に短くまとめる練習をしておこう。

＜社会解答＞《学校からの正答の発表はありません。》

1　問1　那覇市　問2　エ　問3　カ　問4　ア　問5　ウ　問6　首里城　問7　ウ
2　問1　土偶　問2　ア　問3　イ　問4　エ　問5　ザビエル[フランシスコ・ザビエル]
問6　(1)　天草　(2)　ア→ウ→エ→イ
3　問1　ア　問2　ウ　問3　平和のとりで　問4　拒否権　問5　ウ
問6　(1)　PKO　(2)　イ
4　問1　WHO　問2　ウ　問3　ネットリテラシー［インターネット・リテラシー］
問4　①　A　従来のハザードマップをさらに詳しくして足りなかった情報が記載されているのならありがたい。　B　地域に密着した情報が得られるならありがたい。　C　地域がきれいになるのならありがたい。　②　A　ハザードマップは人命にかかわるものなので，正確であることが重要。情報を市役所や消防署，警察署などで確認することが必要。B　地域で必要とされそうな情報がどのようなものなのか，それをどこから入手できるのかなどを考え，調べることが必要。アンケートで地域の住民が求めている情報が何かを知ることはできる。　C　他の学校との連携をとる場合に日程等の調整が難しいかもしれない。参加してもらえそうな学校との話し合いが必要か。

○推定配点○
1　各2点×7　2　各2点×7　3　問6　各1点×2　他　各2点×5
4　各2点×5　計50点

＜社会解説＞

1 (日本の地理－沖縄県に関連した問題)

問1　沖縄県の県庁所在地は那覇市。

基本　問2　エ　与那国島は沖縄県に属し，日本の最西端になる。最東端の南鳥島，最南端の沖ノ鳥島は東京都に属する。

やや難　問3　カ　Aは降雪量が多い地域に見られるもので，雪下ろしのために屋根に上る必要があるから，梯子がつけられている。Bは沖縄県に見られるもので，地下水を利用できるところがあまりなく，大きな川もないところでは，屋上に雨水タンクを設置して生活用水を補えるようになっている。Cは寒冷地に見られるもので，入り口を二重の構造にして，室内の暖房の熱が外に逃げにくくしてある。

重要　問4　ア　人口ピラミッドは各年齢層の人口に占める割合を示したものなので，この数値が直接その地域のその年齢の人口を示すものではないので，沖縄県と東京都のそれぞれの全人口をその割合と掛け合わせないと比較にはならない。東京都の全人口は沖縄県のものよりもはるかに多いので，実際には東京都の方が0～14歳の年少人口も多くなる。

問5　ウ　地図中の斜線部は山形県，福島県，山梨県，長野県，和歌山県。これらの5県に共通する果実はもも。

問6　首里城は琉球王国の王宮であった場所。太平洋戦争中に破壊されてしまったものを再建してあったが，2019年に火災で再び焼失してしまった。再建工事が行われていて2025年に完成予定。

問7　ウ　沖縄本島の約20％が米軍用地になっており，沖縄県には日本全体の米軍施設の7割ほどが存在するとされている。

2 (日本の歴史－様々な時代の宗教に関する問題)

問1　土偶は女性をかたどったものとされ，女性が子供を産むことから，狩猟の獲物となる動物がたくさん増えることや子孫の繁栄を祈願するために作ったのではないかと考えられている。

問2　ア　鑑真に関連するのはアの唐招提寺。イは日光東照宮の陽明門，ウは法隆寺の金堂，エは東大寺の正倉院。

基本　問3　イ　アは真言宗を空海が伝えたのは平安時代，ウの臨済宗は栄西が開き，道元が開いたのは曹洞宗，エの時宗は一遍，法然は浄土宗なのでそれぞれ誤り。

問4　エ　アは江戸時代のこと，イは新しい農具で農業が発展するのは江戸時代で，三斎市は鎌倉時代，ウは近江で一揆が起こるのは正長の土一揆で室町時代だが一向宗は関係ない。

問5　フランシスコ・ザビエルが鹿児島に来航し日本にキリスト教を伝えたが，ザビエルはイグナチウス・ロヨラとともにイエズス会を創設し，アジアへの布教に取り組んでいた。ザビエルは日本にはインドのゴアからやってきて，日本から去った後ゴアに戻り，そこで死んでいる。

問6　(1)　禁教令に関する世界文化遺産は「長崎・天草地方の潜伏キリシタン関連遺産群」。

(2)　Ⅰはイギリス，Ⅱはスペイン，Ⅲはポルトガル，Ⅳはオランダが当てはまる。

3 (政治―国際社会に関連する問題)

問1　ア　2022年現在の国際連合事務総長はポルトガルのアントニオ・グテーレス。イはフランスの大統領，ウはWHOの事務局長，エはアメリカ合衆国大統領。

重要　問2　ウ　国連総会は毎年9月第3火曜日から開催され，最初の60日間は各国首脳の演説が行われる。

問3　戦争が「人の心の中で生まれ」というのは，自国の欲望や相手国への猜疑心などが戦争の原因となるということであり，「平和のとりで」を心の中に築くというのは，平和を守るための確固たる信念をもつということ。

問4　拒否権は安全保障理事会の常任理事国が持つ特権で，これが使われるとその案件についての審議を継続することができなくなる。拒否権は国連創設時に当時のソ連が提案したもので，当時の東西冷戦の中で安全保障理事会の中ではソ連のみが東側の国で不利であるということで取り入れられたもの。

やや難　問5　ウ　アはウクライナが「欧州のパンかご」と呼ばれるのは正しいが，ウクライナはEUには加盟していないので誤り。イはチェルノブイリ原子力発電所はウクライナにあるが，ウクライナの首都はキーウ(キエフ)なので誤り。エはワルシャワ条約機構とNATOが逆なので誤り。

重要　問6　(1)　PKOは国連の平和維持活動。平和維持軍はPKFと呼ばれる。　(2)　国連の分担金はその国の経済力等を考慮しながら決められている。かつては日本は2番目に多い国であったが，現在は中国が2位で日本は3位となっている。

4　(総合問題―「リーダー教育」に関連する問題)

基本　問1　世界保健機関WHOは英語でWorld Health Organizationで，本部はスイスのジュネーヴにある。

問2　ウ　北里柴三郎は日本の細菌学の基礎を築いた人物。ドイツでコッホの下で研究した後，日本でも活躍。

問3　インターネット・リテラシーはインターネットを正しく使いこなすための知識や能力のこと。リテラシーは物事を正しく見極め認識する能力のこと。

やや難　問4　①　設問のA，B，Cそれぞれの活動について志木市の住民であったら魅力を感じるものとしてどれを選んでも問題はない。イメージを持ちやすいのはAかCであろうか。　②　Aのハザードマップは既存のものにさらに情報を加えて作るということだが，これに載せる情報は人の生命にもかかわるものなので，注意が必要である。既存のものの情報を変えることはなく，必要と思われる情報を付け加えるのが望ましい。また，その作成や完成したものについては消防署や警察署，市役所などで確認してもらう必要があるかもしれない。Bの新聞はどういう情報を載せるのか，載せるべき情報と載せない方が良い情報の区別が難しいであろう。また，その情報の種類によっては集めやすいものとそうでないものもあるかもしれない。どういう情報を載せるのかということについては，市や地域の広報誌を参考にしたり，在校生の父母などにアンケートをとったりするのもよいであろう。Cの清掃活動は他の学校との連携の場合，同じ日程でやるのか，それとも日程はそろえずにやるのかとか，どのあたりまで清掃するのかなどのすり合わせが必要であろう。また，学校で企画したイベントの際のような景品を参加者に配るとなるとその費用も問題となってくるに違いない。こういったことをいろいろと考えて書けばよさそうな問題である。

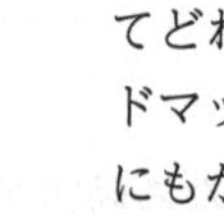

★ワンポイントアドバイス★

どの大問にもやや悩みそうな設問があるので，悩んだらとりあえずは飛ばして先に進むことが大事。一通り全ての問題に解答してから，悩んだものを再度考える方が時間のロスもないし，他の問題がヒントになっていることもある。

＜国語解答＞《学校からの正答の発表はありません。》

〔一〕 問一 ① しゅくが(会) ② さくりゃく ③ とうと(い) ④ やさ(しい)
⑤ 創造 ⑥ 綿密 ⑦ 圧巻 ⑧ 複雑 ⑨ 勢(い) ⑩ 枝
問二 1 利 → 里 2 狩 → 借 3 多 → 他
問三 1 公(開) 2 片(道)

〔二〕 問一 Ⅰ エ Ⅱ イ 問二 イ 問三 エ 問四 ウ 問五 ウ
問六 (例) 「自分の専門外の分野に挑戦すること」は，それまでとは全く違う新しい世界を体験できるとても良いチャンスだと思う。卓球をやめた瑠衣が，大階段駆け上がり大会を「ワクワクしちゃう大会」と話しているように，新たな発見や喜びがあると思うからだ。専門外の分野なので予想がつかない不安もあるが，自分の世界を広げるためにも自分も新しい分野に挑戦してみたい。

〔三〕 問一 ウ 問二 ウ 問三 エ 問四 自分が認め～ようなもの
問五 ウ 問六 (例) 私はいじめや差別があったら「とりあえず『気づく』だけでもよいのです」という意見に賛成である。筆者が述べているように，気づくことが解決へとつながると思うからだ。気づくことで誰かに相談することもできるし，傷ついている人を助ける方向へ動くことができる。〝見なかったふり〟をして後悔するよりも，いじめや差別で苦しんでいる人に気づける心を持ち続けたい。

○推定配点○

〔一〕 問三 各3点×2 他 各2点×13(問二各完答)
〔二〕 問一 各2点×2 問六 10点 他 各5点×4
〔三〕 問一 4点 問六 10点 他 各5点×4 計100点

＜国語解説＞

〔一〕 (漢字の読み書き，慣用句，反対語)

基本 問一 ①はめでたい出来事を喜び祝うこと。②は自分の目的のために相手をおとしいれるはかりごと。③の音読みは「ソン」。熟語は「尊敬」など。④の音読みは「イ・エキ」。熟語は「安易」「貿易」など。⑤は神が宇宙や万物をつくること。⑥は注意が行き届き，くわしくて細かいこと。⑦は全体の中で最も優れている部分のこと。⑧の「複」の部首は「衤(ころもへん)」であることに注意。⑨の音読みは「セイ」。熟語は「勢力」など。⑩の音読みは「シ」。熟語は「枝葉(しよう)」など。

やや難 問二 1の「千里眼」は千里も先の遠方の出来事やかくれているものなどを見通す能力，またその能力を持つ人。2は力のない者が強い者の権力などを頼みにしていばることのたとえ。3は自分の石をみがくのに役にたつほかの山の石の意味から，自分の修養の助けとなる他人の言葉や行動のたとえ。

重要 問三 かくして人に知らせないことという意味の1の「秘密」の反対語は，広く一般の人々に開放することという意味の「公開(こうかい)」。行きと帰りという意味の2の「往復」の反対語は，行きか帰りかのどちらか一方の意味の「片道(かたみち)」。

〔二〕 (小説－心情・情景・細部の読み取り，空欄補充，ことばの意味，記述力)

基本 問一 ═══線部Ⅰは中国の学者が自分の気に入らない客に対してはまっすぐに見ず「白い目」で，気に入っている客に対してはまっすぐ見る「黒い目」で接したことから。Ⅱは恐れてためらいながらするさま。

問二　――線部①は，傾斜が急な出世階段を曲垣平九郎が馬で駆け上がったという話をタクワン先生から聞き，「『馬でここは無理だ……』」とつぶやいている広夢の様子なのでイが適切。①前の広夢のつぶやきをふまえていない他の選択肢は不適切。

問三　――線部②の「わたしたち」は，大階段駆け上がり大会に本気で「爪痕を残したい」と思っている「わたし(瑠衣)」，タクワン先生，広夢，そして元アスリートで今回の大会でベスト10に入りたい小見さんの「この四人」のことなのでエが適切。「わたし」が大会に意気込んでいることを説明していない他の選択肢は不適切。

問四　空欄Aには，尾津先輩から癖を嫌がられて卓球のダブルスを解消されたと話す紅里先輩の「用件」を，「わたし」が想定している内容なのでウが当てはまる。A前の紅里の話をふまえ，ダブルスのことにふれていない他の選択肢は不適切。

重要　問五　――線部③前で「別のステップを上がり始めて」いて「『卓球と同じくらいワクワクしちゃう大会に参加する予定で』」と話している「わたし」に対し，ダブルスを解消されたのは自分の癖を教えてくれなかった瑠衣のせいだと瑠衣を責めている紅里の様子が描かれているので，ウが適切。アの「卓球などどうでもよい」，イの「『わたし』とつながっていたい」，エの「すべてなかったことにしたい」「がっかりしている」はいずれも不適切。

やや難　問六　自分の専門分野だった卓球から離れ，専門外の分野である大階段駆け上がり大会でベスト10を目指そうとしている「わたし」の心情や様子をふまえる。解答例では「自分の専門外の分野に挑戦すること」を前向きにとらえた内容になっているが，自分の専門分野を極めたいなどの理由で挑戦しない立場での考えもあるだろう。自分だったらどのような気持ちになるか，具体的に想像しながら説明していこう。

〔三〕（論説文－要旨・大意・細部の読み取り，指示語，接続語，空欄補充，ことばの意味，記述力）

基本　問一　空欄Aは，言うまでもなくという意味で「もちろん」，Bは直前の内容とは相反する内容が続いているので「でも」，Cは直前の内容を理由とした内容が続いているので「なので」がそれぞれ入る。

問二　「この学生の……」で始まる段落で，――線部①の経験をした学生の言葉には「違う人」として特別な目で見られ，迷惑に思われることでとても気になったり傷ついたりすることが表れている，と述べているのでウが適切。この部分の内容をふまえていない他の選択肢は不適切。

問三　――線部②の説明として述べている「そういう世界的な……」で始まる段落内容から，エが適切。この段落内容をふまえていない他の選択肢は不適切。

問四　――線部③の「否認」は，③前で述べているように「自分が認めたくないこと，認めるのはつらいことがあったときに，〝見なかったふり〟をする自動装置のようなもの(52字)」によって引き起こされる。

重要　問五　「この『否認』は……」で始まる段落で，いじめや差別に対する「否認」は「いじめや差別の被害者のときも」起きることを述べているので，「される側は常にいじめや差別に気づいている」とあるウは適切でない。アは「私自身は……」で始まる段落，イは「ひとつめは……」で始まる段落，エは「『グローバル化』という……」から続く3段落でそれぞれ述べている。

やや難　問六　解答例では，「気づく」ことで解決につながるということを理由に賛成の立場で述べている。反対の立場では，「気づく」だけでは解決しないなどの理由が考えられる。筆者の考えを明確に読み取り，いずれの立場でもその考えと比べながら，自分の考えを具体的に述べていこう。

★ワンポイントアドバイス★

小説では，物語の展開とともに登場人物同士の関係もしっかり読み取っていこう。

MEMO

大切なことはメモしておこうネ！

2022年度

★★★★★★★★★★★★★★★★★★★★★★★

入　試　問　題

2022年度

細田学園中学校入試問題（第１回）

【算　数】（50分）　　＜満点：100点＞

【注意】　１．コンパス，定規，分度器などは使用してはいけません。

　　２．問題にかかれている図は正確とは限りません。

1　次の □ にあてはまる数を求めなさい。

(1)　$\{(34+29)\times 7-(16+14)\times 14\}\div 7=$ □

(2)　$50\times\left\{2\frac{12}{29}\times\left(\frac{2}{5}+\frac{3}{7}\right)+\frac{7}{25}\right\}=$ □

(3)　$11\times 1.23+34\times 2.46+7\times 3.69=$ □

(4)　$\{(16-$ □ $)\div 2-3\}\times 4=8$

2　次の □ にあてはまる数を求めなさい。

(1)　１個100円のおにぎりと１個110円のパンを合わせて30個買ったところ，代金は3110円になりました。買ったおにぎりの数は □ 個です。ただし，消費税は考えません。

(2)　$\frac{1}{13}$を小数で表したとき，小数第2022位の数字は □ です。

(3)　印刷機Ａ，Ｂがあり，Ａは3000枚を30分で，Ｂは3000枚を20分で印刷できます。Ａ，Ｂで同時に印刷を始めると，6000枚を □ 分で印刷できます。ただし，Ａ，Ｂの印刷する速さは，それぞれ一定とします。

(4)　現在の太郎くんの年れいは □ 才で，お父さんの年れいは太郎くんの年れいの６倍です。６年と４カ月後に，太郎くんの年れいは７つ，お父さんの年れいは６つ増え，お父さんの年れいは太郎くんの年れいの３倍になります。

(5)　右図のように，24個の正三角形を使って正六角形を作ります。正六角形ＡＢＣＤＥＦの面積が４cm^2のとき，斜線部の面積は □ cm^2です。

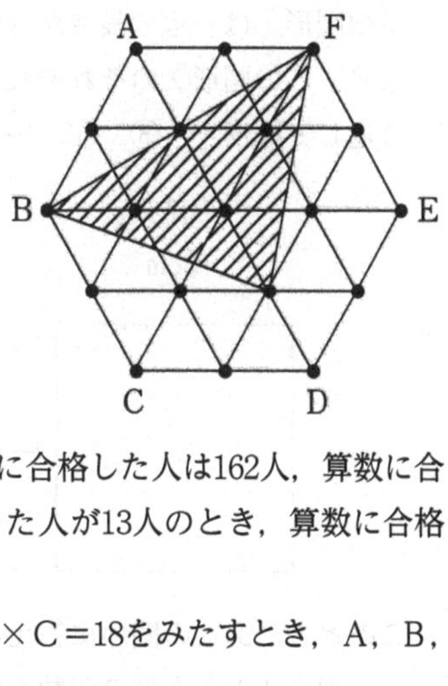

(6)　ある小学校で200人に国語と算数のテストを行いました。国語に合格した人は162人，算数に合格した人は173人でした。国語に合格したが算数に合格しなかった人が13人のとき，算数に合格したが国語に合格しなかった人は □ 人です。

(7)　整数Ａ，Ｂ，Ｃ，Ｄが，$A\times C=6$，$B\times D=12$，$A\times D+B\times C=18$をみたすとき，Ａ，Ｂ，Ｃ，Ｄの組合せは □ 通りあります。

3　下図のようなＡＢ＝45㎝，ＡＤ＝20㎝の長方形ＡＢＣＤがあり，ＡＢ上にＡＥ＝25㎝となる点Ｅを，ＢＣ上にＣＦ＝５㎝となる点Ｆをとります。ＡＦとＤＥ，ＥＣの交点をそれぞれＧ，Ｈとし，ＤＥとＢＣの交点をＩとするとき，次の問いに答えなさい。

⑴　線分ＢＩの長さを求めなさい。

⑵　ＡＧ：ＧＦを最も簡単な整数の比で表しなさい。

⑶　ＡＧ：ＧＨ：ＨＦを最も簡単な整数の比で表しなさい。

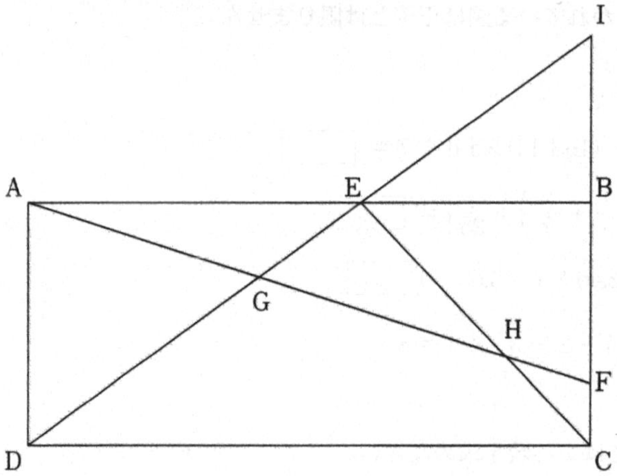

4　下の【操作】では，１つの正方形を一辺の長さがもとの３分の１である正方形５つに分けています。

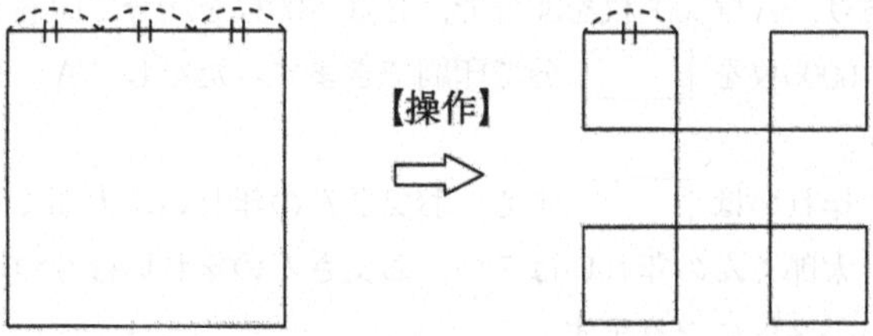

下の図形①は一辺の長さが３㎝の正方形です。図形①に【操作】を行ってできる図形を図形②とします。この図形②のそれぞれの正方形に【操作】を行ってできる図形を図形③とします。これをくり返して図形④，⑤，⑥，…を作ります。

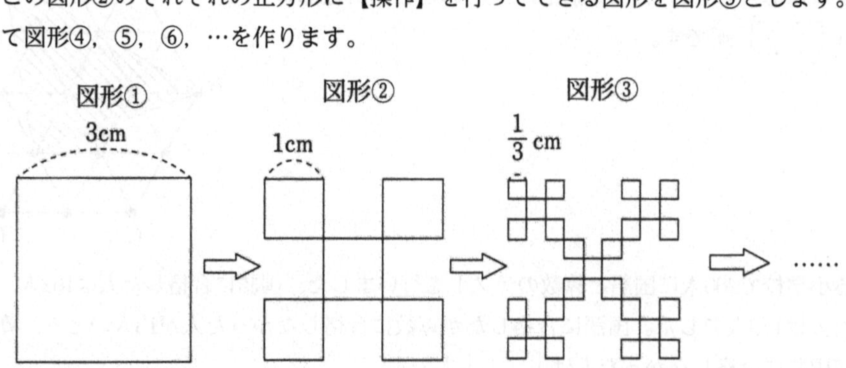

このとき，あとの問いに答えなさい。

⑴　図形④の正方形の個数を求めなさい。

⑵　図形④の周の長さを求めなさい。

⑶　図形の周の長さが100㎝よりはじめて大きくなるのはどの図形ですか。番号で答えなさい。

5　１から99までの整数が書かれた99個の球が袋に入っています。また，１から100までの整数が書かれた100枚のカードが机に並んでいます。袋から球を１つ取り出し，球に書かれた数字が１桁のときは，その数字の倍数が書かれたカードを机から取り除きます。球に書かれた数字が２桁のときは，その数字の十の位と一の位の和の倍数が書かれたカードを机から取り除きます。たとえば，取り出した球に書かれた数字が41のとき，十の位と一の位の和が５であることから，５，10，15，……，100の20枚のカードが机から取り除かれ，机には80枚のカードが残ります。このとき，次の問いに答えなさい。

⑴　１回目に取り出した球に書かれた数字が６だったとき，机に残ったカードは何枚か求めなさい。

⑵　１回目に取り出した球に書かれた数字が４で，２回目に取り出した球に書かれた数字が86だったとき，机に残ったカードは何枚か求めなさい。ただし，１回目に取り除いたあと，カードは戻さないものとします。

⑶　１回目に取り出した球に書かれた数字が５で，２回目にある球を取り出したところ，机に残ったカードは76枚になりました。２回目に取り出された球に書かれた数字として考えられるものをすべて求めなさい。ただし，１回目に取り除いたあと，カードは戻さないものとします。

【理　科】（30分）　＜満点：50点＞

1

問１　心臓の部屋の中で肺動脈につながる血管がでているものを次から選び，記号で答えなさい。

ア．左心房《さしんぼう》　イ．左心室　ウ．右《う》心房　エ．右心室

問２　こん虫の成虫の体のつくりとして正しいものを次から選び，記号で答えなさい。

ア．頭に空気を取り入れる口がある。

イ．はねのある成虫は，腹からはねが生えている。

ウ．頭に２本の触角《しょっかく》が生えている。

エ．胸に肺がある。

問３　実が風にのって遠くに運ばれる植物を次から選び，記号で答えなさい。

ア．エンドウ　イ．クヌギ　ウ．カエデ　エ．オナモミ

問４　気体の状態でにおいのある物質を次から選び，記号で答えなさい。

ア．酸素　イ．二酸化炭素　ウ．ちっ素　エ．塩化水素

問５　下図の輪軸《りんじく》において，物体50ｇを30㎝引き上げるには，ひもＡを何㎝引けばよいでしょうか。次から選び，記号で答えなさい。

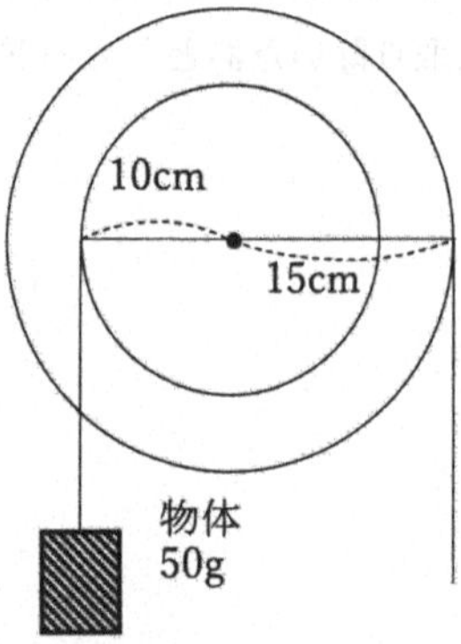

ア．20㎝　イ．30㎝　ウ．45㎝　エ．60㎝

問６　かん電池，豆電球，電流計を図１のようにつないだところ，電流計の針は図２のようになりました。このときの電流の値を次から選び，記号で答えなさい。ただし，電流計は500mAのたんしにつながっています。

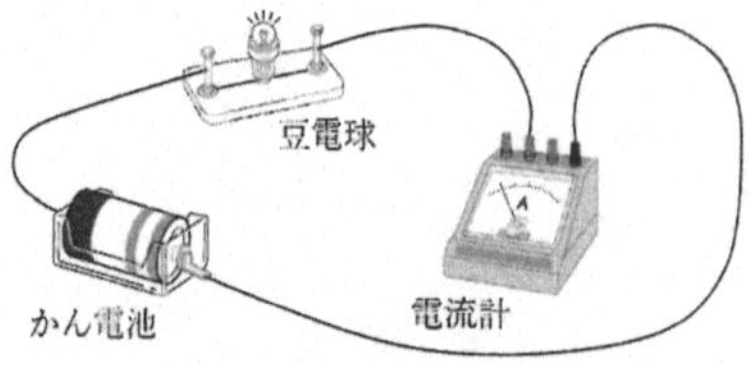

図１

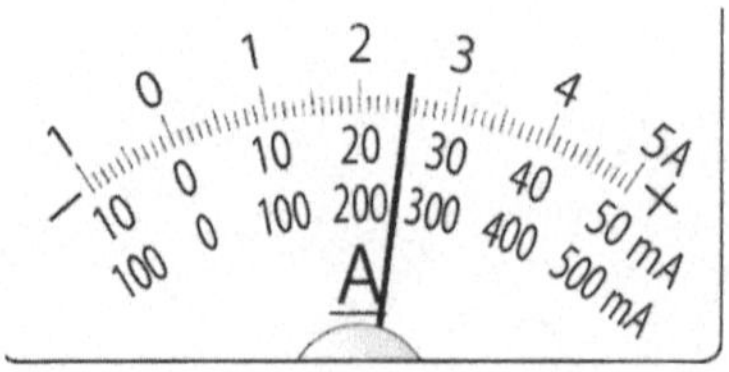

図２

ア．25mA　イ．250mA　ウ．2.5A　エ．25A

問7　ろ過をした後，元のビーカー内にこしとりたい物質が残ってしまいました。これを捨てずに集める方法として最も適しているものを次から選び，記号で答えなさい。

ア．ビーカーに水道水を入れて流しだす。

イ．ビーカーにろ過した液を加えて流しだす。

ウ．ビーカーにお湯を加えて流しだす。

エ．ガラス棒でできるだけかきだし，その後に冷水を加えて流しだす。

問8　BTB液を入れたときに緑色を示すものを次から選び，記号で答えなさい。

ア．酢《す》　　イ．アンモニア水　　ウ．食塩水　　エ．塩酸

問9　空全体の広さを10としたときに雲の量が8だった場合の天気として，最も適したものを次から選び，記号で答えなさい。

ア．快晴　　イ．晴れ　　ウ．くもり　　エ．全天曇《ぜんてんくも》り

問10　北の空にみえる星座として，まちがっているものを次から選び，記号で答えなさい。

ア．おおぐま座　　イ．カシオペア座　　ウ．オリオン座　　エ．こぐま座

2　次の文章と図を見て，あとの問いに答えなさい。

ケンジさんとユウコさんは公園でブランコに乗り，30秒間で何往復できるか競争したとき，あまり差がないことに気が付きました。下の表1は何往復できたか，結果をまとめたものです。

表1．競争の結果

	1回目	2回目	3回目	4回目	5回目
ケンジさん	10回	11回	10回	10回	9回
ユウコさん	10回	9回	10回	11回	10回

2人は差がないことに疑問をもち，ブランコが往復する回数にはどのような条件があるのか調べるために実験を行いました。

実験

図1のようなブランコの模型（ミニブランコ）を用意しました。手をはなす位置の角度，おもりの重さ，クリップの長さ（クリップ1つあたりの長さは3㎝）をそれぞれ変えて10秒間に往復する数を計測しました。

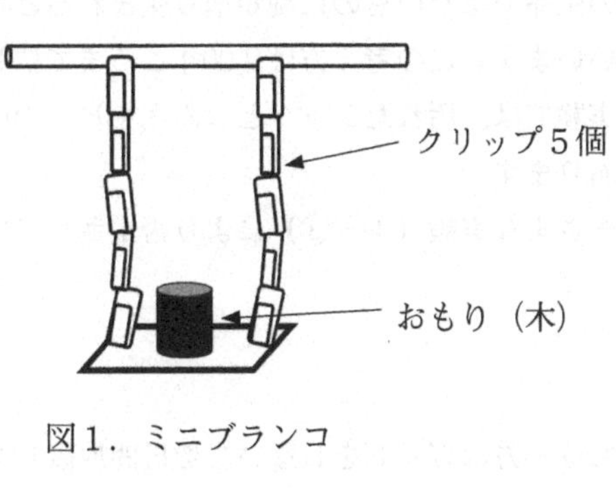

図1．ミニブランコ

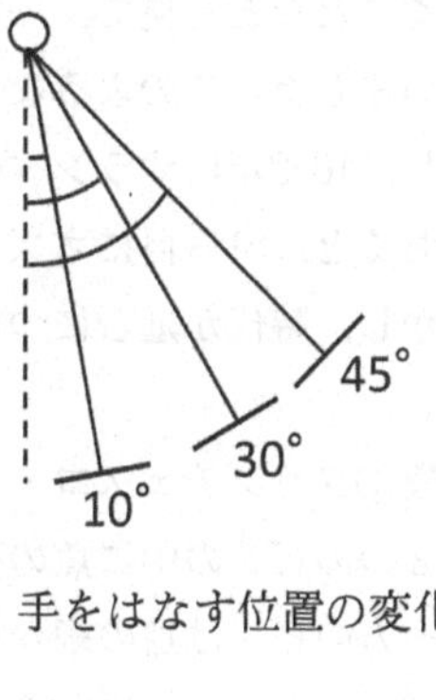

図2．手をはなす位置の変化

表２．実験結果

手をはなす位置	おもりの種類	クリップの数	往復する数	
10°	木	５個	12回	基本の模型
30°			13回	
45°			12回	
	アルミ		12回	
	銅		12回	
		10個	９回	
		15個	７回	

※空欄《くうらん》は基本の模型と同じ条件

問１　表１の実験結果から，ケンジさんの往復する数の平均を求めなさい。また，その平均の数の時，1往復にかかる時間は何秒か求めなさい。

問２　表２の実験結果から，ミニブランコの往復する数に最も深く関わっているのは何だと考えられますか。次から選び，記号で答えなさい。

ア．クリップの数

イ．おもりの重さ

ウ．手をはなす位置

エ．どれでもない

問３　１秒でちょうど１往復するミニブランコをつくるにはどのようにすればよいでしょうか。「～を…する」という文で説明しなさい。

問４　ケンジさんとユウコさんは立った状態でブランコに乗ると往復する数が増えることに気が付きました。実験結果をもとにその理由を説明しなさい。

３　次の文章と図（次のページ）を見て，あとの問いに答えなさい。

生命の誕生について，約2500年前のアリストテレスの時代には，腐《くさ》った肉にウジ（ハエの幼虫）がわくことなどを見て，一部の生物は石や土などの生命ではないものに魂《たましい》が宿り生まれると考えられていました。このような考え方を自然発生説といいます。この考え方は1600年ごろまで信じられており，1642年にオランダのヘルモントが行った実験では，汚れたシャツとコムギをビンの中に置いておくと，21日目にネズミが生じたとの報告があります。

しかし，時代が進むにつれて，自然発生説はさまざまな実験（①～③）により否定されていきました。

実験①フランチェスコ・レディの実験

１．２つのビンの中に魚の死体を入れた。

２．一方のビンは目の細かいガーゼでフタをし，もう一方はガーゼをしないで数日間放置した。

３．ガーゼをしなかったビンにはウジがわいたが，ガーゼでフタをしたビンにはウジがわかなかった。

４．両方のビンにカビが生えていた。

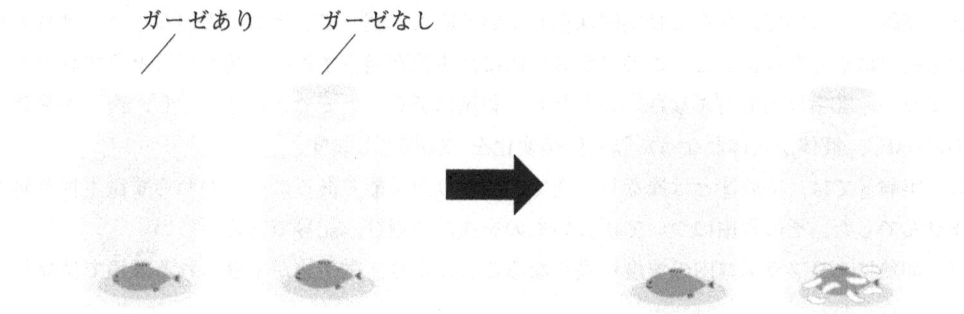

実験②ラザロ・スパランツァーニの実験

１．フラスコ内に肉汁を入れた。

２．加熱したのち，フラスコの口部分のガラスを熱でとかしてフタをし，保存した。

３．長期間保存しても微生物《びせいぶつ》は現れなかった。

４．フラスコに穴を空けると微生物が現れた。

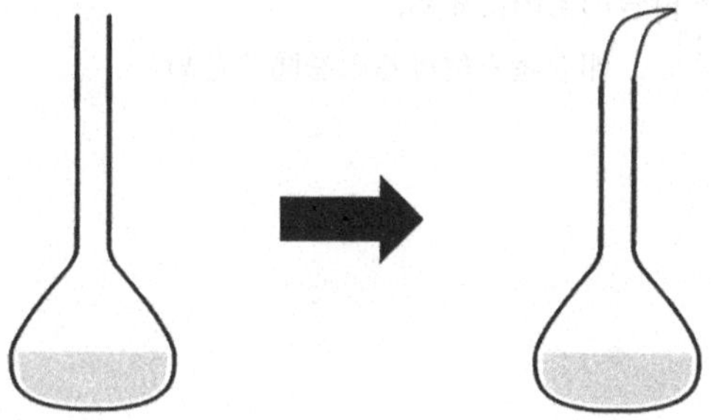

実験③ルイ・パスツールの実験

１．フラスコ内に酵母《こうぼ》のしぼり汁と糖を入れる。

２．フラスコの口部分のガラスを加熱して長く引きのばし，Ｓ字型にする。

３．フラスコを下から加熱し，フラスコの口からしばらく蒸気がふき出すようにする。

４．このフラスコを３日間放置しても微生物の発生は見られなかった

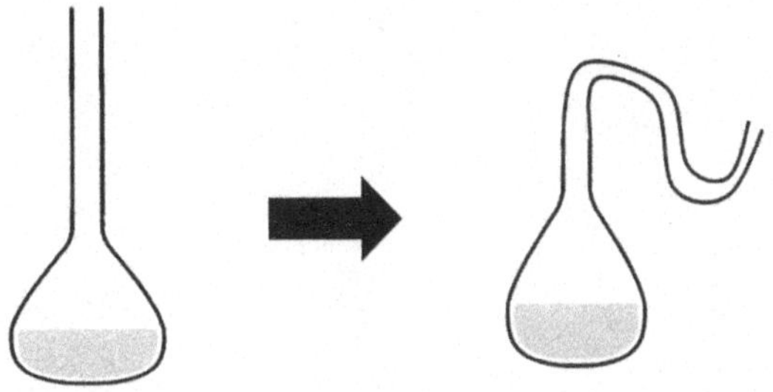

問１　実験①について，さらにいくつかビンを用意し，かぶせるガーゼの目を次第に大きくして同様に実験を行ったところ，ガーゼの目が一定の大きさになったところでウジが発生しました。このことをふまえ，次の文章の［Ａ］と［Ｂ］に当てはまる文を答えなさい。

> ウジが発生するためには，［　　　Ａ　　　］ことが必要である。
> そのため，［　　　Ｂ　　　］大きさのガーゼの目でなければ，ウジは発生しない。

問２　実験②について，さらに長期間保存している際に，誤ってフラスコの口が小さく割れてしまい密閉ではなくなりました。このフラスコ内に微生物が発生するのを防ぐにはどうすればよいでしょうか，30字以内で答えなさい。ただし，殺菌《さっきん》は65℃以上でできるものとし，肉汁が蒸発するのは100℃，液体が気体となった際の体積変化を1000倍とします。

問３　実験③では，実験②とは異なり，空気の出入りが可能であるにもかかわらず微生物が発生しませんでした。その理由について正しいものを次から選び，記号で答えなさい。

ア．加熱によりフラスコ内の湿度《しつど》が高くなることにより，微生物が生きられる環境《かんきょう》ではなくなるから。

イ．酵母のしぼり汁と糖を加熱したことにより，フラスコの中の微生物が殺菌されたから。

ウ．微生物は上から下にしか移動できないため，Ｓ字のフラスコの首を通れないから。

エ．加熱の際にＳ字状のフラスコに水滴がたまるため，微生物がフラスコの首を通れないから。

問４　家庭内にコバエが発生することがあります。これを防ぐ方法をできるだけたくさん答えなさい。ただし，答え方は例のように方法と理由を分けて書きなさい。

例）方法　ゴミ箱をふた付きのものにする。
　　理由　コバエが侵入《しんにゅう》し，卵を産み付けるのを防ぐため。

【社　会】（30分）　＜満点：50点＞

1　以下の文章を読んで，後の問いに答えなさい。

近年，地球温暖化[1]対策は世界的な課題となっています。日本でも，2020年10月に当時の菅義偉《すがよしひで》首相が所信表明演説の中で「2050年までに（　①　）ガスの排出《はいしゅつ》を全体としてゼロにする」と語り，グリーン成長戦略が採択《さいたく》されました。これまで地球温暖化対策として，森林[2]の保護をはじめとした環境《かんきょう》対策が論じられてきましたが，グリーン成長戦略は（　①　）ガスを出さないように経済活動を抑制《よくせい》するのではなく，14の重点分野で到達《とうたつ》目標や国による企業《きぎょう》への支援《しえん》策を定め，経済と環境の好循環《じゅんかん》を生み出そうとしています。

この動きに大きく影響《えいきょう》される産業の一つが自動車産業です。自動車[3]の多くを占《し》めるガソリン車は化石燃料を燃焼させて走行するため，（　①　）ガスや窒素《ちっそ》酸化物を排出します。日本で早くから普及《ふきゅう》したのは，ガソリンエンジンと電気モーターの両方を搭載《とうさい》した（　②　）車でした。ところが近年，欧米《おうべい》や中国では2030年までにガソリン車を販売《はんばい》禁止とする方針が打ち出されました。さらに（　②　）車もガソリン車と見なして販売禁止とする動きが見られており，日本も世界の流れを受けて，電気自動車や燃料電池車への切り替《か》えを進めようとしています。

しかし，そこには解決すべき問題も横たわっています。充電《じゅうでん》のための設備を全国に配置しなければなりませんし，電気自動車が消費する分の電力を補わなければいけません[4]。また，電気自動車は構造がガソリン車より簡単なため部品の数は少なく済みます。しかし，組み立て工場[5]に部品を調達する関連工場の仕事が減少すると，そこでの雇用《こよう》も減ってしまうのです。これらの問題を解決しながら，大きな目標に向かって努力することが求められているのです。

問１　下線部［１］について，地球温暖化の直接の影響について説明した文として正しいものを，以下のア～エから１つ選びなさい。

ア　海水面が上昇《じょうしょう》し，水没《すいぼつ》の危機に直面する国が出てくる。

イ　酸性雨が降り，森林が枯《か》れる地域が出てくる。

ウ　オゾン層が破壊《はかい》され，地表にふりそそぐ紫外線《しがいせん》が増える。

エ　大気汚染《おせん》が進み，病気になる人が出てくる。

問２　文中の空欄《くうらん》（①）にあてはまる語句を漢字四文字で答えなさい。

問３　下線部［２］に関連して，次のページのグラフは日本における木材の生産量・消費量・輸入量の移り変わりを表しています。グラフ中Ｘ・Ｙの組み合わせとして正しいものを，以下のア～エから１つ選びなさい。

ア　Ｘ－生産量　Ｙ－消費量

イ　Ｘ－消費量　Ｙ－輸入量

ウ　Ｘ－輸入量　Ｙ－生産量

エ　Ｘ－消費量　Ｙ－生産量

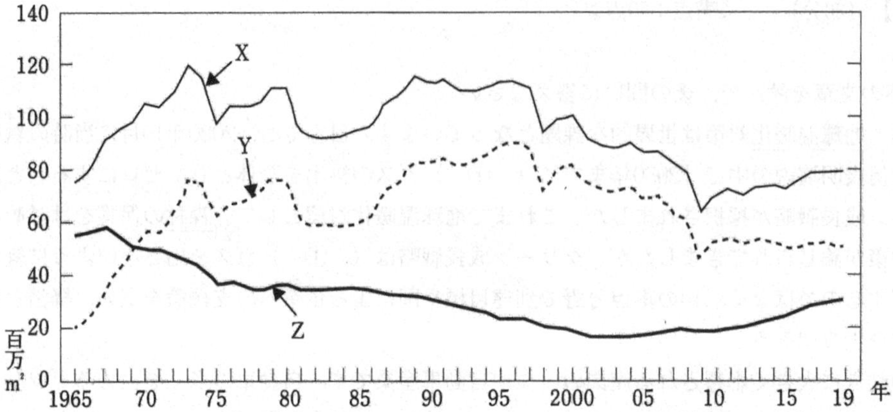

（「日本国勢図会2021/22」より）

問４　下線部［３］に関連して，次の表は年齢《ねんれい》別の二輪と四輪の自動車免許《めんきょ》保有者数の移り変わり（単位：万人）を表しています。この表から読み取れる内容として誤っているものを，以下のア～エから１つ選びなさい。

	16～20歳《さい》代	30歳代	40歳代	50歳代	60歳代	70歳代～	合計
1998年	1842	1511	1531	1317	758	314	7273
2003年	1631	1314	1420	1539	970	474	7348
2008年	1386	1770	1515	1499	1222	653	8045
2013年	1208	1567	1712	1386	1431	882	8186
2018年	1104	1360	1767	1479	1392	1130	8231

（財団法人　交通事故総合分析《ぶんせき》センターデータより）

ア　この20年間，免許保有者総数は増え続けているが，今後，減少に転じる可能性が高い。
イ　この20年間，自動車免許保有者数が減り続けているのは，16～20歳代だけである。
ウ　この20年間，30歳代，40歳代になってから自動車免許を保有する人が増えている。
エ　この20年間で最も免許保有者数の増加割合が高くなっているのは70歳代以上である。

問５　文中の空欄（②）にあてはまる語句をカタカナで答えなさい。

問６　下線部［４］について，次のページのグラフは日本における2018年の発電電力量割合を表しており。グラフ中ア～エは「水力」，「火力」，「原子力」，そして「太陽光などの新エネルギー」のいずれかの方法で発電された割合を表しています。このうち最も①の削減《さくげん》に結びつかない発電方法にあたるものを，グラフ中のア～エから１つ選びなさい。

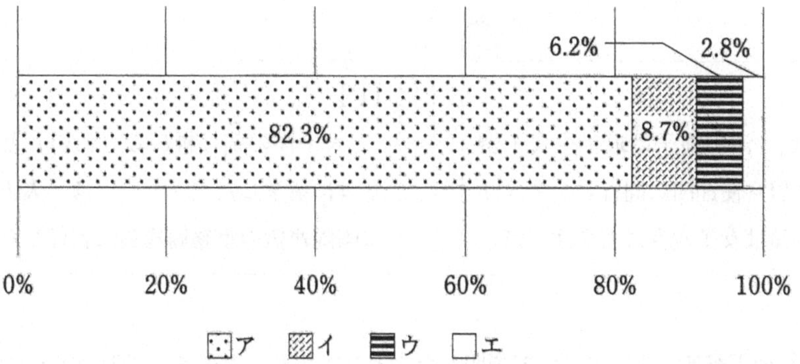

（『日本国勢図会2020/21』より）

問７　下線部［５］について，組み立て工場の仕事について説明した文として誤っているものを，以下のア～エから１つ選びなさい。

ア　溶接《ようせつ》などの危険な作業では，おもにロボットが作業をしている。

イ　組み立て工場で必要な部品は，必要な量だけしか関連工場から運び込《こ》まれない。

ウ　間違《まちが》いを防ぐため，組み立てラインごとに同じ車種の自動車を製造している。

エ　外国にも組み立て工場をつくり，その国の人々の好みに合った自動車を生産している。

２　以下の文を読んで，後の問いに答えなさい。

2021年は岩倉使節団が欧米《おうべい》に旅立って150年目にあたります。使節団の人々は欧米諸国を中心に世界中を旅してまわり，日本の近代化のヒントを得ました。

あとの【A】～【F】は，歴史上の旅行者や，人々の移動について書かれたものです。旅は人との出会いや，これまで知らなかった文化との出会いなどのような，さまざまな経験を私たちにもたらしてくれます。新型コロナウイルス感染が沈静《ちんせい》化したら，どこかへ旅に出て，見聞を広めたいものです。

【A】

縄文《じょうもん》時代[1]、人々は丸木舟《ぶね》で日本海や東シナ海を渡《わた》って広範囲《はんい》を行き来し、さかんに交易を行っていた。

【B】

奈良《なら》時代、遣唐使《けんとうし》[2]船に同乗した鑑真《がんじん》は、正しい仏教を人々に伝えるために、苦難を乗り越《こ》えて来日をはたした。

【C】

室町時代[3]、雪舟《せっしゅう》は中国に渡ってさまざまな絵の技法を学び、帰国後に日本の水墨画《すいぼくが》を完成した。

【D】

安土桃山《あづちももやま》時代、天正遣欧《てんしょうけんおう》少年使節がローマ教皇のもとを訪れたが、帰国するとキリスト教の布教は禁止[4]されていた。

【E】

明治時代、津田梅子《つだうめこ》[5]は最年少女子留学生として岩倉使節団に同行し、アメリカから帰国後は女子教育に力を注いだ。

【F】

「太平洋の架《か》け橋になりたい」とアメリカに留学した（　　　）は、大正時代に国際連盟の事務局次長に就任した。

問１　文章【A】の下線部［１］について説明した文として正しいものを，以下のア～エから１つ選びなさい。

ア　貝塚《かいづか》からは，戦いに敗れた人骨も出土することがある。

イ　土偶《どぐう》は豊作や安産を願ってつくられたと考えられている。

ウ　漁や採集で食料を得るため，人々は季節によって移動していた。

エ　植物の採集や魚などの調理には，おもに石包丁が使用された。

問２　文章【B】の下線部［２］について，遣唐使によって伝えられた文物として正しいものを，以下のア～エから１つ選びなさい。

ア　ガラスのコップ　　イ　銅鐸《どうたく》　　ウ　禅宗《ぜんしゅう》　　エ　時計

問３　文章【C】の下線部［３］の時代の文化について，以下のア～ウを古いものから年代順に並べ替えなさい。

ア　京都の町衆が，応仁の乱で中断していた祇園祭《ぎおんまつり》を復興する。

イ　観阿弥《かんあみ》・世阿弥《ぜあみ》父子が能を大成する。

ウ　足利義政が京都の東山に銀閣を建てる。

問４　文章【D】の下線部［４］について，1590年に少年たちは帰国しましたが，1587年にすでに次の史料の命令が出されていました。この命令を出した人物の名を漢字で答えなさい。

> 一、日本は神国であるから，キリスト教国から邪教《じゃきょう》を伝え広められるのは，たいへんよろしくない。
>
> 一、ポルトガルの貿易船は，商売のために来ているので，バテレン追放とは別である。今後とも長い年月にわたっていろいろ売買するように。

問５　文章【E】の下線部［５］について，次の問いに答えなさい。

⑴　津田梅子は2024年に新しく発行される五千円紙幣《しへい》の肖像《しょうぞう》に選ばれています。現在の五千円紙幣の肖像となっている，明治時代に『たけくらべ』などの小説を書いた人物の名を漢字で答えなさい。

⑵　次のページの図は同時に発行される千円紙幣のデザインです。これについて述べた，次の文の（Ⅰ）・（Ⅱ）にあてはまる語句の組み合わせとして正しいものを，あとのア～エから１つ選びなさい。

> 表は（　Ⅰ　）ことで有名な細菌学者の北里柴三郎《きたざとしばさぶろう》，裏は江戸《えど》時代の浮世絵《うきよえ》師（　Ⅱ　）による浮世絵「神奈川沖浪裏《かながわおきなみうら》」である。

ア　Ⅰ－黄熱病を研究した　　　　　Ⅱ－歌川広重
イ　Ⅰ－黄熱病を研究した　　　　　Ⅱ－葛飾北斎《かつしかほくさい》
ウ　Ⅰ－破傷風の血清療法《りょうほう》を発見した　Ⅱ－歌川広重
エ　Ⅰ－破傷風の血清療法を発見した　Ⅱ－葛飾北斎

問６　文章【Ｆ】の空欄（　）にあてあまる人物の名を答えなさい。

3　以下の文章を読んで，後の問いに答えなさい。

2021年７月23日にはオリンピック，８月24日には障がい者の国際的なスポーツ大会である（　Ｘ　）が開催《かいさい》され，東京都を中心に９都道府県で競技が行われました。オリンピックは，本来2020年７月に開催予定だったのですが，[１]新型コロナウイルスの世界的流行が起こり，一年の延期となったのです。しかし，2021年になっても感染拡大は続き，延期や中止を求める世論が高まりました。当時の[２]菅首相は開催に前向きで，６月にイギリスで開催された[３]主要７か国首脳会議〔サミット〕において，開催に向けた決意表明を世界に発信しました。

安全安心な大会の実現に向けて，さまざまなルール作りが行われる中，競技を無観客で行うことが７月に入って発表され，国民はテレビでオリンピックを観戦することになりました。[４]天皇陛下の開会宣言によって大会が始まってからも国内の感染者数は増大し，医療《いりょう》のひっ迫《ぱく》は続きました。その中で行われた大会ですが，選手たちの活躍《かつやく》によって気持ちが明るくなった人もいたかもしれません。

コロナだけではなく，国際情勢が影《かげ》を落とした場面もありました。[５]軍事クーデターが起きたミャンマー代表のサッカー選手はクーデターに抗議《こうぎ》した後に日本に亡命しました。[６]タリバンが権力を掌握《しょうあく》したアフガニスタンからは，（　Ｘ　）の選手が開会式には参加できませんでした。また，選手団の規模やメダルの数が国力の大きさと無関係ではないことも見逃《みのが》せません。オリンピックや（　Ｘ　）は世界平和を目的とする世界のスポーツ祭典ですが，戦争や貧困，差別など様々な問題にあえぐ人々のことを考える機会にもしたいものです。

問１　文中の空欄（Ｘ）にあてはまる大会名をカタカナで答えなさい。

問２　下線部［１］に関連して，ウイルスや細菌が原因となる感染症《しょう》で人類が撲滅《ぼくめつ》に成功したものは一つしかありません。奈良時代に日本でも大流行した，その感染症として正しいものを，以下のア～エから１つ選びなさい。

ア　赤痢《せきり》　　イ　コレラ　　ウ　黄熱病　　エ　天然痘《とう》

問３　下線部［２］について，菅首相（当時）の政策の一つにデジタル改革があります。デジタル改革の一環として，首相は携帯《けいたい》電話料金の値下げを検討《けんとう》するように，情報通信を管轄《かんかつ》する省庁を率いる国務大臣に指示しました。情報通信を管轄する省庁として正しいものを，以下のア～エから１つ選びなさい。

ア　国土交通省　　イ　文部科学省　　ウ　総務省　　エ　経済産業省

問４　下線部［３］について，主要７か国（Ｇ７）として誤っているものを，以下のア～エから１つ選びなさい。

ア　フランス　　イ　中国　　ウ　ドイツ　　エ　イタリア

問５　下線部［４］について，天皇の国事行為《こうい》として正しいものを，以下のア～エから１つ選びなさい。

ア　国会を召集する。

イ　国務大臣を任命する。

ウ　条約を承認する。

エ　最高裁判所長官を指名する。

問６　下線部［５］について，この軍事クーデターで民主化を進めていたアウンサン・スー・チー政権は崩壊しました。アウンサン・スー・チー国家顧問《こもん》は1991年にノーベル平和賞を受賞しています。日本でノーベル平和賞を受賞したことがあるのは，非核《ひかく》三原則を提唱《ていしょう》したことが評価された佐藤栄作《さとうえいさく》元首相です。次の非核三原則の文言の空欄にあてはまる語句を答えなさい。

「核兵器をつくらない，持たない，（　　　　　　）。」

問７　下線部［６］について，アフガニスタンにはイスラム教徒が多く住んでいます。イスラム教について述べた文として正しいものを，以下のア～エから１つ選びなさい。

ア　人々は一日に５回，聖地メッカの方角に向かって祈《いの》りをささげる。

イ　春節という行事があり，学校や会社は休みとなり，人々は爆竹《ばくちく》を鳴らして祝う。

ウ　ハロウィンや感謝祭には家族や親せきが大勢集まり，みんなでごちそうを食べる。

エ　カースト制度というきびしい身分制度があり，社会に深く根づいている。

４　以下の文章を読んで，後の問いに答えなさい。

細田学園高等学校では，特進Ｈ・特進コースの生徒を対象に，未来のグローバルリーダーを育成するための「リーダー教育」を実施しています。2020年度は「アプリ教材開発」というテーマで，勉強をするうえで「あったらいいな」と思える新しいサービスを生み出そうと生徒たちが議論を重ねてきました。あとの文【A】～【C】は，実際に生徒たちが発表した内容を簡潔にまとめたものです。

【A】「細田学園専用の質問掲示板」

勉強をしていると、さまざまな疑問が出てきます。しかし、自分のタイミングでいつでも疑問を解決できるわけではありません。この質問掲示板は、そうした勉強中の悩みを減らすためのアプリです。

掲示板の使用制限を細田学園内のみとし、匿名かつパスワードを設けて管理します。そのため書き込み情報の信頼性も高く、なにより生徒が回答を行うため、回答する生徒のアウトプットにもつながり、学習効果が期待されます。

【B】「※1ゲーミフィケーション」

皆さんは算数が好きですか？ このアプリは、算数が苦手な人に向けて開発された、算数の勉強とゲームの要素をかけ合わせた、楽しみながら計算練習できるアプリです。

アプリ内ではカード形式で、スピーディかつ手軽に、対戦ゲーム感覚で楽しみながら計算能力を高めることができます。そのため、「継続しやすい」「理解しやすい」というメリットがあります。

【C】「手入力単語フラッシュカード」

勉強をする時、「頑張ったのに点数に結びつかない」などと思ったことはありませんか。そんな悩みを解決するのが、この効率的かつ確実に暗記できる単語カード形式のアプリです。

問題も解答もすべて学習者がアプリ上で「手入力」し、書きながらどんどんアウトプットすることで知識が確実に定着します。もし、誤って入力したとしてもAIが正誤判断してくれるので、間違って覚えることもありません。

※1　ゲーミフィケーション（Gamification）：ゲームの要素を他の分野に利用すること。近年，教育との関連が注目されている。

こうした「リーダー教育」を行ってきた昨年度は，新型コロナウイルスの影響を受け，人々の生活様式が大きく変わった一年でした。そんな中，われわれの心を燃やし，勇気を与えてくれたのが東京で開催されたオリンピックです。一時は延期や中止の可能性もありましたが，無事に開催され，史上初となるメダル総数58個という素晴らしい成績を残しました。

また，東京オリンピックでは差別問題に向けた抗議《こうぎ》の姿勢も話題となりました。ある女子サッカーの試合前に，各ポジションに散った選手たちが一斉にひざをつき，様々な差別へ抗議する姿が世界へ向けて配信されました。[1]国際オリンピック委員会（IOC）は，こうした動きに対し，これまで五輪憲章に基づいて政治や宗教，人種的な意思表示を禁止してきましたが，今大会からは競技会場でも試合前や選手紹介などの一部に限って容認《ようにん》する方針へと転換していきました。

加えて，昨年2月15日には世界貿易機関（WTO）が，ナイジェリア元財務相のヌゴジ・オコンジョ・イウェアラ氏を次期事務局長に選出しました。女性が事務局長に就任することは初めてで，アフリカ出身者の就任《しゅうにん》も初めてのことです。こうした女性の社会進出や活躍については，[2]SDGs（持続可能な開発目標）にも「ジェンダー平等を実現しよう」と設定されており，世界の国々が協力して2030年までに解決されることを目指しています。

しかし，世の中に目を向けてみると，まだまだ[3]男女平等とは言い切れない現実もあり，2020年の評価で日本の達成度は166か国中17位で，目標達成には程遠いと言わざるを得ません。私たちには，こうした差別問題などの社会的課題を発見し，解決に向けて思考・判断する“課題解決能力”が，一層求められることでしょう。

問１　下線部［１］について，この組織の本部がある都市はどこか，記号で答えなさい。

ア　アテネ　　イ　ジュネーブ　　ウ　ニューヨーク　　エ　ローザンヌ

問２　下線部［２］について，SDGsの中でも「環境問題」は大きく取り組むべき課題として指定されています。中でも，「３Ｒ」は持続可能な社会に貢献できる最も身近な取り組みの一つで，以下の３つの行動の頭文字を取ったものです。Reduce（リデュース），Recycle（リサイクル），残るあと一つの行動をカタカナで答えなさい。

問３　下線部［３］について，1911年に女性の解放を訴え，青鞜社《せいとうしゃ》を設立し，その考えを広めるために「青鞜」を発刊した女性解放運動家を答えなさい。

問４　本校生徒による発表内容の要約【A】～【C】について，以下の①・②の問いに，根拠となる理由も合わせて自分の考えを述べなさい。なお①・②で同じ案を取り上げても構いません。

①　あなたが細田学園の高校生になったら，どの案に実現して欲しいですか。

②　案を１つ選び，実現するまで，もしくは実現した際の問題点・課題点を１つあげ，その問題に対する解決策を考えなさい。

ウ　哲学は私たちが当たり前だと信じている物事の根本を疑い、それを破壊してゆくような学問であり、激変する現代社会に必要なものである。

エ　科学、宗教そして人間とは何かという本質に立ち返り、哲学的に考えることによって物事を順調に進めることができる。

問六　――線部Ｘ「これまで培った常識に従うことも波風立てない良い方法かもしれません」とありますが、「常識に従う」ことについてあなたはどのように考えますか。賛成、反対の理由を明確にした上で、あなたの考えを書きなさい。

※９　銀鱗……………銀色のうろこ。
※10　既存……………すでにあること。

問一　A ～ C に入る言葉の組み合わせとして最も適当なものを次の中から選び、記号で答えなさい。

ア　A　しかし　　B　そこで　　C　それとも
イ　A　では　　B　すなわち　　C　たとえば
ウ　A　そして　　B　さらに　　C　つまり
エ　A　ところが　　B　つまり　　C　あるいは

問二　――線部①「アキレスは亀を追い越すことができない」とありますが、その理由として最も適当なものを次の中から選び、記号で答えなさい。

ア　亀に与えられた五メートルのハンディキャップは正当なものではなく、アキレスの走る速度で追いつくことは不可能だから。
イ　アキレスがどれほど速く走ったとしても、亀が前に進むのをやめない限り五メートルの差は少しも縮まることはないから。
ウ　アキレスより前の位置にいた亀が前に進み続ける限り、亀との差は縮まっても決してその差がゼロになることはないから。
エ　亀のいた地点にアキレスが到達するために要した時間分だけ、亀もアキレスと同じ距離を前方に進むことになるから。

問三　――線部②「『アキレスと亀』原則をまったく無効化する新たなパラドックスも生まれています」とありますが、これはどういうことですか。最も適当なものを次の中から選び、記号で答えなさい。

ア　現代社会では、次々に生み出される技術により、ベテランと呼ばれている人が社会の変化についていけなくなっていること。
イ　現代社会では、新たな機材や道具を使いこなす後から来た新人が、経験を積んだベテランを追い越しているということ。
ウ　現代社会では、コンピュータを学びスマホを扱う若い人たちのほうが年長者より世の中のことをよく知っているということ。
エ　現代社会では、過去の積み重ねを知らない若者に年長者が社会の常識を教え導くというようなことはありえないということ。

問四　――線部③「この例」とありますが、筆者は「この例」を通してどのようなことを伝えようとしていますか。最も適当なものを次の中から選び、記号で答えなさい。

ア　お腹が空いた子熊のために母熊が餌である鮭を必死で追う姿は、テレビを見ている多くの人に感動を与えるということ。
イ　自然界においては熊が鮭を食べるという行為は当たり前のことであり、見る側が価値判断をする出来事ではないということ。
ウ　見る側の立場の違いを超えても、産卵を迎える鮭を母熊が食べるという行為そのものは悲劇のお話には違いないということ。
エ　熊が鮭を食べるという行為に対しての価値判断は、どのような立場でその場面を見ているかによって違ってくるということ。

問五　本文の内容として**適当でないもの**を次の中から一つ選び、記号で答えなさい。

ア　「アキレスと亀」の例で表示された「先に行くものは決して追い越されることはない」という考え方は、現代社会を考える上で豊かな手がかりになる。
イ　「運動なんて存在しない」「変化は存在しない」という考えは現実的にはありえないが、論理的には完全に否定することは難しい。

ビを見ている人は、「よかった。これでもう飢《う》えることはない。子熊もすくすく育つだろう」とほっとした気分になります。母熊の奮闘《ふんとう》で餌を与えられた子熊の幸せそうな映像を見ながら、めでたしめでたしのエンディングです。

　一方、鮭さんチームは、辛《つら》く長い旅を終え、やっとアラスカの海から北海道に戻ってきた鮭たちを追います。懐《なつ》かしい生まれ故郷の川を必死でさかのぼり、もう少しで産卵のときを迎えるという間際《まぎわ》、あの恐《おそ》ろしい熊がやって来るわけです。熊は産卵を待ってくれず、あえなく食べられてしまったという悲劇《ひげき》のお話になります。

　熊が鮭を食べるという行為《こうい》は、熊にとってはただの出来事にすぎません。ただ、それを撮影《さつえい》している人間の視点が「幸せな物語」として価値判断をしているわけです。一方、鮭さんチームから見ると理不尽極《りふじんきわ》まりない悲劇になります。何のために辛く長い旅をしてきたのか。あと少し、あと少しでゴールにたどり着き、産卵できたのに。こちらもまた、鮭さんチームという人間の視点です。熊さんチームから見ると、この結末は喜び以外の何ものでもない。同じ行為が、鮭の立場、熊の立場でまるで違ったものになる。

　③この例から、立場を超《こ》えては、[C]立場抜きには、一つの行為の意味を語ることはできないということに気づきます。行為の意味や正義は、立場と合わせてでしか語ることができないということを示しているのです。

　そう考えると、〈正義とは何か〉を一般《いっぱん》論で語ることなどできなくなります。倫理、道徳、善悪というものに一つの正解はないのでしょうか。あるいは、超越《ちょうえつ》的な神を設定し、それが正義の根拠《こんきょ》だとしてみる。同じ神を信じる人々にとっては共通の正義があることになりますが、しかし、その神を信じない人々にとっては、そんなのは正義でもなんでもないことになる。

　哲学は根本を疑い、壊《こわ》していくようなところがあります。土台を作って築き上げようとしているのに、この土台は大丈夫《だいじょうぶ》なのか？　というようなものです。物事が安定している時代には、※10既存《きそん》のものの上に建物を建てていくのは効率的ですし、Xこれまで培《つちか》った常識に従うことも波風立てない良い方法かもしれません。

　ところが、「ベテランと新人」のエピソードで述べたように、激変している現代社会では、本質に立ち返って考えることがむしろ必要になると言えます。物事が順調に進んでいるときは、根本に戻って考えるなんて邪魔《じゃま》で非効率かもしれません。しかし、そもそも科学とは何か、宗教とは、人間とは何かと根本から問い直さなければならない時代には、哲学的に考えることは大きなプラスになるはずです。

（黒崎政男《くろさきまさお》『哲学者クロサキの哲学超入門』より）

※1　テーゼ……正しいと判断され主張される事柄《ことがら》。
※2　パラドックス……逆説。一見すると間違いに見えても、実は正しいという説。
※3　机上の空論……頭で考えただけで、実際には役に立たない理論や考え。
※4　テクノロジー……科学技術。
※5　ツール……道具。
※6　焦燥……あせり。
※7　倫理……人として守るべき道。
※8　ドキュメント……記録。

のゼノンでした。紀元前五世紀の哲学者です。

「飛んでいる矢は止まっている」というのもあります。ある地点からある地点に飛ぶためには、まずその半分の距離《きょり》を進まなくてはいけない。そのまた半分の距離を進むためにはまたその半分を移動しなくてはいけない。そのまた半分、また半分と無限に半分を進まなくてはいけないから、結局、矢は飛べないことになるというものです。

現実にはありえないのに、論理的にはどうしても抜け出せない。屁理《へり》屈《くつ》も屁理屈、ウルトラ屁理屈なのだけれど、それはそれは真剣《しんけん》に考えたのです。

「アキレスと亀」は、哲学的に考えるとはどういうことかという一例です。このパラドックスは、単なる※3机上《きじょう》の空論《くうろん》のようにも思えますが、現代の日常の発想にも顔を出します。私もこの難問を解くことはできないのですが、追いつき、追い越せということでいうと、いつもベテランと新人の関係が思い浮かびます。先のことを学んでいるベテランが、後からやってきた新人に、私には絶対追いつけないと言う。なぜなら、君がどんなに素早く学んだとしても、私は君が学んでいた時間分、その先を学んでいるのだから。いつまでたっても追い越すことはできないぞというパラドックスを信じているようなところがあります。

A 、現代社会では、後から来た者ほど先を行くという②「アキレスと亀」原則をまったく無効化する新たなパラドックスも生まれています。今日のように※4テクノロジーが社会生活を次々に変化させている時代では、コンピュータを一生懸命《いっしょうけんめい》学んできたベテランが、コンピュータというのはねと講釈《こうしゃく》を垂れている間に、若い人たちがスマホを器用に扱《あつか》って、コンピュータなんて知らなくてもこんなこともあんなこともできちゃいますよと言う。新たな機材や※5ツールの出現で、年を重ねて経験を積んだ者のほうが何事にも精通《せいつう》している、という常識が通用しない社会になってきた。「アキレスと亀」の例は、先に行くものは決して追い越されることはないという文化でもありました。先に生まれたから「先生」であり、年長者は常に後ろから来る若者を教え導き、後から来る人に尊敬されるという、少し窮屈《きゅうくつ》な文化でもありました。一方、若ければ若いほど、過去の積み重ねを知らなければ知らないほど、先を行くことができる文化は、※6焦燥《しょうそう》と不安に満ちたものになるのではないか。

遅く来た新人ほど先を行くという文化になったら、 B 遅く出発すればするほど先を行く「アキレスと亀」の逆パラドックスの時代になったら、どうなるのか。そんな現代社会を考える上でも、紀元前のこんな考え方が豊かなヒントになるという話でした。

正義とか不正、善と悪、あるいは幸福と不幸など、道徳や※7倫理《りんり》の問題を考えてみたいと思います。これらもまた難問です。正しいことや間違っていること、善悪もまた自明で普遍《ふへん》的な概念《がいねん》だと思われています。しかし、誰にとっても、どんな場合でも正しいと言える行動はあるのでしょうか。誰にとっても幸せなこと、不幸なことはあるのでしょうか。こんな例で考えてみましょう。

あるテレビ局が動物番組を二本作ることになりました。一本は「熊の一生」、もう一本は「鮭《さけ》の一生」です。誕生から自然界の苦難を乗り越えて成長していく※8ドキュメント。熊さんチームは、お腹が空いた子熊のために必死で餌《えさ》を追う母熊の姿をとらえます。食料をなかなか見つけられない母熊は必死です。川のほとりにたどり着いたとき、川面《かわも》を揺らす※9銀鱗《ぎんりん》が目に入りました。「やったー！　鮭がやってきたんだ」。テレ

は、何にも代えることのできない最高の贈り物になったということ。

ウ　思いがけず少女の言葉を耳にしたことで、彼女が喋れないわけではなかったことが分かり、その事実は自分だけに与えられた贈り物になったということ。

エ　少女の声を聴きたいと願っていた自分の夢がようやく現実のものとなり、彼女をこれまで以上に身近に感じられる贈り物になったということ。

問五　本文の内容と表現についての説明として**適当でないもの**を次の中から一つ選び、記号で答えなさい。

ア　本文の最後の場面で少女はようやく言葉を口にするが、それまでにも男が表情や動作から推測した彼女の言葉がいくつか表現されている。

イ　少女が男の前に次々と差し出すコレクションの姿や形を丁寧に表現することで、少女の日常や抜け殻に対する思いを印象づけている。

ウ　言葉を発することのない少女の行動に戸惑う男が、小さな生き物の抜け殻を通して少女を理解していく様子が描き出されている。

エ　たとえを用いた表現や窓から見た景色の描写を交えつつ、複雑に揺れ動く男の心情を、言葉を口にしない少女の目を通して描いている。

問六　この小説で、少女は男にさまざまなプレゼントを贈りますが、あなたは「プレゼント」とはどのようなものだと考えますか。本文の内容に触れた上で、現時点でのあなたの考えを書きなさい。

［三］　次の文章を読み、後の問いに答えなさい。（句読点や記号も一字にかぞえること。本文の行末にある数字は行数です。）

テツガクするということはどういうことなのかを考えるシリーズ、今回は「アキレスは亀《かめ》を追い越《こ》せない」というテーゼ※1について考えていきましょう。古代ギリシャ時代から哲学《てつがく》者たちを悩《なや》ませ、今日もなお明確な解答が出せないでいる難問。ギリシャ時代の有名なパラドックス※2です。

アキレスはとても足が速いので有名です。素晴らしいスポーツマンで体を鍛《きた》えているのだけど、体の中で唯一《ゆいいつ》弱点があった。それが「アキレス腱《けん》」。というと、ああ、あのアキレスねと分かる人もいるはず。その足の速いアキレスとのろまの亀が競走するという話です。

亀は走るのが遅《おそ》いからハンディキャップをもらいました。アキレスは亀の五メートル後ろから、よ～いどんで走り始めるとします。アキレスはあっというまに亀のいた地点に到着《とうちゃく》するはずですね。でもそのときには、亀はほんの少しだけど前にいる。追いついたと思うと、たとえ時間は数秒であっても亀はその分だけ前に進んでいる。亀のいたゼロ地点に到達したと思っても、そのかかった時間分、亀は前にいるわけです。そこが新たなゼロ地点になって、アキレスがそこに到達したと思っても、その分、亀は先に進んでいる。これが無限に繰り返され、果たして、①アキレスは亀を追い越すことができない。これは難問です。

現実的には、足の速い人はのろまな人を追い越していくでしょうが、こんなふうに考えると、亀が止まっていないかぎり決して追い越すことはできないという考えになります。これによって「運動なんて存在しない」「変化は存在しない」ということを証明しようとしたのが、エレア

その風景の中に、少女がいた。

「駄目《だめ》よ。そっちへ行っては。車が来たらはねられてしまう。そう、皆、この木陰《こかげ》に集まって。怖《こわ》がらなくてもいいのよ。大丈夫。すぐに助けが来るわ。何の心配もいらないの」

少女は彼らを誘導《ゆうどう》し、元気づけ、恐怖《きょうふ》に立ち竦《すく》んでいるひよこを、胸に抱いて温めた。色とりどりの羽が舞い上がり、少女を包んでいた。

③これが彼女からの本当のプレゼントだと、その時男は分かった。少女が聞かせてくれた声。これこそが、自分だけに与えられたかけがえのない贈《おく》り物だ、と。

男は何度も繰《く》り返し少女の声を耳によみがえらせた。それはひよこたちのさえずりにかき消されることなく、いつまでも男の胸の中に響いていた。

（小川洋子《おがわようこ》『ひよこトラック』より）

問一 ===線部Ⅰ・Ⅱの言葉の意味として最も適当なものを次の中からそれぞれ選び、記号で答えなさい。

Ⅰ「圧巻」

ア とりわけ重量感のあるもの　**イ** これまでにない新しいもの

ウ 大きさだけなら一番のもの　**エ** 他と比べて最も優れたもの

Ⅱ「克明」

ア 細やかなこと　**イ** おおまかなこと

ウ 色濃《こ》いこと　**エ** 丁寧《ていねい》なこと

問二 ――線部①「正しく判断できなかった」とありますが、その理由として最も適当なものを次の中から選び、記号で答えなさい。

ア 男はこれまで、この下宿先の少女と言葉を交わすような場面が一度もなかったから。

イ 男の好きな、夜明け前の時間であったために、物事を冷静に考えることができなかったから。

ウ 男には、これまでに誰かから何かをプレゼントされた思い出がなかったから。

エ 男の目の前に差し出されたものは、プレゼントとしてはふさわしくないと感じたから。

問三 ――線部②「少女が何も喋らない子供でよかった」とありますが、このときの男の気持ちの説明として適当なものを次の中から二つ選び、記号で答えなさい。

ア ひよこたちのこれからの運命について、少女に嘘をつかなくてもよいので安心している。

イ ひよこたちを待ち受けている悲しい未来を、少女に話さなくてすんだことを喜んでいる。

ウ ひよこたちの行き先は誰にもわからないので、少女に尋ねられなくてほっとしている。

エ ひよこたちは、少女の心の中でいつまでも間違いなく幸せであり続けると確信している。

問四 ――線部③「これが彼女からの本当のプレゼントだ」とありますが、これはどういうことですか。最も適当なものを次の中から選び、記号で答えなさい。

ア 少女の言葉を聞いてはじめて、ひよこに対する彼女の愛情を発見し、そのことはいつまでも忘れることのできない贈り物になったということ。

イ これまで言葉を失っていた少女の声を自分だけが耳にしたこと

見せることなどできるわけがなかった。平気、平気。私に任せておきなさい、という態度を保ち続けた。

やがてぬるぬるとした生臭《なまぐさ》い粘液《ねんえき》が喉《のど》に流れ込んできた。唇《くちびる》に触れる殻はひんやりとし、ざらついていた。男は気分が悪くなりそうなのをこらえ、味わう暇《ひま》を与えない勢いでそれを飲み込み続けた。すぼめた唇と殻の隙間《すきま》から息が漏《も》れ、奇妙《きみょう》な音がした。

だんだんに男は、縁日で死んだひよこを飲み込んでいるような気持になってきた。着色され、ぎゅうぎゅう詰めにされ、遠くへ運ばれた挙句《あげく》、一人ぼっちで死んでいったひよこを、自分は今弔《とむら》っているのだ。少女に気づかれないよう、そっと花園に埋葬《まいそう》しているのだ。

男は目を閉じ、最後の一滴《てき》まで、すべてを吸い尽《つ》くした。少女はベッドの上で足を揺らしながら拍手《はくしゅ》をした。二人の間に、白い小さな抜け殻が一個、残された。男はそれを窓辺のコレクションに加えた。卵はすぐに他の抜け殻たちと上手《うま》く馴染《なじ》んだ。少女の拍手が一段と大きくなった。

（中略）

三度めの時、少女はもう、ひよこトラックについて相当の知識を蓄《たくわ》えていたので、姿が見えるずっと前にエンジン音をキャッチし、階段を駆《か》け下りていった。男も後を追いかけた。少女は切り株に立ち、いつそれがやって来てもいいように、体勢を整えていた。

少女は間違《まちが》えていなかった。一本道のずっと向こうから、トラックはやって来た。

ほらね。やっぱりね。

少女は得意げな顔をして見せた。

うん、本当だ。

男はうなずいた。

太陽を背に、トラックの荷台は、四隅までわずかの隙間もなくひよこたちの鮮《あざ》やかな羽に埋め尽くされていた。たとえあと一羽でも、余分に乗せることは無理だろうと思われた。

男の目には、いつもよりトラックのスピードが遅く、ふらついているように映った。荷台が揺れるたび、さえずりは更にトーンを上げ、波のようにうねりながら空の高いところまで響《ひび》き渡っていった。少女は切り株の上でジャンプしていた。

私たちにひよこを十分見せてやろうとして、わざとゆっくり走っているのだろうか。そう、男が思った時、トラックは二人の前を通り過ぎ、農道を外れ、草むらに入り込み、そのままプラタナスの木にぶつかって横転した。あっ、と声を出す暇《ひま》もない間の出来事だった。

男は慌《あわ》ててトラックに駆け寄った。運転手は自力で外へ這《は》い出してきた。額から血が出ていたが意識ははっきりしていた。

「大丈夫か。しっかりしろよ。大家さん、大家さん。すぐに救急車を呼んで」

男は大声で家の中の未亡人に呼びかけた。それから運転手の首に巻かれていたタオルで傷口を押《お》さえ、もう片方の手で身体をさすった。

ふと、男が視線を上げると、そこはひよこたちで一杯だった。視界のすべてをひよこが埋め尽くしていた。突然荷台から放り出された彼らは、興奮し、混乱し、やけを起こしていた。ある群れは意味もなくその場で渦《うず》巻きを作り、ある群れは空に逃げようというのか、未熟な羽をばたつかせ、またある群れは身体を寄せ合い、打ち震《ふる》えていた。

ためのものだということを、忘れそうなほどだった。自分も六つの時は、こんなふうだったのだろうかと思うだけで、訳もなく哀《かな》しくなった。

「どこにいるんだい。さあ、ご飯の支度《したく》、できたよ」

台所で未亡人が、少女を呼んでいた。

ひよこトラックが二度めに農道を通った時、少女はちょうど男の部屋にいた。ガタガタとしたエンジン音の響きだけで、二人はすぐに何が近づいてきているのか分かった。男は窓を開けた。

同じように荷台は色とりどりのひよこで埋《う》まっていた。例のさえずりも聞こえてきた。少女は顔を輝《かがや》かせ、精一杯《せいいっぱい》爪先《つまさき》立ちをした。吊《つ》りスカートが持ち上がって、パンツが見えるのではないかと、男は気が気ではなかった。しかし少女はそんなことにはお構いなく、少しでもひよこに近づこうとして窓枠《まどわく》から身を乗り出した。彼女が落ちないよう、男はスカートの紐《ひも》を引っ張った。

ひよこよね。ああ、そうだ、ひよこだ。

二回めともなれば、目配せの確認も簡潔に済んだ。少女は手すりを握《にぎ》り締《し》め、瞬《まばた》きをするのも惜《お》しいといった様子だった。風景の中で、そのトラックの荷台だけが別格だった。光を浴びる羽毛は花園であり、湧《わ》き上がるさえずりは歓喜《かんき》のコーラスだった。

けれど男は知っていた。着色されたひよこたちは、長生きできないということを。縁日の人込みの中、ハロゲンライトに照らされながら、彼らは窮屈《きゅうくつ》な箱に押し込められる。乱暴に首をつかまれ、足を引っ張られる。買われた先ではすぐに飽《あ》きられ、羽の色もいつしかあせ、糞《ふん》まみれになって衰弱死《すいじゃくし》する。あるいは猫《ねこ》に食べられる。売れ残ったひよこは、箱の片隅で、窒息死《ちっそくし》している。

②少女が何も喋らない子供でよかったと、その男は初めて思った。もし少女に、

「ひよこたちはどこへ行くの？」

と尋ねられたら、自分はきっと答えに詰《つ》まるだろう。本当のことを言うべきか嘘《うそ》をつくべきか分からず、うろたえてしまうだろう。

しかし二人は言葉を発しないのだから、少女の黒い瞳の中では、ひよこはどこへでも行けるのだ。虹を渡った先にある楽園で、可愛い色の羽をパタパタさせながら、いつまでも幸福に暮らすのだ。

新しいコレクションとして少女が選んだのは卵だった。彼女が裁縫《さいほう》箱と卵を持って二階へ上がってきた時、どういうつもりなのか意図がつかめなかった。最初は卵を孵《かえ》してひよこにしたいのかと思った。少女は裁縫箱から針を一本取り出し、それで卵をつつく真似をした。

ははあ、卵に針で穴を開けて、中身を吸い出したいんだな。なるほど。卵の殻も立派な抜け殻だ。

早速男は作業に取り掛かった。これまでのコレクションは全部、少女が一人でどこからか見つけてきたものだった。しかし今回は二人の共同作業だ。自分の働きが大事なポイントとなる。セミやヤゴに負けない立派な抜け殻を完成させなければならない。だから男は張り切っていた。

できるだけ目立たない穴にするため、細心の注意を払《はら》って男は卵のお尻《しり》に針を突き刺し、そこに唇《くちびる》をあてがった。少女はベッドの縁に腰掛け、じっと成り行きを見つめていた。正直なところ男は生卵があまり好きではなかったのだが、期待に満ちた少女の瞳を前に、嫌《いや》そうな表情を

るだけ抜け殻のことは考えないようにしているのだが、窓辺に腰《こし》掛《か》けると、どうしてもそれを掌《てのひら》に載せてしまうのだった。

いつの間にか星は残らず姿を消し、朝焼けが広がろうとしていた。生まれたばかりのか細い光が、一筋、二筋、果樹園に差し込んでいた。しかし静けさはまだ、夜の名残に守られ、男の手の中にあった。抜け殻に朝日が当たるまで、もうしばらくかかりそうだった。

セミの次に少女が持ってきたのは、ヤゴの抜け殻だった。次がカタツムリの殻、ミノムシの蓑《みの》、蟹《かに》の甲羅《こうら》、と続いていった。Ⅰ圧巻《あっかん》はシマヘビの抜け殻で、直径二センチ、全長は五十センチもあり、それ一つで窓辺のスペースの半分近くを独占した。日に日に窓辺の抜け殻コレクションは充実《じゅうじつ》していった。

少女はそれらを眺《なが》め、満足そうな表情を見せた。二人は時折一緒《いっしょ》に、窓辺の時間を過ごすようになった。少女はコレクションの前にペタンと座り込み、男はその折々で、手持ち無沙汰《ぶさた》に立っていることもあれば、彼女のためにジュースを注いでやることもあった。

最初のうち男は、こんなにも年の離れた、しかも喋《しゃべ》らない人間と、どう間を持たせたらいいのか戸惑《とまど》ったが、すぐに要領をつかんだ。つまり、抜け殻を眺めていればいいのだ。それで二人には何の不足もなかった。

どの抜け殻にも、眺めれば眺めるほど、新しい発見があった。男がまず驚いたのは、脱皮した殻が実に精巧《せいこう》な作りをしていることだった。セミの腹に刻まれた皺《しわ》から、頭部の先端に密集する毛まで。ヤゴの透明《とうめい》な眼球から、羽に浮き出す網目《あみめ》模様まで。かつて殻の中に生きていた生物の形を、Ⅱ克明《こくめい》に留めていた。隅々《すみずみ》まで神経が行き届いていた。どうせ脱ぎ捨てられるものだから、といういい加減なところが微塵《みじん》もなかった。

更《さら》には、それほど精巧でありながら、綻《ほころ》びがないのだった。背中に一箇所《かしょ》、ファスナーのような切れ目がある以外、どこも破れたりクシャクシャになったりしていない。シマヘビになると、そっくりそのまま裏返しになっていて、模様が内側に広がっているという手の込《こ》みようだった。

人間でもこんなに上手に洋服を脱ぐことは不可能だ、と男は思った。間違いなくこれは、プレゼントに値する驚異《きょうい》だ、と一人で確信を深めたりもした。

しかし男はこうした思いのあれこれを、少女に向かって言葉にはしなかった。返事がもらえないからではなく、お互い喋らないでいる方が平等だ、という気がしたからだ。たとえ喋らなくても、少女のそばにいれば、彼女が抜け殻について自分と同じような発見をしていることが、伝わってきた。

彼女はそれらを人差し指でつついたり、光にかざしたり、においをかいだりした。ちょっと考え込んだり、口元に微笑を浮かべたりした。少女が動くたび、肩先で三つ編みの結び目も揺《ゆ》れた。全部眺め終わった後は、順番と向きを間違えないよう、男が並べていた通りに元に戻した。

男は抜け殻と同じように、少女についても次々と発見をした。小ささは手に留まらず、身体《からだ》中のあらゆる部分に及《およ》んでいた。鼻も耳も背中も、ただ小さいというだけで、神様が特別丹精《たんせい》を込めた感じがした。髪の毛は甘い香りがした。瞳《ひとみ》の黒色はあまりにも深く、それが何かを見る

【国語】〈五〇分〉〈満点：一〇〇点〉

［一］　次の各問いに答えなさい。

問一　次の――線部について、漢字をひらがなに、カタカナを漢字に直しなさい。

①　多くの国々と貿易を行う。
②　大売出しでお店は混雑している。
③　今年限りでスポーツ界を退く。
④　額にあせをしてがんばる。
⑤　大事なヨウケンは直接伝える。
⑥　クラスの代表にニンメイされた。
⑦　新商品でリエキが上がった。
⑧　仕事をみんなでブンタンする。
⑨　銀行にお金をアズける。
⑩　テストにソナえて勉強しよう。

問二　次の１～３のことわざとよく似た意味のことわざをあとのイ～ホから選び、それぞれ記号で答えなさい。

１　ねこに小判。
２　猿《さる》も木から落ちる。
３　石橋をたたいてわたる。

イ　月とすっぽん。　　**ロ**　馬の耳に念仏。
ハ　転ばぬ先の杖《つえ》。　　**ニ**　泣きっ面に蜂《はち》。
ホ　河童《かっぱ》の川流れ。

問三　次の１・２の言葉の類義語（意味がよく似た言葉）になるように、□にあてはまる漢字一字をそれぞれ答えなさい。

１　方法　－　□段
２　興味　－　□心

［二］　次の文章を読み、後の問いに答えなさい。本文の行末にある数字は行数です。（句読点や記号も一字にかぞえること。）

ホテルのドアマンをしている男が、七十歳《さい》の未亡人と孫娘が二人で暮らす一軒《いっけん》家《や》に下宿することになった。孫娘は母親が死んでからは言葉を発することがなくなっていたが、ひよこを荷台に載《の》せたトラックがやって来たことをきっかけに、男との関係に変化が見られた。

男が窓辺で過ごす時間のなかで一番好きなのは、夜明け前だった。闇《やみ》が東の縁《ふち》から順々に溶け出し、空が光の予感に染まりはじめる。一つずつ星が消え、月が遠ざかる。世界がこんなにも大胆《だいたん》に変化しようとしているのに、物音は一切しない。すべてが静けさに包まれて移り変わってゆく。

少女を真似《まね》て、男はセミの抜《ぬ》け殻《がら》を手に載せた。これは、プレゼント、というものなのだろうか？　夜明け前の静けさに向かって、男は問いかけた。かつて自分が誰かから、何かをプレゼントされたことがあったかどうか、思い出してみようとした。目を閉じ、遠い記憶《きおく》を呼び覚まそうとしてみた。けれど、何一つ浮かんではこなかった。

だから男には、このセミの抜け殻が本当にプレゼントなのかどうか、①正しく判断できなかった。自分がプレゼントだと思い込んでいるだけで、少女の方にはちっともそのつもりがないとしたら大変なので、でき

【英　語】（50分）　＜満点：100点＞

１．［C］と［D］の関係が［A］と［B］の関係と同じになるように，［D］の（　）内に入れるのに最も適当なものを次の中から一つ選び，記号で答えなさい。

(1) ［A］easy －［B］difficult　［C］long －［D］（　　）

ア．small　イ．big　ウ．short　エ．huge

(2) ［A］see －［B］eye　［C］hear －［D］（　　）

ア．mouth　イ．ear　ウ．nose　エ．cheek

(3) ［A］dog －［B］dogs　［C］tooth －［D］（　　）

ア．tooth　イ．teeth　ウ．tooths　エ．teeths

(4) ［A］Japan －［B］country　［C］Tokyo －［D］（　　）

ア．city　イ．rural　ウ．place　エ．state

２．次の英文が表すものを次の中から一つ選び，記号で答えなさい。

(1) sweet food served after the main part of a meal

ア．appetizer　イ．lunch　ウ．dinner　エ．dessert

(2) the tenth month of the year

ア．August　イ．September　ウ．October　エ．November

(3) a young dog

ア．kitty　イ．puppy　ウ．lamb　エ．rabbit

(4) a building where people go to look at fish and other marine animals

ア．amusement park　イ．museum　ウ．library　エ．aquarium

３．対話を読んで（　）にあてはまる答えとして最も適当なものを，次の中から一つ選び，記号で答えなさい。

(1) Man : Excuse me.　How long does it take to the park?

Woman : (　　　　　　　　　).

ア．About five people

イ．About five years ago

ウ．About three thousand yen

エ．About thirty minutes

(2) Boy : Hello, this is Bill.　Is Yoko there?

Girl : (　　　　　　).　She's at the library.

ア．I've already done　イ．I think you know her

ウ．I can't hear you　エ．I'm afraid she's not

(3) Boy : Dad, can you help me with my homework?

Father : Sorry, (　　　　　　).

ア．that's not for you　イ．there you are

ウ．I'm busy now　エ．I don't have any

⑷ Boy : Do you often go to the park, Alice?
Girl : Yes. (　　　　　　).
ア. I'll go to another park　　イ. I walk my dog there
ウ. I won't go there again　　エ. I can ask someone

⑸ Boy : It's raining. I left my umbrella at home.
Girl : Don't worry. (　　　　　　). I have another one.
ア. I'll lend you mine　　イ. I'm afraid you can't
ウ. I hope it gets warm　　エ. I agree with you

⑹ Girl : Richard, let's go to the cafeteria.
Boy : (　　　　　　). I need to talk to Mr. Jackson before lunch.
ア. Please come again　　イ. You go ahead
ウ. Please help me　　エ. You can get away

⑺ Boy : Do you know where Mr. Peterson is?
Girl : (　　　　　　), but he may be in the gym.
ア. I'm not sure　　イ. I like it, too
ウ. I think so　　エ. You can't miss it

4．次の①～⑦は留学のメリットについて述べた英文である。内容構成の点から各英文を分類すると，図１のようになる。図１の内容構成となるように大学選択についての英文(a)～(g)を並べかえるとどのような英文となるかを，図２の①～⑦に当てはめて答えなさい。
なお，①には(d)の英文，②には(a)の英文，⑥には(f)の英文が入ることとする。

①Studying abroad offers students many advantages.
②First of all, students have the opportunities to learn a new language by interacting with native speakers every day.
③The students live in a new culture, so they can learn both in and out of the classroom.
④Communicating with the local people positively and doing various activities with them can lead to great language learning experiences.

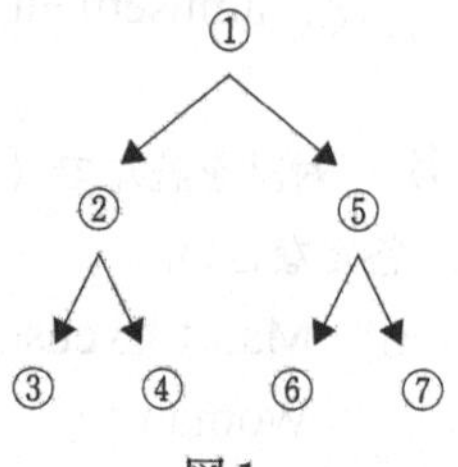

図１

⑤Studying abroad teaches students that there are other ways of looking at the world.
⑥Students learn to be flexible because they have to adapt to different ways of living.
⑦They experience another culture in a much more significant way than if they simply took vacation to another country.

(a) First of all, Columbia University allowed[※1] individualization in programming.
(b) Besides the coursework, I knew and respected the two professors who would be my advisors.
(c) They have much information to share and I knew I could learn a lot from them.
(d) Even though I didn't relish[※2] the idea of being in New York City, I decided to attend graduate school there for several important reasons.

(e) Perhaps most importantly, I learned on my first visit to the university that the professor who would be my advisor would allow me to do much of my work in Rochester and travel to New York only for special meetings.

(f) Both people have taught and researched in the field for many years.

(g) The university also accepted work I had previously[※3] done and applied[※4] it to my degree.

※１　allow individualization　個別化を可能にする　　※２　relish　うれしく思う

※３　previously 以前に　　※４　apply　適用する

① (d) Even though I didn't relish the idea of being in New York City, I decided to attend graduate school there for several important reasons.

② (a) First of all, Columbia University allowed ⑤ (　　　　　) individualization in programming.

③　④　　⑥　⑦

③ (　　　　　　　　　　　)
④ (　　　　　　　　　　　)

⑥ (f) Both people have taught and researched in the field for many years.
⑦ (　　　　　　　　　　　)

図２

５．次のページのチラシと31ページのウェブサイトの内容に関して，(1)～(3)の各問いに対する答えとして最も適当なものを，次の中から一つ選び，記号で答えなさい。

(1) You live in Shiki City. You rent a car model cattold for two days during the campaign period. You return it at 5 p.m.. How much money do you have to pay?

ア．12,800 yen　　イ．14,840 yen　　ウ．15,220 yen　　エ．15,840 yen

(2) According to the website, you can know

ア．the way of registering in a membership.

イ．the only way of payment.

ウ．a kind of coupon that you can use at any time.

エ．the difference of prices.

(3) According to the leaflet and the website, which statement is true?

ア．If you want to get information about HOSODA RENTAL CAR, you can call at eight o'clock.

イ．You can use only one coupon at the same time.

ウ．When you use HOSODA RENTAL CAR, you must prove your name, address, and birthday.

エ．You can use a free car navigation system on Tuesday.

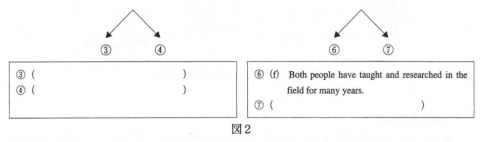

リーフレット

HOSODA RENTAL CAR

Place : Shiki, Saitama 168-94

TEL : 123-4567-8999

Hour : 9:00-17:00

MAX 20% OFF CAMPAIGN

CAR MODEL	PRICE / 1 DAY
selcom	4,400 yen
hovlep	6,600 yen
gradal	8,000 yen
cattold	9,000 yen
pylkrm	11,000 yen

*tax included

Period : July 7th~ August 24th

Loan Conditions

- Return a car by 4 P.M. If you miss this time, you have to pay additional 10% of the car rental price.
- Show your personal information.
- Fill up the gas tank when you return it.

Discount

- If you live in Shiki City, you can get a discount of 20% off the total price.
- If you live in other cities in Saitama, you can get a 10% off coupon.

*If you have other coupons, you can use them together.

Notes

- You must not eat or drink in a car.
- During this campaign period, you can rent a car navigation system for free on weekends.

*On weekdays, you can rent it for 1,000 yen.

*In case of any accident, you must call the police and us.

*If you want to know more about us, please visit our website : hosoda_rentalcar.com.

website

GUIDE	PRICE	PLAN	COUPON

PRICE PAGE
You can compare prices of each car model. In addition, there are two payment methods : cash or a credit card.

PLAN PAGE
The rental plan on weekdays is different from the one on weekends. We can arrange a car cheaper when you book in advance.

COUPON PAGE
We have prepared some coupons for people who have registered in our membership. Please check it before the appointed date.

6．次のメールの内容に関して，(1)～(5)の各問いに対する答えとして最も適当なものを，次の中から一つ選び，記号で答えなさい。

From: Ben Williams
To: Tony Fox
Date: May 14th
Subject: Piano Concert

Dear my friend,
Hi. How are you doing?
I am emailing to inform you that I am going to have concerts abroad next year. I am wondering if you could come with me to help me out.

Here is the plan for the concerts. I am starting in Tokyo, Japan on January 27th and will stay there for six days. Then, I am going to go to Seoul, Korea in February and hold four concerts in different halls there. I will stay there for two weeks and visit my sister after the concerts. Then I am going to go to Paris, France and hold three concerts at a hall near the Eiffel Tower. After Paris, I am going to go to Los Angeles and Florida, the USA and play jazz in amusement parks. Then I will come back to Canada in March and have another concert in my hometown, Toronto.

How does it sound? I am waiting for your reply. Thank you.

Your friend,
Ben

From: Tony Fox
To: Ben Williams
Date: May 17th
Subject: Re: Piano Concert

Hi, Ben,
I am glad to hear from you. I am doing great. I cannot believe you are holding concerts overseas next year. That's wonderful! You have always dreamed of doing it and I am really happy that your dream is finally coming true. I would love to join your tour, of course.

Actually, my brother is getting married to a Japanese woman and they are going to hold a wedding in Tokyo in January, so I was surprised to know that you were going to start the tour in Tokyo. It will be a perfect place to start for both of us. I will attend their wedding a week before your first concert, then I will go pick you up at the airport if you let me know when your flight is arriving. I cannot wait till I can see you and help you succeed in all the concerts.

Yours,
Tony

⑴ What is Ben's job?
ア. He works for a travel agency.　イ. He works at a concert hall.
ウ. He is a pianist.　エ. He is a friend of Tony's.

⑵ How many cities are Ben and Tony going to visit?
ア. Three.　イ. Five.　ウ. Six.　エ. Eleven.

⑶ Where is Ben from?
ア. He is from Japan.　イ. He is from Korea.
ウ. He is from America.　エ. He is from Canada.

⑷ Why is Tony happy?
ア. Because he gets to go abroad.
イ. Because he can start in a perfect place.
ウ. Because he can meet Ben at the airport.
エ. Because his friend's dream is coming true.

⑸ When is Tony's brother getting married?
ア. He is getting married to a Japanese lady.
イ. He is getting married in Tokyo.
ウ. He is having a wedding on January 20th.
エ. He is having a wedding a week after the concert in Tokyo.

７．次の英文の内容に関して，⑴～⑸の各問いに対する答えとして最も適当なもの，または文を完成させるのに最も適当なものを，次の中から一つ選び，記号で答えなさい。

Ayrton Senna ~ A Racing Legend ~

Formula[※1] One, or F 1, is the most difficult type of car race in the world. There are about 20 races each year, with cars going up to about 370 kilometers per hour.

In the mid[※2]-1980s, F 1 racing became very popular in Japan. One of the reasons was because Honda's engines started being used in the cars. But the biggest reason may be because many people were fans of the Brazilian racing driver, Ayrton Senna.

Senna was born in São[※3] Paulo in 1960. His family was rich and owned several companies. He started racing at a young age and became a good driver. At first, he wasn't serious[※4] about becoming a professional racer. He even quit once because his father wanted him to run[※5] the family business. However, many people wanted Senna to continue racing, so he decided to become a professional racer. Senna became a world champion three times. Many people say he was one of the greatest drivers ever. But on May 1, 1994, Senna crashed[※6] into a concrete wall during a race and died. He was only 34 years old.

There are many stories about Senna that show he was a great driver. For example, he controlled the brake[※7] pedal by stepping[※8] on it more than five times in one second. It is said that no other driver could do that. Also, his race in Monaco in 1992 is very famous because he and another driver caught[※9] up with each other many times. No one knew who was going to win until the very end. Many people still watch that video today.

As a person, Senna was known to show his feelings easily. He became angry quickly when he was racing, and this sometimes got him in trouble. Also, he wanted to win so much that it was sometimes hard for him to become friends with other drivers. His biggest rival was Alain Prost, a French driver. They were enemies for a long time.

However, Senna was also a kind person. For example, the first time he won a race in his home country, Senna cried in his car. Also, people say that he cried when he met Honda Soichiro, the owner of Honda Motor Company. Senna was very happy to meet the person who made his cars' engines. When Honda died one year later, Senna drove with a black[※10] armband to show respect. Senna's feelings toward his main rival Prost changed, too. After Prost retired[※11], they became good friends. Just before Senna died, he said, "My good friend Alain, I am so sad that you are not here racing with me today."

Over 20 years have passed since Senna's death, but people still remember that he was a great driver, and he is missed by people in Japan and all over the world.

"*Heroes of Unbreakable Spirits*" ＮＨＫ出版より引用

※１　Formula One：フォーミュラ・ワン。モータースポーツのカテゴリーのひとつ。

※２　mid-1980s：1980年代半ば

※３　Sao Paulo：サンパウロ。ブラジル南東部に位置するサンパウロ州の州都。

※４　serious about ～：～について真剣である

※５　run ～：～を経営する

※６　crash into ～：～に激突する

※７　brake pedal：ブレーキペダル

※８　step on ～：～を踏む

※９　catch up with ～：～に追いつく

※10　black armband：喪章。故人の死を悼むために腕につけるもの。

※11　retire：引退する

⑴　Which is NOT correct as the description of F1?

ア．It has approximately 20 races a year.

イ．F1 race cars goes at least 370 kilometers per hour,

ウ．In mid-1980s, F1 racing cars had Honda's engines.

エ．Ayrton Senna was a popular racing driver in F1.

⑵　According to the story, which is the reason why Ayrton Senna quit becoming a racing driver?

ア．Because his family was poor.

イ．Because his father wanted him to succeed to his family's companies.

ウ．Because many people expected him to continue racing.

エ．Because he caused a big accident.

⑶　What is a unique point of Ayrton Senna as a racing driver?

ア．He operated the brake pedal so fast.

イ．He hadn't lost his games since he became a racing driver.

ウ．He got angry after his races.

エ．He didn't give up winning the race.

⑷　Ayrton Senna cried when he met Soichiro Honda because

ア．he lost the game just before he met Soichiro.

イ．Soichiro was a very scary person.

ウ．he was happy to be able to talk about car engines.

エ．he was impressed to see the person who made engines equipped with his cars.

⑸　According to the story, Ayrton Senna participated in a race with a black armband

ア．to show his happiness.

イ．to hide his crying in his car.

ウ．to pay his respect to Soichiro Honda.

エ．to show the change of his feelings to Alain Prost.

2022年度

細田学園中学校入試問題（第２回）

【算　数】（50分）　＜満点：100点＞

【注意】　1．コンパス，定規，分度器などは使用してはいけません。

2．円周率は3.14とします。

3．問題にかかれている図は正確とは限りません。

1　次の □ にあてはまる数を求めなさい。

(1)　$159-5\times\{7+5\times(12-8)\}=$ □

(2)　$(6+$ □ $\times5)\div\frac{27}{8}=64$

(3)　$4\div5+1.5\times1.5\times1.5\div\frac{1}{4}=$ □

(4)　$8+88+888+8888+88888=$ □

2　次の □ にあてはまる数を求めなさい。

(1)　Ａさん，Ｂさん，Ｃさんの３人がペンを買いました。Ａさんが買った店では６本で320円，Ｂさんが買った店では４本で220円，Ｃさんが買った店では１本で60円でした。Ａさんは □ 本のペンを買い，ＢさんとＣさんはＡさんが買った本数の半分ずつ買ったところ，ＢさんとＣさんが支払った代金の合計がＡさんが支払った代金より300円多くなりました。

(2)　右図において，点Ｄ，点ＥはそれぞれＢＣ，ＡＤ上にあり，ＢＤ：ＤＣ＝１：２，ＡＥ：ＥＤ＝３：２です。このとき，三角形ＡＢＥの面積は三角形ＣＤＥの面積の □ 倍です。

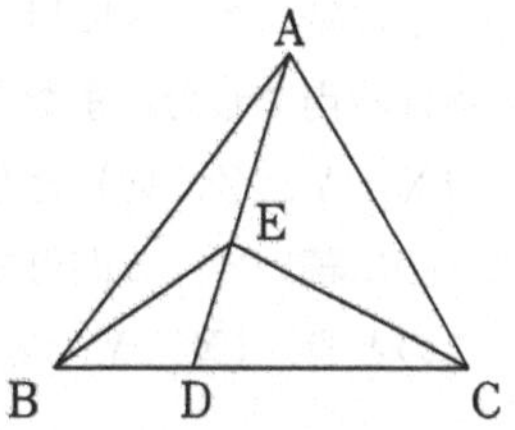

(3)　右図のように，底面の半径が６cmで高さが６cmの円柱の中から，底面の半径が２cmで高さが６cmの円柱をくりぬいた立体の体積は □ cm^3です。

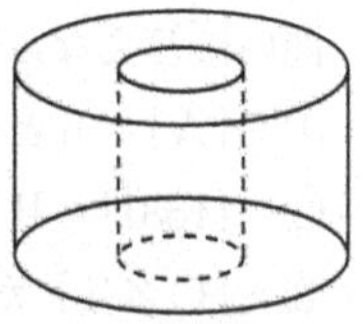

(4)　ある市内の中学生について，１年生の人数は２年生の人数の0.84倍であり，人数の差は96人です。このとき，１年生の人数は □ 人です。

(5)　10秒あたり800mLの水が出る蛇口が10個あります。20Ｌの容器に，１個目の蛇口を開いて水を出し始め，15秒ごとに蛇口を１個ずつ開いていったところ，ちょうど □ 個の蛇口から水を出している間に容器がいっぱいになりました。

⑹　A◎B＝A×A－Bと表します。このとき，（7◎4）◎（2◎1）＝［　　］です。

⑺　次のように，３で割ったときに１余る数を小さい順に並べていきます。

1，4，7，10，13，16，19，22，…

１番目から20番目までの数をかけてできる数は，一の位から数えて０が連続して［　　］個並びます。たとえば，205000は一の位から数えて０が連続して３個並んでいます。

3　クイズ大会にX，Y，Z，Wの４人が参加しています。【ルール】は次の通りです。

【ルール】

①　４人の得点は，はじめ10点です。

②　４人とも正解したとき，または不正解だったときは，何も起こりません。

③　３人が正解し，1人が不正解だったときは，不正解の人の得点が３点減ります。

④　２人が正解し，2人が不正解だったときは，不正解の人の得点が２点減ります。

⑤　１人が正解し，3人が不正解だったときは，不正解の人の得点が１点減り，正解した人の得点が１点増えます。

⑥　誰か１人でも得点が０またはマイナスになったとき，最も得点の高い人を優勝とします。

たとえば，１問目でX，Yが正解しZ，Wが不正解だったとき，X，Yの得点は10点，Z，Wの得点は８点になります。このときの４人の得点の組を（X，Y，Z，W）＝(10，10，8，8）と表します。

このとき，次の問いに答えなさい。

⑴　１問目と２問目でXが２問とも正解したとき，Xの得点は11点で，４人の合計得点は35点でした。また，Yの得点はZの得点以上で，Zの得点はWの得点以上でした。このとき，（X，Y，Z，W）を求めなさい。

⑵　⑴に続いて，３問目と４問目でXが２問とも正解したとき，Xの得点は11点で，４人の合計得点は27点でした。また，Yの得点はZの得点以上で，Zの得点はWの得点以上でした。このとき，（X，Y，Z，W）として考えられるものは何種類あるか求めなさい。

⑶　⑵に続いて，５問目でXが不正解になったとき，Wの得点は０になり，Xだけが優勝しました。このとき，（X，Y，Z，W）を求めなさい。

4　１以上の整数Aについて，体積がA㎝^{3}である立方体の一辺の長さを［A］㎝で表します。たとえば，体積が８㎝^{3}である立方体の一辺の長さは２㎝なので，［８］＝２になります。このとき，次の問いに答えなさい。

⑴　［A］＝５となるような整数Aを求めなさい。

⑵　［1331］＝Bとなるような整数Bを求めなさい。

⑶　［C×４］が整数になるような整数Cを小さい順に並べるとき，９番目の整数を求めなさい。

5　下図の長方形ＡＢＣＤについて，ＡＢ：ＢＣ＝３：４です。点Ｐと点Ｑは次の【規則】にしたがって動きます。

【規則】

①　はじめ，点Ｐと点Ｑは頂点Ａにあります。

② 点Ｐと点ＱはＡ→Ｂ→Ｃ→Ｄ→Ａの順に動き，頂点Ａに再び戻ってきたときに止まります。

③ 点Ｑは点Ｐの２倍の速さで動きます。

このとき，次の問いに答えなさい。

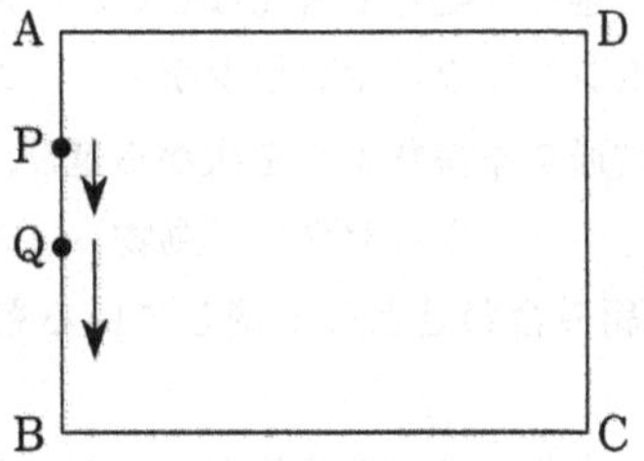

⑴ 点ＰがＡＢ上にあり，ＡＰ：ＰＢ＝２：１であるとき，三角形ＡＰＱの面積は長方形ＡＢＣＤの面積の何倍か求めなさい。

⑵ 点ＰがＢＣ上，点ＱがＡＤ上にあり，ＡＢとＱＰが平行であるとき，長さの比ＢＰ：ＱＤを最も簡単な整数の比で表しなさい。

⑶ 点ＰがＢＣ上にあり，ＢＰ：ＰＣ＝１：３，ＡＰ＝４㎝であるとき，長方形ＡＢＣＤの面積を求めなさい。

【理　科】（30分）　＜満点：50点＞

1

問１　細胞壁《さいぼうへき》をもつ生物を次から選び，記号で答えなさい。

ア．ミジンコ　　イ．ミドリムシ　　ウ．ヤコウタケ　　エ．ゾウリムシ

問２　ヘビとコウモリの両方に共通する特ちょうを次から選び，記号で答えなさい。

ア．変温動物　　イ．卵生　　ウ．セキツイ動物　　エ．皮ふ呼吸

問３　酸素を発生させる物質の組み合わせとして適しているものを次から選び，記号で答えなさい。

ア．炭酸カルシウムと酢酸《さくさん》　　イ．水酸化カルシウムと石灰水

ウ．過酸化水素と二酸化マンガン　　エ．アルミニウムと塩酸

問４　燃やす前よりも燃やした後の方が重くなる物質を次から選び，記号で答えなさい。

ア．銅の粉末　　イ．炭の粉末　　ウ．塩の結晶《けっしょう》　　エ．ドライアイス

問５　次の岩石のうち，「つぶ」の大きさが最も大きいものを次から選び，記号で答えなさい。

ア．れき岩　　イ．砂岩　　ウ．でい岩　　エ．つぶ岩

問６　電磁石を作るとき，磁石のちからをより強くするための工夫としてまちがっているものを次から選び，記号で答えなさい。

ア．銅線の長さは変えずに銅線の太さを太くした。

イ．銅線を長くして，コイルのまき数を増やした。

ウ．鉄の棒をコイルの中に入れた。

エ．銅線の長さは変えずにコイルの直径を大きくした。

問７　水素の説明として，当てはまるものを次から選び，記号で答えなさい。

ア．無色で空気より重い。　　イ．スペースシャトルの燃料に使われている。

ウ．火を点けても燃えない。　　エ．室温で黄緑色の気体である。

問８　胃液にふくまれるペプシンのはたらきによって変化されるものを次から選び，記号で答えなさい。

ア．タンパク質　　イ．デンプン　　ウ．脂肪《しぼう》　　エ．ブドウ糖

問９　一般《いっぱん》に晴れた１日のうち最も気温が高くなる時刻と最も気温が低くなる時刻の組み合わせとして，最も適したものを次から選び，記号で答えなさい。

	最も気温が高くなる時刻	最も気温が低くなる時刻
ア	正午（昼１２時）	午前５時
イ	正午（昼１２時）	真夜中（夜１２時）
ウ	午後２時	午前５時
エ	午後２時	真夜中（夜１２時）

問10　ふりこが１往復する時間を２倍にするのに最も適した方法を次から選び，記号で答えなさい。

ア．ふりこの長さを４倍にする。　　イ．おもりの重さを半分にする。

ウ．ふりこのふれはばを２倍にする。　　エ．おもりの大きさを４倍にする。

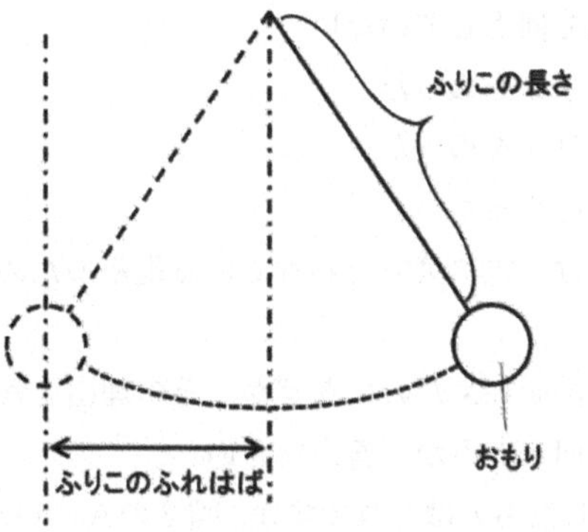

2　次の文章と図を見て，あとの問いに答えなさい。

ある植物の同じ枚数・同じ大きさの葉をつけ，茎《くき》の太さが同じである４本の枝をとり，図１のような装置を４つ作った。次のページのア～エの条件で８時から13時までの水の減少量を調べると図２のようになった。なお，実験時間中は光の強さや温度は一定の条件にして実験を行った。

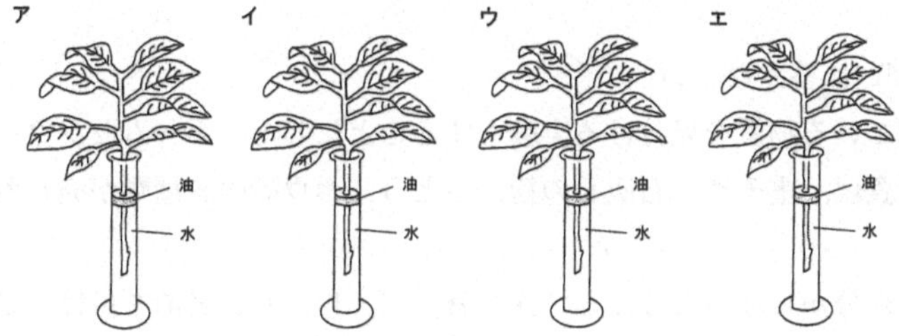

図１　実験装置

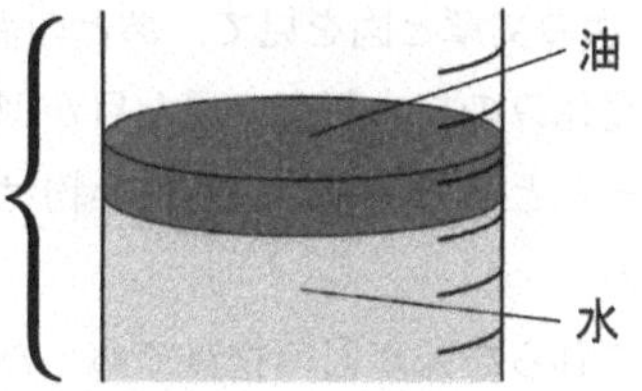

液面のようす

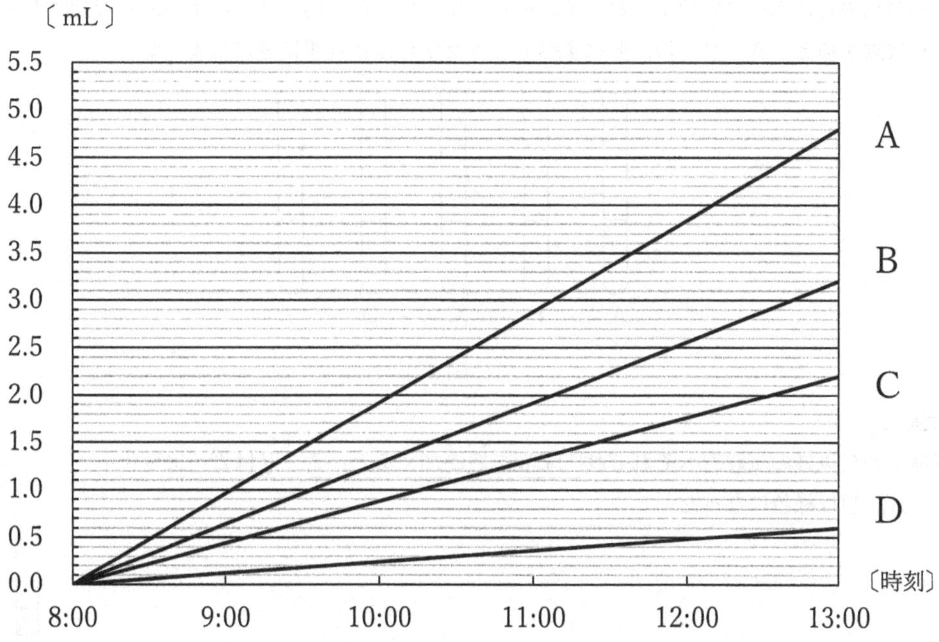

図２　水の減少量と時間の関係

条件ア：葉はそのままの状態で何もしていない

条件イ：葉の表面だけにワセリンをぬった

条件ウ：葉の裏面だけにワセリンをぬった

条件エ：葉の両面にワセリンをぬった

問１　水の体積が変化するのは，主に葉で行われている現象のためです。この現象を何というか答えなさい。

問２　実験装置の水の表面に油を加えたのはなぜか，その理由を答えなさい。

問３　茎《くき》や葉で水が通る管を何というか，答えなさい。

問４　条件ア，ウの変化を示したものはどれですか，図２のＡ～Ｄからそれぞれ記号で答えなさい。

問５　葉の裏側から出た水だけの量を調べるためには，ア～エのうちどの２つの条件を比べればよいですか，記号で答えなさい。また，1時間あたりの水の量〔mL〕を求めなさい。答えが割り切れない場合は四捨五入して少数第一位まで求めること。

問６　１本の枝についている葉の表面積は表252㎠，裏252㎠でした。葉（表と裏）の１㎠から３時間で出た水の量は何mLになるか答えなさい。

３　次の文章と図を見て，あとの問いに答えなさい。

夏休みの自由研究で見た目が似ている物質を見分ける実験をすることにした。ホームセンターに行ったところ，見た目が白い粉は食塩，重そう，石灰石の粉，さとう，ホウ砂の５種類が売られていた。

これらを元が何の物質であったか分からないようにしてＡ，Ｂ，Ｃ，Ｄ，Ｅと名前を付け，これらがどの物質であるか見分ける実験１～５を行った。

実験１

５本の試験管に水を３分の１入れ，それぞれの粉を加えた。均一になるようふり混ぜてから，しばらく放置すると，Ａ，Ｂ，Ｄ，ＥはすべてとけたがＣはとけずに底にたまった。

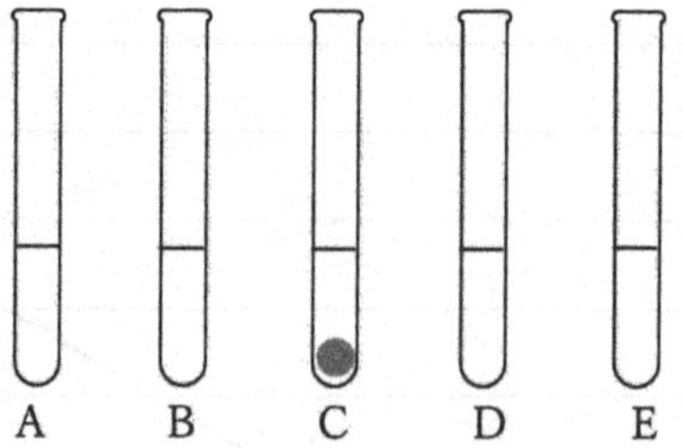

図１

実験２

実験１のＣ以外の試験管へそれぞれBTB液を数滴《すうてき》加えると，Ａ，Ｅは青色に変化①し，Ｂ，Ｄは緑色になった。

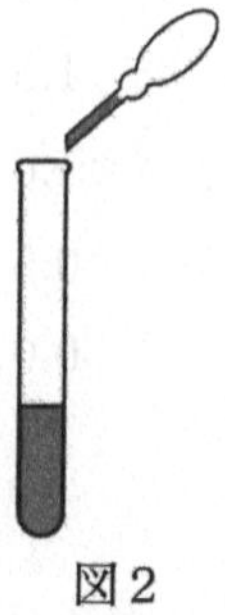

図２

実験３

それぞれ薬さじ１杯《はい》分の粉を５つのステンレス皿に加え，ガスバーナーで加熱した。Aは赤くなりながら液状に変化し，室温で冷ますと透明《とうめい》でかたいかたまりになった。また，Dは黒くなった。

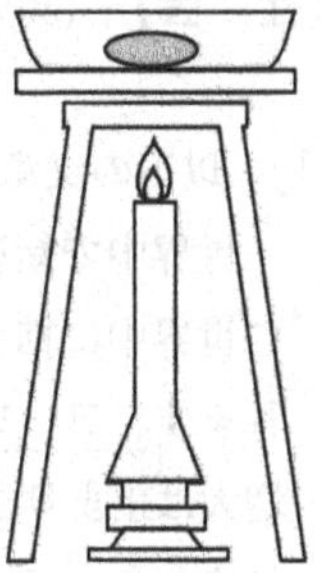

図３

実験４

C，Eへそれぞれ塩酸を数滴《すうてき》加えると，どちらも気体X②が発生した。気体Xを石灰水にふきこむと白くにごった。

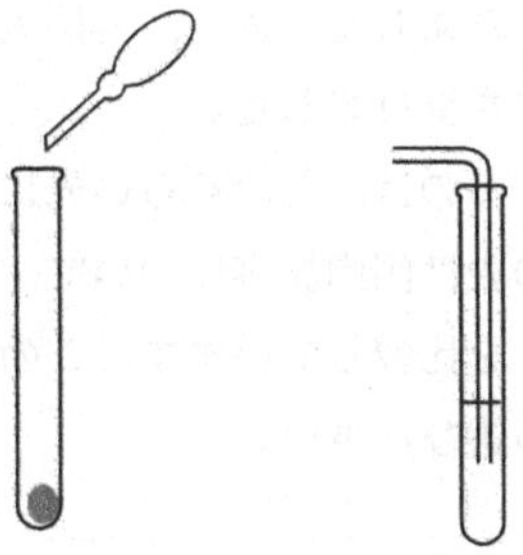

図４

実験５

実験１のAの試験管に水で薄《うす》めた洗たくのりを加えかき混ぜるとねばり気のある透明《とうめい》な物体に変わった。

問１　下線部①の結果からわかることは何か。「これらは～の水よう液である。」という形で答えなさい。

問２　下線部②の気体Xは何か。物質名を答えなさい。

問３　白い粉A，B，C，D，Eはそれぞれどの物質であるか。

問４　実験１～５を行う時，考えられる危険にはどのようなものがあるか，またそれはどのように対策したらよいか。

「実験○は・・・（危険について）・・・なので，～～（対策について）～～する。」

という形でできるだけたくさん答えなさい。

【社　会】（30分）　＜満点：50点＞

1　以下の文章を読んで，後の問いに答えなさい。

世界中で新型コロナウイルスによる感染症《しょう》が猛威《もうい》をふるっています。現代において感染症が急速に世界中に拡大した一つの原因として，交通機関[1]が発達し，人の動きが活発になったことがあげられます。ヨーロッパ[2]でも感染拡大が深刻化し，各国は入国制限などの措置《そち》を取りましたが，感染者の増大は止まりませんでした。2021年４月頃《ごろ》には，アメリカ・インド・ブラジル[3]で特に感染者数が多くなりました。こうしたなかで，世界の製薬企業《きぎょう》や大学などの研究機関がワクチンや治療《ちりょう》薬[4]の開発を進め，さまざまな種類のワクチンがつくられました。日本でも，ワクチン接種が進んできています。

日本では感染拡大を防止するために，国民に対してさまざまな自粛《じしゅく》を求めました。飛沫《ひまつ》感染による感染を防止するため，飲食店に対する自粛要請《ようせい》が何度も行われ，食材を提供する農家や漁師[5]をはじめ，さまざまな業種に影響《えいきょう》がおよびました。また，外国人観光客のみならず日本人観光客も激減したことから，観光業[6]も大きな打撃《だげき》を受けました。

わたしたちがこの感染症を克服《こくふく》するのは，どのくらい先になるのでしょうか。

問１　下線部［１］について，次の表は国内旅客について，輸送機関ごとに1990年と2018年の旅客数と輸送量（旅客数×移動距離《きょり》）を比較《ひかく》しています。この表について説明した文として誤っているものを，以下のア～エから１つ選びなさい。

	1990年		2018年	
	旅客数（百万人）	輸送量（百万人キロ）	旅客数（百万人）	輸送量（百万人キロ）
鉄道（ＪＲ）	8358	237657	9556	277670
鉄道（民営）	13581	149821	15714	163944
自動車（営業用）	9979	92980	6037	70101
自動車（自家用車）	9685	115618	26581	269495
航空	65	51624	104	96286

（『日本国勢図会2020/21』より）

ア　1990年と2018年を比べると，旅客数，輸送量共に自家用車の増加率が最も高い。

イ　1990年と2018年を比べると，自家用車だけが一人あたりの平均移動距離が短くなっている。

ウ　民営鉄道はＪＲに比べると，おもに近距離移動に利用されていると考えられる。

エ　2018年のＪＲと航空を比べると，航空の一人あたりの平均移動距離はＪＲの30倍以上ある。

問２　下線部［２］について，政治・経済の統合をめざす組織であるヨーロッパ連合（ＥＵ）から2021年に正式に離脱《りだつ》した国を，次のページの地図中のア～エから１つ選びなさい。

問３　下線部［３］について，次の文はアメリカ・インド・ブラジルのいずれかの国について述べたものです。ア～ウに該当《がいとう》する国を以下の表と組み合わせたとき，正しい組み合わせを①～⑥から１つ選びなさい。

ア　中国に次いで人口が多く，国民のほとんどはヒンドゥー教徒で，神の使いとして牛を大切にしている。また，肉や魚を食べないベジタリアンが多い。

イ　３か国の中で日本から最も遠いが，日本からの移民の子孫である多くの日系人が生活している。キリスト教の祭りの一つであるカーニバルは世界的に有名である。

ウ　広い土地をいかして，大型機械を用いて大規模に農業を行っており，収穫物《しゅうかくぶつ》は世界各地に輸出されている。農業とともに工業もさかんで，宇宙開発の研究も進んでいる。

	面積 (2019年)	人口 (2019年)	一人あたりの国内総生産 (2019年)
X	328.7万㎢	13億6642万人	2116ドル
Y	851.6万㎢	2億1105万人	8755ドル
Z	983.4万㎢	3億2907万人	6万5134ドル

（『世界国勢図会2019/20』『世界国勢図会2021/22』より）

①　ア－X，イ－Y，ウ－Z　　②　ア－Y，イ－X，ウ－Z
③　ア－Y，イ－Z，ウ－X　　④　ア－Z，イ－Y，ウ－X
⑤　ア－X，イ－Z，ウ－Y　　⑥　ア－Z，イ－X，ウ－Y

問４　下線部［４］について，ワクチンや治療薬などの医薬品の製造は何という工業に分類されますか。以下のア～エから１つ選びなさい。

ア　食料品工業　　イ　化学工業　　ウ　製紙・パルプ工業　　エ　金属工業

問５　下線部［５］に関連して，次の問いに答えなさい。

⑴　飲食店の営業自粛によって，高級食材の消費が激減しました。次の地図は肉牛の飼育頭数，ももの生産量，ほたてがいの収獲《しゅうかく》量，くろまぐろの漁獲量のいずれかの上位３都道府県に色をぬったものです。肉牛の飼育頭数とももの生産量にあたるものを，次のページのア～エからそれぞれ１つ選びなさい。

ア

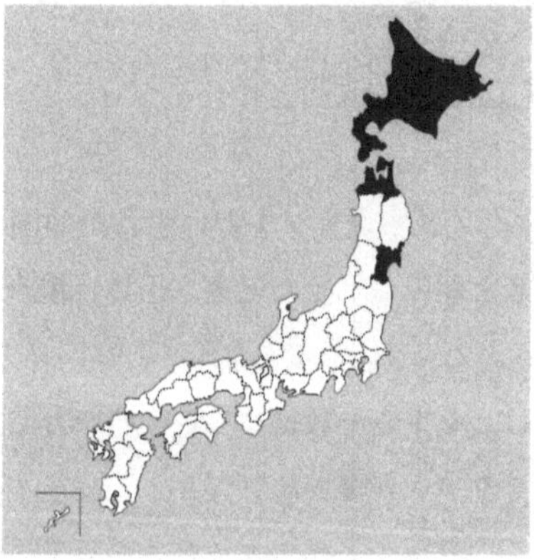

イ

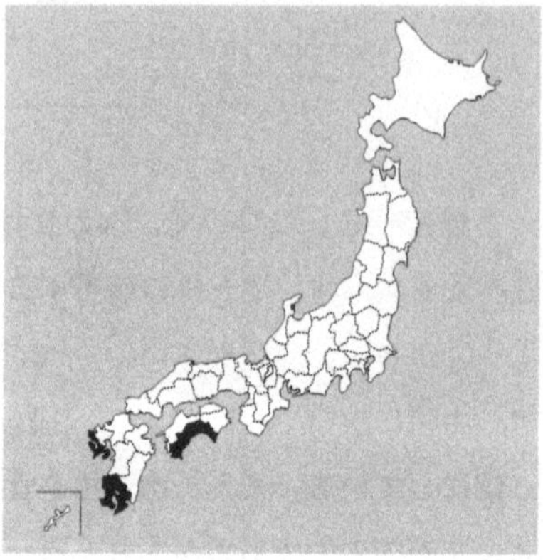

ウ

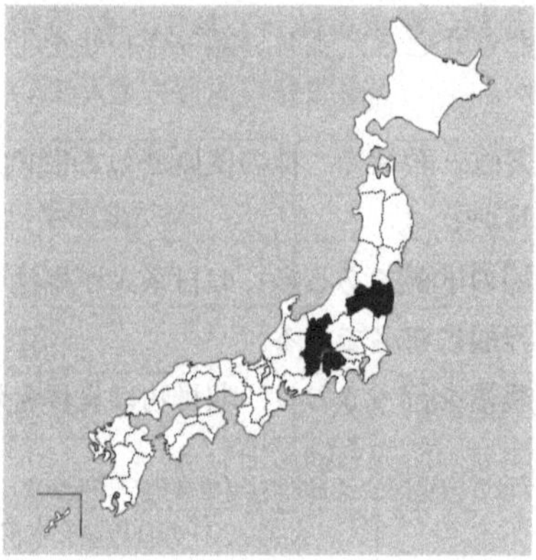

エ

（『日本国勢図会2020/21』より）

⑵　複雑な海岸線に多くの漁港が位置する長崎《ながさき》県は沖合《おきあい》漁業がさかんで，北海道に次ぐ漁獲量の多さをほこっています。長崎県の漁師がおもに漁場としている東シナ海に広がる水深200メートルぐらいまでのなだらかな海底地形の名を答えなさい。

問６　下線部［６］について，観光業をおもな産業としている県として沖縄《おきなわ》県があります。沖縄県について述べた文として正しいものを，以下のア～エから１つ選びなさい。

ア　台風が多いため，家よりも高い壁《かべ》をはりめぐらせて，風が通らないようにしている。

イ　温暖な気候を利用してきくを旬《しゅん》の季節より早く栽培《さいばい》し，夏に高い値段で出荷している。

ウ　アットゥシという伝統的な衣装など，琉球王国の文化が今も残っている。

エ　第二次世界大戦後，アメリカに占領《せんりょう》され，返還《へんかん》後もアメリカ軍基地が数多く残されている。

２　以下の文章を読んで，後の問いに答えなさい。

2021年２月23日，日本の自動車企業が自動運転やＡＩ（人工知能）など，新たな技術の実証実験を行う都市「Woven City《ウーブンシティ》」の建設を静岡《しずおか》県裾野《すその》市で始めました。今からちょうど150年前の1872年，明治政府が新橋－横浜《よこはま》間に鉄道を開通させ，群馬県で富岡製糸場の操業を開始させたことを考えると，近代化以降，日本の産業は大きく進歩をとげてきたものです。

下の【A】～【F】は，日本の歴史における産業や技術の進歩について書かれたものです。くらしを支える技術の面から歴史を振《ふ》り返ってみましょう。

【A】
弥生《やよい》時代、大陸から稲作《いなさく》[1]が伝わり、社会のしくみが急速に変化したことで、むら同士の争いが増え、やがて王が現れた。

【B】
奈良《なら》時代、人々は班田収授法によって口分田が与《あた》えられたが、税や労役《ろうえき》を負担[2]しなければならず、生活は苦しかった。

【C】
安土桃山《あづちももやま》時代、織田信長[3]は、商業都市として栄えていた堺《さかい》を支配し、豊富な資金で武器をそろえた。

【D】
江戸《えど》時代、百姓《ひゃくしょう》たちは重い年貢の負担[4]に苦しみながらも、農業技術を進歩させて、収穫量を増やそうとした。

【E】
明治時代、紡績業《ぼうせきぎょう》や製糸業が発達し、20世紀の初めにはアジアでいちはやく工業化が始まった[5]。

【F】
第二次世界大戦後、連合国軍の指導の下に戦後改革を断行した[6]日本は、1950年代後半に高度経済成長を成しとげた[7]。

問１　文章【A】の下線部［１］について，弥生時代に稲刈《か》りのために使われた磨製《ませい》石器の名を答えなさい。

問２　文章【B】の下線部［２］について，税や労役の負担について述べた文として誤っているものを，以下のア～エから１つ選びなさい。

ア　租《そ》として，収穫量の３％の稲を納めた。

イ　調として，地方の特産物などを都に納めた。

ウ　庸《よう》として，布を納める代わりに都で労働を行った。

エ　男子の中には九州を守る兵士を務める者もいた。

問３　文章【C】の下線部［３］の織田信長が行ったことについて，以下のア～ウを古いものから年代順に並べ替《か》えなさい。

ア　安土城下に楽市令を出し，だれでも商売ができるようにした。

イ　鉄砲《てっぽう》などの武器を買い集め，長篠《ながしの》の戦いで武田氏を破った。

ウ　桶狭間《おけはざま》の戦いで守護大名の今川氏を破った。

問４　文章【D】の下線部［４］について，幕府や藩《はん》が百姓たちの年貢《ねんぐ》の納入や犯罪防止に連帯責任を持たせるためにつくらせた仕組みを漢字三文字で答えなさい。

問５　文章【E】の下線部［５］について，次のア～エのグラフは1890年における日本の輸出／輸入品目の内訳または1910年における日本の輸出／輸入品目の内訳のいずれかを表しています。1910年の輸入品目の内訳を示したグラフを，以下のア～エから１つ選びなさい。

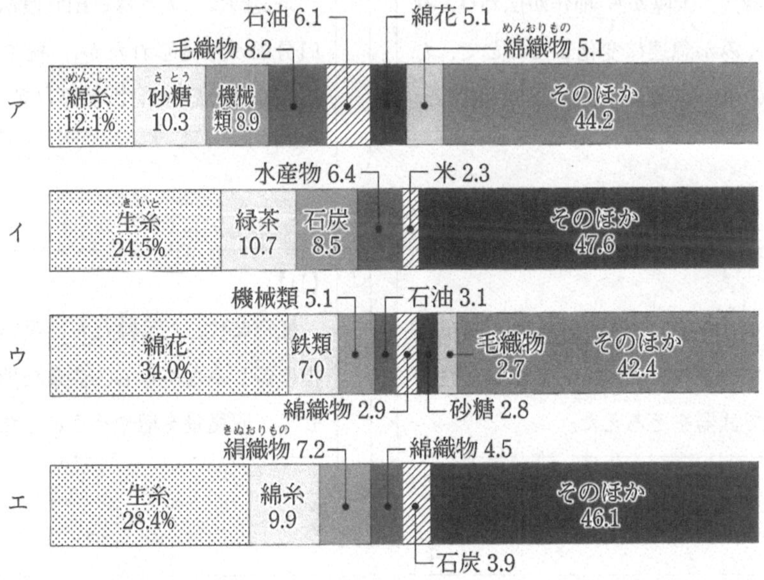

（「日本貿易精覧」より）

問６　文章【F】の下線部［６］について，戦後の改革の１つとして，農地改革があげられます。これはどのような改革でしたか。簡潔に説明しなさい。

問７　文章【F】の下線部［７］について，1950年代後半には電気洗濯機《せんたくき》・電気冷蔵庫・白黒テレビが「三種の神器」とよばれ，家庭に普及《ふきゅう》し始めました。右のグラフはその普及率の移り変わりを表しています。グラフ中のX～Zの正しい組み合わせを以下のア～カから１つ選びなさい。

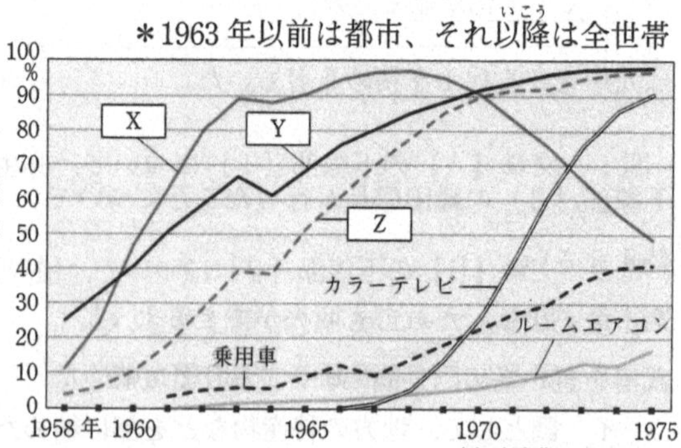

（家計消費の動向ほか）

	ア	イ	ウ	エ	オ	カ
X	白黒テレビ	電気冷蔵庫	電気洗濯機	白黒テレビ	電気洗濯機	電気冷蔵庫
Y	電気冷蔵庫	白黒テレビ	電気冷蔵庫	電気洗濯機	白黒テレビ	電気洗濯機
Z	電気洗濯機	電気洗濯機	白黒テレビ	電気冷蔵庫	電気冷蔵庫	白黒テレビ

3　以下の文章を読んで，後の問いに答えなさい。

2021年10月14日，（　①　）ことによって，第49回衆議院議員総選挙が同月31日に実施《じっし》されました。この選挙の投票率は55.93％で，前回の2017年の衆議院議員総選挙と比べれば２％あまり上回ったものの，戦後３番目に低い投票率だったそうです。近年，投票率は下がり続けていました。[2] 2016年には選挙法が改正され，満18歳《さい》以上の国民[3]に選挙権が与えられていますが，今回の結果にはどのように関係したのでしょうか。

今回行われた衆議院議員総選挙は，「国権の最高機関」と呼ばれる国会[4]の議員を選ぶための重要なものです。さらに，この選挙の結果はどのような政党が内閣[5]を組織するのかを決める力を持ちます。今回の選挙では，自由民主党が多くの議席を獲得し，引き続き政権を保つという結果になりました。

このように，衆議院議員選挙は国の政治を直接左右する重要なものです。果たして国民はこの選挙にどれほどの関心を払《はら》ったのでしょうか。今回の55.93％という投票率を多いと見るか，少ないと見るかはさまざまかもしれませんが，少なくとも次のようなことは言えるでしょう。選挙は国民が主権者としての意思を政治に反映させる[6]ための重要な手段です。多くの国民が支持しないまま政権が発足することは，国民と政府の信頼《しんらい》関係，ひいては民主主義の基礎《きそ》を揺《ゆ》るがしかねません。わたしたち国民は，憲法でこの権利が保障される意味について，少なからず考える必要があるでしょう。

問１　文中の空欄（①）にあてはまる文として正しいものを，以下のア～エから１つ選びなさい。

ア　内閣が衆議院を解散した

イ　衆議院が内閣不信任を出したことで，内閣が衆議院を解散した

ウ　４年の任期が満了《まんりょう》した

エ　６年の任期が満了した

問２　下線部［２］について，投票率を上げるための取り組みについて述べた文として最も適切なものを，以下のア～エから１つ選びなさい。

ア　被選挙権の年齢《ねんれい》を満25歳以上から満18歳以上に引き下げた。

イ　投票所に行けない人のために，インターネットによる投票を認めた。

ウ　投票日に仕事や用事がある人のために，期日前投票を行うようにした。

エ　日本在住の外国籍《せき》の人，海外在住の日本人にも投票権を認めた。

問３　下線部［３］について，総人口に占《し》める満18歳以上の人口の割合に最も近いものを，以下のア～エから１つ選びなさい。

ア　約５分の３　　イ　約３分の２　　ウ　約４分の３　　エ　約５分の４

問４　下線部［４］について，次の問いに答えなさい。

⑴　わが国は二院制をとっています。戦後新たに貴族院に代わって設置された議院の名を漢字で答えなさい。

⑵　国会の仕事として誤っているものを，以下のア～エから１つ選びなさい。

ア　弾劾《だんがい》裁判所を設置し，不適格な裁判官をやめさせる。

イ　内閣が外国と結んだ条約を承認する。

ウ　天皇の国事行為《こうい》に対し，助言と承認を与える。

エ　内閣から出された予算案を審議《しんぎ》し，決定する。

問５　下線部［５］について，内閣は予算と法律に基づいて，国民のために政治を行います。現在，国の予算の中で最も大きな割合を占めている費目を，以下のア～エから１つ選びなさい。

ア　社会保障関係費

イ　防衛関係費

ウ　教育・文化・科学費

エ　地方財政関係費

問６　下線部［６］について，選挙権以外での国民の政治参加に関する権利について述べた文として誤っているものを，以下のア～エから１つ選びなさい。

ア　憲法を改正すべきかどうかを国民投票によって最終的に判断する。

イ　国務大臣をやめさせるよう請求《せいきゅう》することができる。

ウ　最高裁判所の裁判官として適しているかどうかを判断する。

エ　都道府県や市町村に条例を改正するよう請求することができる。

４　以下の文章を読んで，後の問いに答えなさい。

細田学園高等学校では，特進Ｈ・特進コースの生徒を対象に，未来のグローバルリーダーを育成するための「リーダー教育」を実施しています。2020年度は「アプリ教材開発」というテーマで，勉強をするうえで「あったらいいな」と思える新しいサービスを生み出そうと生徒たちが議論を重ねてきました。以下の文【A】～【C】は，実際に生徒たちが発表した内容を簡潔にまとめたものです。

【A】学習計画サポートアプリ「ラーニング＝プラン」

さあ勉強しようと机に向かってみたものの、何から手をつければよいかわからない。部活動や習い事が忙しくて課題がなかなか終わらない。そんな人の学習計画づくりをサポートしてくれるサービスです。

終わらさなければいけない課題やその提出期限、部活動や習い事の日程などの情報をスマホで入力すると、自動で学習計画を作成してくれます。

【B】「弱点発見サポート」

勉強はしているのに成績がなかなか上がらない、何を勉強したら成績が上がるのかわからない、そんな人におすすめのサービスです。

ネット上で学習についての簡単なテストを受けるだけで、その結果を分析してあなた自身の気づかなかった弱点を教えてくれます。さらにおすすめの参考書や練習問題を紹介してくれるので、自分に合った勉強をすることができます。

【C】「学習時間共有アプリ」

家で一人になるとなかなか勉強がはかどらない。友達と一緒に勉強したいが、コロナ禍のせいで自習室が使えない、そんな悩みに答えるアプリです。

自分の一日の勉強時間をスマホで入力すると、その記録を友達が見ることができます。同じように、友達がどの教科を何時間勉強したかも見ることができます。友達とメッセージを送り合うこともでき、切磋琢磨しながら勉強を進められます。

これらのアプリのように，「あったらいいな」と思い浮かべたことを実現することは簡単なことではないでしょう。しかし，そんな人々の想像を遥かに超えて，活躍を見せるスーパースターも世界には存在しています。野球の本場，アメリカのメジャーリーグで毎日のようにホームランを記録している大谷翔平選手もその一人でしょう。

2021年に東京五輪でオリンピック種目に復帰した野球ですが，もともとはアメリカで生まれたスポーツです。日本には明治時代に伝わり，それ以来長く親しまれてきました。明治の俳人正岡子規[1]は野球を愛し，「まり投げて見たき広場や春の草」などの野球にまつわる俳句をいくつも残したことで有名です。明治41年に日本とアメリカの学生が親善試合を行ったとき，世界で初めて始球式を行ったのが大隈重信[2]でした。

アジア・太平洋戦争が始まり日米関係が悪くなった時代には，野球は敵国[3]のスポーツとみなされ批判を受けました。「ストライク」や「アウト」などのコールは敵国の言葉だとして，「よし」や「ひけ」などと言い直されたのです。

戦争が終わるとプロ野球が国民的な人気スポーツになりました。さらに野茂選手やイチロー選手のように，本場アメリカのメジャーリーグでも活躍する日本選手も登場しました。そして今日，大谷選手はメジャーの記録を塗りかえ続けています。日米両国の歴史を超えていくような彼のアーチに，多くの人びとが魅了されているのです。

問１　下線部［１］について，正岡子規の俳句として正しいものをア～エから選び，記号で答えなさい。

ア　古池や蛙飛び込む水の音

イ　柿くへば鐘が鳴るなり法隆寺

ウ　菜の花や月は東に日は西に

エ　やれ打つな蠅が手をすり足をする

問２　下線部［２］について，大隈重信が中心となって結成した政党として正しいものをア～エから選び，記号で答えなさい。

ア　自由党　　　イ　立憲改進党

ウ　立憲政友会　　エ　自由民主党

問３　下線部［３］について，アジア太平洋戦争で日本が交戦した国として誤っているものをア～エから選び，記号で答えなさい。

ア　イギリス　　イ　オランダ　　ウ　中国　　エ　イタリア

問４　本校生徒による発表内容の要約【A】～【C】について，以下の①・②の問いに，根拠となる理由も合わせて自分の考えを述べなさい。なお①・②で同じ案を取り上げても構いません。

①　あなたが細田学園の高校生であったら，どの案に実現して欲しいですか。

②　案を１つ選び，実現するまで，もしくは実現した時の問題・課題を１つあげ，その問題の解決策を考えなさい。

ア　踏まれた足に付いて、別の場所へ種子を運ぶところ。
イ　風に乗って、なるべく遠い場所へ種子を運ぶところ。
ウ　ゼリー状になることで水に流されて種子を運ぶところ。
エ　雑草を除く作業を逆手にとり、種子を運ぶところ。

問五　――線部④「逆境をプラスに変える」とありますが、この雑草の戦略をわかりやすく述べたものとして最も適当なものを次の中から選び、記号で答えなさい。

ア　ふだんは他の草のせいで日光が当たらなくても、きれいに草刈りや草むしりされたときに光が当たり、成長するチャンスがやってくることを計算して芽を出すという戦略。
イ　ふつうに考えれば草刈りがおこなわれる場所は植物にとって生存に関わる危険な場所といえるが、雑草は刈り取られた他の植物を養分にして成長するという戦略。
ウ　わざと草が刈られ、土が掘り起こされるような場所に生えることで、土中の種子を発芽させたり分断された茎からあらたに根を生やして再生したりするという戦略。
エ　なるべく人に踏まれたり刈られたりする場所を選んで種子をばらまくことで、ふつうの植物が育たないような場所でも根をはり、茎をのばして種をふやすという戦略。

問六　――線部⑤「センチメンタル」の意味として最も適当なものを次の中から選び、記号で答えなさい。

ア　感傷的　　イ　同情的　　ウ　悲観的　　エ　感情的

問七　**E** に入る文として最も適当なものを次の中から選び、記号で答えなさい。

ア　競争には負けても、辛抱《しんぼう》強く待つ
イ　逆境は敵ではない、味方である
ウ　しおれても新たな生き場所を見つける
エ　再生するために逆境を乗り越える

問八　――線部X「雑草の成功戦略」とありますが、このような戦略について、あなたはどう考えますか。賛成、反対を理由を明確にした上であなたの考えを書きなさい。

（中略）

「ピンチはチャンス」という言葉がある。逆境を逆手に取って利用する雑草の成功を見れば、その言葉は説得力を持って私たちに響いてくることだろう。

ピンチとチャンスは同じ顔をしているのである。

生きていく限り、全ての生命は、何度となく困難な逆境に直面する。雑草は自ら逆境の多い場所を選んだ植物である。しかし、逆境のまったくない環境などあるのだろうか。雑草がこれだけ広くはびこっているのを見れば、自然界は逆境であふれていることがわかるだろう。

逆境に生きるのは雑草ばかりではない。私たちの人生にも逆境に出くわす場面は無数にある。そんな時、私たちは道ばたにひっそりと花をつける雑草の姿に、自らの人生を照らし合わせて⑤センチメンタルになるかもしれない。しかし、雑草は逆境にこそ生きる道を選んだ植物である。そして逆境に生きる知恵《ちえ》を進化させた植物である。

けっして演歌の歌詞のようにしおれそうになりながら耐えている訳でもないし、※7スポ根漫画《まんが》の主人公のようにただ歯を食いしばって頑張っているわけでもない。雑草の生き方はもっとたくましく、そしてしたたかなのである。

「 E 」これこそが、X雑草の成功戦略の真骨頂と言えるだろう。

（稲垣栄洋《いながきひでひろ》『植物はなぜ動かないのか』より）

※１　秀逸……………他のものに比べて、特にすぐれていること。
※２　摂理……………自然界を支配する法則。
※３　膨張……………大きくふくらむこと。
※４　耕起……………田や畑の土を掘《ほ》り起こし耕すこと。
※５　灌木……………背の低い木。
※６　遷移……………ある地域の植物が、それ自身のつくり出す環境の変化によって、他の種類の植物へと交代していくこと。
※７　スポ根漫画……一つのスポーツにひたすら打ち込み、努力する主人公を題材にしたマンガ。

問一　 A ～ D に入る言葉の組み合わせとして最も適当なものを次の中から選び、記号で答えなさい。

ア　A　なぜなら　B　また　C　しかも　D　つまり
イ　A　しかし　B　たとえば　C　つまり　D　また
ウ　A　だから　B　そして　C　しかし　D　つまり
エ　A　けれども　B　つまり　C　しかも　D　また

問二　――線部①「柔よく剛を制す」とありますが、この言葉の意味を端的《たんてき》に言い表わした箇所《かしょ》を本文中から九字でさがし、ぬき出しなさい。

問三　――線部②「ずるい生き方」とありますが、その理由を述べたものとして最も適当なものを次の中から選び、記号で答えなさい。

ア　自然の力に逆らってでも、自立して生きているから。
イ　本当は強いことを隠して、弱いふりをしているから。
ウ　強い力に抵抗《ていこう》せずに、しなやかに受け流しているから。
エ　他人の力をうまく利用して、わが身を守っているから。

問四　――線部③「オオバコのすごいところは、踏まれに対して強いというだけではない」とありますが、これとは別の「すごいところ」を述べたものとして最も適当なものを次の中から選び、記号で答えなさい。

オオバコの種子は、雨などの水に濡《ぬ》れるとゼリー状の粘着液《ねんちゃくえき》を出して※3膨張《ぼうちょう》する。そして、人間の靴《くつ》や動物の足にくっついて、種子が運ばれるようになっているのである。オオバコの学名は*Plantago*《プランタゴ》。これは、足の裏で運ぶという意味である。タンポポが風に乗せて種子を運ぶように、オオバコは踏まれることで、種子を運ぶのである。

よく、道に沿ってどこまでもオオバコが生えているようすを見かけるが、それは、種子が車のタイヤなどについて広がっているからなのだ。

こうなると、オオバコにとって踏まれることは、耐《た》えることでも、克服《こくふく》すべきことでもない。もはや踏まれないと困るくらいまでに、踏まれることを利用しているのである。

「④逆境をプラスに変える」というと、「物事を良い方向に考えよう」というポジティブシンキングを思い出す人もいるかも知れない。

［A］、雑草の戦略は、そんな気休めのものではない。もっと具体的に、逆境を利用して成功するのである。

［B］、雑草が生えるような場所は、草刈《か》りされたり、耕されたりする。ふつうに考えれば、草刈りや※4耕起《こうき》は、植物にとっては生存を危ぶまれるような大事件である。しかし、雑草は違《ちが》う。草刈りや耕起をして、茎がちぎれちぎれに切断されてしまうと、ちぎれた断片の一つ一つが根を出し、新たな芽を出して再生する。［C］、ちぎれちぎれになったことによって、雑草は増えてしまうのである。

［D］、きれいに草むしりをしたつもりでも、しばらくすると、一斉に雑草が芽を出してくることもある。じつは、地面の下には、膨大な雑草の種子が芽を出すチャンスを伺《うかが》っている。一般に種子は、暗いところで発芽をする性質を持っているものが多いが、雑草の種子は光が当たると芽を出すものが多い。

草むしりをして、土がひっくり返されると、土の中に光が差し込む。光が当たるということは、ライバルとなる他の雑草が取り除かれたという合図でもある。そのため、地面の下の雑草の種子は、チャンス到来《とうらい》とばかりに我先《われさき》にと芽を出し始めるのである。

こうして、きれいに草取りをしたと思っても、それを合図にたくさんの雑草の種子が芽を出して、結果的に雑草が増えてしまうのである。

草刈りや草むしりは、雑草を除去するための作業だから、雑草の生存にとっては逆境だが、雑草はそれを逆手に取って、増殖《ぞうしょく》してしまうのである。何というしつこい存在なのだろう。

そんなしつこい雑草をなくす方法など、あるのだろうか。

じつは、一つだけ雑草をなくす方法があると言われている。それは、あろうことか「雑草をとらないこと」だという。

雑草は、草刈りや草取りなど逆境によって繁殖《はんしょく》する。草取りをやめてしまえば、雑草だけでなく、さまざまな植物が生えてくる。そうなると、競争に弱い雑草は、立つ瀬《せ》がない。だんだんと大きな草が生え、やがて、※5灌木《かんぼく》が生えてくる。そして、長い年月を経て、森となっていくのである。人の手が入らなければ、いわゆる「※6遷移《せんい》」が起こるのである。競争に弱い雑草は、大型の植物や木々が生い茂《しげ》る場所では、生存することができない。そして、ついに雑草はなくなってしまうのである。

本当に雑草は弱くて強い存在であり、また強くて弱い存在なのだ。

もっとも、首尾よく雑草はなくなったとしても、そこはうっそうとした森になってしまうから、畑や庭の雑草をなくす方法としては現実的ではない。

中でもオオバコという雑草の戦略は※1秀逸《しゅういつ》である。オオバコは、舗装《ほそう》されていない道路やグラウンドなど、踏まれやすい場所によく生えている。じつは、オオバコは踏まれやすい場所に好んで生えているのである。

オオバコは競争に弱い植物なので、他の植物が生えるような場所には生息できない。そこで、他の強い植物が生えることのできないような、踏まれる場所を選んで生えているのである。

オオバコは踏まれに強い構造を持っている。

オオバコの葉は、とても柔《やわ》らかい。硬《かた》い葉は、踏まれた衝撃《しょうげき》で傷つきやすいが、柔らかい葉で衝撃を吸収するようになっているのである。しかし、柔らかいだけの葉では、踏まれたときにちぎれてしまう。そこで、オオバコは葉の中に硬い筋を持っている。このように、柔らかさと硬さを併《あわ》せ持っているところが、オオバコが踏まれに強い秘密である。

茎《くき》は、葉とは逆に外側が硬くなかなか切れない。しかし、茎の内側は柔らかいスポンジ状になっていて、とてもしなやかである。茎もまた硬さと柔らかさを併せ持つことによって、踏まれに強くなっているのである。

ヘルメットが、外は固いが中はクッションがあって柔らかいのと、まったく同じ構造なのである。

「①柔《じゅう》よく剛《ごう》を制す」という言葉がある。

見るからに強そうなものが強いとは限らない。柔らかく見えるものが強いことがあるかも知れないのである。

昆虫《こんちゅう》学者として有名なファーブルは、じつは『ファーブル植物記』もしたためている。その植物記のなかで、ヨシとカシの木の物語が出てくる。

ヨシは水辺に生える細い草である。ヨシは突風《とっぷう》に倒《たお》れそうになったカシの木にこう語りかける。カシはいかにも立派な大木だ。しかし、ヨシはカシに向かってこう語りかける。

「私はあなたほど風が怖《こわ》くない。折れないように身をかがめるからね」

日本には「柳《やなぎ》に風」ということわざがある。カシのような大木は頑強《がんきょう》だが、強風が来たときには持ちこたえられずに折れてしまう。ところが、細くて弱そうに見える柳の枝は風になびいて折れることはない。弱そうに見えるヨシが、強い風で折れてしまったという話は聞かない。柔らかく外からの力をかわすことは、強情に力くらべをするよりもずっと強いのである。

柔らかいことが強いということは、若い読者の方にはわかりにくいかも知れない。正面から風を受け止めて、それでも負けないことこそが、本当の強さである。ヨシのように強い力になびくことは、②ずるい生き方だと若い皆《みな》さんは思うことだろう。

しかし、風が吹《ふ》くこともまた自然の※2摂理《せつり》である。風は風で吹き抜《ぬ》けなければならない。自然の力に逆らうよりも、自然に従って自分を活《い》かすことが大切である。

この自然を受け入れられる「柔らかさこそ」が、本当の強さなのである。

オオバコは、柔らかさと硬さを併せ持って、踏まれに強い構造をしている。

しかし、③オオバコのすごいところは、踏まれに対して強いというだけではない。

ウ　思いをこめて自分の気持ちを訴《うった》えるようす
エ　相手の反応を見てから行動を決めるようす

問二　文中の［A］に入る四字熟語として最も適当なものを次の中から選び、記号で答えなさい。
ア　千変万化　　イ　前代未聞　　ウ　疑心暗鬼《ぎしんあんき》　　エ　悪戦苦闘《あくせんくとう》

問三　――線部①「いつもなら、教室のロッカーにしまうはずの楽器と楽譜も、その日は音楽室において帰ってしまった」とありますが、その理由として最も適当なものを次の中から選び、記号で答えなさい。
ア　練習に打ち込みすぎて、他に誰もいない時間になってしまったから。
イ　仕事を放棄してしまったあかしを見ることが、恐ろしかったから。
ウ　自分のせいで準備ができていないことを、先生に叱られたくなかったから。
エ　満足が行く演奏ができず、翌朝も早く学校にきて練習したかったから。

問四　――線部②「何だか急に、わけのわからない脱力感に見舞われる」とありますが、これを具体的に説明したものとして最も適当なものを次の中から選び、記号で答えなさい。
ア　自分がいなければクラス展示が成功しないとわかっていながら、準備を手伝おうとしなかったことを恥《は》じている。
イ　たとえクラス展示がうまくゆかなくても、自分には吹奏楽部の演奏があるのだと自分を納得させている。
ウ　クラス展示の準備に参加しなかったのを、クラスメートが非協力的であることを言い訳にして、すねている。
エ　自分がいなくてもクラス展示の仕上がりには何も影響がないのだと気づいて、気が抜《ぬ》けてしまっている。

問五　――線部③「あきらかな失望の色が浮かんでいる」とありますが、その理由として最も適当なものを次の中から選び、記号で答えなさい。
ア　文化祭初日だというのに思ったほど観客がいなかったから。
イ　吹奏楽部のメンバーからやる気が伝わって来なかったから。
ウ　目当てである波多野透子の姿が客席になかったから。
エ　練習の時よりもへたな演奏になってしまったから。

問六　文中の［B］に入る言葉として最も適当なものを次の中から選び、記号で答えなさい。
ア　責任感　　イ　無力感　　ウ　緊張感　　エ　信頼《しんらい》感

問七　本文では、悔しさをきっかけとして吹奏楽部に変化が生まれています。あなたにとって「悔しさ」とはどのようなものだと考えますか。本文の内容に触れた上で、現段階でのあなたの考えを書きなさい。

［三］　**次の文章を読み、後の問いに答えなさい。（句読点や記号も一字にかぞえること。本文の行末にある数字は行数です。）**

雑草の成功戦略を一言でいえば「逆境×変化×多様性」であるだろうと私は考えている。それでは、逆境と変化と多様性という三つの要素について、それぞれ見ていくことにしよう。「逆境」とは「逆境をプラスに転じる力」である。
たとえば、踏《ふ》まれながら生きることは、多くの人が雑草に持つイメージだろう。

らはら成り行きを見守っていたシーナが、シャツの胸ポケットに差していたシャーペンをとって、やっぱり、召使《めしつか》いみたいに透子の右手に握《にぎ》らせる。

　みんなの見ている前で、透子の手が電撃《でんげき》みたいな勢いで動きだし、スコアに音符《おんぷ》を書きちらした。ほとんど、めちゃくちゃに落書きしているようにしか見えない。一枚書き終わるたびに、透子はぽいぽい楽譜を投げ捨て、果南はいちいち、這《は》いつくばるようにして、その楽譜を拾っていった。

　最後の一枚を投げ飛ばした透子は、涼《すず》しい顔でシャーペンをシーナに返した。

「今と同じメンバーで演奏すると考えて、それぞれのパートの実力に応じて、なるべく、あらが目立たないようにアレンジしてみた」

　まるで神業だった。たった一度、演奏を聴いただけで、それぞれのパートの実力を考えた編曲を、あっという間に書き上げてしまうなんて。

「ま、せいぜい、がんばることね」

　波多野透子は突き放すように言って、みんなに背を向けた。

　去っていく透子の背中を見送りながら、しばらく、だれも動けなかった。果南は、透子の書きこんだスコアを握りしめながら、感謝よりもむしろ、悔しさを感じていた。

「ねぇ、みんな、がんばって、波多野透子を見返してやろうよ！」

　果南は声にだして、そう言った。

　それから、吹奏楽部の猛練習《もうれんしゅう》がはじまった。

（松本祐子《まつもとゆうこ》『8分音符のプレリュード』より）

※1　ポップ……大衆向きで、時代に合っていること。

※2　檄を飛ばす……自分の考えや主張を人々に述べて、行動を促したり喚起《かんき》したりすること。

※3　シーナ……「椎名《しいな》」という名の、果南と同じクラスの男子。

※4　仏頂面……ふきげんな表情。

※5　例の事件……以前にクラスの中で、果南が盗みの濡《ぬ》れ衣《ぎぬ》を着せられそうになったが、透子の機転で助けられたことがあった。

※6　スコア……合奏や合唱などで、使用するすべての楽器や歌唱部を並べて書いた音楽譜のこと。総譜という。

問一　――線部Ⅰ～Ⅲの言葉の意味として最も適切なものを次の中からそれぞれ選び、記号で答えなさい。

Ⅰ　「息をのんだ」

ア　気づかれないように静かにすること
イ　危険を感じて後ろにさがること
ウ　驚《おどろ》いて思わず息をとめること
エ　態度や動作をきちんと正すこと

Ⅱ　「太鼓判を押す」

ア　物事の分量を調整すること
イ　物事のよい面だけを取り上げること
ウ　物事の結果を考えずに行動すること
エ　物事の価値を保証すること

Ⅲ　「固唾を呑む」

ア　物事のなりゆきを気にして緊張《きんちょう》するようす
イ　勢いをつけて相手にいどみかかるようす

回、最後に演奏した「風と旅して」は大会の課題曲でもあった。
木暮先輩は、ふたたび客席のほうに向き直り、会場の拍手にこたえて、何度も深々と頭を下げた。いくら何でも、ちょっとオーバーだよね、と薫がくすくす笑う。
けれど、果南は、肝心の透子が形だけの拍手すらしてくれないのを見てしまった。木暮先輩は、透子に拍手をもらえなかったことに気づいていないのだろうか。
午前中最後のプログラムである吹奏楽部の演奏が終わったので、客席にいた人たちはいっせいに立ちあがった。シーナが透子に何かしゃべっているのが見えたけれど、透子はシーナを振りきるように立ち去りかけた。
「ちょっと待って！」
果南はほとんど反射的に大声でさけんでいた。びっくりしている薫にフルートをあずけ、高いステージから飛び降りる。
「シーナ、波多野透子を行かせないで！」
果南の剣幕《けんまく》におどろいたように、シーナが透子を追いかけた。体育館の出口のところで、透子は迷惑《めいわく》そうな顔で振りかえる。
「あたしたちの演奏、どうだった？」
透子の真正面に立って、果南はストレートに質問をぶつけた。
「感想言わせたいの？」
透子が冷ややかにつぶやく。
「よかったら、聞かせて」
舞台上のメンバー全員がかたづけをやめ、Ⅲ固唾《かたず》を呑《の》んで、透子の答を待っていた。
「こんなヘタクソな演奏、聴いたことない」
それが透子の率直で簡潔きわまりない感想だった。
「そんな……そんな言い方ってないっ！」
果南は悲鳴のようにさけんだ。せっかくいい演奏ができたと思ったのに、頭から全否定するように、ばっさり切り捨てるなんて！
「ほかにどう言えばいいの？　見えすいたお世辞を聞きたいなら、最初から、わたしに感想をきくほうが間違《まちが》ってる」
「じゃ……ヘタクソって、いったい、どこがいけないの？」
そのまま行ってしまいそうになる透子に、果南はもう一度、食い下がった。
「どこもかしこも。たとえば、最後の曲。そもそも、曲のアレンジが、このメンバーの編成バランスに全然、合ってない。うまい、へた、以前の問題ね」
「それじゃ、どうすればいいのよ！　あたしたち、十二月の大会で、この曲を演奏することになってるのに！」
「……………」
透子は軽く腕組《うでぐ》み※6をして、少し何かを考えるような表情になった。
「ちょっとスコア見せて」
透子が右手を差しだした。果南がとりにいくまでもなく、木暮先輩が自分のスコアをつかみとり、ステージから飛び降りて、全速力で駆けてくる。そばまで来て立ち止まると、まるで女王陛下に貢《みつ》ぎ物でも捧《ささ》げるかのように、うやうやしくスコアを手渡した。
「何か書くもの」
左手にスコアを持ち替《か》えた透子が、また右手を突《つ》きだした。横で、は

た。

「おねえちゃんのクラスの妖精の展示、すごくよかったよ！　ほら、これ、もらっちゃった。かわいいでしょ」

　春香がうれしそうに見せてくれたのは、妖精のイラストがついた手作りのしおりだった。こんな小物のプレゼントまで用意しているなんて、気配りが行き届いている。

「展示の人気投票、お母さんと春香はもちろん、二年Ｃ組にいれたけど、ひいき目なしでも、きっと上位入賞まちがいなしよ」

　お母さんも誇《ほこ》らしげにⅡ太鼓判《たいこばん》を押す。お母さんも春香も、果南がせっせと展示の下書き原稿を作っていたことは知っているけれど、最後の仕上げには、まったく関わっていなかったなんて、夢にも思っていないのだ。

「演奏のほうは、どうだった？」

「まあ、去年よりよかったんじゃない？」

　こっちのコメントはあっさりしたものだ。もう少し何か言ってくれたっていいのにと思ったけれど、しかたない。たしかに、ほめてもらうに値する演奏ではなかったのだから。

　せめて明日は、満足のいく演奏ができますようにと果南は心の中で祈《いの》った。

　二日目は、予想どおり、初日よりたくさんの人が客席に集まっていた。あまり、たいした人数でもないが、やはり、これぐらい集まってくれないと、いい意味での［Ｂ］が保てない。

　なんの気なしに客席を眺めていた果南は、※3シーナが波多野透子をひっぱるようにして、客席のほぼ中央にすわるのに気づいた。シーナは、昨日の春香みたいに、果南に手を振った。精神構造が小学生と同じレベルらしい。

　となりの透子は、いかにも、いやいや連れてこられたという様子が見え見えの※4仏頂面をしている。でも、もし、まったく来る気がなかったとしたら、シーナなんかにおとなしく引っぱられてくるわけがない。そもそも、文化祭のようなイベントに興味があるとは思えないのに、それでも、やっぱり、ちゃんと学校にきているんだから、波多野透子ってふしぎだ。もしかすると、見かけほどつっぱっているわけではないのかもしれない。

　それにしても、シーナのやつ、ちゃっかり透子を誘《さそ》ってきたりして、やっぱり、透子に惚《ほ》れちゃったんだろうか？　そう言えば、憧《あこが》れの姫君《ひめぎみ》とならんですわっているのが嬉《うれ》しいのか、なんだか、でれでれと鼻の下を伸ばしているように見える。

　※5例の事件で透子の発言に救われてから、果南は透子に、お礼のひとつも言っていない。そんなこと、向こうだって望んではいないだろうが、透子に大きな借りを作ってしまったのはたしかだ。

　木暮先輩がでてくる。また客席に一礼してから、こちらを振りかえった。昨日とは打って変わって、その顔は喜びに輝《かがや》くようだった。先輩って、ほんとにわかりやすい。どうやら、待ち人は波多野透子だったのかと思いあたる。

　指揮者の気分は、今日も確実にメンバーたちに伝わった。みんな、昨日とは別人みたいな集中力を発揮して、これまでで最高の演奏ができたと思う。この調子なら、十二月の大会で入賞するのも夢ではない。今

びかけにはだれもこたえてくれなかったのに。

文化祭当日に、手つかずの教室を見るのが怖くてたまらなかったくせに、今、こんなにしっかり飾りつけされた展示を目にして、逆にショックを受けてるなんて、どういうことだろう？　けっきょく、あたしは、自分で自分の居場所を奪《うば》ってしまっただけなのではないのか？

「やだ、やだ！」

果南はすべてを振りきるように、はげしく頭を振《ふ》った。今さら悔《く》やんでも、何もはじまらない。考えれば考えるほど、おちこむだけだから。今は、こんなことで悩《なや》んでいる場合じゃない。今日の演奏のために、全力を尽《つ》くすのだ。

吹奏楽部の演奏は、体育館のステージで、初日は午後二時、翌日は午前十一時半からの二回と決められていた。他の部員たちは、朝の練習が終わったあとは、自分のクラスやほかの展示などを見に行ってしまったけれど、果南はもちろん、クラスに顔をだす気にもなれず、さしさわりのないあたりをぶらつく程度で、あとはほとんど音楽室にこもって時間をつぶした。

まわりじゅうから楽しげなざわめきが聞こえてくるというのに、あたしはいったい、何をしているんだろうと果南は思った。そう言えば、今、波多野透子は、どうしているだろう？　あたしと同じように、ヒマで退屈《たいくつ》な時間をもてあましているんだろうか？

文化祭期間のあいだ、出席は、校門を入ったところの本部受付で、生徒会役員がチェックすることになっている。朝のうちにチェックしてしまえば、いつ帰ってもわからないということだ。透子はなぜだか、今まで一度も学校を欠席したことはないから、今日だって、きっと登校はしてきたはずだ。でも、もしかすると、出席だけとって、そのまま帰ってしまったかもしれない。それとも、いつものように屋上で時間をつぶしているのだろうか。

お昼過ぎ、いよいよ吹奏楽部の出番が近づくと、果南はほっとした。

ステージにスタンバイして、音あわせをしているときに、お母さんと妹の春香《はるか》が見にきているのに気づいた。まばらな客席のいちばん前に座って、果南に手を振ったりしているのだから、目に入らないはずがない。

本物のオーケストラの指揮者《しきしゃ》のように、最後にさっそうと舞台《ぶたい》に登場した木暮先輩《こぐれせんぱい》は、客席に向かって一礼してから、部員のほうに振りかえった。その顔には、③あきらかな失望の色が浮かんでいる。だれか聴《き》きにくるはずの人が来ていなかったのだろうか。

指揮者の失望は、メンバー全員に伝染してしまい、結果として、演奏はさえないものになってしまった。形だけのまばらな拍手《はくしゅ》が、がらんとした体育館にうつろに響《ひび》く。

お客が少ないことを言い訳にするつもりはないけれど、練習時の実力さえだせないなんて、悔やんでも悔やみきれない。

「今日は、予行演習だったと思うことにしよう！　明日の日曜日こそが本番だ」

演奏終了後、楽器をかたづけながら、木暮先輩がみんなに檄《げき》※2を飛ばした。あれって、自分に言い聞かせるためだよね、と辛口《からくち》の薫《かおる》がそっとつぶやく。

「おねえちゃん！」

舞台の袖《そで》からでたところで、待ちかまえていた春香が駆《か》け寄ってき

る気配がしている。

果南はクラスメートのだれかと顔を合わせるのがいやで、①いつもなら、教室のロッカーにしまうはずの楽器と楽譜《がくふ》も、その日は音楽室において帰ってしまった。

学校じゅうがお祭り気分一色に染まる中、果南は何も手をつけられていない二年C組の教室を見るのがこわかったのだ。

展示のできていない教室は、クラスのみんなが仕事を放棄《ほうき》したことのあかしであって、果南ひとりが責められるべきことではない。けれども、それはやっぱり、果南の責任だった。自分の犯した過ちが、はっきり目に見える形になって突《つ》きつけられるのが、恐《おそ》ろしくてならなかった。

だから、文化祭当日、だれよりも早く登校して、びくびくしながら教室を見にいったとき、予想だにしなかった光景を目にして、果南は思わずⅠ息をのんだ。

ようこそ、妖精《ようせい》の世界へ――。

色とりどりの切り絵になったポップ※1な文字が、にぎやかにドアを飾《かざ》っている。

出入り口は水色と白のテープで縁《ふち》取られ、それをくぐって中にはいると、受付用の机の上に、あどけない表情で居眠《いねむ》りしている、ぷっくり太った妖精の人形が、ちりばめられたポプリの花に埋《う》まるように、ちょこんとお座りしていた。これは、いつもは英語準備室においてある新藤先生のお気に入りのマスコットだ。

中の展示も、やっつけ仕事などではなく、きちんと手をかけて作られたものだった。果南自身が下書きした原稿《げんこう》をわかりやすく整理して、何枚もの模造紙にていねいに書き写してあった。ちょっとマンガちっくな妖精のイラストもうまく描《か》けている。

新藤先生が貸してくれた妖精に関する参考文献《ぶんけん》が、手にとって見られるように、ユニコーンの模様のついたタペストリーの上に並べられていた。そのまわりに素敵なティーポットとティーカップが、どんぐりや栗《くり》や黄色く色づいた葉っぱと一緒《いっしょ》に置かれているのも、デパートのウィンドー・ディスプレーのようなハイセンスだ。

さらには、イギリスの妖精に混じって、〈vs.日本の妖怪《ようかい》〉というおまけのコーナーまで作られていた。果南はそんな原稿を書いた覚えはないから、だれかがわざわざ調べてきたということになる。ひとつ目と長い舌を貼《は》りつけたやぶれ提灯《ちょうちん》がぶらさがっていて、そこだけ、まるで、お化け屋敷《やしき》みたいだったけれど、それもまた、なかなかユニークでおもしろい。

自分でやったとしても、これ以上のものはできない。果南ははっきり、そう思った。これはもう、大変な力作だ。いったい、だれがこれだけのものを作り上げたのだろうか？

よかったと、ほっとする一方で、②何だか急に、わけのわからない脱《だつ》力《りょく》感に見舞《みま》われる。

（あたしがいなくたって、べつにどうってことなかったんだ――）

自分のことを過大評価していたのかもしれない。自分がいなければ、二年C組は立ちゆかないと思いこんでいた。けれど、そんなことは、すべて錯覚《さっかく》だったのだ。

これだけ手のこんだ仕事は、ひとりやふたりでできるものではない。果南の知らないところで、みんなが協力して作り上げたのだ。果南の呼

【国語】（五〇分）〈満点：一〇〇点〉

【一】次の各問いに答えなさい。

問一　次の――線部について、漢字をひらがなに、カタカナを漢字に直しなさい。

① バザーの出品者規約をよく読む。
② 少数派に加勢する。
③ 新商品の採算が取れるようになった。
④ 十年ぶりに旧友と再会した。
⑤ 手を合わせて仏像をオガむ。
⑥ ここは住宅の多いチイキだ。
⑦ 新チョウシャが完成する。
⑧ 彼はソウバン、代表選手に選ばれるだろう。
⑨ カブシキ会社を設立する。
⑩ 腹がイタむので病院に行く。

問二　次の1～3の四字熟語には誤った字が一つずつあります。例にならってそれぞれ正しく書き直しなさい。

[例]　風林火産　産→山

1　晴 耕 雨 得　□→□
2　家 鳥 風 月　□→□
3　付 和 雷 動　□→□

問三　次の1・2の言葉が対義語（反対語）の組み合わせになるように、□にあてはまる漢字一字をそれぞれ答えなさい。

1　筆算 ↕ □算　　2　忘却《ぼうきゃく》 ↕ □憶

【二】次の文章を読み、後の問いに答えなさい。（句読点や記号も一字にかぞえること。本文の行末にある数字は行数です。）

秋山果南《あきやまかなみ》の中学校へ元天才ピアニストの波多野透子《はたのとうこ》が転校してきた。透子は事故で指に怪我《けが》を負い、音楽学校を辞めてきたのだった。クラスの仕事に積極的な果南は、新藤《しんどう》先生から透子のお世話役を頼まれたが、他人を寄せ付けない態度の透子に腹を立てて、皆の前で透子の頬《ほお》をぶってしまう。それ以来、果南はクラスの中で孤立《こりつ》してしまい、中心になって取り組んでいた文化祭のクラス展示も、周囲の協力が得られなくなって投げ出してしまった。

果南が教室の掃除《そうじ》用具入れのわきに置いた紙袋は、文化祭準備日の前日になっても、だれかがさわった形跡《けいせき》もなく、そのまま放置されていた。

高木知栄《たかぎちえ》の言ったとおり、二年C組のクラス展示はなしという［A］の事態になってしまうのだろうか？　そうなったら、新藤先生は担任として監督不行届《かんとくふゆきとどき》ということで、校長先生から叱《しか》られるかもしれない。でも、どのみち、間もなく退職するのだから、たとえクビになっても、どうってことはないだろう。

文化祭準備日の朝、教室で出席をとったあと、果南は一度もクラスにはもどらずに、一日じゅう、吹奏楽部《すいそうがくぶ》の練習に打ちこんだ。部員全員が集まって練習することになっていたのは、本当は、午前十一時から十二時までの一時間だけで、あとは、各自、自分のクラスの仕事をしていいことになっていたのだけれど、ほかのだれもいなくなってしまっても、果南だけは、ひとりで黙々《もくもく》とパート練習を続けた。

外が暗くなってきたころ、果南はようやく練習をやめた。文化祭の前日だけあって、この時間になっても、まだあちこちで人が立ち働いてい

MEMO

大切なことはメモしておこうネ！

第1回

2022年度

解　答　と　解　説

《2021年度の配点は解答欄に掲載してあります。》

＜算数解答＞《学校からの正答の発表はありません。》

1　(1)　3　　(2)　114　　(3)　123　　(4)　6

2　(1)　19　　(2)　3　　(3)　24　　(4)　5　　(5)　$\frac{4}{3}$　　(6)　24　　(7)　8

3　(1)　16cm　　(2)　20：31　　(3)　40：45：17

4　(1)　125個　　(2)　$\frac{500}{9}$cm　　(3)　図形⑥

5　(1)　84枚　　(2)　71枚　　(3)　99，98，89

○推定配点○

各5点×20　　計100点

＜算数解説＞

1　(四則計算)

(1)　63－60＝3

(2)　$50\times\frac{70}{29}\times\frac{29}{35}+14=114$

(3)　1.23×(11＋68＋21)＝123

(4)　□＝16－(8÷4＋3)×2＝6

重要 2　(つるかめ算，規則性，割合と比，仕事算，年令算，倍数算，平面図形，集合，数の性質，場合の数)

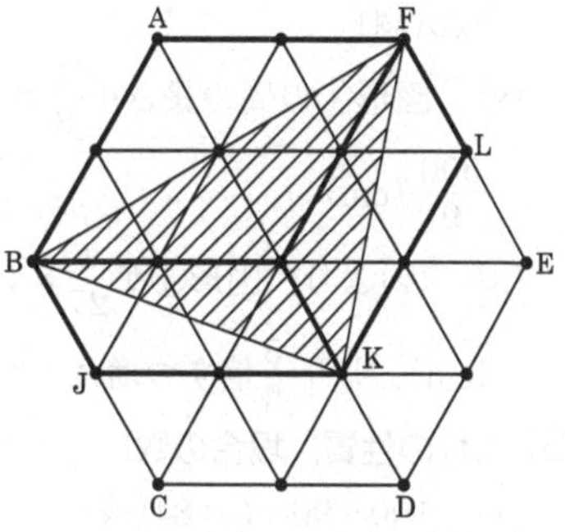

(1)　(110×30－3110)÷(110－100)＝19(個)

(2)　1÷13＝0.076923…より，2022÷6＝337で割り切れるので小数第2022位は3

(3)　3000÷30＋3000÷20＝250(枚)より，6000÷250＝24(分)

(4)　現在の太郎くんが□才のとき，□＋7が(□×6＋6)÷3＝□×2＋2に等しい。したがって，□は7－2＝5(才)

(5)　右図において，六角形ABJKLFは正三角形24－4×2＝16(個)で構成されている。

したがって，斜線部は$4\div24\times16\div2=\frac{4}{3}$(cm^2)

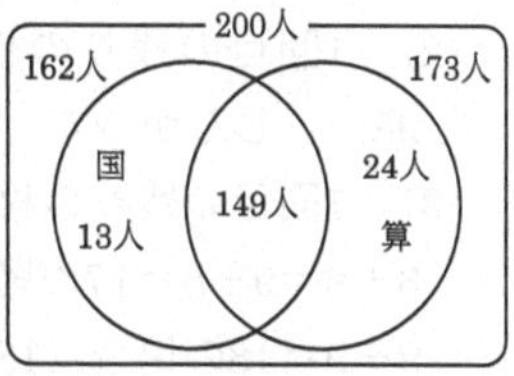

(6)　右図において，算数に合格したが国語に合格しなかった人は，173－(162－13)＝24(人)

(7)　A×C＝6の組み合わせ…(1，6)(2，3)(3，2)(6，1)

B×D＝12の組み合わせ…(1，12)(2，6)(3，4)(4，3)(6，2)(12，1)

したがって，A×D＋B×C＝18の(A，D，B，C)の組み合わせは以下の8通りがある。

(1，12，1，6)(1，6，2，6)(2，6，2，3)(2，3，4，3)

(3, 4, 3, 2)(3, 2, 6, 2)(6, 2, 6, 1)(6, 1, 12, 1)

3 (平面図形，相似，割合と比)

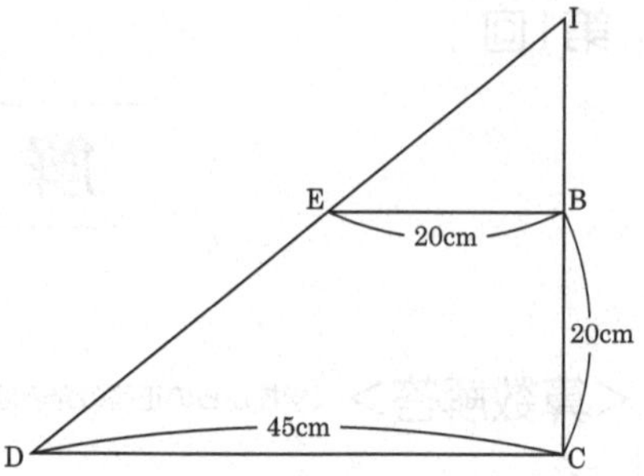

重要 (1) 右図において，三角形IEBとIDCの相似比は20：45＝4：9 したがって，BIは20÷(9−4)×4＝16(cm)

重要 (2) 図1より，三角形ADGとFIGの相似比は20：(16＋15)＝20：31 したがって，AG：GFは20：31

やや難 (3) 図2より，三角形JAHとCFHの相似比は25：5＝5：1 AFの長さを20＋31＝51，5＋1＝6の最小公倍数102にすると，AGは102÷51×20＝40，HFは102÷6＝17 したがって，AG：GH：HFは40：{102−(40＋17)}：17＝40：45：17

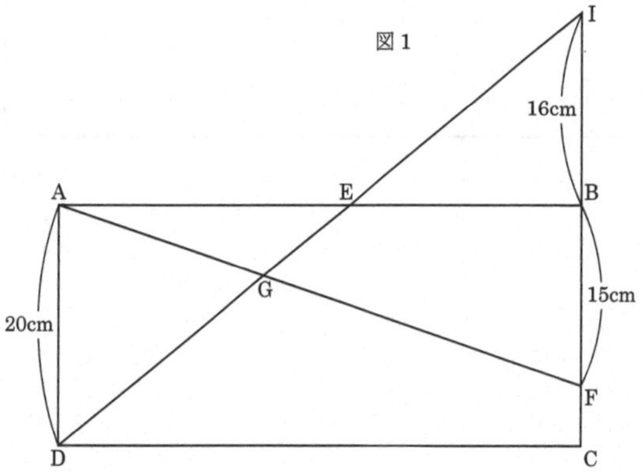

図1

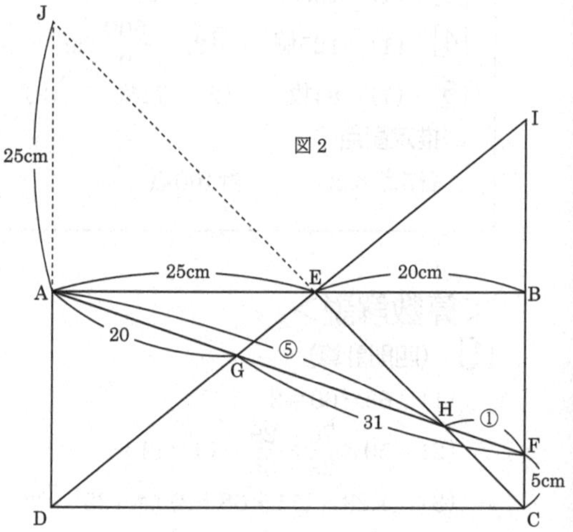

図2

4 (平面図形，規則性)

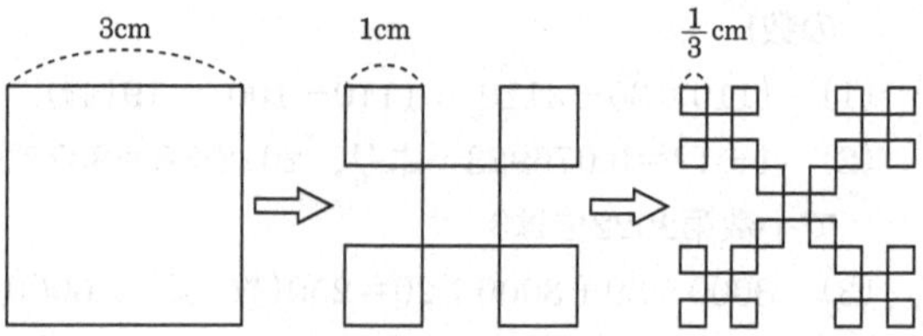

基本 (1) 図形④の正方形の個数…1×5×5×5＝125(個)

重要 (2) 図形④の周の長さ…$\frac{1}{3}\times\frac{1}{3}\times4\times125=\frac{500}{9}$(cm)

やや難 (3) (2)より，図形⑤が$\frac{1}{27}\times4\times625=\frac{2500}{27}$(cm)，以下$\frac{5}{3}$倍ずつ増えて図形⑥が$\frac{12500}{81}$(cm) したがって，求める図形は⑥

5 (数の性質，場合の数)

基本 (1) 100−96÷6＝84(枚)

重要 (2) 1回目の残りの枚数…100−100÷4＝75(枚) 2回目に取り除く数…8＋6＝14，42，70，98 したがって，残りの枚数は75−4＝71(枚)

やや難 (3) 1回目の残りの枚数…100−100÷5＝80(枚) 2回目に取り除く枚数…80−76＝4(枚)
8＋9＝9＋8＝17の場合…17，34，51，68が取り除かれる(85は5の倍数)。
9＋9＝18の場合，18，36，54，72が取り除かれる。
したがって，89，98，99

★ワンポイントアドバイス★

③(3)「AG：GH：HF」は簡単ではないが，よく出題されるタイプの問題であり，マスターしよう。④(2)「周の長さ」，(3)「周の長さが100cmをこえる場合」も，規則をつかめば，問題自体は難しくない。

<理科解答>《学校からの正答の発表はありません。》

① 問1 エ　問2 ウ　問3 ウ　問4 エ　問5 ウ　問6 イ　問7 エ
問8 ウ　問9 イ　問10 ウ

② 問1 10回，3秒　問2 ア　問3 クリップの数を5個から1つずつ増やしていく。
問4 立った状態でブランコに乗ると重心が上にいき，ブランコの長さが短くなるので往復する数が増える。

③ 問1 A ハエが卵を産みつける　B ハエより大きい　問2 100℃に加熱し殺菌し，蒸気でフラスコ内の空気を追い出す。　問3 エ
問4 方法：水回りを清潔にする。理由：コバエは水回りを好んでよってくるため。
方法：窓やドアのすき間をなくす。理由：コバエが家の中に入ってこれないようにするため。
方法：食べ物を放置しない。理由：コバエは食べ残しや飲み残しによってくるため。
方法：ペットの食器やトイレを清潔にする。理由：ペットの食器やトイレにコバエが寄ってくるのを防ぐため。

○推定配点○
① 各2点×10　② 問1 各2点×2　他 各3点×3
③ 問3 2点　問4 6点　他 各3点×3　計50点

<理科解説>

① (理科総合―小問集合)

基本 問1 心臓から血液を送り出す血管が動脈である。右心室から肺に肺動脈がつながっている。

基本 問2 昆虫の腹には気門と呼ばれる空気を取り入れる穴があり，これで呼吸をしている。はねは胸の部分から出ており，頭には2本の触角がある。

基本 問3 カエデの実はプロペラのようなかっこうをしていて，風に運ばれて移動する。オナモミの実は動物の体にくっついて運ばれる。

基本 問4 4つの気体のうち，においのある気体は塩化水素である。

重要 問5 輪軸において，(軸のひもの動く距離)：(輪のひもの動く距離)＝(軸の半径)：(輪の半径)という関係がある。よって，ひもを引く長さを□cmとすると，30：□＝10：15　□＝45cmである。ひもを引く力の大きさはてこと同じ原理で，(軸にかかる力)×(軸の半径)＝(輪を引く力)×(輪の半径)の関係が成り立つ。

基本 問6 電流計の端子を500mAにしているので，電流の大きさは250mAになる。

問7 ガラス棒でできるだけかきだして，冷水で流し出す。水の温度が高いと，水に溶ける量が多くなってろ過できる量が減ることがある。

基本　問8　BTB溶液が緑色を示すのは中性の溶液である。酢，塩酸は酸性，アンモニア水はアルカリ性で，食塩水が中性である。

基本　問9　空全体の広さを10としたとき，雲の量が0，1のときが快晴，2～8のときは晴れ，9，10のときはくもりと決められている。

基本　問10　オリオン座は南の空に見える星座である。

2　(物体の運動―ふりこ)

基本　問1　ケンジが往復する数の平均は，(10＋11＋10＋10＋9)÷5＝10(回)であり，30秒間で10回往復するので，1往復にかかる時間は30÷10＝3(秒)である。

問2　表2より，クリップの数を変えたときに往復する回数が変化することがわかる。

問3　1秒間でちょうど1往復すると，10秒では10往復する。クリップの数が5個のとき10秒間で12回往復するので，クリップの数を5個から1個ずつ増やしブランコの長さを長くしていくと，10秒間で10往復するミニブランコがつくれる。

問4　立った状態でブランコに乗ると重心が座った時より上になり，ブランコの長さが短くなるのと同じになるため。

3　(動物―生物の発生)

問1　ウジが発生するには，ハエが卵を産み付けることが必要である。そのためには，ハエがガーゼを通りぬけられることが必要で，ガーゼの目の大きさがハエの大きさより大きくないといけない。

問2　65℃以上で殺菌はできるが，フラスコ内の空気中に残っている微生物を追い出すには，肉汁を蒸発させ空気を追い出すことが必要である。そのため100℃に加熱し，肉汁を蒸発させる。

重要　問3　加熱の際に蒸発した水蒸気がS字状の部分で冷やされ液体に戻り，その部分にたまる。微生物は液体を通り抜けることができないので，フラスコ内に入ることができず，フラスコ内で微生物の発生は見られない。

問4　コバエの発生を防ぐは，コバエを家の中に入れないことが大切である。そのためのいくつかの方法を考える。

・方法：水回りをきれいにする。　理由：コバエは水回りを好んでやってくるため，水回りをきれいにしてコバエを寄せ付けないようにする。

・方法：窓やドアのすき間を減らす。　理由：コバエが家の中に入ってこれないようにするため。すき間をテープでふさいだり，窓に網戸をする。

・方法：食べ物を放置しない。　理由：コバエは食べ残しや飲み残しに集まってくるため，食後は食器を洗い，生ごみはふたをするなどしてコバエを寄せ付けないようにする。

・方法：ペットの食器やトイレを清潔にする。　理由：ペットの食器やトイレにコバエが寄ってくるのを防ぐため，定期的に食器やトイレを掃除する。

★ワンポイントアドバイス★

基本的な内容の問題がほとんどである。教科書をしっかりと理解することがポイントである。最後の問題は記述式なので，自分の考えを文章に短くまとめる練習をしておこう。

＜社会解答＞《学校からの正答の発表はありません。》

1 問1 ア 問2 温室効果 問3 イ 問4 ウ 問5 ハイブリッド 問6 ア
問7 エ

2 問1 イ 問2 ア 問3 イ→ウ→ア 問4 豊臣秀吉 問5 (1) 樋口一葉
(2) エ 問6 新渡戸稲造

3 問1 パラリンピック 問2 エ 問3 ウ 問4 イ 問5 ア
問6 持ち込ませない 問7 ア

4 問1 エ 問2 リユース 問3 平塚雷鳥 問4 ① 例 A 自分の疑問に対する正解がわかるだけでなく，いろいろな人の考え方を知ることもできるから。 B 算数や数学が苦手で嫌いな人でも，ゲームなら楽しみながらやることもできそうだから。
C 自分で問題，解答を手入力でつくるので，英単語だけでなく暗記するものにいろいろ使えそうだから。 ② A 勉強面以外でのやりとりが中心で，本来の目的から外れてしまうおそれがあるので，学校の先生が内容に目を通す必要がある。 B 本来の数学の勉強を助けるためのものであるということを利用者が忘れないように，ゲームから離れてやるテスト等が必要。 C キーボードの手入力だと，実際に手で書くのとは異なるので，テストで手で書くものには対応しきれないかもしれないので，手書きの入力にした方がよい。

○推定配点○

1 各2点×7 2 各2点×7 3 各2点×7 4 問4 各1点×2 他 各2点×3
計50点

＜社会解説＞

1 (日本の地理－「温暖化」に関連する地理の問題)

問1 ア 温暖化によって，地上の氷が大量に溶けると，その水で海水面が上昇し，小さな島国や海抜高度が低いところは水没する可能性がある。

重要 問2 温室効果ガスは，二酸化炭素やメタンガスなどで，その大気中の濃度が高くなると，地表の熱が大気圏外へ放出されにくくなり，地球を覆っている大気の中の温度が上昇するとされている。

やや難 問3 イ 木材の消費量，生産量，輸入量の関係を考えれば，それぞれのグラフの線がどのものなのかはわかる。国内の木材消費量が生産量ではまかないきれないので，不足分が輸入されていると考えれば，生産量と輸入量を足した量が消費量になると判断できる。そう考えればXが消費量で，Yが輸入量，Zが国内の生産量となる。

問4 ウ 選択肢の内容をそれぞれ表と照らし合わせていけば選べる。各年代の数値の推移を見ていけばウが誤りとわかる。

問5 ハイブリッドとは，本来，異質のものを掛け合わせてできるもの，種や品種のことなるものを掛け合わせてできるものを指す。ハイブリッドカーは従来のガソリンエンジンで走る自動車に電気で動くモーターを付け加えたもので，その両方で動くことが可能になっている。

基本 問6 ア 温室効果ガス削減につながらない発電方法は火力発電。一般に火力発電は石炭や石油，天然ガスなどの化石燃料を燃やした熱で発電するので，温室効果ガスの二酸化炭素が排出される。グラフのアが火力発電で，イが水力発電，ウが原子力発電，エが太陽光などの新エネルギーによる発電となっている。

問7　エ　基本的には日本の国内で製造していたものと同じものを海外の工場で製造している。

[2]　(日本の歴史－日本の様々な時代の「移動」「交流」に関連する問題)

基本　問1　ア　貝塚が見られるのは縄文時代で，縄文時代にはあまり人々の間の戦はない。ウ　縄文時代には人々は竪穴住居を作って暮らすようになり，定住していた。　エ　石包丁は弥生時代の稲作が行われていたことの証拠とされる石器で，稲穂の部分を刈り取るのに使用したとみられている。

問2　ア　東大寺正倉院の宝物の中で西アジアからもたらされたモノのひとつとされているのはガラスのコップ。瑠璃というのが中国でいうガラスのことで，正倉院の宝物の中にはペルシア(今のイラン)から伝わった瑠璃の器がある。

やや難　問3　イ　14世紀～15世紀→ウ　1489年→ア　1500年の順。

重要　問4　資料Dは豊臣秀吉が出したバテレン追放令。キリスト教の宣教師の国外退去を命じたものではあったが，南蛮貿易はそのまま残してあったので，あまり効果はなかったとされる。

問5　(1)　樋口一葉は明治時代の女流作家で「たけくらべ」「にごりえ」などを書いた。

(2)　エ　北里柴三郎は破傷風菌の純粋培養に成功し，血清療法を発見したり，ペスト菌を発見したりした。新千円札の裏面の絵は葛飾北斎の『富嶽三十六景』の中の「神奈川沖浪裏」。

問6　新渡戸稲造は盛岡出身で札幌農学校で農学を学び，北海道庁などに勤めた後に渡米した。

[3]　(政治―2021年の時事的な事柄に関連する問題)

基本　問1　パラリンピックは夏，冬のオリンピック大会の後に，障碍者のスポーツ大会として開催されるもの。夏のオリンピックの開催地で同じ年に開催されるようになったのは1988年のソウル大会から，冬は1992年のアルベールヴィル大会から。

問2　エ　奈良時代に猛威をふるった感染症は天然痘。

問3　ウ　現在，情報通信関連のことを管轄するのは総務省。

問4　イ　主要国首脳会議(サミット)の参加国は，1975年の第1回の際はアメリカ，イギリス，フランス，(西)ドイツ，イタリア，日本の6カ国でその次からはカナダが加わりG7となる。

問5　ア　天皇の国事行為は日本国憲法第7条にある。イは首相の権限で，天皇は認証する。ウは国会の権限。エは内閣の権限。

重要　問6　非核三原則は核兵器をつくらない，持たない，持ち込ませないというもの。佐藤栄作内閣の時に掲げられた。

問7　アがイスラム教のもの。メッカは現在のサウジアラビアにある。イは中国，ウはキリスト教，エはインドのヒンズー教のもの。

[4]　(総合問題―アプリ教材に関する問題)

問1　エ　IOC国際オリンピック委員会の本部はスイスのローザンヌにある。

重要　問2　3Rの残りはReuseリユースで再使用。リサイクルは使ったものを姿や形を変えて別のものに作り替えて使うのに対し，リユースはそのものの姿や形を変えずにそのものが持っている機能を生かして再び使うというもの。例えば，兄弟や姉妹の間で，上の子が着た服のおさがりを下の子が着るようなもの。服などの古くなったものを雑巾などに作り替えて使うのはリサイクル。

問3　平塚らいてう(雷鳥)は明治末期から大正，昭和にかけて女性解放，女性の参政権確立を求めて運動をした。

やや難　問4　①　スマートフォン，パソコンで使う，高校生用のアプリについて。Aは学校内限定の質問掲示板で，勉強に関しての悩みや疑問を書き込んで，生徒の間で共有し，解答できる人がその答えなどを書き込むもの。普通に参考書や教科書を見ただけではわかりづらい課題などの解法などを生徒間で共有できる。Bは数学の計算が苦手な人や数学が嫌いな人が計算の練習を楽しみながらできるようなゲームをつくるというもの。ただ計算問題をたくさんやるよりは，確かに取り組みやすいとは思える。Cは英単語の暗記などで使えるような手入力のフラッシュカード。出来合いのものではなく，自分が覚えないといけないものを自分で入力して作成し，それを繰り返し見て覚えていくもの。覚えるべきカードを自分で作っていくので，自分に合ったものができるのはよい。

② Aの問題点は勉強上の悩み，疑問をやり取りするのはいいが，それ以外の内容になってくると問題が生じることもある。また，匿名にすることで，かえって個人攻撃や無責任な書き込みなども生じてくるおそれがある。また，勉強をやるうえでの障害を取り除くためのものであるはずだが，こちらに熱中して勉強がおろそかになる危険もある。内容やそれぞれの生徒がこの掲示板にかかわる時間などを何らかの形で管理して，本末転倒の状態になっている場合には，規制をかけることなどが必要であろう。Bの問題点は，計算の練習をゲーム化することで，熱中しすぎてこれにばかり時間をかけてしまう生徒がでてきたり，ゲームの方にばかり気をとられて肝心の計算の練習や，本質的に数学の問題を解くということがおろそかになってしまう可能性も考えられる。前者の問題点は，そのアプリを一日に使える時間の制限を設ければ解決できそうではあり，後者はアプリの中で次第に数学の計算の難度を上げていく際に，考えることを求めるような問題が出てくるようにしていけばある程度は解決できるかもしれない。Cの問題点は英単語などでもつづりの長いものや，漢字で複雑な形のものなどは実際に書いていかないと覚えにくいので，キーボードではなく手書きの入力方法を使い，解答方法も書かないといけないものにするなどすれば，この点は解決するかもしれない。ただ，この種の勉強方法はやはり暗記物にはなじみやすいが，そうでないものにはなじまないので，読解力，思考力，表現力などが問われる勉強とは区別し，暗記物はその他の力を使う上での道具に過ぎないのでそれ以外の勉強の方へ進むことをアプリの中でしつこいぐらいに促すことが必要になるかもしれない。

★ワンポイントアドバイス★

短い試験時間でこなさなければならないので，解答できそうな設問を見つけて確実に答えていくことが合格への道筋。1から3で確実に得点することを目指すのがよい。4の記述は最後にまわすのがよい。

＜国語解答＞《学校からの正答の発表はありません。》

〔一〕 問一 ① ぼうえき ② こんざつ ③ しりぞ(く) ④ ひたい ⑤ 用件 ⑥ 任命 ⑦ 利益 ⑧ 分担 ⑨ 預(ける) ⑩ 備(えて)
問二 1 ロ 2 ホ 3 ハ 問三 1 手(段) 2 関(心)

〔二〕 問一 Ⅰ エ Ⅱ ア 問二 ウ 問三 ア・エ 問四 イ 問五 エ
問六 (例) 少女が持ってきたシマヘビの抜け殻をプレゼントに値する驚異だと思い，少女が聞かせてくれた声は男の胸の中にいつまでも響いていたと描かれているように，贈った相手の心に深く残るものが本当のプレゼントだと思う。抜け殻のように形に見える物だけでなく，形には見えない声も，心に残る立派なプレゼントなのである。

〔三〕 問一 エ 問二 ウ 問三 イ 問四 エ 問五 エ 問六 (例) 私は「常識に従う」ことに反対である。なぜなら，自分の人生は自分で考えて進んでいきたいと考えるからだ。たしかに，常識に従っていれば効率的であるし，余計なことを考えずに進んでいくことができる。しかし，疑問を感じる常識にはきちんと向き合って悩み考えることで，自分自身も納得できる自分の人生を歩いていけると思う。

○推定配点○

〔一〕 問三　各3点×2　他　各2点×13

〔二〕 問一　各2点×2　問六　10点　他　各5点×4(問三完答)

〔三〕 問一　4点　問六　10点　他　各5点×4　計100点

＜国語解説＞

〔一〕 (類義語，ことわざ，漢字の読み書き)

重要 問一　①は外国と商品やサービスなどの売り買いの取引をすること。外国に商品を売ることを輸出，外国から買うことを輸入という。②は人が大勢集まってこみ合っていること。③の音読みは「タイ」。熟語は「引退(いんたい)」など。④の音読みは「ガク」。熟語は「金額(きんがく)」など。⑤はやらなくてはならない仕事や伝えるべきことがら。同音異義語で必要な条件という意味の「要件」と区別する。⑥は役目などを任せること。⑦は得られたもうけ。⑧は分けて受け持つこと。⑨の音読みは「ヨ」。熟語は「預金(よきん)」など。⑩は準備や用意をすること。同音異義語で差し上げるという意味の「供える」と区別する。

やや難 問二　1とロは，どんな立派なものでも価値がわからない者にとっては何の役にも立たないものであるというたとえ。2とホは名人や達人でも時には失敗することがあることのたとえ。3とハは，用心深く物事を行うことのたとえ。イは二つのものが大きく違っていることのたとえ。ニは不幸や災難が重なることのたとえ。

基本 問三　目的を達成するためのやり方という意味の1の「方法」の類義語は「手段(しゅだん)」。ある物事に心をひかれることという意味の2の「興味」の類義語は「関心(かんしん)」。

〔二〕 (小説－心情・情景・細部の読み取り，ことばの意味，記述力)

基本 問一　Ⅰは古代中国の官吏(かんり)登用試験の答案で，最優秀の答案を他の答案の上に載せたことから生まれた言葉。最優秀の答案が他の答案を「圧する」ことから。Ⅱは細かいところまではっきりさせること。

問二　傍線部①直前で「かつて自分が誰かから，何かをプレゼントされたことがあったか……遠い記憶を呼び覚まそうとしてみた。けれど，何一つ浮かんではこなかった」という男の心情が描かれているので，このことをふまえたウが適当。①直前の心情をふまえていない他の選択肢は不適当。

問三　傍線部②後で「(少女にひよこの行き先を)尋ねられたら本当のことを言うべきか嘘をつくべきか分からず，うろたえてしまう」かもしれないと男は思っているので，アが適当。また，「少女の黒い瞳の中では，ひよこはどこへでも行けるのだ。……いつまでも幸福に暮すのだ」とも思っているので，エも適当。②後の男の心情をふまえていない他の選択肢は不適当。

重要 問四　傍線部③直後の「少女が聞かせてくれた声。これこそが，自分だけに与えられたかけがえのない贈り物だ」という心情をふまえたイが適当。「少女の声」こそが「本当のプレゼント」であることを説明していない他の選択肢は不適当。

問五　本文は主人公の男の視点で描かれているので，「少女の目を通して」とあるエは適当でない。

やや難 問六　本文で，少女が持ってきて窓辺に飾ってあるシマヘビの抜け殻などのコレクション，さらに少女の声が，男にとってのプレゼントとして描かれている。これらのプレゼントに共通しているのは，男の心に深く残っているということである。形のある物だけでなく，少女の声もプレゼントであると描かれていることをふまえ，「プレゼント」に対する自分の考えを説明する。

〔三〕 **(論説文－要旨・大意・細部の読み取り，指示語，接続語，記述力)**

基本 問一　空欄Aは直前の内容とは相反する内容が続いているので「ところが」が入る。空欄Bは直前の内容を言いかえた内容が続いているので「つまり」が入る。空欄Cは前後で同じような意味の内容を並べているので「あるいは」が入る。

問二　傍線部①前で述べているように，アキレスが亀のいたところに到達したと思っても，亀は先に進んでいるということが無限に繰り返される，ということを説明しているウが適当。「五メートル」という距離に限定しているア，イ，「時間」を説明しているエはいずれも不適当。

問三　傍線部②直後で述べているように，新たな機材やツールを器用に使いこなす若い人たちが，年を重ねて経験を積んで学んできたベテランを追い越す，ということなのでイが適当。「新たなパラドックス」＝若い人がベテランを追い越す，ということを説明していない他の選択肢は不適当。

問四　傍線部③前後で述べているように，熊が鮭を食べるという行為は鮭の立場，熊の立場でまるで違ったものになる，という例のことなのでエが適当。見る立場によって価値判断が違ってくるということを説明していない他の選択肢は不適当。

重要 問五　最後の段落で「激変している現代社会では，本質に立ち返って考えることがむしろ必要になる」と述べ，「物事が順調に進んでいるときは，根本に戻って考えるなんて邪魔で非効率かもしれません」と述べているが，「哲学的に考えることによって物事を順調に進めることができる」とは述べていないので，エは適当でない。

やや難 問六　解答例では反対の立場で述べているが，賛成の立場として「常識に従う」ことで，物事を効率的に，スムーズに行うことができる，といった理由が挙げられる。いずれの立場の場合も，具体的で説得力のある理由で，自分の考えを述べていこう。

★ワンポイントアドバイス★

小説では，だれの視点を通した情景や心情が描かれているかをしっかり読み取っていこう。

＜英語解答＞ 《学校からの正答の発表はありません。》

1. (1) ウ　(2) イ　(3) イ　(4) ア
2. (1) エ　(2) ウ　(3) イ　(4) エ
3. (1) エ　(2) エ　(3) ウ　(4) イ　(5) ア　(6) イ　(7) ア
4. ③ g　④ e　⑤ b　⑦ c
5. (1) エ　(2) エ　(3) ウ
6. (1) ウ　(2) イ　(3) エ　(4) エ　(5) ウ
7. (1) イ　(2) イ　(3) ア　(4) エ　(5) ウ

○推定配点○

4.　各4点×4　他　各3点×28　計100点

第2回

2022年度

解 答 と 解 説

《2021年度の配点は解答欄に掲載してあります。》

＜算数解答＞《学校からの正答の発表はありません。》

1 (1) 24 (2) 42 (3) 14.3 (4) 98760

2 (1) 72 (2) $\frac{3}{4}$ (3) 602.88 (4) 504 (5) 6 (6) 2022 (7) 5

3 (1) (11, 9, 9, 6) (2) 3種類 (3) (9, 7, 7, 0)

4 (1) 125 (2) 11 (3) 1458

5 (1) $\frac{1}{12}$倍 (2) 2：1 (3) 19.2cm^2

○推定配点○

各5点×20 計100点

＜算数解説＞

1 **(四則計算)**

(1) 159－5×27＝24

(2) □＝(64÷8×27－6)÷5＝42

(3) 0.8＋2.25×6＝0.8＋13.5＝14.3

(4) 8×(1＋11＋111＋1111＋11111)＝8×12345＝98760

2 **(数の性質，平面図形，立体図形，割合と比，規則性，単位の換算，演算記号)**

やや難 (1) それぞれの店で12本ずつ買う場合，それぞれの代金は320×2＝640(円)，220×3＝660(円)，60×12＝720(円) Aさんが12本買ってBさんとCさんが6本ずつ買うと，代金の差は(660＋720)÷2－640＝50(円) したがって，Aさんが買った本数は12×(300÷50)＝72(本)

重要 (2) 右図より，三角形ABEの面積を3にすると，三角形CDEの面積は2×2＝4 したがって，求める割合は$\frac{3}{4}$倍。

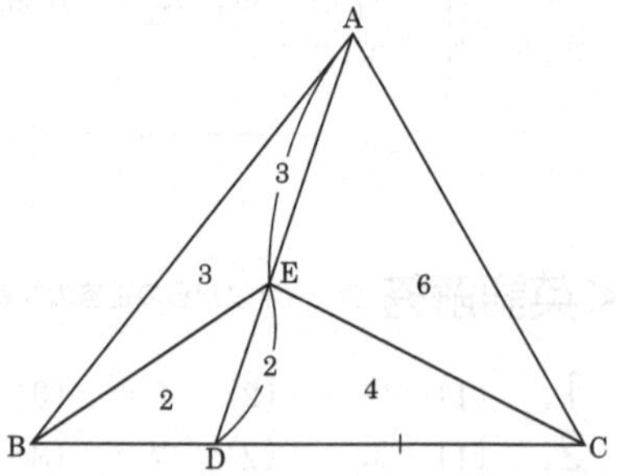

基本 (3) 右図より，(6×6－2×2)×3.14×6＝192×3.14＝602.88(cm^3)

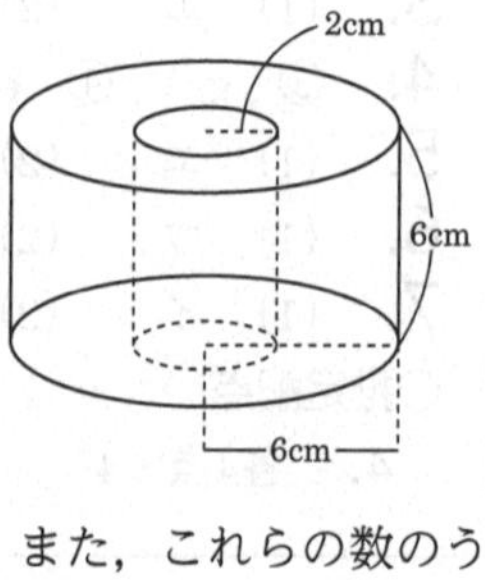

重要 (4) 1年生の人数は96÷(1－0.84)－96＝504(人)

重要 (5) 15秒でたまる水量は0.8×1.5＝1.2(L)

20÷1.2＝16…0.8，1＋2＋…＋5＝15より，6個の蛇口から水を出す。

基本 (6) 7◎4＝7×7－4＝45 2◎1＝2×2－1＝3 45◎3＝45×45－3＝2022

重要 (7) 3の倍数＋1の数のうち，20番目の数は3×20＋1＝61であり，これらの数のうち，5の倍数は3×5＝15ずつ増え10，25，40，55の4個ある。また，これらの数のうち偶数は4個より多い。したがって，0は連続して5個並ぶ。

やや難 ③ **(推理，場合の数)**

ア　1人だけ不正解…1人が-3点，3人の得点はそのまま→4人の合計得点が3点減る
イ　2人が不正解…　2人共-2点，2人の得点はそのまま→4人の合計得点が4点減る
ウ　3人が不正解…　3人共-1点，1人の得点は$+1$点→　4人の合計得点が2点減る

(1)　2問目までで4人の合計得点が$40-35=3+2=5$(点)減っているので，次の場合が成立する。
1問目(10，10，10，7)のとき，2問目は(11，9，9，6)

(2)　(1)より，3問目と4問目で$35-27=8$(点)減っているので，4点ずつ減っている。
したがって，次の3種類がある。(11，9，9，6)→(11，7，7，6)→(11，7，5，4)
→(11，7，9，4)→(11，7，7，2)
→(11，9，7，4)→(11，9，5，2)

(3)　(2)より，2人共-2点になり，Xが優勝するので(9，7，7，0)

④ **(演算記号，数の性質，立体図形)**

基本 (1)　$5\times5\times5=125$

基本 (2)　$1331=11\times11\times11$より，11

重要 (3)　$C\times4$は偶数であり，$C\times4=A\times A\times A$の場合，Aは偶数であり，9番目の偶数は18　したがって，Cは$18\times18\times18\div4=1458$

⑤ **(平面図形，図形や点の移動，相似，速さの三公式と比，割合と比，消去算)**

重要 (1)　図1より，三角形APQの面積は長方形全体の$2\div\{(2+1)\times8\}=\frac{1}{12}$

やや難 (2)　図2より，AからPまでの道のりが9＋ア，AからQまでの道のりが$9\times2+12+12-$ア$=42-$アであり，$(9+$ア$)\times2=18+$ア$\times2$が$42-$アに等しい。　したがって，ア$\times3$が$42-18=24$に等しく，ア$=24\div3=8$より，$8:4=2:1$

図1

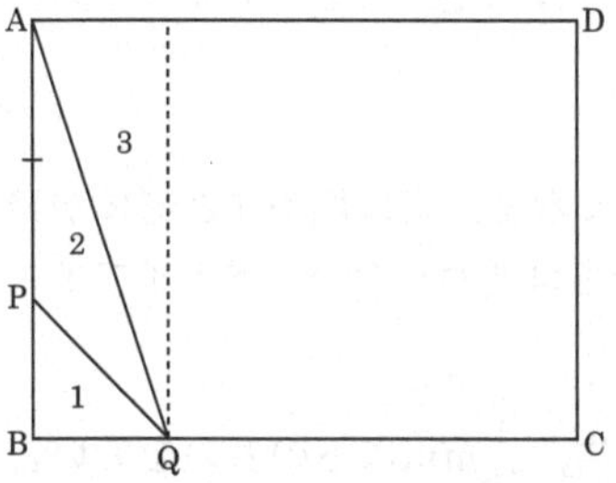

図2

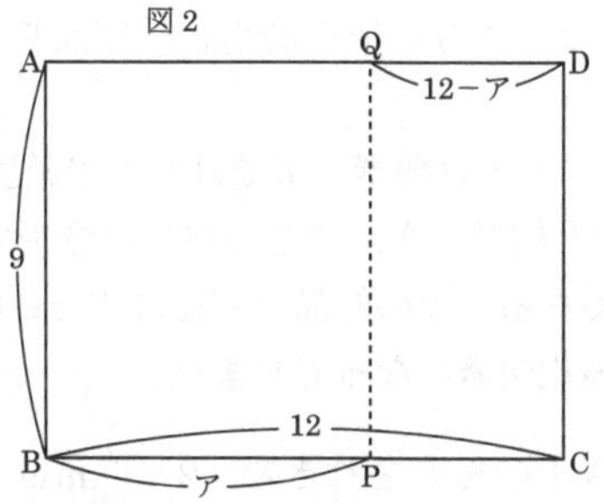

図3

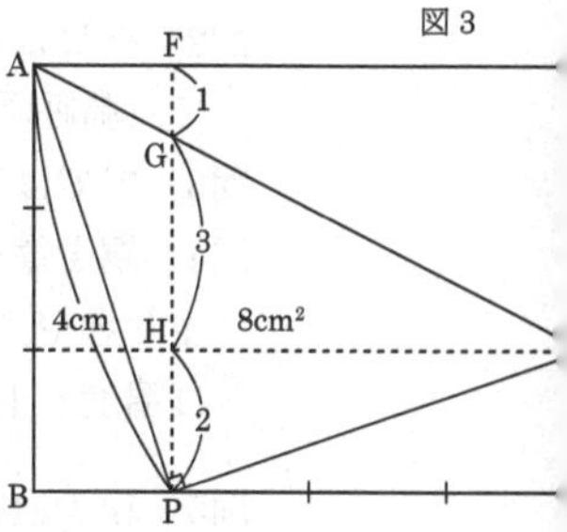

(3)　図3より，直角二等辺三角形APEの面積は$4\times4\div2=8(cm^2)$　直角三角形AGFとEHGの相似比は$1:3$より，$FG:GP$は$1:\{3+(1+3)\div2\}=1:5$
したがって，長方形全体の面積は$8\div5\times(1+5)\times2=19.2(cm^2)$

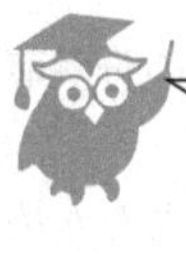

★ワンポイントアドバイス★

③「推理，場合の数」は，4人の合計得点が何点減るかに気づかないと手こずる。したがって，①，②で着実に得点し，④「立方数」，⑤「長方形・点の移動」で解きやすい問題を優先して解くことがポイントである。

＜理科解答＞《学校からの正答の発表はありません。》

1 問1 ウ　問2 ウ　問3 ウ　問4 ア　問5 ア　問6 エ　問7 イ
問8 ア　問9 ウ　問10 ア

2 問1 蒸散　問2 水の表面からの蒸発を防ぐため　問3 道管　問4 ア A
ウ C　問5 条件 アとウ[イとエ]　水の量 0.52mL　問6 0.005mL

3 問1 これらはアルカリ性の水溶液である。　問2 二酸化炭素
問3 A ホウ砂　B 食塩　C 石灰石の粉　D さとう　E 重そう
問4 実験1：ふり混ぜるとき水滴が眼に入ると危険なので，保護メガネを使用する。
実験3：やけどの危険があるので，加熱したステンレス皿は十分に冷やしてから持つか，ハサミを使って移動させる。
実験4：塩酸が手にかからないようにスポイドを用いる。
実験5：Aの水溶液は眼に入ったり，手にかかると危険なため，保護メガネやゴム手袋を使用する。

○推定配点○

1 各2点×10　2 問4 各1点×2　問6 3点　他 各2点×5
3 問3 各1点×5　問4 6点　他 各2点×2　計50点

＜理科解説＞

基本 1 (理科総合―小問集合)

問1 動物の細胞には細胞壁がない。ヤコウタケはキノコの一種。ミドリムシは光合成をし，植物に似ているが細胞壁は持たない。

問2 ヘビは変温動物でコウモリは恒温動物。ヘビは卵生，コウモリは胎生，ともにセキツイ動物で，肺呼吸をする。

問3 アでは二酸化炭素，ウでは酸素，エでは水素が発生する。

問4 銅を燃やすと酸素と結びつき，できる物質は燃やす前より重くなる。炭は燃やすと気体が発生し燃やす前より軽くなる。塩の結晶は高温にすると解けるが重さは変わらない。ドライアイスは温度を上げると二酸化炭素になってしまう。

問5 粒の直径が2mm以上のものをれき岩，2～$\frac{1}{16}$mmのものを砂岩，$\frac{1}{16}$mm以下のものをでい岩と呼ぶ。

問6 電磁石の磁力を大きくするには，コイルの巻き数を多くする，鉄の芯を入れる，銅線の太さを太くするなどの方法がある。銅線の長さを変えずにコイルの直径を大きくすると，巻き数が減るので磁力は小さくなる。

問7 液体水素はスペースシャトルの燃料に使われている。水素は無色で空気より軽い気体で，燃えるとき音がする。

問8 ペプシンはタンパク質の分解酵素である。デンプンの分解酵素はアミラーゼ，脂肪の分解酵素はリパーゼである。

問9 太陽が最も高くなるのは正午で，太陽からのエネルギーが最も多くなるが，海水があたためられるのに時間がかかるので，これより遅れて気温が高くなる。また，最も気温が低くなるのは，温められた海水が冷えるのに時間がかかるので日の出前になる。

問10　ふりこが1往復する時間を2倍にするには，ふりこの長さを4倍にする。往復にかかる時間は，おもりの重さやふれはばには関係しない。

2　**(植物―蒸散のようす)**

基本　問1　葉の裏側に多い気孔から，水蒸気が出てゆく。これを蒸散という。

基本　問2　水の表面からの蒸発を防ぐため。

基本　問3　茎や葉で水が通る管を道管といい，栄養素が通る管を師管という。

重要　問4　Aでは最も蒸散が活発であるのでアとわかる。次いでBで蒸散が活発である。気孔は葉の裏側に多く，葉の裏側にワセリンをぬっていないイがBのグラフになる。Cは条件ウ，Dが最も蒸散が起きていないので条件エになる。

問5　アでは葉の表，裏，茎から蒸散が起きる。イでは葉の裏，茎から，ウでは葉の表，茎，エでは茎から蒸散が起きる。アとウの水の減少量の差が，葉の裏側からの蒸発量になる。また，イとエの差も葉の裏側からの蒸発量になる。8:00～13:00の5時間でア(A)は4.8mL蒸発し，ウ(C)は2.2mL蒸発するので，5時間で4.8－2.2＝2.6(mL)の水が葉の裏側から蒸発する。よって1時間当たりの蒸発量は，2.6÷5＝0.52(mL)になる。

問6　5時間で葉の表と裏から出る水の量は，アからエの値を引いて4.8－0.6＝4.2(mL)である。3時間当たりでは，(4.2÷5)×3＝2.52(mL)である。葉の両側の表面積は252＋252＝504(cm^2)なので，1cm^2あたりから3時間で出た水の量は，2.52÷504＝0.005(mL)になる。

3　**(水溶液の性質―水溶液の判別)**

基本　問1　BTB溶液はアルカリ性で青色，中性で緑色，酸性で黄色になるので，これらの水溶液はアルカリ性であることがわかる。

基本　問2　5つの物質のうち水に溶けないのは石灰石の粉である。これがCで，Cに塩酸を加えると二酸化炭素が発生する。Eからも二酸化炭素が発生するので，Eは重そうである。

重要　問3　Cは水に溶けないので石灰石の粉である。A，Eの水溶液はアルカリ性を示すので，重そうかホウ砂であり，塩酸と混ぜて二酸化炭素が発生することからEが重そう，Aがホウ砂である。B，Dの水溶液は中性で，Dをステンレス皿の上で加熱すると黒くなったので，Dがさとう，Bが食塩である。

問4　酸性やアルカリ性の水溶液は眼に入ると非常に危険なので，かき混ぜるときには保護メガネをする方が良い。加熱するときはやけどに注意する。熱いうちは触らず，火ばしやハサミを用いて移動させる。塩酸やホウ砂水溶液は手にかからないように十分注意し，ゴム手袋をはめて扱うとよい。

★ワンポイントアドバイス★

基本的な内容の問題がほとんどである。小問集合でしっかりと得点することがポイントである。最後の問題は記述式なので，自分の考えを文章に短くまとめる練習をしておこう。

<社会解答> 《学校からの正答の発表はありません。》

1　問1　イ　　問2　ア　　問3　①　　問4　イ　　問5　(1)　肉牛―エ　　もも―ウ
(2)　大陸棚　　問6　エ

2 問1 石包丁 問2 ウ 問3 ウ→イ→ア 問4 五人組 問5 ウ
問6 地主の農地を国が買い上げ，それを小作農に売り渡した。 問7 エ

3 問1 ア 問2 ウ 問3 エ 問4 (1) 参議院 (2) ウ 問5 ア 問6 イ

4 問1 イ 問2 イ 問3 エ 問4 ① 例 A 高校は小中学校以上に，部活は大変だろうし，勉強するものは多くなり，スケジュール管理が大変そうだから。 B 高校の勉強はかなり難しくなるだろうし，勉強するものの量も増えるので，一番効率のよい方法がわかると助かるから。 C 勉強は一人でやるものだが，友達と競い合った方がやる気がでるし，友達の目があったほうがなまけにくいから。 ② A 計画はたてても実行できないことがよくあるので，計画が進んでいない場合に催促してくる機能があるとよい。 B 自分の弱点発見まで機械任せにすると，自分の頭で考えること，分析することがなくなるので，自分の問題点，弱点を考えて答えさせる機能があればよい。 C メッセージのやり取りに終始してしまうかもしれないので，課題，予定をこなさないとメッセージ機能が使えないようにするとよい。

○推定配点○

1 各2点×7 2 各2点×7 3 各2点×7 4 問4 各1点×2 他 各2点×3 計50点

＜社会解説＞

1 (地理－日本と世界の各地の地誌に関する問題)

重要 問1 イ 選択肢の内容を順番に当てはめていけば答えはわかる。一人あたりの平均移動距離がそのままではわからないので，表の輸送量を旅客数で割って求める。計算した値が1990年よりも2018年の方が減っているのは，自家用車の他に鉄道(民営)もある。

基本 問2 ア イギリスが2021年にEUから離脱している。2022年の段階でEU加盟国は27か国。地図中のアがイギリスで，イはドイツ，ウはイタリア，エはトルコでトルコはEU加盟国ではない。

問3 ① アはインドの説明で，イがブラジル，ウがアメリカ。表のXがインド，YがブラジルでZがアメリカのものになる。表の中の人口でインドは判断ができ，一人当たりの国内総生産でアメリカは容易に選べる。

問4 イ 医薬品の製造は化学工業の一種。

問5 (1) 日本の中で北海道と南九州で盛んなのが畜産関係でエの地図が肉用牛とわかる。ももは福島県，山梨県，長野県が有名なのでウ。アはほたての収獲量，イはくろまぐろの漁獲量になる。 (2) 水深200mまでのなだらかな地形は大陸だな。

問6 エ 沖縄県には日本の米軍施設のかなりのものが1972年の返還後も残されている。沖縄本島のだいたい2割ほどの土地を米軍の施設が占有している。

2 (日本の歴史－様々な時代の産業に関する問題)

基本 問1 石包丁は石で出来た刃物状の石器で，稲穂を刈り取る際に使用したとみられている。稲の刈り取りを現在の根元からやる方式が一般的になるのは鉄製の鎌が広く普及する鎌倉時代以後とされる。

問2 ウ 逆で，本来，庸は都で10日の労役を課すものが，代わりに布を納めさせるものへと変わっていく。

問3 ウ 1560年→イ 1575年→ア 1577年の順。

問4　江戸時代，農村は幕府や各藩の財政を支える重要な役割をもち，その年貢を確実に納めることを村に請け負わさせ，村の中では五人組と呼ばれる，農家五戸を一つのまとまりとして連帯責任を負わせるものがつくられた。

やや難　問5　グラフのアが1890年の輸入で，イは1890年の輸出，ウは1910年の輸入で，エは1910年の輸出を示したものになっている。アは内訳の中で綿糸が大きいので，1890年の輸入と判断できる。日本で産業革命が進み，飛躍的に工業の生産力がアップし始めるのは1894年の日清戦争の頃からで，それまでは綿糸は輸出品にはまだなっていない。ウは綿糸に代わり綿花が多くなっており，日本から綿花の輸出はないので，産業革命で綿糸生産が増えたことで原料の綿花の輸入が増えた結果と判断できる。イとエではどちらも生糸が主力だが，その次に多いものがイは緑茶で，エは綿糸になっており，輸入品と同様に考えればエは産業革命が進んだ後なので1910年のものとなり，イは産業革命前の1890年と判断できる。

重要　問6　GHQが行った農地改革は一定面積以上の農地を持っている大地主から農地を国が買い上げ，それを小作農に売り渡すというもの。小作農を自作農にするというだけではなく，地主が小作農を支配していた関係を解消し民主化するというのが目的。

やや難　問7　エ　Xは最初は急速に伸びたがカラーテレビの普及に伴い減っているので白黒テレビと判断できる。電気冷蔵庫と電気洗濯機とでは，昔は現在ほど買い物をまとめてやって買い置きをしておくというのがなく，毎日の食材を毎日買い物に行くのが当たり前だったので，冷蔵庫の必要性は今ほど高くはなかったので，家族の人数が昔の方が多く，毎日洗濯物は出るので洗濯機の需要の方が高かったと判断すれば，Yが電気洗濯機で，Zが電気冷蔵庫とわかる。

3　**(政治—衆議院総選挙や三権に関連する問題)**

基本　問1　ア　2021年10月の総選挙は，任期満了のものになる寸前で岸田内閣が解散に踏み切ったもの。

問2　ウ　期日前投票は利用者が一定割合はおり，需要は高い。アは年齢は引き下げられてはいるが，投票率の上昇には結びついていない。イはまだ実現されていない。エは日本在住の外国籍の人に選挙権を与えることは今のところはない。海外の日本人には以前から投票権はある。

問3　2020年の段階で，年齢は少し違うが15歳未満の人口が全体の12%ほどなので，18歳以上の人口は90%以上になり，選択肢の中で一番近いのがエの約5分の4となる。

重要　問4　(1)　かつての貴族院に代わって設置されたのが参議院。　(2)　ウ　天皇の国事行為に助言と承認を与えるのは内閣。

問5　ア　2021年度の予算で社会保障関係費が比率では一番大きく約33%ほど。次いで国債費が22%ほどで，その次が地方交付税交付金等で15%ほどとなり，文教費や防衛関係費はそれぞれ5%ほどとなっている。

問6　イ　地方自治では首長や議員，公務員などに対しての解職請求を署名を集めて行うことができるが，国政に関しては国民にはこの権限はない。

4　**(総合問題—明治以降の歴史と教育アプリに関する問題)**

問1　アは松尾芭蕉の句，ウは与謝蕪村の句，エは小林一茶の句。

基本　問2　大隈重信が1882年につくった政党が立憲改進党。自由党は板垣退助，立憲政友会は伊藤博文らが結成。自由民主党は第二次世界大戦後の1955年に当時の二大保守政党の自由党と民主党が合体してできたもの。

問3　エのイタリアは日本，ドイツとともに三国同盟をつくった国で，この中では最初にファシズムの政党が政権をとっている。太平洋戦争ではアメリカ以外にイギリスやオランダともアジアで日本は交戦している。中国はその前にすでに日中戦争で戦い始めていた。

やや難 問4 ① 高校生活をおくる上で，A，B，Cのいずれも，それなりには高校生には魅力を感じるところがあるであろうから，その良さそうな面を見つけて答えればよい。Aは，高校生だと学校生活以外にもいろいろと忙しいだろうから，そのスケジュールを管理しながら，勉強時間を確保するという点で魅力を感じるのではないだろうか。Bは，忙しい高校生の場合に，勉強を効率よくやることが望ましいだろうから，自分の弱点を的確に見つけてその対策を教えてくれるものがあれば助かるはずであろう。Cは，勉強は最終的には自分との闘いだが，自分の勉強の悩みを友達と共有出来たり，競い合えるのであれば，それなりに魅力はあるであろう。 ② ①で魅力に思う点を考えたが，それがもつかもしれない問題点を考えて，その解決策となりそうなものを書く。Aの場合，計画を立ててくれるのはいいが，最終的にはそれを実行できるかどうかが問題なので，進捗状況でしつこく催促してくるような機能を付けた方がよいのかもしれない。また，課題や条件などを入力しないと機能しないのであれば，入力を怠って計画すら立てないで終わってしまうこともあり得るので，計画の入力を催促する機能や，場合によってはその入力状況を学校の教師が管理できるようにする方が良いのかもしれない。Bの場合，これがあれば確かに助かるとは思うが，自分で自分の弱点を見つけることも勉強の一つともいえるので，その面をアプリに任せっぱなしなのは問題かもしれない。また，自分の弱点を見つけて解決していくことが，本質的な理解にもつながるので，そういう意味では受け身でありすぎると理解を深めるのには限界が生じるかもしれない。Cは，この手の機能の場合に，ともするとこの入力や他の人の書き込みを確認することにばかり時間がとられてしまい，結果的には勉強がはかどらなくなる恐れがある。例えば，このアプリを起動したり閲覧できる時間に制限を設けるなどの必要があるかもしれない。この設問は正解というものがないので，条件をしっかりと踏まえて，自分なりの考えをしっかりと展開して書ければよいであろう。

★ワンポイントアドバイス★

問題を丁寧に見ていき，求められていることを確実に把握することが大事。容易に解答できるものとそうでないものとの差が大きいので，できそうなものを確実に答えて得点できるようにしていくことが大事。

＜国語解答＞《学校からの正答の発表はありません。》

〔一〕 問一 ① きやく ② かせい ③ さいさん ④ きゅうゆう ⑤ 拝(む) ⑥ 地域 ⑦ 庁舎 ⑧ 早晩 ⑨ 株式 ⑩ 痛(む)
問二 1 得 → 読 2 家 → 花 3 動 → 同
問三 1 暗(算) 2 記(憶)

〔二〕 問一 Ⅰ ウ Ⅱ エ Ⅲ ア 問二 イ 問三 イ 問四 エ
問五 ウ 問六 ウ 問七 (例) 透子に演奏を批判されたことで，果南は悔しさを感じ，吹奏楽部のみんなとともに透子を見返すために大会に向けて猛練習を始めている。もしほめられていたら，そこで満足してそれ以上努力をしなかったかもしれない。悔しさがバネや力になって，果南たちが猛練習をしているように，悔しさは自分を成長させる力にもなるのだと思う。

〔三〕 問一 イ 問二 柔らかいことが強い 問三 ウ 問四 ア 問五 エ

問六　ア　　問七　イ　　問八　(例)　私は「雑草の成功戦略」に賛成である。逆境を逆手に取ってピンチをチャンスにする戦略は，決して自然の力に逆らって無理をしているのではなく，自然に従って自分を活かしているからだ。厳しい環境を利用してたくましく生きる雑草のように，人間である自分も，その時の環境をどのように自分の力にできるかを考えられるようにしたい。

○推定配点○

〔一〕　問三　各3点×2　　他　各2点×13
〔二〕　問一・問二　各2点×4　　問七　10点　　他　各4点×4
〔三〕　問一・問六　各2点×2　　問八　10点　　他　各4点×5　　計100点

＜国語解説＞

〔一〕 (漢字の読み書き，四字熟語，反対語)

基本　問一　①は約束事としての定め，きまり。②は力を貸して助けること。③は利益があること。④は古くからの友人。⑤の音読みは「ハイ」。熟語は「拝見(はいけん)」など。⑥は区画された，ある範囲の土地。⑦は官公庁などの役所の建物。⑧はおそかれはやかれ，そのうちにいつかはきっと，という意味。⑨の「株式会社」は株式を発行してお金を集め，その資本を用いて経営を行っていく会社のこと。⑩は体や心にいたみを感じること。同音異義語で物がくさる，傷つくという意味の「傷む」と区別する。

やや難　問二　1の「晴耕雨読」は晴れた日には外に出て田畑を耕し，雨の日には家にこもって読書をするようなおだやかな暮らしのこと。2の「花鳥風月」は花と鳥と風と月，すなわち自然の美しい風景のこと。3の「付和雷同」は自分に決まった考えがなく，他人の意見に軽々しく従うこと。「付和」はその人の側について意見を合わせること，「雷同」は雷の音に共振するように人の意見に同調すること。

重要　問三　1の，紙などに書いて行う計算という意味の「筆算」の対義語は，頭の中だけで計算することという意味の「暗算(あんざん)」。2の，忘れ去ることという意味の「忘却」の対義語は，物事を覚えていることという意味の「記憶(きおく)」。

〔二〕 (小説－心情・情景・細部の読み取り，空欄補充，ことばの意味，四字熟語，記述力)

基本　問一　傍線部Ⅰは驚いて一瞬息を止めること。傍線部Ⅱは太鼓のように大きい印を押すことで，確実であることを保証するという意味。傍線部Ⅲの「固唾」は緊張したときなどに口の中にたまるつばのことで，それを飲み込んでなりゆきをじっと見つめるとこから。

問二　空欄Aには今までに聞いたこともないような大変なことという意味のイが入る。アはさまざまに変化すること。ウは一度疑い始めると，ありもしない鬼の姿が見えるように何でもないことまで恐ろしく感じたり疑ったりすること。エは困難な状況の中で苦しみながらも努力をすること。

問三　傍線部①直後で，クラスのみんなが仕事を放棄して展示のできていない教室を見るのは「自分の犯した過ちが，はっきり目に見える形になって突きつけられ」て「恐ろしくてならなかった」という果南の心情が描かれているのでイが適当。①直後の心情をふまえていない他の選択肢は不適当。

重要　問四　傍線部②は，しっかり飾りつけされた教室を見て，自分がいなければ立ちゆかないと思いこんでいたが，すべて錯覚だったということなのでエが適当。「脱力感」＝力や気が抜けるような感覚を説明していない他の選択肢は不適当。

問五　「木暮先輩がでてくる。……」で始まる段落で，文化祭二日目は客席に波多野透子がいたために木暮先輩の顔が喜びに輝くようだったことが描かれているので，一日目の傍線部③はウが適当。③と対照的な二日目の表情をふまえていない他の選択肢は不適当。

問六　空欄Bは張りつめていて気持ちが高ぶっているさまという意味のウが入る。

やや難　問七　果南が感じた「悔しさ」が，果南のやる気を後押しして吹奏楽部に変化が生まれ，成長する助けとなっていることが読み取れる。本文の内容を参考にして，「悔しさ」を感じることでどのような行動や結果につながるかを考えて説明していこう。

〔三〕（論説文－要旨・大意・細部の読み取り，接続語，空欄補充，ことばの意味，記述力）

基本　問一　空欄Aは直前の内容とは相反する内容が続いているので逆接の「しかし」が入る。空欄Bは直前の内容の具体例が続いているので「たとえば」が入る。空欄Cは直前の内容を言いかえた内容が続いているので「つまり」が入る。空欄Dは直前の内容と同じような内容を並べているので「また」が入る。

問二　傍線部①後「柔らかいことが……」で始まる段落冒頭で，①の意味として「柔らかいことが強い(9字)」と述べている。

問三　傍線部②はヨシの木のように正面から風を受け止めず，強い力になびくことなので，このことをふまえたウが適当。②前までの説明をふまえていない他の選択肢は不適当。

問四　傍線部③直後で，オオバコは「人間の靴や動物の足にくっついて，種子が運ばれるようになっている」と述べているのでアが適当。③直後の段落内容をふまえていない他の選択肢は不適当。

重要　問五　冒頭の4段落でオオバコの戦略として踏まれやすい場所に好んで生えていること，傍線部④前後でも草刈りされても芽を出して増えることを述べているので，これらの内容をふまえたエが適当。アの「計算して」，イの「他の植物を養分にして」，ウの「わざと」はいずれも不適当。

問六　「センチメンタル」＝「感傷的」は，悲しくあわれな感情にゆさぶられるさま。

重要　問七　空欄E前で，「ピンチはチャンス」「ピンチとチャンスは同じ顔をしている」などの言葉を使って，逆境を逆手に取って利用する雑草の戦略の成功について述べていることから，このことをふまえたイが適当。ピンチ＝逆境を味方にしていることを述べていない他の選択肢は不適当。

やや難　問八　解答例では，自然に逆らうのではなく自然に従って自分を活かしていることを理由に，「雑草の成功戦略」に賛成の立場で説明している。反対の立場では，逆境に立ち向かえる強い力をつけたほうがどのような環境でも生き残れる，などが考えられる。筆者の考えと比べながら，自分の考えを整理していこう。

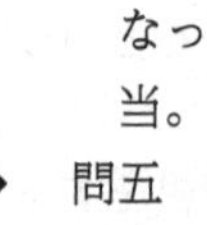

★ワンポイントアドバイス★

論説文では，具体例を通して筆者が何を述べようとしているのかをしっかり読み取ろう。

2021年度

★★★★★★★★★★★★★★★★★★★★★★★★

入　試　問　題

2021年度

細田学園中学校入試問題（第1回）

【算　数】（50分）　＜満点：100点＞

【注意】・コンパス，定規，分度器などは使用してはいけません。
・円周率は3.14とします。
・問題にかかれている図は正確とは限りません。

1 次の □ にあてはまる数を求めなさい。

(1) $\frac{1}{4} \div \left(0.125 - \frac{1}{12}\right) - 0.0625 \times 32 = \square$

(2) $\square \times 101 - 24\left(1\frac{1}{2} + 2\frac{2}{3}\right) - 2021$

(3) $2 \times 9.42 + 6 \times 1.57 + 62.8 \div 20 = \square$

(4) $\frac{1}{14} + \frac{1}{15} + \frac{1}{16} + \frac{1}{48} + \frac{1}{60} + \frac{1}{84} = \frac{1}{\square}$

2 次の □ にあてはまる数を求めなさい。

(1) １個120円のりんごと，１個80円のみかんを合わせて18個買います。はじめはりんごを □ 個買おうとしていましたが，りんごとみかんの買う個数を間違えて逆にしてしまったため，予定よりも320円高くなってしまいました。ただし，消費税は考えません。

(2) 一直線上にある２点A，Bは1600m離れており，下図のようにAX＝1000m，BC＝400mである点Xと点Cがあります。ケンタくんが点Bに向かって点Aを出発してから □ 分後に，マコトくんが点Aに向かって点Cを出発したところ，点Xで２人が出会い，マコトくんが出発してから４分後にケンタくんは点Cに到着しました。また，ケンタくんが点Bに到着したとき，マコトくんもちょうど点Aに到着しました。ただし，２人の速さはそれぞれ一定とします。

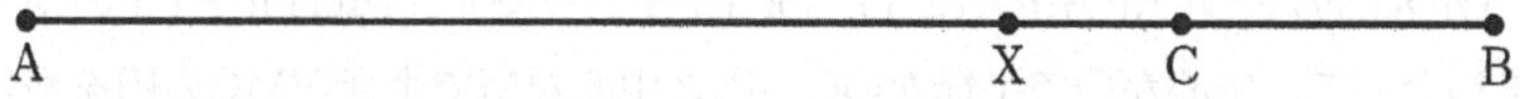

(3) トオルくんとタクミくんの２人が，○×式のテストを受けました。問題は①から⑩までの10問あり，それぞれの問題が１点で10点満点です。次の表は２人の答えた記号と，点数を表しています。

	①	②	③	④	⑤	⑥	⑦	⑧	⑨	⑩	点数
トオル	×	○	×	○	×	○	×	×	×	○	6
タクミ	×	○	×	○	○	○	×	×	×	×	4

トオルくんとタクミくんの両方が正解している問題は □ 問あります。

(4)　あるクラスでは，男子の身長の平均が女子の身長の平均よりも15cm高く，男子の人数は女子の人数の$\frac{2}{3}$で，クラス全体の身長の平均が164cmでした。男子の身長の平均は □ cmです。

(5)　下図のように，同じ大きさの黒いタイル（■）と白いタイル（□）を交互にしきつめていきます。

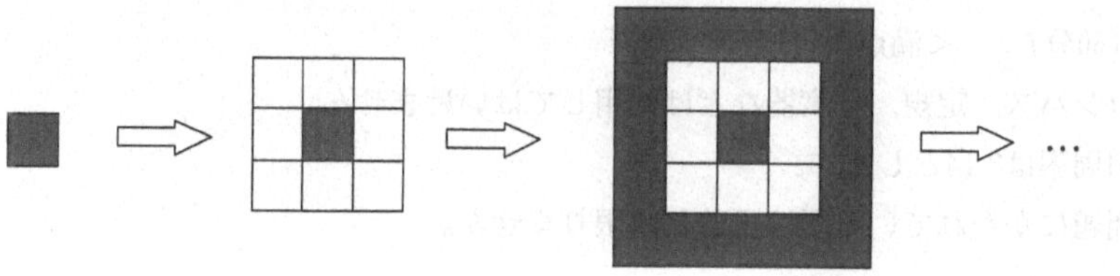

たとえば，１回目にしく黒いタイルは１枚，１回目にしく白いタイルは８枚です。このとき，１回目，２回目，３回目にしく黒いタイルの合計枚数は □ 枚です。

(6)　右図のように，面積が100cm²の正三角形ABCがあり，辺AB上にAD：DE：EB＝１：２：２となるようにD，Eを，辺BC上にBF：FG：GC＝１：１：２となるようにF，Gを，辺CA上にCH：HI：IA＝３：３：４となるようにH，Iをとります。このとき，六角形DEFGHIの面積は □ cm²です。

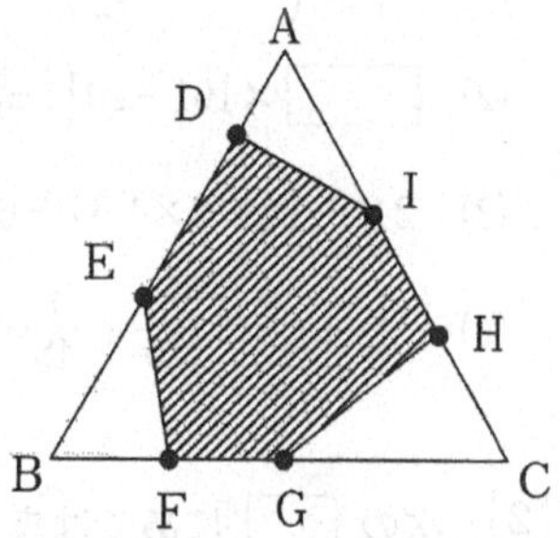

(7)　右図のように，１辺の長さが８cmの立方体から，いくつかの直方体を切り取ってできた立体があります。同じ記号のついた辺の長さがすべて２cmのとき，この立体の体積は □ cm³です。

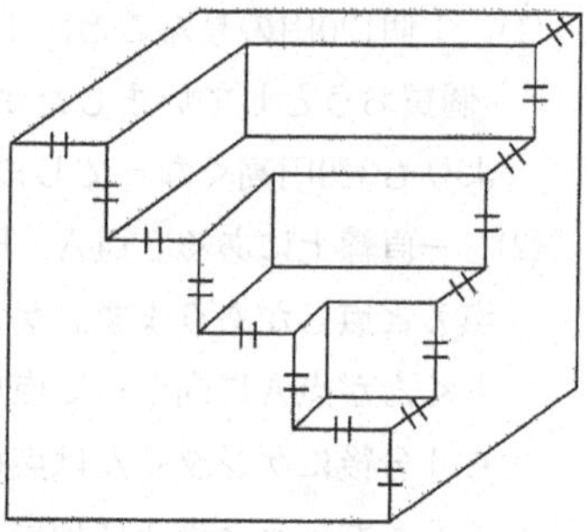

3　１辺の長さが８cmの２つの正方形ABCD，DCEFがあります。図はDEとCFの交点をO，DCの真ん中の点をMとして，中心がOで半径がOCの円と中心がMで半径がMCの円をかいたものです。このとき，次のページの問いに答えなさい。

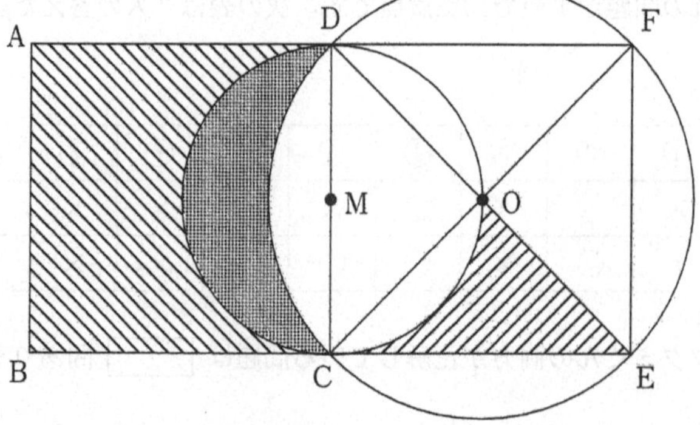

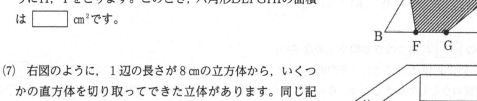

(1) 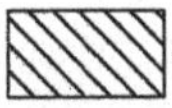部分の面積を求めなさい。

(2) 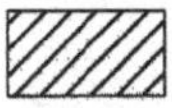部分の面積を求めなさい。

(3) 部分の面積を求めなさい。

4　何人かでトーナメント戦を行います。このときの対戦の組み合わせについて考えます。たとえば，A，B，Cの３人でトーナメント戦を行うと，対戦の組み合わせは次の３通りが考えられます。

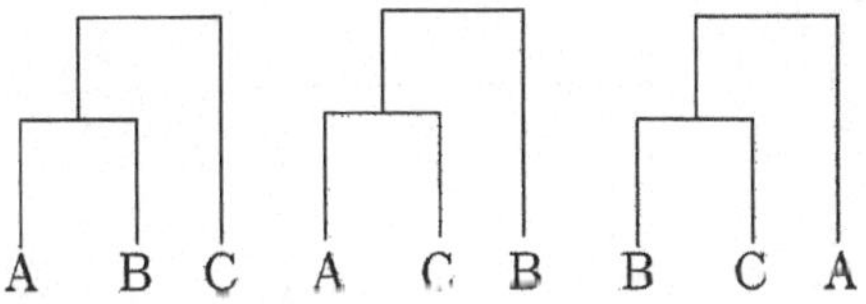

このとき，次の問いに答えなさい。

(1)　４人でトーナメント戦を行います。試合数が全員２回以下になるとき，対戦の組み合わせは何通りありますか。

(2)　４人でトーナメント戦を行います。対戦の組み合わせは何通りありますか。

(3)　５人でトーナメント戦を行います。対戦の組み合わせは何通りありますか。

5　整数A，Bについて，$\frac{1}{A}$の小数部分を小数第１位からBけたずつに区切って，現れるすべての種類の整数を１回だけたし合わせたものを［A，B］で表します。

たとえば

$$\frac{1}{7}=0.142857142857\cdots,\quad \frac{1}{9}=0.11\cdots,\quad \frac{1}{81}=0.012345679012345679\cdots$$

であるので，

［7，3］＝142＋857＝999，［7，4］＝1428＋5714＋2857＝9999，

［9，3］＝111，［81，3］＝12＋345＋679＝1036

となります。このとき，次の問いに答えなさい。

(1)［７，５］を求めなさい。

(2)［99，２］を求めなさい。

(3)［9801，２］を求めなさい。

【理　科】（30分）　＜満点：50点＞

【注意】 コンパス，定規，分度器などは使用してはいけません。

1 問１　鏡に像が映るのは，光のどの性質によるものですか。次から選び，記号で答えなさい。

ア．反射　　イ．回折　　ウ．くっ折　　エ．干しょう

問２　同じ物質，同じ形でできた物体を３つ用意して，図①，②，③のように水中に入れました。物体にはたらく浮《ふ》力の大きさについて，最も適した説明を次から選び，記号で答えなさい。

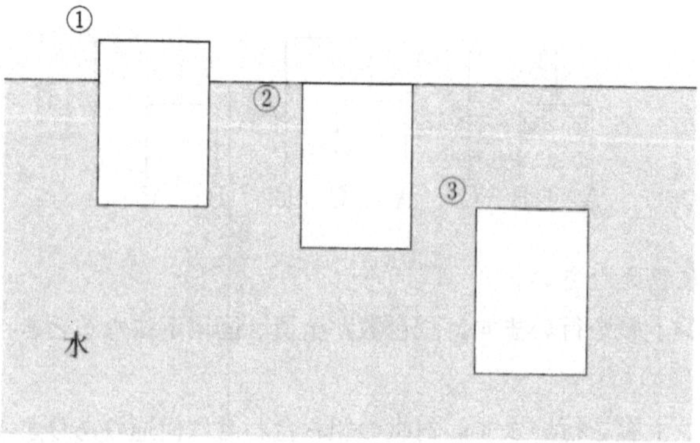

ア．①，②，③すべての場所で，浮力は等しい

イ．②と③の浮力は等しく，①は最も小さい

ウ．①，②，③の順に，浮力は大きくなる

エ．①，②，③の順に，浮力は小さくなる

問３　二酸化炭素の性質として正しいものを次から選び，記号で答えなさい。

ア．においがある

イ．空気よりも軽い

ウ．水に少しとけて，アルカリ性の水よう液になる

エ．石灰水を白くにごらせる

問４　液体が酸性であるか見分ける試薬として，不適切なものを次から選び，記号で答えなさい。

ア．青色リトマス紙

イ．紫《むらさき》キャベツ液

ウ．フェノールフタレイン

エ．BTB液

問５　アルコールランプの火の消し方として正しいものを次から選び，記号で答えなさい。

ア．水をかける

イ．息をふきかけて消す

ウ．時間がたち，消えるのを待つ

エ．ふたをかぶせる

問６　ヒトの血液の成分で酸素をはこぶものを次から選び，記号で答えなさい。

ア．白血球　　イ．赤血球　　ウ．血小板　　エ．血しょう

問７　けんび鏡で試料を観察するための準備をしました。図中（あ）で示した道具の名しょうとして正しいものを次から選び，記号で答えなさい。

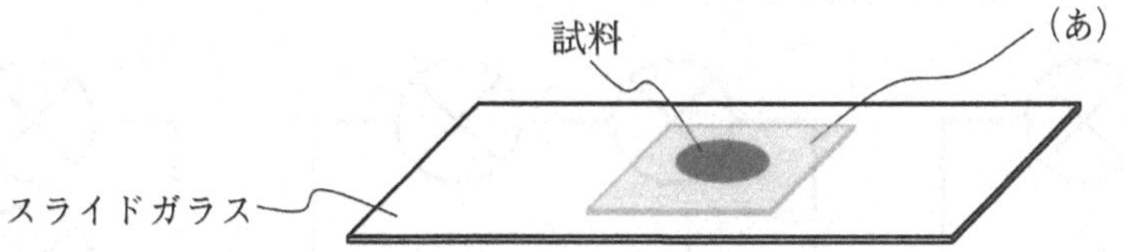

ア．カバーガラス
イ．プレパラート
ウ．ラップシート
エ．レボルバー

問８　埼玉県で，夏至の日の真夜中に北の空に見える星座を次から選び，記号で答えなさい。
ア．さそり座
イ．ペガスス座
ウ．カシオペア座
エ．しし座

問９　主にたい積作用によってできる川の地形を次から選び，記号で答えなさい。
ア．Ｖ字谷　　イ．扇状地《せんじょうち》　　ウ．集水域　　エ．三日月湖

問10　台風についての正しい説明を次から選び，記号で答えなさい。
ア．台風とは，直径400km以上の熱帯低気圧である
イ．台風とは，北インド洋で発生した熱帯低気圧である
ウ．台風とは，最大風速が毎秒17m以上の熱帯低気圧である
エ．台風とは，中心の降雨量が毎時100mm以上の熱帯低気圧である

2　次の文章と図を見て，あとの問いに答えなさい。

たかしくんは，クリスマスのイルミネーションを見て，電球について興味を持ちました。そこで，冬休みの間に家にあった乾電池《かんでんち》や豆電球をつないで，つなぎ方による電流の流れ方や豆電球の明るさのちがいについて調べました。

回路図において乾電池と豆電球は図１のように表すとします。

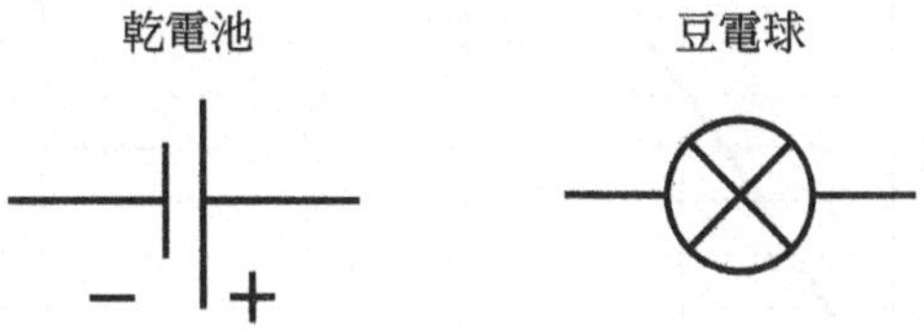

図１

問１　たかしくんは，図２のような回路を作りました。図２(a)の回路で，☆の部分を流れる電流を１とした場合，図２(b)～(d)のそれぞれの回路で，☆の部分を流れる電流は何倍になるか，２倍や$\frac{1}{2}$倍などの整数か分数で答えなさい。

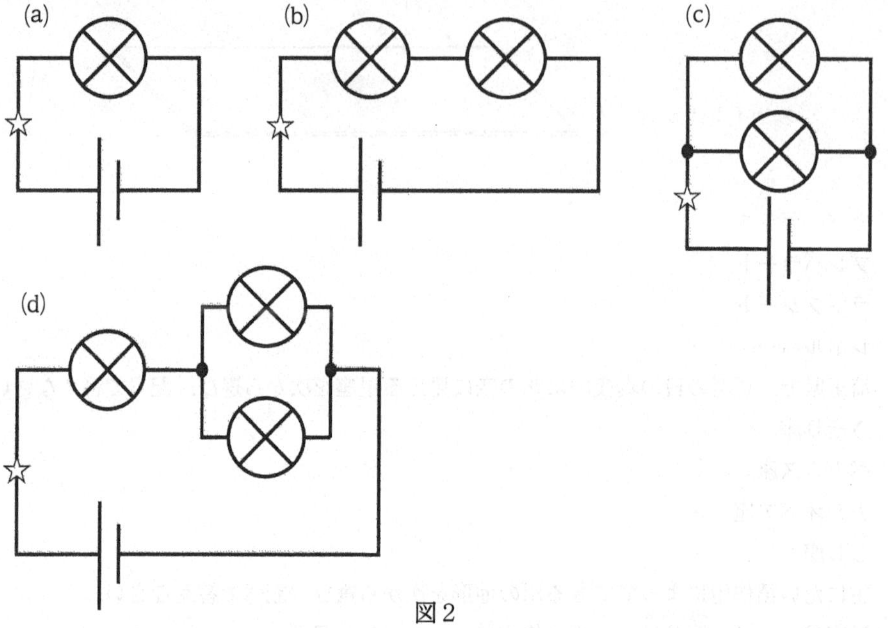

図２

たかしくんは，お父さんから電流の大きさを測るテスターを貸してもらい，図２(a)の回路で電池を直列につなぐ個数を１個から５個まで変化させたときの，☆の部分を流れる電流の関係を調べると，図３のような関係があることが分かりました。

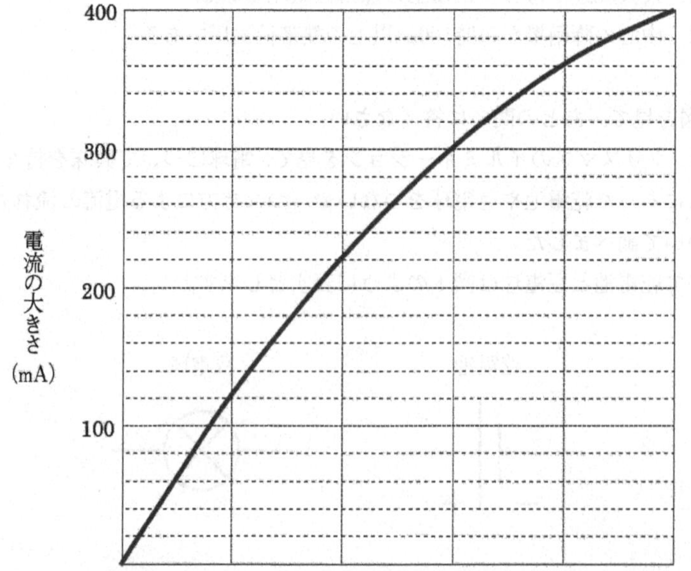

図３

問2　前のページの図2(b)，(c)，(d)の回路でも同様に，流れる電流をしらべたとき，☆の部分を流れる電流が240mAになるのは，それぞれの回路に電池を何個つないだときか答えなさい。
ただし，電池を5個まで使っても240mAにならない場合は［なし］と答えなさい。

たかしくんが調べていると，お父さんがやってきて，「これも使ってごらん。」とLEDを渡してくれました。LEDとは，＋端子から－端子へ一方向にだけに電流が流れて光る部品（図4左）で，LEDを記号で表したものは（図4右）です。

例えば，乾電池とLEDをつなげるとき，(a)ではLEDに電流が流れて光りますが，(b)では電流が流れず，光りません。たかしくんは，乾電池と豆電球，LEDを組み合わせて図6のように回路を作りました。

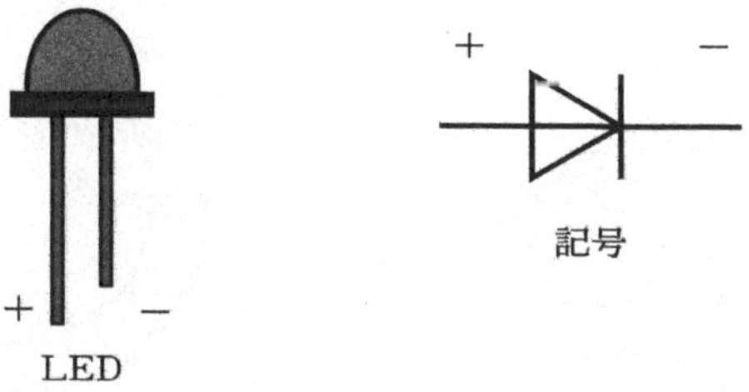

図4

図5

問3　図6(a)，(b)の豆電球およびLEDア～コのうち，光るものはどれですか。全て答えなさい。

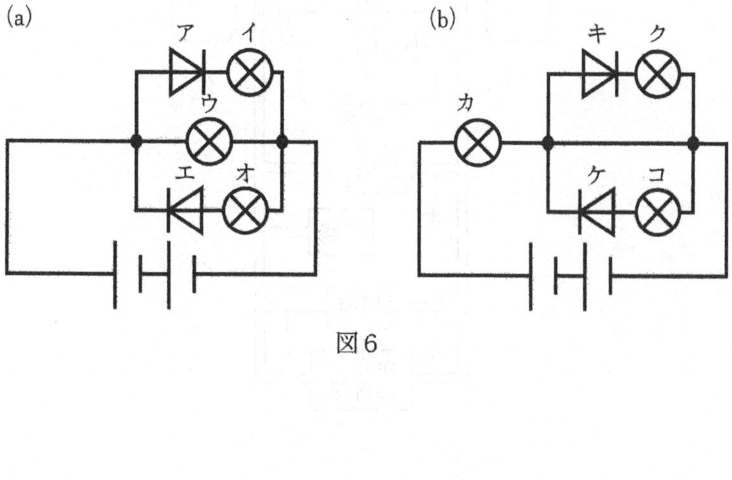

図6

3 次の文章と図を見て，あとの問いに答えなさい。

肺には，気管が細かく枝分かれした気管支があり，その先端《せんたん》には肺胞《はいほう》と呼ばれる非常にうすい膜《まく》でできた小さい袋《ふくろ》がたくさんあります。また，肺胞の周囲には，毛細血管と呼ばれる細い血管があります。肺胞内に入った酸素は，毛細血管を流れる血液に取りこまれた後，全身の細胞《さいぼう》に送られて，細胞の呼吸に使われています。一方，全身の細胞の呼吸によってできた二酸化炭素は，毛細血管を流れる血液から肺胞の中に出され，気管を通って鼻や口から体の外に出されます。このように，酸素と二酸化炭素は，肺胞と毛細血管の間で交換《こうかん》されています。

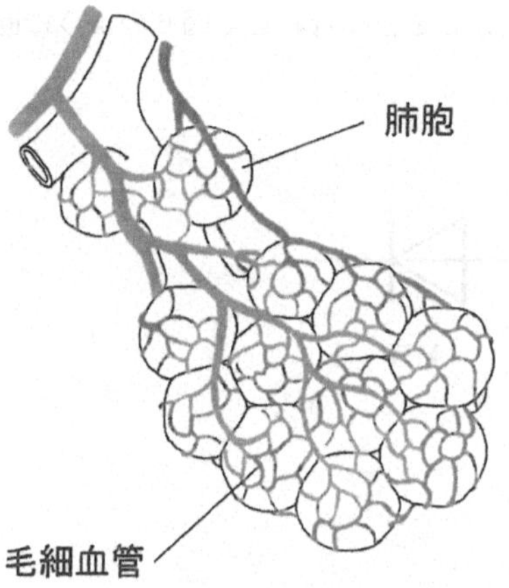

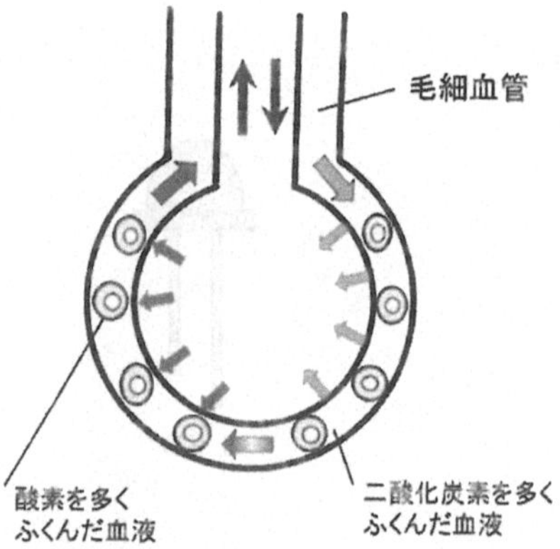

問１　酸素を多くふくんだ血液のことを何というか，答えなさい。

問２　肺で酸素を取りこんだ血液は全身へ運ばれます。次の図で酸素を多くふくんだ血液が流れている血管はどこですか。ア～ケの中から全て答えなさい。

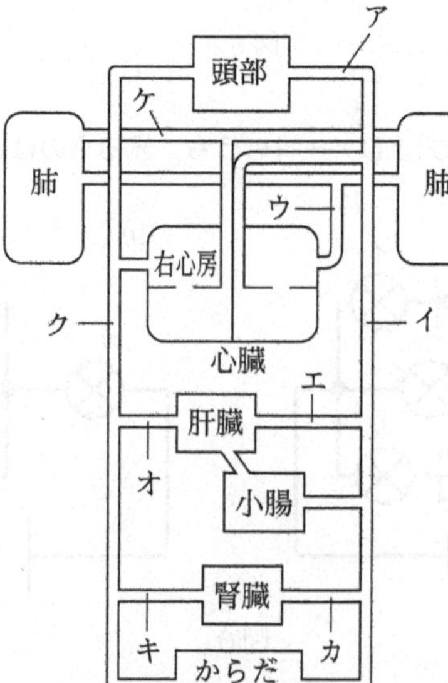

問３　肺には筋肉がないので，肺自身には空気を取り入れる力がなく，外からの力で広がったり，縮んだりしています。肺が空気を取り入れる仕組みについて正しく説明している文はどれですか。次のア～エから答えなさい。

ア．横隔膜《おうかくまく》が下がり，肋骨《ろっこつ》が上がることで肺に空気が入りこむ

イ．横隔膜が上がり，肋骨が上がることで肺に空気が入りこむ

ウ．横隔膜が下がり，肋骨が下がることで肺に空気が入りこむ

エ．横隔膜が上がり，肋骨が下がることで肺に空気が入りこむ

問４　通常，安静時に呼吸を１回すると，肺に取りこまれる空気の量は大人の男性で500ｍＬ程度，小学生の子どもは大人の男性の60％程度です。安静時，3秒に１回呼吸をするとき，小学生の子どもが安静時に１日に肺が吸い込《こ》む空気の量は何Ｌになるか求めなさい。

問５　肺には肺胞が３～６億個あると言われています。なぜ，肺は一つの大きな袋ではなく，肺胞という小さな袋に分かれているのでしょうか。

次の文章は，その理由をまとめたものです。（あ）に入る適語を答えなさい。

> 一つの大きな袋よりも，たくさんの小さな袋に分かれている方が，体積に対して（　あ　）を大きくすることができるので酸素を取りみやすい。

問６　2019年世界で広まった新型コロナウイルス（COVID-19）は，私たちの生活を大きく変えました。下の表は日本国内で感染が広まっていった2020年３月から５月にかけて多く売れた物の一部です。

新型コロナウイルスに感染すると肺炎《はいえん》になる場合があります。肺炎とは肺に炎症《えんしょう》がおきる病気で，重症になると正常に空気を取りこめなくなります。新型コロナウイルスに感染しない，感染を広げないようにするために自分にできる対策を下の表を参考にして，理由とともにできるだけ書き出しなさい。

表　2020年３月～５月に多く売れた物の一部

カップ麺《めん》	お菓子《かし》	納豆
トイレットペーパー	マスク	エタノール
薬用せっけん	体温計	本
ゴム手袋《てぶくろ》	ホットケーキミックス	ボードゲーム

【社　会】（30分）　＜満点：50点＞

1　以下の文章を読んで，後の問いに答えなさい。

10年前の３月11日，三陸沖《さんりくおき》を震源《しんげん》とするマグニチュード9.0の地震《じしん》が発生しました。日本の観測史上最も大きな規模《きぼ》の地震で，この地震によって発生した[1]巨大《きょだい》な津波《つなみ》は東北地方と関東地方の太平洋沿岸地域《えんがんちいき》を襲《おそ》い，多くの人々の命を奪《うば》いました。被災地《ひさいち》では知事から要請《ようせい》を受けた自衛隊が救出活動にあたり，被災地での炊《た》き出《だ》しや復旧活動のために全国からかけつけるボランティアの姿《すがた》が見られました。この地震で東北地方の産業は大きな打撃《だげき》を受けました。農地は浸水《しんすい》してがれきにおおわれ，[2]漁港や養殖場《ようしょくじょう》は壊《こわ》され，工場が倒《たお》れたり，機械が泥《どろ》に埋《う》もれたりしたのです。津波は[3]原子力発電所にも襲いかかり，原子力発電所からは大量の放射性物質《ほうしゃせいぶっしつ》が漏《も》れ出ました。この事故は[4]日本の発電事情を大きく変え，この事故をきっかけに[5]再生可能なエネルギーによる発電を推進《すいしん》する動きも見られるようになってきました。この10年間で復興は少しずつ進められています。巨大な防波堤《ぼうはてい》が築かれ，災害公営住宅《じゅうたく》の整備，交通網《こうつうもう》の復旧も行われました。しかし，[6]福島県の農産物の風評被害《ひがい》は現在も続いており，住民が戻《もど》れない地域も残るなど，多くの問題を抱《かか》えてもいるのです。また，地震国である日本では近い将来《しょうらい》首都直下地震や南海トラフ地震が起きることが予想されています。今後，一層《いっそう》の[7]防災の取り組みが必要ではないでしょうか。

問１　下線部［1］について，次の文の（　）にあてはまる語句を漢字で答えなさい。

複雑な海岸線の三陸海岸は湾《わん》の幅《はば》が狭《せま》く，その狭い湾に波が集中するため，津波はより高くなり，巨大なものになった。三陸海岸南部に位置する（　　　）県は東日本大震災の犠牲《ぎせい》者《しゃ》の約６割《わり》にあたる１万人近い犠牲者を出した。

問２　下線部［2］に関連して，三陸沖には寒流と暖流《だんりゅう》がぶつかり合う潮目《しおめ》があり，世界的な好漁場となっています。潮目を形成する寒流と暖流の組み合わせとして正しいものを，以下のア～エから１つ選びなさい。

ア　寒流－千島海流　暖流－日本海流　　イ　寒流－日本海流　暖流－対馬海流

ウ　寒流－千島海流　暖流－対馬海流　　エ　寒流－日本海流　暖流－千島海流

問３　下線部［3］に関連して，次の地図Ⅰ～Ⅲは主な水力発電所・火力発電所・原子力発電所のいずれかの分布を表しています。このうちⅠ・Ⅱにあたる発電所の組み合わせとして正しいものを，次のページのア～エから１つ選びなさい。なお，原子力発電所は廃炉《はいろ》予定などで現在は稼働《かどう》していないものも含《ふく》んでいます。

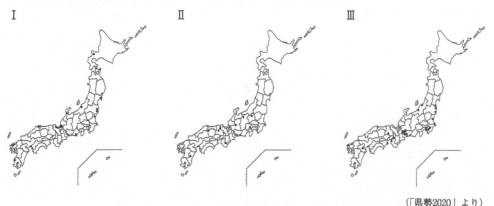

Ⅰ

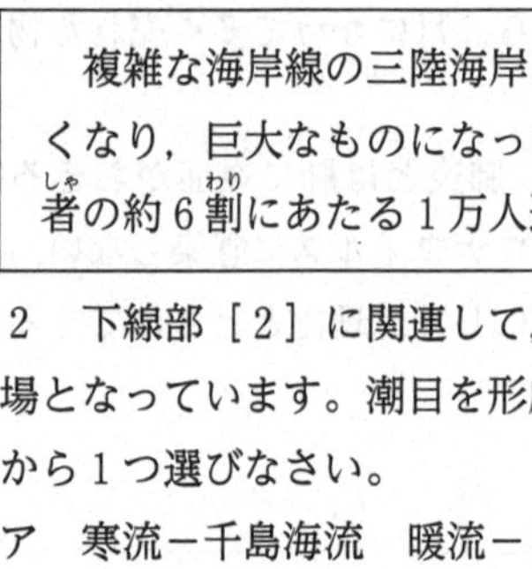

Ⅱ

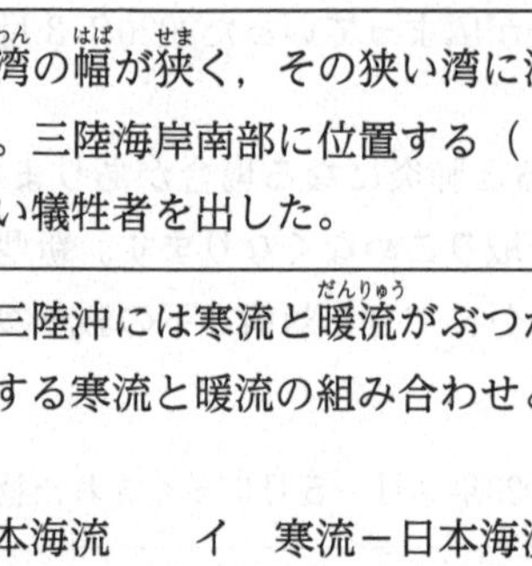

Ⅲ

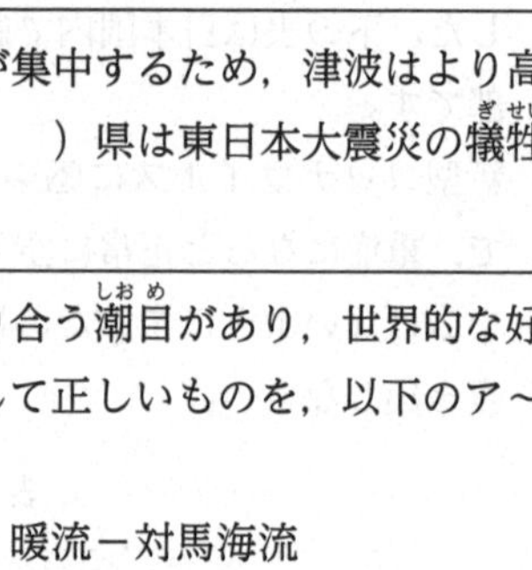

（「県勢2020」より）

ア　Ⅰ－水力発電所　Ⅱ－火力発電所　　イ　Ⅰ－火力発電所　Ⅱ－原子力発電所

ウ　Ⅰ－原子力発電所　Ⅱ－水力発電所　　エ　Ⅰ－水力発電所　Ⅱ－原子力発電所

問4　下線部［4］について，次のグラフは発電方法別の電力量割合《わりあい》の移り変わりを表しています。このグラフから読み取れる内容として誤《あやま》っているものを，以下のア～エから1つ選びなさい。

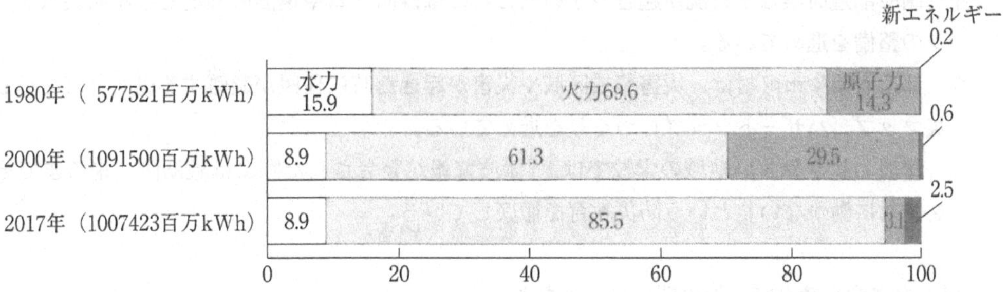

（「日本国勢図会2019／20」より）

ア　水力発電は1980年に比べて2000年には，発電割合・発電量ともに大きく減少している。

イ　火力発電による発電量は1980年に比べて2017年には2倍以上に増えている。

ウ　1980年と2017年を比較《ひかく》した時，総発電量に占《し》める割合が最も大きく低下しているのは原子力発電である。

エ　新エネルギーの総発電量に占める割合は，1980年に比べて2017年には10倍以上に高くなっている。

問5　下線部［5］に関連して，次の文の（　）にあてはまる語句を漢字で答えなさい。

再生可能なエネルギーのうち，火山活動のエネルギーを利用した（　　　）発電は，東北地方や九州地方でさかんである。

問6　下線部［6］について，下のグラフは福島県で生産がさかんなあるくだものの都道府県別生産量割合（2017年産）を表しています。そのくだものを，以下のア～エから1つ選びなさい。

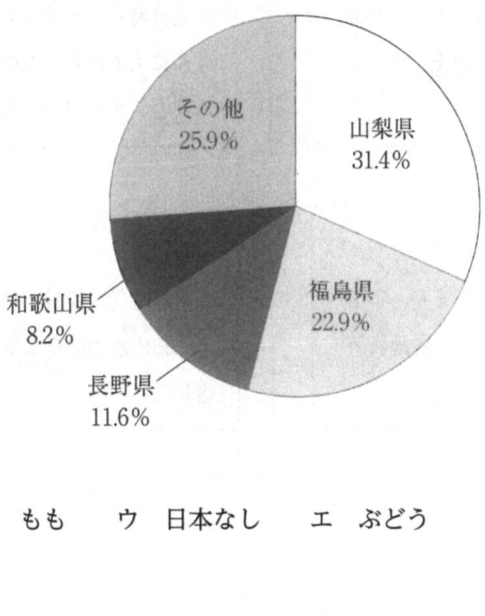

（「日本国勢図会2019／20」より）

ア　りんご　　イ　もも　　ウ　日本なし　　エ　ぶどう

問７　下線部［７］に関連して，防災の取り組みや災害時の対応について説明した文として誤っているものを，以下のア～エから１つ選びなさい。

ア　国は災害が起きた時に応急的《おうきゅうてき》に必要な救助を行い，被災者を保護・支援《しえん》を行えるよう，災害救助法を制定している。

イ　国や都道府県は土石流が起きやすいところには砂防《さぼう》ダムや復旧の基地となる防災ステーションの整備を進めている。

ウ　都道府県や市町村は，災害警戒区域《けいかいくいき》や災害が起きた時に住民が避難《ひなん》する場所などを示した防災マップ〔ハザードマップ〕づくりを進めている。

エ　津波の起きやすい地域の学校では，「津波警報《けいほう》が発令された際には救助隊が来るまでその場を絶対に動かない」という防災教育を徹底《てってい》している。

2　以下の文章を読んで，後の問いに答えなさい。

2020年５月，国際連合のグテーレス事務総長は，世界の宗教《しゅうきょう》指導者たちに新型コロナウイルス感《かん》染症《せんしょう》との戦いにおいて，宗教はもっと役割《やくわり》を果たすことができると呼《よ》びかけました。国際的宗教協力団体はユニセフと共同で，すべての人の尊厳《そんげん》と権利《けんり》を守るために新型コロナウイルス感染症に関連するあらゆる差別や偏見《へんけん》を防ごうとしています。世界三大宗教といわれるキリスト教，イスラム教，仏教の他にも，世界にはさまざまな民族宗教が存在《そんざい》し，人々の生活に深く浸透《しんとう》しています。

人々は宗教に心の安定を求めますが，時には宗数的対立を起こすこともあります。日本には古来より八百万の神を信仰《しんこう》する神道があり，大陸との交流の中で仏教が伝わってきました。仏教は時代が進むにつれて，人々の心に寄《よ》り添《そ》うように様々な宗派《しゅうは》に分かれました。時の権力者《けんりょくしゃ》によって保護を受けたり，反対に弾圧《だんあつ》されたりと，政治とも深く関わり合いました。時代ごとの宗教の特色を理解することは，歴史の理解を一層《いっそう》深めるのではないでしょうか。

【A】

飛鳥時代、仏教を排除《はいじょ》しようとする物部《もののべ》氏と対立した聖徳太子《しょうとくたいし》（厩戸王《うまやとおう》）[1]は、法隆《ほうりゅう》寺《じ》や四天王寺を建立した。

【B】

奈良《なら》時代、天然痘《てんねんとう》の流行やたび重なるききんに人々が苦しむ中、仏教の力で国を守ろうと、大仏がつくられた[2]。

【C】

平安時代中期[3]、浄土信仰《じょうどしんこう》が広まり、宇治《うじ》の平等院鳳凰堂《ほうおうどう》をはじめとして、各地に阿《あ》弥陀堂《みだどう》がつくられた。

【D】

室町時代、禅宗《ぜんしゅう》が文化に深く影響《えいきょう》を与《あた》え、枯山水《かれさんすい》の庭や水墨画《すいぼくが》[4]、茶の湯などが発達した。

【E】

戦国時代、イエズス会の宣教師《せんきょうし》[5]フランシスコ＝ザビエルが、キリスト教の布教のために日本に来た。

【F】

江戸《えど》時代、幕府《ばくふ》は[6]キリスト教を禁止し、貿易を制限する鎖国政策《さこくせいさく》をとったが、[7]完全に国を閉《と》ざしたわけではなかった。

問１　文章【A】の下線部［１］について説明した文として正しいものを，以下のア～エから１つ選びなさい。

ア　中臣鎌足《なかとみのかまたり》らの協力のもとに蘇我《そが》氏を倒《たお》し，大化の改新を始めた。

イ　新しい国づくりをめざし，役人の心得として十七条の憲法《けんぽう》を定めた。

ウ　おばである推古天皇《すいこてんのう》の執権《しっけん》として，政治改革《かいかく》に取り組んだ。

エ　大阪府堺市《おおさかふさかいし》にある日本で最も巨大《きょだい》な大仙古墳《だいせんこふん》にほうむられている。

問２　文章【B】の下線部［２］について，次の文の（Ⅰ）・（Ⅱ）にあてはまる語句の組み合わせとして正しいものを，以下のア～エから１つ選びなさい。

（　Ⅰ　）天皇は国ごとに国分寺と国分尼寺《こくぶんにじ》，都には東大寺を建て，金銅の大仏をつくることにした。大仏づくりには多くの人々の力が必要で，天皇は人々にしたわれていた僧《そう》の（　Ⅱ　）の協力をあおいた。

ア　Ⅰ－桓武《かんむ》　Ⅱ－行基《ぎょうき》　　イ　Ⅰ－桓武　Ⅱ－鑑真《がんじん》

ウ　Ⅰ－聖武　Ⅱ－行基　　エ　Ⅰ－聖武　Ⅱ－鑑真

問３　文章【C】の下線部［３］に関連して，この時期に発達した文化について説明した文として正しいものを，以下のア～エから１つ選びなさい。

ア　貴族《きぞく》たちは書院造の屋敷《やしき》でくらし，男性は束帯《そくたい》，女性は十二単《じゅうにひとえ》を身にまとった。

イ　遣唐使《けんとうし》によって，ペルシア文化の影響を受けたガラスのコップなどがもたらされた。

ウ　観阿弥《かんあみ》・世阿弥《ぜあみ》父子によって，能という舞台《ぶたい》芸能が大成された。

エ　かな文字が発達し，紫式部《むらさきしきぶ》の『源氏物語《げんじものがたり》』をはじめ，女性がすぐれた文学作品を著《あらわ》した。

問４　文章【D】の下線部［４］について，中国に渡《わた》って水墨画の研究を重ね，帰国後，右の図版のような日本独自の水墨画を大成した禅宗の僧の名を漢字で答えなさい。

問５　文章【E】の下線部［５］に関連して，どこの国の宣教師たちが日本にやってきたか，組み合わせとして正しいものを次のページのア～エから１つ選びなさい。

ア　スペイン・ポルトガル　　　イ　スペイン・イギリス
ウ　オランダ・ポルトガル　　　エ　イギリス・オランダ

問6　文章【F】の下線部［6］について，キリスト教を禁止してから鎖国が完成するまでに起きた出来事について，以下のア～ウを古いものから年代順に並《なら》べ替《か》えなさい。

ア　島原・天草一揆《いっき》が起こる。
イ　ポルトガル船の来航を禁止する。
ウ　日本人の海外渡航《とこう》と帰国を禁止する。

問7　文章【F】の下線部［7］について説明した文として正しいものを，以下のア～エから1つ選びなさい。

ア　江戸幕府は長崎《ながさき》でオランダ一国とだけ貿易を行った。
イ　薩摩藩《さつまはん》は朝鮮との国交の回復に力をつくし，朝鮮での貿易を認《みと》められた。
ウ　対馬藩《つしまはん》は琉球《りゅうきゅう》王国を支配し，中国との貿易を続けさせた。
エ　松前藩《まつまえはん》は蝦夷地《えぞち》でのアイヌとの交易を独占《どくせん》していた。

3　以下の文章を読んで，後の問いに答えなさい。

2020年，[1]第201回通常国会において，国家公務員法改正案が審議《しんぎ》されました。この法案は，年金支給年齢《ねんれい》が60歳《さい》から65歳に移行していることに対応し，国家公務員の定年を65歳に延長《えんちょう》するものです。この改正案に含《ふく》まれていた検察庁《けんさつちょう》法改正案の“内閣《ないかく》が認《みと》めれば検察官の定年をさらに最長3年延長することが可能である”という内容が論議《ろんぎ》を呼《よ》びました。

検察庁とはどのような職務をつかさどっているのでしょうか。犯罪が発生した際に警察《けいさつ》が逮捕《たいほ》して取り調べを行った被疑者《ひぎしゃ》（容疑者《ようぎしゃ》）について，さらに取り調べや捜査《そうさ》を行い，最終的に裁判所《さいばんしょ》に起訴《きそ》するかしないかを決定するのが検察官です。さらに，[2]裁判において証拠《しょうこ》を提出し，適切な刑罰《けいばつ》を裁判官に求めることも仕事の一つです。

検察庁は（　①　）の特別の機関であり，最高検察庁の長である[3]検事総長は（　②　）権《けん》をつかさどる内閣によって任命されます。しかし，司法権をつかさどる裁判所と密接《みっせつ》な関わりがあり，準司法機関と見なされていることから，検察庁には中立性が要求されるのです。

第201回通常国会では，今回の法改正が[4]三権分立《さんけんぶんりつ》にどのような影響《えいきょう》を与《あた》えるかが議論となり，[5]世間一般《いっぱん》の人々の意見も数多く寄せられました。新型コロナウイルスの感染拡大《かんせんかくだい》への対策《たいさく》が急がれる中，この改正法案は見送りとなりました。

問1　下線部［1］に関連して，国会について説明した文として正しいものを，以下のア～エから1つ選びなさい。

ア　日本の国会は，慎重《しんちょう》に審議を行うため，衆議院《しゅうぎいん》と貴族院《きぞくいん》の二院制をとっている。
イ　任期が6年で，解散することがある衆議院の方が，内閣不信任決議などの優越権《ゆうえつけん》を持っている。
ウ　国会議員を選出する選挙権は20歳以上の国民に与えられているが，近年，投票率は低下している。
エ　国会は，内閣総理大臣を国会議員の中から指名する権限《けんげん》を持っている。

問2　下線部［2］について説明した文として正しいものを，以下のア～エから1つ選びなさい。

ア　犯罪に関するすべての裁判で，裁判員に選ばれた国民が裁判官と共に審理《しんり》を行う裁判員制度が導入されている。

イ　高等裁判所は札幌《さっぽろ》・仙台《せんだい》・東京《とうきょう》・名古屋《なごや》・大阪《おおさか》・広島《ひろしま》・高松《たかまつ》・福岡《ふくおか》の８か所に置かれている。

ウ　判決が不服な場合，裁判所に申し出れば，４回まで裁判を受けることができる。

エ　原告側と被告側《ひこくがわ》に分かれて権利をめぐって争う場合，裁判官はどちらが有罪かを判断しなければならない。

問３　文中の空欄《くうらん》（①）にあてはまる省庁《しょうちょう》を，以下のア～エから１つ選びなさい。

ア　総務省　　イ　厚生労働省　　ウ　法務省　　エ　国土交通省

問４　下線部［３］について，検事総長以外に内閣が任命する役職を，以下のア～エから１つ選びなさい。

ア　都道府県知事　　イ　市町村長　　ウ　最高裁判所の長官　　エ　その他の裁判所の裁判官

問５　文中の空欄（②）にあてはまる語句を漢字二字で答えなさい。

問６　下線部［４］について，国会が裁判所に対して持つ権限を，以下のア～エから１つ選びなさい。

ア　弾劾裁判《だんがいさいばん》を行う。　　イ　国民審査《しんさ》を行う。

ウ　違憲《いけん》立法審査を行う。　　エ　裁判のやり直しを命じる。

問７　下線部［５］について，これを何というか，漢字二字で答えなさい。

4　以下の文章を読み，後の問いに答えなさい。

細田学園高等学校では，特進Ｈ・特進コースの生徒を対象に，未来のグローバルリーダーを育成するための「リーダー教育」を実施《じっし》しています。

2019年度は「[*1]ドローン×○○」というテーマで，新たな価値《かち》やサービスを生み出そうと生徒たちが議論《ぎろん》を重ねてきました。以下の文【A】～【C】は実際に生徒たちが発表した内容を簡潔《かんけつ》にまとめたものです。

【A】

ドローンにカメラ機能を搭載《とうさい》した子守ドローンを発明する。現在使われている見守りカメラと違《ちが》って、保護者や飼い主が不在の間、小さな子どもやペットの見守りをするだけでなく、お世話も行ってくれる。これにより、なかなか家を空けられない利用者が安心して外出することができる。

【B】

テーマパークでドローンを活用し、飲食物の提供《ていきょう》を行う。アトラクションの長い待ち時間の最中に列をぬけて飲食物を買いに行く手間を省くことができる。さらに、ドローン自体に装飾《そうしょく》を加えたり、音楽を流したりすることでアトラクションの雰囲気《ふんいき》づくりを行うこともできる。

【C】

ドローンと自動販売機《じどうはんばいき》を組み合わせて、“*2ヴェンディングドローン”を開発する。登山道や人が大勢集まるイベント会場など、飲料の補充《ほじゅう》が難《むずか》しい場所で活用することで、どこでも簡単《かんたん》に飲み物を購入《こうにゅう》［1］することができるようになる。

注記：*1ドローン…無人で遠隔操作《えんかくそうさ》や自動制御《じどうせいぎょ》によって飛行できる航空機の総称《そうしょう》。
　　*2ヴェンディングドローン…自動販売機を意味するヴェンディングマシーンとドローンを掛《か》け合《あ》わせた造語。

現在，［２］新型コロナウイルス感染症《かんせんしょう》が猛威《もうい》を振《ふ》るう中，様々な技術が感染対策《かんせんたいさく》として活用されています。例えば，デジタル技術を活用したオンライン会議やオンライン授業の実施，工場や店舗《てんぽ》等でのロボットの活用などがあげられます。これらの技術は私《わたし》たちの生活を変え，これからの社会では非接触型《ひせっしょくがた》のシステムの台頭やオンラインでのサービスの提供が普及《ふきゅう》することが予想されます。「新しい生活様式」の実践《じっせん》が求められる中で，今まで当たり前だったことが当たり前でなくなるかもしれません。

しかし，このような変化が生活を便利にする一方で課題も明らかになっています。例えばデジタル［３］格差の問題があります。様々なサービスのオンライン化が進む中で，インターネット環境《かんきょう》が整っていなかったり，知識が乏《とぼ》しかったりすることで一部の人たちが恩恵《おんけい》を受けられないことがあります。新型コロナウイルスの流行により世界中で学校が休校し，オンライン化が行われた中で，子ども達の43％がインターネット環境がなく教育を受けることができないとの推計《すいけい》をユネスコが発表しました。また，通信環境が整っていないと，オンライン授業でも先生の話がよく聞こえないことがあるかもしれません。本校では，早い段階《だんかい》で双方向《そうほうこう》のオンライン授業を行うことができましたが，世界を見渡《みわた》せば誰《だれ》もが快適に授業を受けられていた訳《わけ》ではないことは明らかです。

このように，私たちはこれまでの方法に代わる新しい方法を考えていくだけでなく，そこに潜《ひそ》む課題にまで目を向けていかなければいけません。私達には社会の課題を発見し，解決に向けて思考・判断する“課題解決能力”が，一層《いっそう》求められることでしょう。

問１　下線部［１］に関連して，海洋プラスチックごみ問題への対策として，2020年７月１日より，レジ袋《ぶくろ》の有料化がスタートしました。2050年までに海洋プラスチックごみによる新たな汚染《おせん》をゼロにすることを目指すと合意した国際会議を，以下のア～エから１つ選びなさい。

ア　G20大阪《おおさか》サミット　　イ　Ｇ７伊勢志摩《いせしま》サミット
ウ　京都《きょうと》会議　　エ　G20リヤドサミット

問２　下線部［２］に関連して，新型コロナウイルスの対策を行っている世界保健機関（WHO）の事務局長に2017年７月に就任《しゅうにん》した人物を次の内から選びなさい。

ア　潘基文《パンギムン》　　イ　テドロス・アダノム
ウ　アントニオ・グテーレス　　エ　マーガレット・チャン

問３　下線部［３］に関連して，世界には様々な格差が今も残っています。先進国と発展《はってん》途《と》上国《じょうこく》との間に生じる経済《けいざい》格《かく》差《さ》のことを何というか，漢字四字で答えなさい。

問４　本校生徒による発表内容の要約について，以下の①・②の問いに**根拠《こんきょ》となる理由もあわせて**自分の考えを述べなさい。なお①・②で同じ案を取り上げても構いません。

①　あなたが児童をもつ保護者であったら，どの案が実現して欲《ほ》しいですか。

②　案を１つ選び，実現するまで，もしくは実現した時の問題・課題を１つあげ，その解決策《かいけつさく》を考えなさい。

ア　お金は交換価値を持つメディアなので物と交換する過程で他人とのかかわりが生じ、現実社会だけでなくネット上でも人間をつなぐ媒体として大きな役割を果たしている。

イ　社会とは人と人とのつながりの中で成立する出来事であり、一人の人間は常に複数のメディアのネットワークの中で、さまざまな人と相互にかかわりながら生活している。

ウ　自分自身とは何者であるかを考えるうえで他者とのかかわりを考えることもあるが、究極的には自分自身に何ができるかが問題であり、つきつめれば個人の問題だと言える。

エ　社会を生きることと地図を見ることの間には共通点があり、いずれも全体像を見ることはできなくても、どこに自分がいるかという位置づけを考えることはできる。

問六　――線**X**の「個人の価値観に他者は不干渉だとする個人主義」とは、人それぞれの考え方に他者が意見すべきではないという考え方ですが、これについてあなたはどのように考えますか。賛成、反対を理由を明確にした上で、あなたの考えを書きなさい。

ないことも見えてきます。すべてを一挙に変えることは難しいですが、今ある出来事や制度や現象が、人間にとって逃《のが》れられない宿命ではないと知ること自体が、人間の解放につながることもあるでしょう。

（若林幹夫《わかばやしみきお》「社会とは何だろう―入門一歩前の社会学」より一部省略があります。）

※１　カリスマ……非人間的な資質や能力を持った人物。現代では「強い魅力を持った人」の意味でも用いられる。

※２　アイデンティティ……自分というものが他と違って存在しているという認識。

※３　相対化……物事を他との関係によってとらえること。

※４　ニヒリズム……世の中のあらゆる物事には、価値や意味がないとする考え方。

問一　A ～ C に入る言葉の組み合わせとして最も適当なものを次の中から選び、記号で答えなさい。

ア　A　さて　B　したがって　C　そこで

イ　A　そこで　B　しかし　C　また

ウ　A　けれども　B　つまり　C　あるいは

エ　A　例えば　B　だから　C　しかし

問二　――線部①「メディア」とありますが、この文章では「メディア」という言葉はどのような意味で用いられていますか。最も適当なものを次の中から選び、記号で答えなさい。

ア　人と人との間をとりもつもの。

イ　紙や映像を通して情報を伝えるもの。

ウ　人の生活を快適にしてくれるもの。

エ　幸福とは何かを考えるもとになるもの。

問三　――線部②「カリスマによって媒介される人々が、カリスマの媒体としてのあり方を支えている」とありますが、これはどういうことですか。最も適当なものを次の中から選び、記号で答えなさい。

ア　カリスマによって救われたと自覚する人々が効果を周囲に広めることで、そのカリスマの能力が知られるということ。

イ　カリスマであると認識される人は、崇拝する人が多く集まることによって、カリスマとしての価値を持つのだということ。

ウ　カリスマ自体に価値はなく、カリスマによって救われた人々が大きな働きをすることで世間の注目を集めるのだということ。

エ　カリスマはもともと特別な能力を持つ人ではなく、カリスマを求める人々の中から必要に応じて選ばれるのだということ。

問四　――線部③「他人から無視されることは、他人と強烈なかかわりを生む」とありますが、筆者がこのように主張するのはなぜですか。理由として最も適当なものを次の中から選び、記号で答えなさい。

ア　他人から無視された人は自身の尊厳を傷つけられ、激しい憤《いきどお》りを感じ、相手に対して非常に強い感情を持つといえるから。

イ　他人から無視されることで、人は自らの社会的立場に危機感を覚え、より積極的に周囲とかかわろうとするから。

ウ　他人から無視される経験をした人は、別の人にも同じことをするため、結果として周囲の人に多大な影響を与えるから。

エ　他人から無視されることもかかわり方の一つであり、普通に接するよりも、むしろ強いかかわり方であるから。

問五　本文の内容として**適当でないもの**を次の中から一つ選び、記号で答えなさい。

ティブでマイナスの関係を選択するということです。いじめに見られるような人を無視することも、社会的な意味を持ちます。かかわりを持たないこともまた、一つのかかわりのかたちであるからです。だから③他人から無視されることは、他人と強烈《きょうれつ》なかかわりを生むことになるのです。

こうしたつながりやかかわりが織り成す社会は、今・ここという時間や空間を超《こ》えて、さまざまなかたちで広がっています。例えば日本語は昔から受け継《つ》がれてきたもので、今話している人々が自分で生み出した言葉ではありません。それは歴史の積み重なりとしていわば死者たちから受け継がれてきています。言葉はさまざまな考えのデータベースであり、日本語を継承《けいしょう》する中で日本人の思考パターンは規定されてきました。今を生きる我々も言葉を話すことで現在の言葉を次の世代につないでいきます。言語は時間と空間を超えるかかわりやつながりを生み出すのです。

私がここまでしてきた社会学をめぐる話も、「私の話」であると同時に、私に先立って存在し、社会について考えてきた数多くの社会学者や社会科学者、哲学者や思想家たちの言葉が積み重なり、交錯《こうさく》して、私の中に流れこみ、私を通じて皆さんの前に現れたものということができます。ここで話しているのは私という個人だけれど、同時に、私に先立つさまざまな人々の言葉が、ここで直接言及《げんきゅう》され、名前を挙げた以外の人々のものも含《ふく》め、私を通じて語られているのです。

このように考えると、社会を生きることは、地図を見ることと似ているかもしれません。地図は世界の見えない全体を可視化します。社会を生きるとき、私たちは社会の全体を見ることはできませんが、その中に自分が存在することは知っています。私たちは今・ここを超える時間や空間の中のかかわりやつながりの広がりを生きていて、その見えない広がりを「社会」という言葉で語り、イメージし、その中に自分を位置づけているのです。

ここまで社会学の入門一歩前ということで、社会とは何かという話をしてきましたが、最後に、社会学は実際に役に立つのかということについてお話したいと思います。社会学的に考えると、何が役に立つのか、役に立つということはどういうことなのかは、社会によって異なっています。今の世の中で役に立つといえば、就職や企業《きぎょう》利益、行政に対して有意味であることを指すことが多いでしょう。しかし、働くことよりも祈《いの》りや功徳《くどく》を積むことのほうが意味を持つという社会も存在しています。

現代の社会では、何が役に立つかは人それぞれだという考え方もあります。それは、何に役立つのかという価値観は相対的だという相対主義と、X個人の価値観に他者は不干渉《ふかんしょう》だとする個人主義です。実はこの考え方も社会的な出来事の一つで、仮にタイムマシンで五〇〇年ぐらい前の世界に行ってその考えを主張したら「頭がおかしい」と言われるかもしれません。

それはともかく、社会学を知れば知るほど、役に立つことや愛することと、物を使うことなどを素朴《そぼく》に考えることが難しくなるのは確かです。では、社会学は一切の意味や価値を相対化※3し否定する立場のニヒリズム※4かといえば、必ずしもそうではありません。社会学を知ることで、人が生きることのあり方や、他者や世界とかかわるさまざまなあり方のより広い可能性を考えられるようになります。意味や役立ちのさまざまなかたちについても考えられます。我々の社会のあり方が、唯一《ゆいいつ》のものでは

はやしたりするからです。②カリスマによって媒介される人々が、カリスマの媒体としてのあり方を支えているのです。このような関係をドイツの哲学者《てつがく》ゲオルグ・ヘーゲルは「主人と奴隷《どれい》の弁証法」と呼びました。主人は、奴隷が従ってくれるからこそ主人として存在するということです。これはカリスマと人々の関係と同じなのです。

ここまで話してきたように、社会を生きることは、人や物や記号やイメージとのかかわりやつながりの中を生きることです。さまざまなメディアのネットワークの中にいることで、人は他人と関係を持つことになります。別の言い方をすると、そうしたかかわりやつながりの中を人が生きることで成立する出来事が社会だといえます

[A]、だれかとだれかが出会って恋《こい》に落ちる恋愛《れんあい》は社会的な出来事です。普通《ふつう》、出来事とは呼びませんが、学校も社会的な出来事の一つだといえます。（中略）学校も国家も歴史の中で起き、継続《けいぞく》している出来事なのです。社会をこうした出来事の積み重ねであると感じることは、社会学的な感覚という意味で非常に大切です。

さらにいうと、社会的なつながり以前に存在するように思える自分という存在も、実は他人とのかかわりとつながりの中の出来事なのです。自分という存在は、他者とのかかわりの中にしか存在できません。小さい子どもが自分を指して「○○ちゃん」と言うことがあります。それは、だれかに呼びかけられる存在として、自分を発見するからです。成長した後でも、「あなたはだれ?」と問われたときに、だれの息子だとか、どんな職業だという他者や社会との関係で、自分はだれかということを考えざるをえません。「私」とは社会的な関係の中で他者から呼びかけられる存在なのです。私らしさとか※2アイデンティティもその中でしか考えられません。[B]、自分という存在もかかわりやつながりの一つのかたちでもあるのです。

「自分」とはなんであるのかは、社会によって異なっています。「私」が何代も前のおじいさんから生まれ変わり続けているような、生まれ変わりを信じる社会もあります。そこでは、私の中に私と同時に生まれ変わったおじいさんが存在していることが当たり前です。そういう社会では、私は今ここに生きている私だけではなくなるため、現代人と同じような意味でのアイデンティティは存在しないことになります。

このように、アイデンティティも時代や場所によって変化します。現代において「私」という存在は、職業などの境遇《きょうぐう》を切り離《はな》した「私自身」としても存在できます。[C]、江戸《えど》時代において、農民や侍《さむらい》といった身分と切り離して存在する「私」はありえません。身分に属することが、当時の社会的存在になる方法だからです。

インドのカースト制度でも、カーストを離れた存在はありえません。カースト制度に組みこまれることが、人が社会的な存在になる条件だからです。そこでは自分がどのカーストに属するかが、自分は何者なのかということと不可分な関係になっています。こう考えると、「自分」という存在の在り方も、社会によってかなり異なったものだというのがわかります。

一見すると反社会的、あるいは非社会的とも思われる孤独《こどく》も、社会と切り離しては考えられません。孤独は他の人々とのかかわりを断って社会の外側に出ることですが、それが意味を持つのは、人が社会の中に存在しているからです。自分から進んで孤独を選択《せんたく》するということは、「かかわりを持たないというかかわりのかたち」を選択すること、ネガ

エ　プライドの高い凛は、周囲から笑われたりばかにされたりすることに耐《た》えられず、今後自分を押し殺してしまうのではないかということ。

問五　本文の内容と表現についての説明として最も適当なものを次の中から選び、記号で答えなさい。

ア　この文章では（　）と〈　〉が使い分けられている。（　）では他人の凛に対する評価が、〈　〉では凛の他人に対する評価が、それぞれ対照的に描《えが》かれている。

イ　52行目「一九センチの足裏」という表現によって小学二年生の凛の足の小ささが描写され、それに続く男子からいじめを受ける部分の描写が、さらに痛々しく感じられる。

ウ　74行目、108行目では、「一つ、二つ、三つ、四つ」と同じ描写が繰り返し使われている。これにより学年が上がっても精神的成長の見られない凛の幼さがうかがえる。

エ　107行目「悪意と闘った瞳」、114行目「ただ黙って睨みつけた」という表現は、悔しくても相手に直接言い返す勇気のない凛の弱さを表現している。

問六　――線部X「分からない振りという優しさ」とありますが、あなたは「優しさ」とはどのようなものだと考えますか。本文の内容に触れた上で、現時点でのあなたの考えを書きなさい。

〔三〕　次の文章を読み、後の問いに答えなさい。（句読点や記号も一字にかぞえること。本文の行末にある数字は行数です。）

我々はさまざまな①メディアを通して他人と関係を持っています。社会は人と人とのかかわりだと言いましたが、実は人と人とが直接かかわり合うことは少なく、メディアを通したかかわりのほうが圧倒《あっとう》的に多いのです。

かつての村落社会とは異なり、現代の社会ではメディアを通すことで身近な社会圏《けん》を超え、さまざまなかかわりを持てるようになりました。神や愛のような人間の観念も関係を媒介《ばいかい》するメディアとして働きます。愛や正義、友情、使命、真理、善、美などの観念を媒体《ばいたい》として人々は相《そう》互《ご》にコミュニケーションをとり、かかわりを生み出していきます。真理をめぐるコミュニケーションは学問と呼ばれ、美をめぐるコミュニケーションは芸術や美術、正義をめぐるコミュニケーションは政治や政治思想になります。

我々に一番身近なメディアの一つにお金があります。お金は紙や金属という物であると同時に、交換《こうかん》価値を持つメディアです。お金を使い何かを買う行為《こうい》、つまりお金と物を同価値として交換することは、買った相手とのかかわりを生むことになります。お金は持つだけで、他人とのかかわりを生み、それを通して商品や、サービスなどを得られる可能性を生む存在です。かかわりが生まれる場所も商店街や、ネットショッピングなど、さまざまです。毎日の授業での先生方や皆《みな》さんとのつながりも、この講義での私と皆さんとのつながりも、皆さんの払《はら》う授業料によって生まれています。こう言うと元も子もないように聞こえるかもしれませんが、私たちは今、お金を媒介にして出会い、かかわっているのです。

※1カリスマも、その魅力《みりょく》で人々をつなげるメディアといえます。彼《かれ》らがそうした立場でいられるのは、多くの人がその人物を崇拝《すうはい》したり、もて

問一 ＝＝線部Ⅰ・Ⅱの言葉の意味として最も適当なものを次の中からそれぞれ選び、記号で答えなさい。

Ⅰ「躊躇」

ア　迷って訂正すること
イ　あれこれためらうこと
ウ　怒りをこらえきれなくなること
エ　相手の様子をうかがうこと

Ⅱ「威嚇」

ア　相手に暴力をふるうこと
イ　相手をにらみつけ敵意を示すこと
ウ　悪意のある大きな声を出すこと
エ　相手を怖がらせようと脅《おど》すこと

問二 ――線部①「困ったなぁ」とありますが、このときの美沙樹の気持ちの説明として最も適当なものを次の中から選び、記号で答えなさい。

ア　傷ついて泣いている凛をどうすれば慰めることができるのかよい方法がわからないでいる。
イ　凛が何に悩んでいるのか見当がつかず、どう言ってあげればいいのか決めかねている。
ウ　凛のこれからのことを考えれば、どうするのが最善の対処なのか迷っている。
エ　凛が自分を拒絶しているように思えて、今は関わらない方がいいのか悩んでいる。

問三 ――線部②「封印していた思い出」とありますが、凛が封印していたのはどのようなことですか。最も適当なものを次の中から選び、記号で答えなさい。

ア　耳に障害がある人特有の話し方のために声を出しても誤解され、言いたいことが周囲に伝わらないもどかしい思いをしてきたこと。
イ　耳の障害のためにつらい思いをしたときも、いつも家族や同級生たちが助けてくれたために、自分の力で乗りこえようとしなかったこと。
ウ　小学生のころは耳の障害のせいで嫌がらせをうけ、中学生になると平穏ではあったが〈やくたたず〉であることに変わりなかったこと。
エ　小学生のころから、耳の障害によって同級生たちとの関係が悪化していき、次第にひどいいじめをうけるようになっていったこと。

問四 ――線部③「逆に心配だわ」とありますが、真由美が心配しているのはどのようなことですか。最も適当なものを次の中から選び、記号で答えなさい。

ア　凛ががまん強く、簡単にはくじけない性格であるために、つらいことがあったとしても、それを表に出さず一人で抱《かか》え込んでしまうこと。
イ　凛が勝気な性格で、やられたら相手が誰であろうとやりかえそうとするため、ひんぱんに周囲とぶつかり、深刻ないじめに発展してしまうこと。
ウ　凛が自分の耳の障害にかかわらず周囲と同じようにしたいと思っているため、今後自分の限界に気づき、傷つくのではないかということ。

れ以降、真由美の知っている、表立ったいじめは現在までなかった。ただ、凛も楽しい学校生活を常に送っていたわけではない。母親の知らない子供の世界で戦っていた――。

凛、一五歳。中学三年生の秋。

学校生活は楽しかった。周りの皆はとても親切だった。ただ、聴覚《ちょうかく》障害者ゆえ、この頃には心の耳で相手の心の声が聞こえるようになっていた。

中学生になってからは嫌《いや》がらせなどが全くなくなった。嘘《うそ》のように平穏《へいおん》な学校生活。凛は満足だった。しかし分かっていた。自分に対する優しさはどこからくるのか。

（優しくしている自分を周りに見せたいから）

（それを好きな男子に見せたいから）

（障害者を助けるのが人としての務めだから）

（同情から）

（そうすることが善だから）

（内申書のため）

（優しくしている自分がとても崇高《すうこう》で好きだから）

凛はそれでもよかった。理由など関係なかった。小学校の辛《つら》い日を思い出すようなことがなければ。

昼食後の昼休み。凛は受験勉強をしながら友達と筆談し談笑していた。リーダー格の女子生徒が凛と周りの仲間に笑顔で話しかけた。

「いいわよね。凛は頭がよくて。どこの高校にでも入れるのになんで、みなみ野高校なのかね」

サブリーダー格の女子が同調する。

「そうそう、凛の頭なら受験勉強いらないんじゃない」

周りの女子も「うんうん」とうなずく。凛は周りがなぜうなずいているのか分からない。

リーダー格が仲間の女子に、なにげなく本音を語り始めた。

「私もそろそろ本格的に勉強しなくちゃ。凛の面倒《めんどう》も適当にしなくっちゃ。なんか……面倒くさくなっちゃった」

凛を囲む女子は苦笑した。〈なにが面倒〉なのかは聞かなかった。聞かずとも同じ考えだから苦笑するしかなかった。それを感じたリーダー格は今までの不満を言葉にして同調を求めた。

凛は異様な空気を感じ皆を見回す。皆はいつもと変わらぬ笑顔を自分に向けていた。

「私たちは凛のやくにたつけど凛は私たちのやくにたたないじゃん。こんなこと言っちゃいけないけどね――。ああ……ごめん。やっぱりこんなこと言っちゃいけないね。凛、ごめんね」

と、一つ凛の頭を撫でた。凛はわけの分からぬ表情で首を傾《かし》げた。

皆はそれを見て微笑《ほほえ》んだ。ただ凛には分かっていた。リーダー格の女子が〈やくたたず〉と言った時に。その言葉の唇の動きは日本中の誰よりも敏感《びんかん》に感じ取ることができた。その唇の動きは、小学校四年生の夏に頭の中の隅々《すみずみ》までインプットされていた。

（そうなんだ……。私って、やっぱり迷惑《めいわく》なのかなぁ……。なにをどうすれば人の役に立つのかな……）

凛は、X分からない振りという優しさを、悲しみながら皆に振り撒《ま》いた――。

（井田《いだ》 素《もとより》『翼《つばさ》ある太陽』より・本文に一部変更があります。）

※１　利発……かしこいこと。

を連呼した。

凛は、涙でゆれながら映るチビの口元を、負けてたまるか！　とただ黙って睨《にら》みつけた。

睨み合いが五秒続くと、体格の大きい男子が「行こうぜ」と飽《あ》きた口調で言った。するとチビは紙を丸め凛の胸元に投げつけた。紙は凛の狭《せま》い胸に当たると、カサっと足元に落ちた。そして、凛の存在も風景の一部と化したように、ゲームの話をしながら去っていった。三人が歩道橋の階段を下り始め、姿が見えなくなると、大粒《おおつぶ》の涙が勢いよく噴き出してきた。その涙が足元の紙の上にポツポツ落ちた。

凛はその紙を悔《くや》しそうにランドセルの奥へ奥へと詰《つ》め込んだ。他人に見られたくなかった――。

七海真由美が掃除《そうじ》機をかけていると、テレビ横のパトライトが赤く回った。すぐに凛がいつもの笑顔で帰ってきた。

「おかえりなさい」

凛は「うん」とうなずき、ランドセルをテーブルに置いた。そして手を洗いに笑顔で洗面所に向かった。

「ん？」

真由美は娘から〈我慢《がまん》〉を感じ取った。なにをどのように感じたかなど母親には必要なかった。ましてや説明のつくものでもなかった。掃除機のホースを投げるように床に落とすと、ランドセルの中を物色し始めた。そこへ凛が戻《もど》ってくる。母親の行動を目にした途端《とたん》、封印した声がリビングに響《ひび》き渡った。真由美はその声を聞くと、さらにただ事ではないと確信した。真由美の手は奥へ奥へと伸び、一つの丸まったクシャクシャの紙を掴《つか》みだした。

「なにこれ！」

真由美はそれを開こうとした。すると凛が険しい表情で、母親の行為《こうい》を止めようと、開こうとしている紙を母親の大きい手から奪《うば》い返そうと必死になった。

「どきなさい！　凛！」

真由美は声を張り上げ凛を振り払《はら》った。凛が床《ゆか》に尻餅《しりもち》をつく。その時、凛とは異なり、体型が少し大人の美沙樹が帰宅した。

「なにしているの？　大きな声出して」

「お姉ちゃん！」

真由美は紙を開いた。

「なんなの！　これは！　許さない！」

美沙樹は、母親の小刻みに揺れる、怒《いか》りに満ちた手元を覗き込んだ。そして瞬時《しゅんじ》に事情を察した。

凛はその様子を見て我慢から解放され激しい嗚咽《おえつ》を漏《も》らした。美沙樹が凛の頭を抱《だ》き、優しく介抱《かいほう》しながら、怒りと悲しみで手の震《ふる》えが止まらない母親を見つめている。

「お姉ちゃん。凛を頼《たの》むね」

と、紙だけを持って玄関へ向かった。

「どこに行くの！」

美沙樹の大声に真由美は、

「学校！　許さない！」

とだけ言い玄関《げんかん》を出ていった。

真由美が帰ってきたのは夜のニュースが始まった頃《ころ》だった。無言で帰宅しそのまま凛の元へ行き、優しく強く抱きしめた。一緒《いっしょ》に泣いた。そ

出せば出すほど二人は喜んだ。ただ、凛はその時初めて感じた。自分の存在を笑っていることを。

（私のことを笑っているの。どうして？　なにがいけないの？）

凛はひたすら悲しくなった。幼心で、崩《くず》れゆこうとする顔を気丈《きじょう》に耐《た》える。耐えようとすればするほど喉《のど》の奥《おく》がジーンと痛くなった。込《こ》み上げる悲しみが涙とともに一気に噴《ふ》き出すと、クラスメイトの二人は慌《あわ》てて後ずさった。

「やばい！　逃《に》げろ」

凛のクリクリした無垢《むく》な瞳《ひとみ》が涙目《なみだめ》で揺《ゆ》れる。駆《か》け足で逃げる二人の姿もゆらゆら揺れていた。そして、一つ、二つ、三つ、四つと頬《ほお》に涙が伝った。

職員室の扉《とびら》が開いた。

「凛！　どうしたの？」

真由美が泣いている娘《むすめ》に驚《おどろ》いた。凛は母親に気が付かない。真由美が後ろから頭を優しく撫で、

「なにかあった？　どうしたの？　いじめられたの」

と再び聞く。凛は母親の言葉は分からなかったが、母親の言葉をしっかり感じた。そして、無言で力強く首を左右に振った。

「……強い子ね。③逆に心配だわ、お母さんは……」

凛は真由美と手をつなぐ。そのぬくもりに優しさを感じ、一生懸命《けんめい》笑顔を作って母親に見せた。この時、凛は自分の声を封印した――。

凛が小学校四年生の夏。学校からの帰り道。国道二〇号を歩道橋で渡っていた。足元から伝わる大型自動車の振動《しんどう》で歩道橋が揺れる。凛はどんな自動車が走っているのかを確認しようとしたができなかった。少しだけ身長が足りなく、歩道橋の下を覗《のぞ》けなかった。

大きくて四角い形のトラックを想像しながら歩いていると、背中のランドセルに邪心《じゃしん》に満ちた強い衝撃を感じた。凛は前のめりになり頭が沈《しず》んだが、二一センチの足指にグッと力を入れて踏ん張った。そして、沈んだ頭を持ち上げると三人の同級生が前へ回り込んでいた。

「おい、ななうみ！　おまえはなにしに学校に来ているんだよ。どうせ耳が聴《き》こえないんだから、学校に来たってしょうがないだろ」

三人の中で一番背の低い男子が言葉を悪意に乗せて凛に言う。一番体格のいい男子はただ黙《だま》って傍観《ぼうかん》していた。そして、二人の中間的な体格の男子はニヤニヤして凛を見下ろしていた。

凛は大きな瞳をさらに大きくする。負けない意志を幼顔に表した。

「なんだよ！　耳が聴こえないくせに生意気なんだよ」

チビが顔を近づけⅡ威嚇《いかく》する。凛は怖《こわ》かったが、

（負けない）

と、ほっぺたを膨《ふく》らませた。すると、チビがズボンの小さなポケットから一枚のしわしわの紙を取り出し、それを伸《の》ばし凛の鼻先に、書いてある字を見せるように突き出した。そこにはこう書かれていた。

〈やくたたず〉

その字を三回読み返したとき、悪意と闘《たたか》った瞳も戦意を失ってしまった。ほっぺたに涙が一つ、二つ、三つ、四つと伝った。

（くやしい。くやしい。くやしい……）

「いいか。これはなあ、やくたたずと読むんだぜ。分かる？　やくたたず、だ」

チビは自分の口元を凛の目の前に持っていき〈やくたたず〉の五文字

美沙樹が頭を撫《な》でた。

「凛、どうしたの？　優子ちゃんが歌えなかったことは残念だけど、しょうがないよ……。過ぎ去ったことよ」

美沙樹がデスク上のメモ用紙に、所々Ⅰ躊躇《ちゅうちょ》しながら書いた。すると凛が強く首を振る。美沙樹はその意味が分からない。

「えっ！　なに？　違《ちが》うの？　凛、言ってごらん。正直に……」

凛は、ピンク色の革カバーを被せたシステム手帳を投げやりに渡《わた》す。

美沙樹はそれをパラパラめくり、要所を確認《かくにん》した。

凛は万年筆でメモ帳になにかを書き始めると、美沙樹は傍《かたわ》らで優しく見守った。

「違うの。優《ゆう》ちゃんが歌えなかったのもショックだよ。そのあとなの。皆《みんな》と違って私は優ちゃんのために、なにもできなかった。それどころか皆の足でまといだった。耳が聞こえないから。目まぐるしく状況《じょうきょう》が変わる時に、私のために状況の通訳が必要なの。一生懸命通訳してくれるの。そのお返しができないの。なんの役にも立てない。いる意味がない。いちゃいけないの。それが悲しい」

凛は書き終わるとシクシクと泣き始めた。美沙樹が凛の頭を撫でながら、

①（困ったなぁ……。凛、分からないわ。励《はげ》ませばいいのか、突《つ》き放せばいいのか。どう助けていいのか、見守ればいいのか。——もしかしたら、お姉ちゃんから離《はな》れて一人で歩き出したの、あなたは……）

凛は頭を撫でられながら、お腹が空《す》くまで泣き続けた。そして、泣きながら、②封印《ふういん》していた思い出を解き放してしまった。

七海凛。八歳《さい》。小学校二年生。

凛は、一日の授業が終わり、職員室の前で待っていた。

（お母さん遅《おそ》いなぁ。なにを話しているんだろう？）

七海真由美と担任との会話が終わるのを壁《かべ》を見上げながら待っていた。背中に赤いランドセルを背負い壁一面に掲示《けいじ》した紙面を眺《なが》めていた。

（なんだろう？　いっぱい字が書いてある。わたしには全然分からないなぁ）

職員室前の壁には、交通安全の広告や学校新聞などが掲示されている。その時だ。

〈どん！〉

幼心に、背後から悪意に満ちた衝撃《しょうげき》を感じた。前方によろけたが、一九センチの足裏にグッと力を入れて踏《ふ》ん張った。振り返ると二人のクラスメイトが笑いながら立っていた。

「なにすんの！　あぶないよ」

凛は思いっきり声を出し文句を言った。

「ははっ。おまえっ、なに言ってんのか分からないんだよ！　変な声。ちゃんと喋《しゃべ》れよ、気持ち悪い」

と二人いるうちの※1利発《りはつ》そうな男の子が凛に言うと、もう一人のやんちゃそうな男の子が、

「なんでおまえ俺《おれ》たちと同じ学校なんだよ。じゃまなんだよ」

と暴言を吐《は》いた。凛は分からなかった。彼らがなにを伝えたいのかが。

「なあに！　なにが言いたいの？　どうしたの？」

必死の呼びかけをすればするほど目の前の二人は笑った。自分が声を

【国語】（五〇分）〈満点：一〇〇点〉

〔一〕次の各問いに答えなさい。

問一 次の——線部について、漢字をひらがなに、カタカナを漢字に直しなさい。

① 厳格な教育を受ける。
② 権利と責任は表裏一体だ。
③ 終点で急行を降りる。
④ 行けなかった訳を説明する。
⑤ ジュウオウに走る道路。
⑥ 空気中のスイジョウキ量。
⑦ 地図のシュクシャク。
⑧ カンダンの差が激しい。
⑨ ごみを分別してスてる。
⑩ 去年、祖父がナくなった。

問二 次の１～３の四字熟語には誤った字が一つずつあります。例にならってそれぞれ正しく書き直しなさい。

〔例〕 大器番成　番→晩

１ 上位下達　□→□
２ 自由自財　□→□
３ 平身定頭　□→□

問三 次の１・２の言葉が対義語（反対語）の組み合わせになるように、□にあてはまる漢字一字をそれぞれ答えなさい。

１ 生産↕消□　　２ 整然↕□然

〔二〕次の文章を読み、後の問いに答えなさい。（句読点や記号も一字にかぞえること、本文の行末にある数字は行数です。）

高校の文化祭で優子《ゆうこ》がバンドのボーカルに選ばれた。美沙樹《みさき》の妹で、耳に障害を持つ凛《りん》は優子のマネージャーを務めることになる。しかし、文化祭の前に出場した「精進湖《しょうじこ》ヤングフェスティバル」というイベントのステージで、自分に自信のない優子はうまく歌えず、凛は彼女の助けになれなかったと自分を責める。

七海《ななうみ》家の、赤いパトライトが回った。七海美沙樹《みさき》がリビングに、日々充実《じゅうじつ》した顔で現れた。

「お母さん、ただいま。——凛は？」

七海真由美《まゆみ》は夕食をテーブルに配膳《はいぜん》していた。

「部屋よ。元気ないのよね、最近」

美沙樹はうなずき、

「精進湖からね」

と苦笑した。

「どうしよう、お姉ちゃん。このまま塞《ふさ》ぎ込んだら」

「でたぁー。お母さんの心配症《しょう》。大丈夫よ。凛は強いわ。だってハンディがあって他の高校生と同じように生活しているのよ。他の子たちより意志が強いってことよ」

美沙樹は慣れた口調で母親を慰《なぐさ》めた。が、美沙樹も本心では動揺《どうよう》していた。

凛は、ピンク革のカバーを被《かぶ》せたシステム手帳を、パラパラめくっていた。後ろから近づく姉の香りに振《ふ》り向く。

2021年度

細田学園中学校入試問題（第2回）

【算　数】（50分）　　＜満点：100点＞

【注意】・コンパス，定規，分度器などは使用してはいけません。
・円周率は3.14とします。
・問題にかかれている図は正確とは限りません。

$\boxed{1}$　次の $\boxed{}$ にあてはまる数を求めなさい。

(1)　$\{(35+14)\times7+105\}\div35=\boxed{}$

(2)　$\dfrac{42}{\boxed{}+68}=\dfrac{3}{11}$

(3)　$\left\{(\boxed{}-41)\div30-26\right\}\times\dfrac{1}{5}=8$

(4)　$123\times33+345\times22-567\times11=\boxed{}$

$\boxed{2}$　次の $\boxed{}$ にあてはまる数を求めなさい。

(1)　$\begin{vmatrix} a & b \\ c & d \end{vmatrix}=a\times d-b\times c$ とします。たとえば

$$\begin{vmatrix} 4 & 3 \\ 1 & 2 \end{vmatrix}=4\times2-3\times1=5$$

となります。

このとき $\begin{vmatrix} 6 & 2 \\ 3 & 7 \end{vmatrix}-\begin{vmatrix} 5 & 3 \\ 4 & 3 \end{vmatrix}$ を計算すると $\boxed{}$ になります。

(2)　１から９までの数字がかかれた９枚のカード$\boxed{1}$，$\boxed{2}$，$\boxed{3}$，$\boxed{4}$，$\boxed{5}$，$\boxed{6}$，$\boxed{7}$，$\boxed{8}$，$\boxed{9}$があり，式 $\dfrac{\boxed{\text{ア}}}{\boxed{\text{イ}}}+\dfrac{\boxed{\text{ウ}}}{\boxed{\text{エ}}}=1$ が成り立つように，$\boxed{\text{ア}}$，$\boxed{\text{イ}}$，$\boxed{\text{ウ}}$，$\boxed{\text{エ}}$の４か所にカードを１枚ずつおきます。$\boxed{\text{エ}}$に$\boxed{6}$のカードをおくとき，$\boxed{\text{ア}}$，$\boxed{\text{イ}}$，$\boxed{\text{ウ}}$の３か所へのカードのおき方は全部で $\boxed{}$ 通りあります。

(3)　ある数を６でわってから15を加えるところを，間違えて15を加えてから６でわったので答えが15になりました。正しい答えは $\boxed{}$ です。

(4)　ある工場では午前と午後でそれぞれ1800個ずつ製品を作ります。ある日，午前中は１分間に24個の製品を作りましたが，午後は機械が不調になり，１分間に $\boxed{}$ 個の製品しか作ることができなかったため，１日の平均では１分間に16個の製品が作られました。

(5)　A，B，C，D，E，Fの６人が東西にのびた道に，次のア～カの条件をみたすように並んでいます。

ア．Aは一番西にいる。

イ．BはAより30m東の位置にいる。

ウ．CはDより14m西の位置にいる。

エ．CはBより18m西の位置にいる。

オ．ＥはＣとＤの真ん中の位置にいる。

カ．ＦはＡとＣの真ん中より２ｍ西の位置にいる。

このとき，ＦはＥより［　　］ｍ西の位置にいます。

(6) 右図のように，正方形ABCDがあり，点ＥはCDの真ん中の点です。三角形AEDをAEをおり目としておると，点Ｄは点Ｆに移りました。このとき，㋐の角の大きさは［　　］度です。

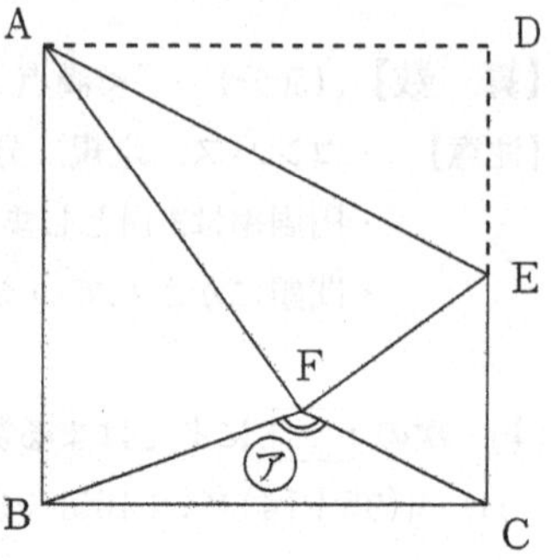

(7) 下の２つの図において，部分の面積の合計は［　　］㎠です。ただし，曲線の部分は円の一部です。

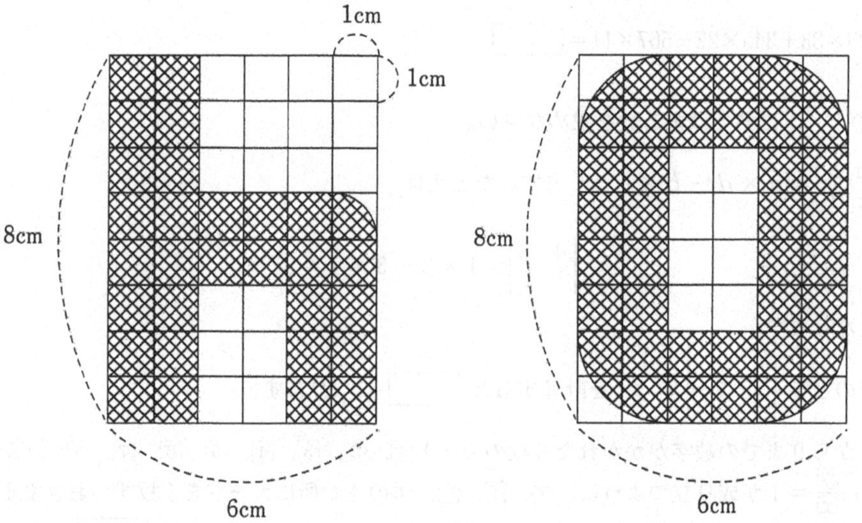

3 ある規則にしたがって□の中に○と◎の記号を入れることで，整数を次のように表します。

1 =［○］，　2 =［◎］，　3 =［　｜○］，4=［○｜○］，5=［◎｜○］，

6 =［　｜◎］，7 =［○｜◎］，8 =［◎｜◎］，9=［　｜　｜○］，…

このとき，次の問いに答えなさい。

(1) 次の図が表す整数を求めなさい。

［　｜◎｜　｜◎｜○］

(2) 49を表す図をかきなさい。

(3) 2021を表すためには，□は何個必要か求めなさい。

4 右図のように，AB＝60㎝，BC＝45㎝，CA＝75㎝の直角三角形があります。点ＰはＣからＡまで一定の速さで動き，点Ｐが動き出してから３秒後に点ＱはＡからＢまで一定の速さで動きます。点Ｐが動き出してから９秒後にBPの長さがもっとも短くなり，そのときにBPとBQの長さが等しくなりました。このとき，次の問いに答えなさい。

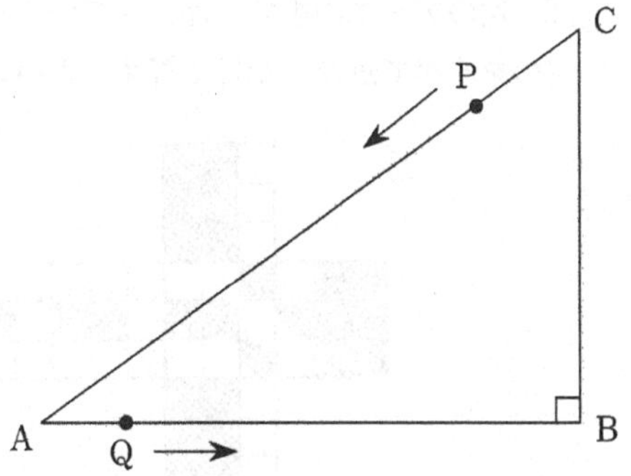

(1) 点Qの動く速さは毎秒何㎝か求めなさい。

(2) 点Ｐが動き出してから９秒後の三角形ＰＡＱの面積を求めなさい。

(3) 点Ｐが動き出してから９秒後のときの点Ｐを点Ｘ，点Qを点Ｙとし，15秒後のときの点Ｐを点Ｚとするとき，（XYの長さ）×（ZBの長さ）を求めなさい。

5 すべての面が白い１辺の長さが１㎝の小さな立方体125個をつかって，図のような１辺の長さが５㎝の大きな立方体をつくりました。この大きな立方体に次の操作①，②，③，④を順番に行います。このとき，次の問いに答えなさい。

【操作】

① 大きな立方体の表面すべてを赤くぬり，125個の小さな立方体に分ける。

② ①で分けられた125個の小さな立方体のうち，１つの面だけが赤くぬられたものを集める。

③ ②で集めたものの中から27個を選んで，次の（条件）をみたす１辺の長さが３㎝の立方体を１個つくる。

（条件）表面積のうち赤くぬられた部分の面積ができるだけ大きくなる

④ ③でつくった１辺の長さが３㎝の立方体の表面のうち，赤以外の面すべてを青くぬり，27個の小さな立方体に分ける。

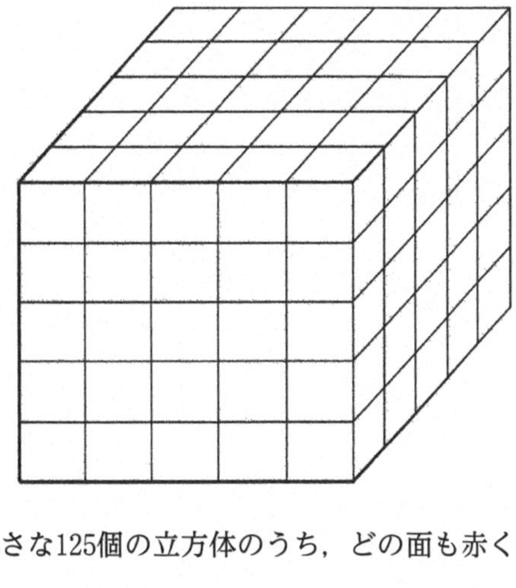

(1) 操作①で分けられた小さな125個の立方体のうち，どの面も赤くぬられていない小さな立方体は何個あるか求めなさい。

⑵　次のア～エの中で，操作③でつくった１辺の長さが３cmの立方体の展開図として考えられるものをすべて選び，記号で答えなさい。ただし，が赤くぬられた部分を表します。

ア

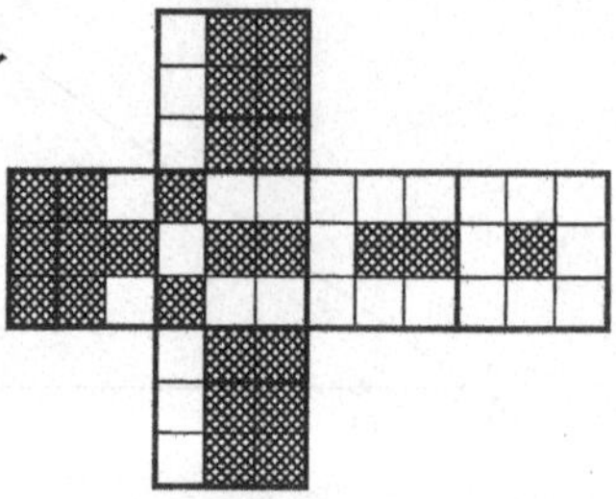

イ

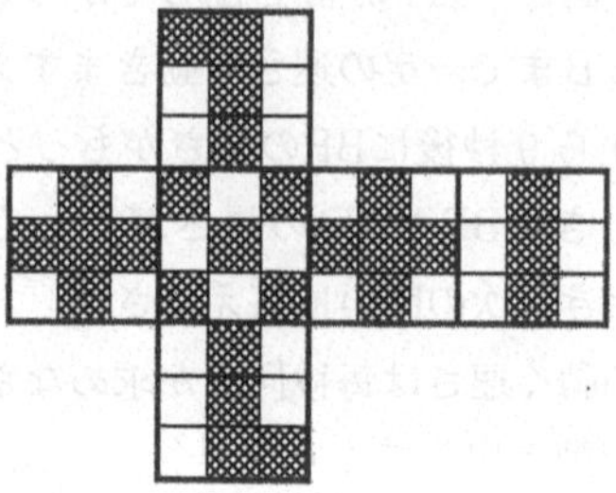

ウ

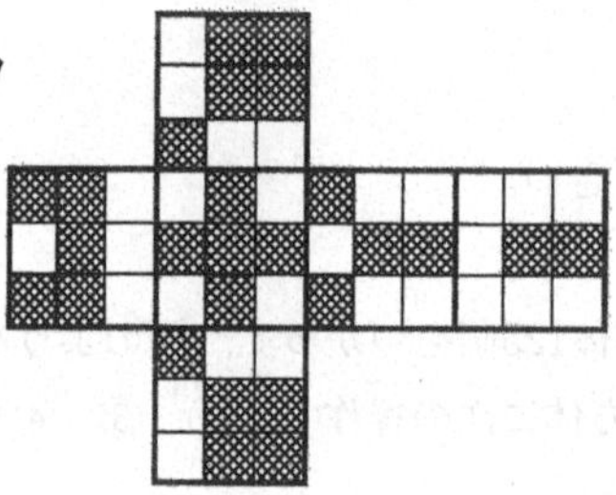

エ

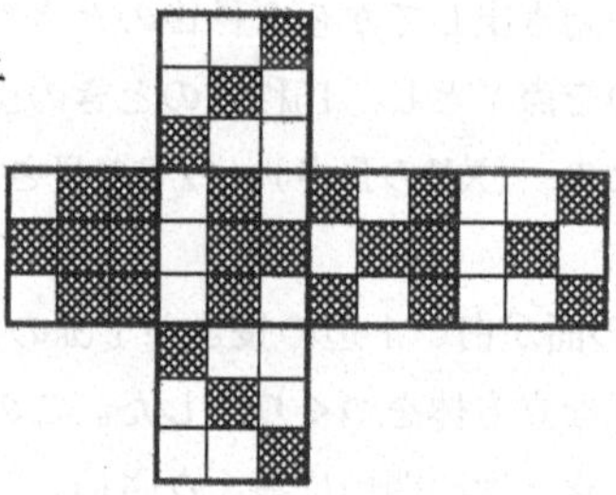

⑶　操作④のあと，125個の小さな立方体の表面積の合計のうち，白い部分の面積を求めなさい。

【理　科】（30分）　＜満点：50点＞

【注意】 コンパス，定規，分度器などは使用してはいけません。

1 問１　音の要素のうち音の高さを決めているものを次から選び，記号で答えなさい。

ア．振幅《しんぷく》　イ．振動数《しんどうすう》　ウ．波形　エ．音色

問２　電流計のつなぎかたについて説明した次の文章の空らんに言葉をいれるとき，最も適した組み合わせを次から選び，記号で答えなさい。

「電流計は回路に（　　　）につなぎ，－端子《マイナスたんし》につなぐときは最も（　　　）電流を測る端子《たんし》につなぐ。」

ア．直列－大きい　イ．直列－小さい　ウ．並列－大きい　エ．並列－小さい

問３　オレンジ色のガスバーナーの炎《ほのお》を，青い色にするための操作として最も適したものを次から選び，記号で答えなさい。

ア．ガスの元せんを少ししめる

イ．ガス調節ねじを反時計回りにまわして開ける

ウ．空気調節ねじを反時計回りにまわして開ける

エ．マッチの火をガスバーナーの口にななめ下から近づける

問４　次の気体のうち，水上置かん法を用いて収集するのに最も不適切なものを次から選び，記号で答えなさい。

ア．酸素　イ．水素　ウ．アンモニア　エ．ちっ素

問５　とけたロウを図の容器の点線まで入れ，ゆっくり冷やして固めました。とけたロウの液面を点線であらわすとき，固まったロウの表面のようすはどのようになっていますか。最も適したものを次から選び，記号で答えなさい。

ア．　イ．　ウ．　エ．

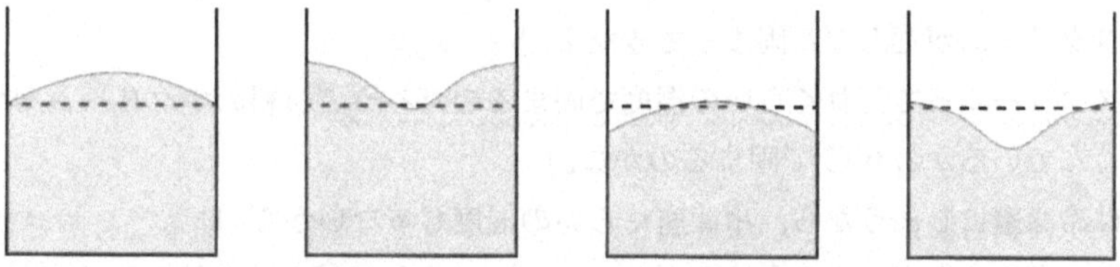

問６　だ液にふくまれている消化酵《こう》素を次から選び，記号で答えなさい。

ア．リパーゼ　イ．トリプシン　ウ．ペプシン　エ．アミラーゼ

問７　百葉箱が白色である理由として最も適したものを次から選び，記号で答えなさい。

ア．どのような天候でも識別しやすい色であり，観測者が見つけやすいから

イ．鳥がきらう色であり，野生の鳥たちに測定器具をこわされないから

ウ．太陽光を吸収しにくい色であり，観測場所の温度が上がりにくいから

エ．遊具には使われない色であり，学習用具として法律で定められているから

問８　太陽系の惑《わく》星のうち地球型惑星ではないものを次から選び，記号で答えなさい。

ア．火星　イ．水星　ウ．木星　エ．金星

問９　地震《じしん》の規模をあらわす用語を次から選び，記号で答えなさい。

ア．震度《しんど》　イ．震央《しんおう》　ウ．Ｐ波　エ．マグニチュード

問10　月の見え方についての説明のうち，誤っているものを次から選び，記号で答えなさい。

ア．「新月」は太陽といつも同じ方向にいるので，地球から見ることができない

イ．「三日月」は太陽からおくれて３時間後に南中し，夕方に西の空へしずむ

ウ．「満月」は太陽からおくれて12時間後に南中し，明け方に西の空へしずむ

エ．「下弦《げん》の月」は明け方に南中し，正午ごろ西の空にしずむ

2　次の文章と図を見て，あとの問いに答えなさい。

簡単！手作りアイスクリーム！

材料と道具

・生クリーム	200 mL
・牛乳	100 mL
・砂とう	50 g
・氷	700 g
・食塩	300 g
・小ボウル	1 個
・大ボウル	1 個

作り方

1. 小ボウルに生クリーム，牛乳，砂糖を入れる。
2. 大ボウルに氷と塩を入れる。
3. 大ボウルに小ボウルを中身ごと入れて冷やしながらかき混ぜる。

Ｓ君とＨ君は休日に上のレシピを使ってアイスクリームを作ることになりました。

以下はアイスクリームを作っている場面の会話です。

Ｈ君「アイスクリームがだんだん固まってきたよ。」

Ｓ君「アイスクリームってどれくらいの温度で固まるのだろう。材料の生クリームや牛乳は水を多くふくんでいるから０℃で固まるのかな。」

Ｈ君「普通《ふつう》は冷凍《れいとう》室にしまうから，冷凍室くらいの温度じゃないかな。」

Ｓ君「じゃあ，今この大ボウルの中はそんなに冷たいの？？　どうしてだろう。」

後日，二人は理科の先生にこのことについて質問してみました。

先生「まず，①氷を冷たいと感じるのは，氷が周りの熱を吸収することで水に変わるからなんだ。さらに，物質には水にとける時に周りの熱を吸収したり，周りに熱を放出したりする性質を持つものがあるんだ。この前は食塩が，氷がとけた水にとけたんだね。」

Ｈ君「ということは②食塩が水にとけて熱をさらに吸収したから，アイスクリームが固まるくらい冷たくなったんですね。」

先生「最低で－20℃まで下がったはずだよ。ボウルの中の熱のやり取りはどうなっていたのかな。」

問１　今回のアイスクリーム作りで使う小ボウルに最も適している材質は次のうちどれか記号で選び答えなさい．ただし，厚みはすべて同じものとします。

ア．木材　　イ．ステンレス　　ウ．ガラス　　エ．プラスチック

問２　〰〰部の文について，(1)固体が液体に変わる温度の名しょうと，(2)アイスクリームを１つの物質と考えた場合の固体が液体に変わる温度として正しい組み合わせを以下から選び記号で答えなさい。

	(1)	(2)
ア	ふっ点	4℃
イ	ふっ点	－4℃
ウ	ゆう点	4℃
エ	ゆう点	－4℃

問３　下線部①②について，今回の熱の吸収がすべてアイスクリーム中の水分を氷に変えることに使われた場合，1000ｇの水が氷に変わるはずであると分かりました。しかし，実際は熱の吸収のうち79％は水分を氷に変えることに使われずアイスクリーム中の水分以外を冷やすのに使われています。今回作ったアイスクリーム350ｇのうち，ふくまれる氷のおもさはの割合は何％ですか。ただし，アイスクリーム中の水分はすべて氷に変わっているとします。

問４　アイスの素から熱がうばわれる現象について，解答らんの図に熱が吸収されるものから吸収するものへ矢印（→）をかき入れなさい。

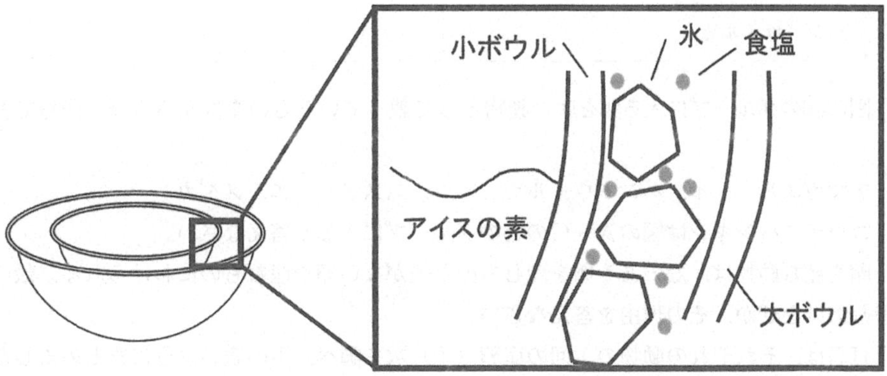

3　次の文章と次のページの図を見て，あとの問いに答えなさい。

Ｈ君は夏休みにさまざまな動物について調べることにしました。Ｈ君が調べた動物は，スズメ，ライオン，メダカ，アオウミガメ，アオリイカ，カブトムシ，アマガエル，クルマエビ，コウテイペンギン，ハンドウイルカです。これらの動物の特ちょうについて調べ，次のページの図のように分類をしました。

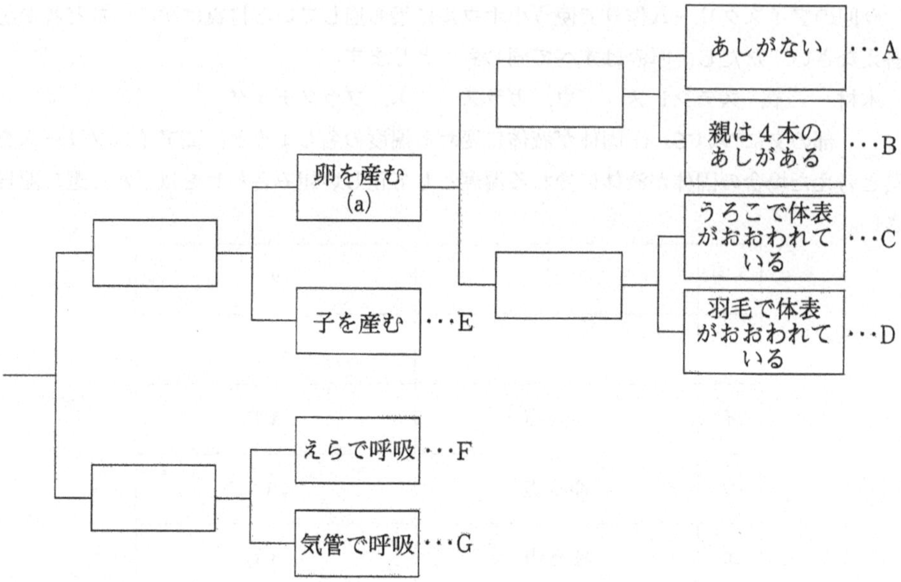

問１　H君はまず体の特ちょうに注目して下のように動物をグループに分けました。どのような特ちょうで分けたか，「Xグループは○○だが，Yグループは●●である。」というように答えなさい。

Xグループ	Yグループ
スズメ　ライオン　メダカ アオウミガメ　アマガエル コウテイペンギン バンドウイルカ	アオリイカ　カブトムシ クルマエビ

問２　図の(a)のグループに入る卵を産む動物として誤っているものを次から選び，記号で答えなさい。

ア．アマガエル　　イ．ハンドウイルカ　　ウ．スズメ　　エ．メダカ

問３　コウテイペンギンは図のA～Gのどのグループに入るか答えなさい。

問４　卵を産む動物は，殻《から》のある卵を産むものと殻がない卵を産むものにわけられる。殻のある卵を産むのはなぜか，その理由を答えなさい。

問５　H君は，それぞれの動物の１回の産卵（子）数を調べ，下の表のようにまとめました。

動物	数	動物	数
アオウミガメ	80～150	コウテイペンギン	1
アオリイカ	1000～6000	スズメ	5～6
アマガエル	200～1000	バンドウイルカ	1
カブトムシ	20～30	メダカ	10～30
クルマエビ	20～30	ライオン	1～6

動物の種類によって，１回の産卵（子）数はちがうことがわかりました。なぜそのようなちがいが生じるのでしょうか。下の文章はH君が考えた理由です。(あ)，(い) に入る適語を答えなさい。

> 産卵（子）数が少ない動物は，産んでから子が成長するまでの間，親が (あ) が，産卵（子）数が多い動物は，産んでから親が (い) ため。

問６　H君は調べた動物のうち，メダカに特に興味を持ち，飼育してみたいと思うようになりました。友達のS君がメダカをたくさん飼育していたので，S君から10匹もらいました。H君がメダカを家の中で長い間継続《けいぞく》して飼育するためには，どのようなことをしなければならないでしょうか。「○○のため，●●する」のような形で理由とともにできるだけ書き出しなさい。ただし，H君の家にあった飼育のために使える物は以下のものです。

【H君の家にあるもの】

水道水
川で採取した砂
川で採取した大きな石
ホテイアオイ
マツモ
小さな水そう
大きな水そう
温度計
メダカのエサ

【社　会】（30分）　＜満点：50点＞

1　以下の文章を読んで，後の問いに答えなさい。

資源《しげん》の乏しい日本は，消費している化石燃料の多くを海外からの輸入に頼《たよ》っています。そのため，［１］国内外のエネルギーをめぐる状況《じょうきょう》の変化によって，エネルギー政策《せいさく》も左右されてきました。

たとえば，日本の一次エネルギーの供給《きょうきゅう》に占《し》める割合《わりあい》が最も大きいものは石油ですが，国内での原油の生産は，［２］新潟《にいがた》県・秋田《あきた》県・［３］北海道《ほっかいどう》などでごくわずかに生産されているだけで，需要《じゅよう》の99%以上を外国からの輸入に依存《いぞん》しています。また，輸入先の中心が（　①　）に偏《かたよ》っており，［４］このことは，エネルギーを安定して供給する上で，大きな課題となっています。

さらに近年は，［５］地球温暖化《おんだんか》防止の観点から脱《だつ》炭素化への動きが世界的に高まっています。そこで現在注目されているのが，太陽光・風力・地熱・バイオマスなどの（　②　）エネルギーです。（　②　）エネルギーを主力電源《でんげん》として利用できるよう，今後開発に力を入れていく必要があります。しかし，これらの発電はどれも二酸化炭素の排出量《はいしゅつりょう》がなく，原料を輸入に頼る必要がない一方で，自然条件によって発電量が左右されたり，実用化に向けての費用がかかる割に効率が良くないなど，解決すべき課題が少なくありません。今後，私《わたし》たちは諸外国《しょがいこく》と協力しながら研究を進め，課題を解決することで，未来に生きる人々のためにも持続可能な社会を目指さなくてはなりません。

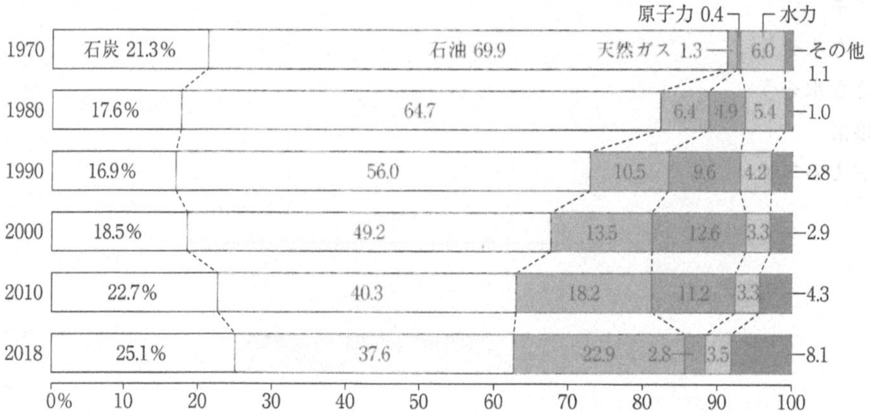

（「日本国勢図会2020／21」より作成）

図１　一次エネルギー供給割合の推移《すいい》

問１　下線部［１］について，図１のグラフは一次エネルギー供給割合の推移を表しています。これに関連した文として正しいものを，グラフを参考にして，以下のア～エから１つ選びなさい。

ア　天然ガスは，利用時に二酸化炭素をいっさい排出しないため，クリーンなエネルギーとして利用割合が増加している。

イ　2010年から2018年にかけて，原子力の利用が急速に減少したのは，東日本大震災《だいしんさい》による影響《えいきょう》が大きい。

ウ　1960年代に起きた２度の石油危機《せきゆきき》を経て，石油依存が見直され，石油の割合は減少し続けている。

エ　水力発電はダムの建設が必要で，コストがかかる上，自然環境《かんきょう》を破壊《はかい》することから，割合は減少し続けている。

問２　下線部［２］について，①東京都，②新潟県の十日町の雨温図として正しいものを，以下のア～エからそれぞれ１つ選びなさい。

ア

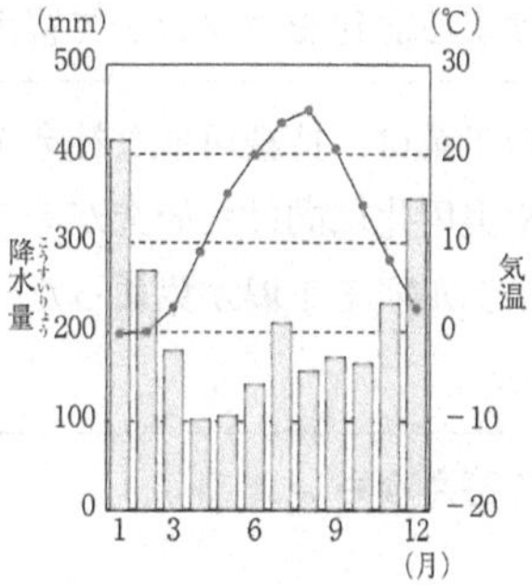

イ

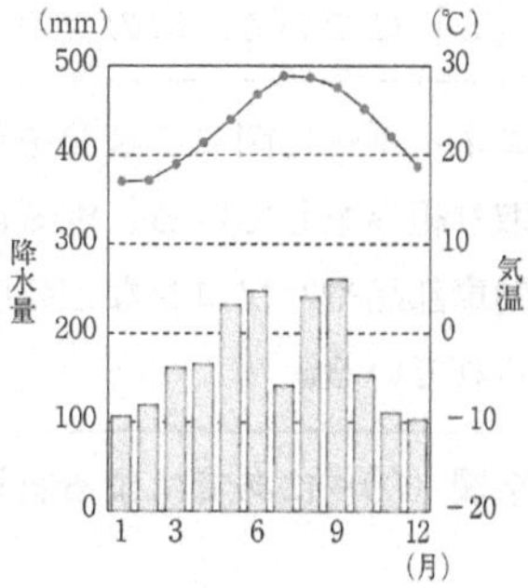

ウ

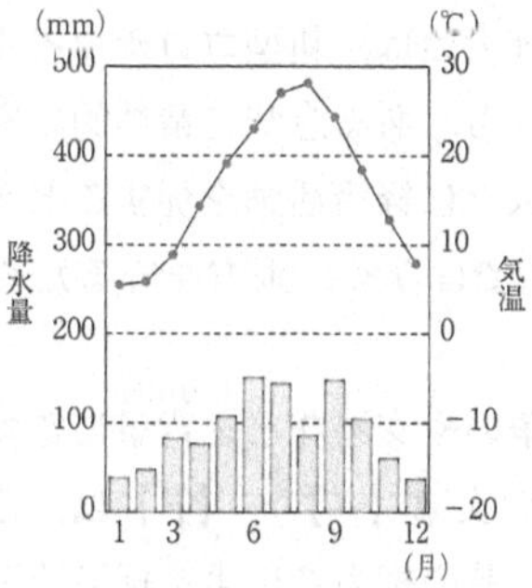

エ

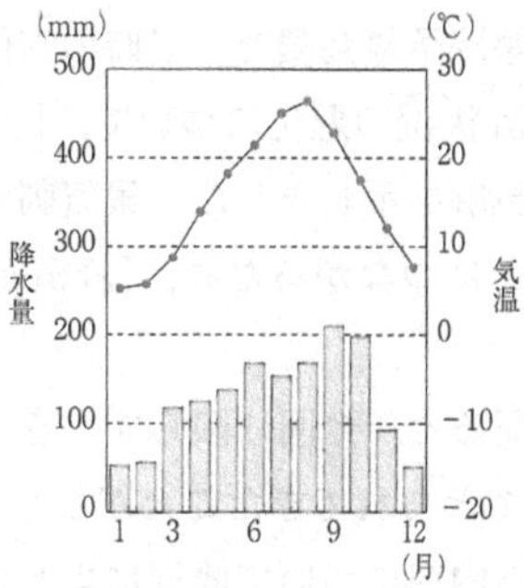

（「気象庁《きしょうちょう》ウェブサイト」より作成）

問３　下線部［３］について，北海道は海面漁業の漁獲量《ぎょかくりょう》が日本一です。水産業に関する次の文の（　）にあてはまる語句を答えなさい。

2018年現在，日本の漁獲量はおよそ274万トンで，魚種別にみると，イワシ類・サバ類・カツオ類が上位を占めている。日本の沖合《おきあい》でとれるイワシやサバは，右の図で示した（　　　）漁法で一度に大量に水揚《みずあ》げされる。

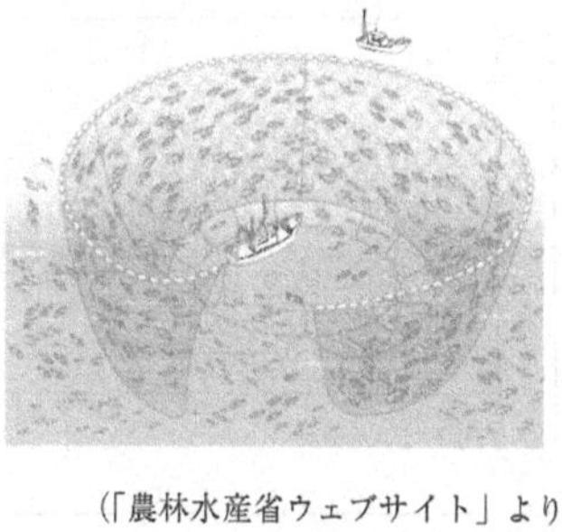

（「農林水産省ウェブサイト」より）

問４　文中の空欄《くうらん》（①）にあてはまる内容として正しいものを，以下のア～エから１つ選びなさい。

ア　政治の情勢《じょうせい》が不安定な中東地域《ちいき》

イ　北方領土をめぐる問題が未解決のロシア

ウ　2020年にイギリスが離脱《りだつ》したEU諸国

エ　日本から最も遠く，輸送費がかかる南米地域

問５　下線部［４］について，次のページの文の（　）にあてはまる語句として正しいものを，あとのア～エから１つ選びなさい。

エネルギー供給が安定して行われるように対策をとるのは，おもに（　　　）である。

ア　外務省　　イ　経済産業省《けいざいさんぎょうしょう》　　ウ　国土交通省　　エ　環境省

問６　下線部［５］について，次の文の（　）にあてはまる語句をカタカナで答えなさい。

環境やエネルギーに関する課題をかかえる日本の工業は，持続可能な社会を目指して，さまざまな取り組みをしている。電気自動車の開発や実用化に向けた研究がその１つである。また，自動車部品やパソコンなどの廃棄物《はいきぶつ》をリサイクルする工場が集まった（　　　）も各地につくられている。

問７　文中の空欄（②）にあてはまる語句を漢字四字で答えなさい。

２　以下の文章を読んで，後の問いに答えなさい。

昨年４月の衆議院《しゅうぎいん》予算会議で，当時の安倍晋三内閣総理大臣《あべしんぞうないかくそうりだいじん》は，新型コロナウイルス感染症《かんせんしょう》の感染拡大《かくだい》を受けた経済状況《けいざいじょうきょう》の悪化について，「大恐慌《だいきょうこう》の時よりも，ある意味で精神的に厳《きび》しい状況となっている」という見解を示しました。景気刺激策《しげきさく》をとり，人々に経済活動を促《うなが》すことが人々の健康や命をおびやかすことにつながるため，「経済か命か」の選択《せんたく》ではなく，両方を守るための対策が求められたのです。

日本の歴史を見ると，今回に限らず，ききんや災害，争いや交易《こうえき》などを背景《はいけい》にさまざまな政策《せいさく》が時の権力者《けんりょくしゃ》によってとられてきたことがわかります。以下の文章【Ａ】～【Ｆ】は，日本で行われた経済政策に関連する内容について簡潔《かんけつ》にまとめたものです。昔の権力者による経済政策が人々のくらしに影響《えいきょう》を与《あた》えたように，政府によって昨年行われた政策は，私《わたし》たちのくらしに大きな影響を与えました。その影響は，小学生にとっても身近に感じられたことと思います。もうすぐ中学生になるみなさんにとっても，政治に関心をもつきっかけになったのではないでしょうか。

【Ａ】

中国の律令制《りつりょうせい》にならった政治が行われた時代に、［1］皇朝十二銭《こうちょうじゅうにせん》と呼《よ》ばれる12種類の銭貨が発行された。

【Ｂ】

［2］農民が逃亡《とうぼう》したり、勝手に僧《そう》になったりしたことで口分田が不足するようになったため、墾田永年私財法《こんでんえいねんしざいほう》が出された。

【Ｃ】

［3］鎌倉幕府《かまくらばくふ》は、元寇《げんこう》後に十分な恩賞《おんしょう》を与えられなかった武士の不満をそらそうと考え、徳政令《とくせいれい》を出した。

【Ｄ】

老中の松平定信《まつだいらさだのぶ》は、農村の立て直しをはかるとともに、［4］ききんにそなえて米をたくわえさせる囲い米を実施《じっし》した。

【E】

明治政府は地租改正《ちそかいせい》を行い、地価の３％を現金で納《おさ》めさせて財政を安定させると、殖産興業《しょくさんこうぎょう》[5]や富国強兵に努めた。

【F】

太平洋戦争にやぶれた日本では、ＧＨＱ[6]の指示の下、民主化政策が推《お》し進められ、財閥《ざいばつ》が解体された。

問１　文章【A】の下線部［１］について，次の文の（　）にあてはまる語句を漢字四字で答えなさい。

> 12種類の銭貨の中で最初につくられたのは，708年につくられた和同開珎《わどうかいちん》であると考えられていたが，より古いとされる富本銭が発見された。720年に成立した日本の歴史書『(　　　)』にも，天武天皇《てんむてんのう》時代からすでに日本で銅銭がつくられていたらしいことが記されている。

問２　文章【B】の下線部［２］について，これは農民に課せられた税や兵役の負担《ふたん》が大きかったためです。税の１つである調の荷札《にふだ》として利用された，右の図の板を何というか，漢字で答えなさい。

問３　文章【C】の下線部［３］について，説明している文として正しいものを，以下のア～エから１つ選びなさい。

ア　農民に五人組をつくらせ，年貢《ねんぐ》や犯罪について連帯して責任を負わせた。

イ　応仁《おうにん》の乱《らん》で都が焼け野原になり，支配力が低下した。

ウ　将軍《しょうぐん》の血筋《ちすじ》が途絶《とだ》えると，将軍を補佐《ほさ》する執権《しっけん》が政治の実権を握《にぎ》った。

エ　全国に役人を派遣《はけん》して太閤検地《たいこうけんち》と呼ばれる土地調査事業を行った。

問４　文章【D】の下線部［４］について，天保のききんの時に，幕府が適切な対策を取らなかったことに不満を抱《いだ》き，大阪《おおさか》で反乱を起こした人物として正しいものを，以下のア～エから１つ選びなさい。

ア　大塩平八郎《おおしおへいはちろう》　　イ　シャクシャイン

ウ　平将門《たいらのまさかど》　　エ　西郷隆盛《さいごうたかもり》

問５　文章【E】の下線部［５］について，この一環《いっかん》としてつくられた富岡《とみおか》製糸場の位置として正しいものを，右の地図中のア～エから１つ選びなさい。

問６　文章【F】の下線部［6］について，次の文の（　）にあてはまる語句を漢字四字で答えなさい。

> ＧＨＱは民主化政策の中で（　　　）を行い，地主の土地を強制的に買い上げて小作人に安く売り渡《わた》し，小作農家も自分の土地を持てるようにした。

問７　以下の文章の出来事は，いつ起こったか，以下のア～カから１つ選びなさい。

> 将軍の足利義満《あしかがよしみつ》は明《みん》と正式な国交を結び，貿易を始めた。この貿易では，明銭が日本に大量に輸入され，義満は莫大《ばくだい》な利益《りえき》を得た。

ア　文章【A】より前　　　　イ　文章【A】と文章【B】の間
ウ　文章【B】と文章【C】の間　エ　文章【C】と文章【D】の間
オ　文章【D】と文章【E】の間　カ　文章【E】と文章【F】の間

3　以下の文章を読んで，後の問いに答えなさい。

2020年11月，[1]アメリカ大統領選挙が行われ，共和党《きょうわとう》で現職のドナルド・トランプと（　①　）党のジョー・バイデンによって大統領の座《ざ》が争われました。2016年の就任《しゅうにん》演説で「アメリカ第一主義（アメリカン・ファースト）」をかかげたトランプは，４年の任期の中で既存《きそん》の国際合意や政策《せいさく》の枠《わく》組《ぐ》みを否定《ひてい》し，保護主義・孤立主義《こりつしゅぎ》的な主張を展開《てんかい》して「[2]強いアメリカ」を目指しました。

たとえば，彼《かれ》は大統領就任後すぐにTPPからの離脱《りだつ》を表明しました。また，2017年にはパリ協定からも離脱を表明し，さらにエルサレムを（　②　）の※首都として承認《しょうにん》して，アメリカ大使館をエルサレムに移すなど，独自の外交政策をとってきました。

対[3]中国との貿易問題，北朝鮮《きたちょうせん》の核《かく》保有問題，メキシコとの国境問題など，多くの課題を抱《かか》えるアメリカが，次の４年間でどのような政策をとるかは，[4]日本のみならず世界中が注目するところです。

注）※首都として承認…国際連合はテルアビブを（　②　）の首都としています。

問１　下線部［1］について，大統領は選挙によって選ばれますが，内閣総理大臣《ないかくそうりだいじん》は国会の指名によって決まります。内閣総理大臣が国会から選ばれ，内閣が国会に対して連帯して責任を負う制度を何というか，漢字で答えなさい。

問２　文中の空欄《くうらん》（①）にあてはまる語句を漢字で答えなさい。

問３　下線部［2］について，2020年にアメリカで正式に誕生《たんじょう》した軍の名前を答えなさい。

問４　文中の空欄（②）にあてはまる国名を答えなさい。

問５　下線部［3］について，2020年５月，全国人民代表大会で国家安全法の香港《ほんこん》への導入が決まりました。香港の位置として正しいものを，右の地図中のア～エから１つ選びなさい。

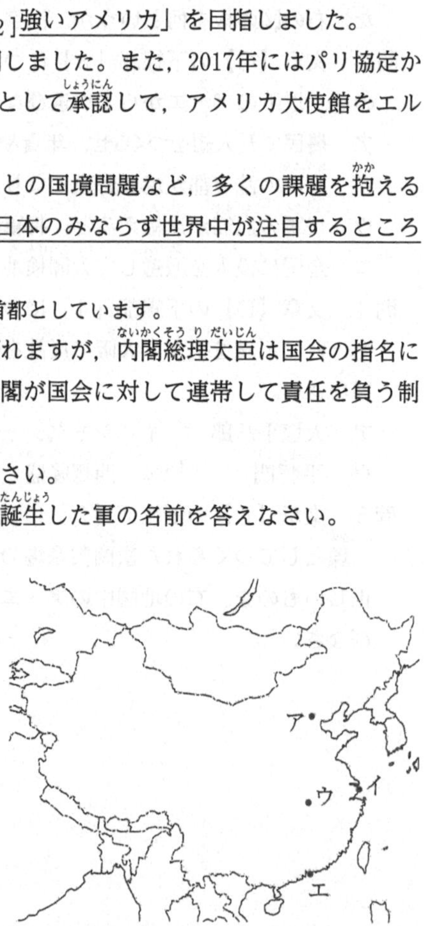

問６　下線部［４］について，国際的な政治・経済《けいざい》の課題について話し合われる主要国首脳《しゅのう》会議（サミット）を構成する国（Ｇ７）の首脳として誤《あやま》っているものを，以下のア～エから１人選びなさい。(2020年８月時点)

ア　ジョンソン首相　　イ　メルケル首相　　ウ　マクロン大統領　　エ　習近平《しゅうきんぺい》国家主席

４　以下の文章を読んで，後の問いに答えなさい。

細田学園高等学校では，特進Ｈ・特進コースの生徒を対象に，未来のグローバルリーダーを育成するための「リーダー教育」を実施《じっし》しています。

2019年度は「*[1]ドローン×○○」というテーマで，新たな価値《かち》やサービスを生み出そうと生徒たちが議論《ぎろん》を重ねてきました。以下の文【Ａ】～【Ｃ】は実際に生徒たちが発表した内容を簡潔《かんけつ》にまとめたものです。

【A】

ドローンに広告を載《の》せて、飛行しながら宣伝《せんでん》をする。

広告などが貼《は》られている運送業者のトラックのように、仕事と宣伝をドローンによって同時に行う。メリットとして、空中にあることで交通機関の邪魔《じゃま》にならない、固定ではなく移動するので宣伝が効率的、動力源《どうりょくげん》が電池などで環境《かんきょう》に良いなどがあげられる。

【B】

ドローンを使用して、窓《まど》の清掃《せいそう》を効率的に行う。

中・大規模《きぼ》のビルや高層《こうそう》マンションの窓清掃などをドローンによって行う。現状として、命綱《いのちづな》を付ける場所がなく、身を乗り出しての作業が求められるため事故が多発している。そこで、直接人の手で掃除することなく、転落の心配がない安全な場所からドローンを遠隔操作《えんかくそうさ》して、効率的かつ安全に窓清掃を行う。

【C】

ドローンをパフォーマンス（動画）撮影《さつえい》に使用する。

ドローンによる動画の撮影は、安価で、従来《じゅうらい》よりも対象への接近撮影が可能となる。また、将来的《しょうらいてき》には自動操縦《そうじゅう》やプログラム飛行も可能となることで、パフォーマンスを撮影する際にパフォーマンスの可能性が大きく広がる。

注記：*[1]ドローン…無人で遠隔操作や自動制御《せいぎょ》によって飛行できる航空機の総称《そうしょう》。

昨年，新型コロナウイルス感染症《かんせんしょう》が猛威《もうい》を振《ふ》るい，2020年３月13日に特別措置法《そちほう》に基づく形で，[１]緊急事態宣言《きんきゅうじたいせんげん》が発令されました。この措置は，全国的かつ急速なまん延《えん》により，国民生活や経済《けいざい》に甚大《じんだい》な影響《えいきょう》を及《およ》ぼすおそれがある場合などに総理大臣が宣言を行い，緊急的な措置を取る期間や区《く》域《いき》を指定するものです。

また，それに合わせて国内では，多くの科学技術を用いてワクチン開発が進められてきました。これまで科学技術は，人間が火を使えるようになってから[２]数万年後の江戸《えど》時代後期には電気を使えるようになり，それから半世紀後には飛行機が空を飛び，それから数十年後には核兵器《かくへいき》が誕生《たんじょう》し，それから70年経った今ではスマートフォンが開発されＩＴ革命が起こる，というように進歩してきました。

現在は，[３]人工知能やあらゆるものを人間が発明していますが，より高性能な人工知能が誕生し続けることで，いずれは「発明する」という仕事も人工知能が担《にな》うようになるでしょう。人工知能が新たな製品やもっと優秀《ゆうしゅう》な人工知能を開発し，さらにそこから新たな課題を見つけ出し，そしてその課題を克服《こくふく》した新たな製品や人工知能を開発していく…。これからはこうした連鎖《れんさ》を繰《く》り返《かえ》していくことが十分予想されます。このように，私《わたし》たちはこれまでの方法に代わる新しい方法を考えていくだけでなく，そこに潜《ひそ》む課題にまで目を向けていかなければいけません。私たちには社会の課題を発見し，解決に向けて思考・判断する“課題解決能力”が，一層《いっそう》求められることでしょう。

問１　下線部［１］について，2020年４月に緊急事態宣言の出された都道府県として誤《あやま》っているものを，以下のア～エから１つ選びなさい。

ア　福岡《ふくおか》県　　イ　兵庫《ひょうご》県　　ウ　埼玉《さいたま》県　　エ　愛知《あいち》県

問２　下線部［２］について，国際地質科学連合（IUGS）は，地球史の中の77万4000年前から12万9000年前の時代を何と呼《よ》ぶことを決めたか，答えなさい。

問３　下線部［３］について，人工知能の進歩はまさに日進月歩《にっしんげっぽ》と言えます。2045年には，人工知能の知的能力が人間を超《こ》えると噂《うわさ》されていますが，この技術的特異点《とくいてん》のことを何というか，カタカナで答えなさい。

問４　本校生徒による発表内容の要約について，以下の①・②の問いに，**根拠《こんきょ》となる理由も合わせて**自分の考えを述べなさい。なお①・②で同じ案を取り上げても構いません。

①　あなたがとある会社の社長であったら，どの案が実現して欲《ほ》しいですか。

②　案を１つ選び，実現するまで，もしくは実現した時の問題・課題を１つあげ，その問題の解決策《かいけつさく》を考えなさい。

死を直接的に受け止める必要性に迫られている。

イ　生前に自分の死について十分に考えて準備し、最期を具体的にイメージすることによって、死の恐怖は消え、かぎりある生を前向きに楽しんだうえで死を迎えることが可能になる。

ウ　人間は周囲の親しい人の死や第三者の死に多く触れ、最後にくる自身の死からも逃れられないが、それがあるからこそ生の喜びを十分に受け入れ、味わいつくすことができる。

エ　もし人間が死ななくなると、その生は間延びのしたつまらないものになると同時に、地球に住める人間の数には限界があるため、次のいのちが生きられなくなってしまうと考えられる。

問六　――線部**Ｘ**「死んだあとのことは家族が面倒をみてくれるといったこれまでの『あたりまえ』」とありますが、あなたはこの「あたりまえ」についてどう考えますか。賛成、反対を理由を明確にした上で、あなたの考えを書きなさい。

過去に生きた人たちのDNAや想いをいっぱい受け継いで私たちは生きています。そして死んでも、自分が生きて関係した人たちのこころの中で、生きつづけることでしょう。

より良く死ぬために、より良く生きること。より良く生きることで、より良い死を迎えること。

かぎりある生だからこそ、私たちは死にさいして、あとの人へ何かを残そうとします。

その何かは遺言であったり、形見の品であったりとさまざまですが、さらに言えば、あとの人への「想い」そのものを私たちは残そうとするのです。

あなたは、どのような想いを残そうとするでしょうか。

これから大人になるあなたには「いつか」はまだ遠い先のように感じているかもしれませんが、やがて「その日」がかならず訪れることを、どうか忘れないで。生きているあいだに、誰かからあなたへと託《たく》された想いを受け取ってください。そして、もしいままでは何気なく生きてきたというのなら、これからは精いっぱい、あなた自身の日々を愛おしんでください。

（井上治代《いのうえはるよ》『より良く死ぬ日のために』より）

問一 ［A］～［C］に入る言葉の組み合わせとして最も適当なものを次の中から選び、記号で答えなさい。

ア A　それに　B　しかし　C　だから

イ A　すると　B　むしろ　C　したがって

ウ A　しかも　B　つまり　C　ところで

エ A　たとえば　B　だが　C　あるいは

問二 ――線部①「生きているときから死に向き合う」とありますが、これと反対の姿勢となる表現を文中から三十一字でぬき出し、初めと終わりの五字を答えなさい。

問三 ――線部②「そんな私をなぐさめ……桜の花」とありますが、筆者はなぜ桜の花によって救われたのですか。最も適当なものを次の中から選び、記号で答えなさい。

ア 桜の花の美しさによって人生を前向きに捉《とら》えることができ、死を意識しつつも希望をもつことができたから。

イ 散りゆく桜の花びらに人生のはかなさを重ね合わせ、どうせ短い人生なら精一杯楽しもうと考えることができたから。

ウ 桜が何度も花を咲かせる様子から、人生は一度きりではなく、自分もきっと生まれ変わるはずだと信じられたから。

エ 浮ついた季節だと思っていた春に、しっとりとした美しさを見い出し、生きることの楽しさに気づいたから。

問四 ［D］に入る言葉として最も適当なものを次の中から選び、記号で答えなさい。

ア いのちのゴール

イ いのちのキャッチボール

ウ いのちのリセット

エ いのちのバトンタッチ

問五 本文の内容として**適当でないもの**を次の中から一つ選び、記号で答えなさい。

ア 現代多くの人が病院で死を迎えるようになり、死が日常から遠ざけられている一方で、家族との関係が希薄《きはく》になった個人が、自分の

そして人間にかぎらず、生きているもの全体を見渡《わた》すと、「生きる」とは別の生きものの「命をいただく」ことによって成り立っているのだとわかります。

「死」によってつづいていく「生」。気の遠くなるようなはてしもない歴史の時間の中で、さらにはてしもなく網《あみ》の目のようにはりめぐらされた、途方《とほう》もない数の見える死、見えない死。その中で、私たちはつかの間、生を受けます。

やがて死を迎え、自分もこの壮大《そうだい》な網の目の一部に、命の連鎖《れんさ》のひとつぶになるまで、私たちは泣いたり、笑ったり、勇気をふるったり、何かを静かに見つめたりしながらすごします。

[C]、そこで感じることすべては、やがて迎える「死」に裏打ちされているはず。たとえ「幸福」というものでさえ、「死の味」——死を意識したからこそ感じられる、より深みのある想い——とはけっして無《む》縁《えん》ではないことでしょう。

「死の味のする生の幸福」とは、堀辰雄《ほりたつお》の小説『風立《かぜた》ちぬ』の一節にある言葉です。「結核《けっかく》」を患《わずら》っていた作者は、同じ病にかかっていた婚約《こんやく》者とともにある療養所《りょうようじょ》（サナトリウム）に入院し、やがてその婚約者は亡くなります。

小説はこの体験をもとに書かれたものですが、私自身も二十代のはじめに、同じ病気で一年半近く入院していたことがありました。

結核とは、昔はまさに「死病」、死にいたる病の代表格でした。いまでこそ薬の開発のおかげで「治る」病気になりましたが、それでも、大学生活の終わりに長期入院せざるを得なくなり、就職するには有利な「新卒」という切符《きっぷ》も失い、失意と退屈《たいくつ》な入院生活の底で毎日うつうつとすごしていました。

②そんな私をなぐさめ、救ってくれたのが、病院の敷地《しきち》内にいくつも咲《さ》いた桜の花。

満開になると病院の窓辺をまさに桜色一色に染め上げて、この長い入院の日々を抜《ぬ》けた先には自分にも春が訪れることを信じさせてくれました。いっせいに散りはじめた花吹雪《ふぶき》の下を歩いて食堂まで通っていたときは、死にゆくときも、こんな美しい光景の中でなら幸せだろうと思わせられました。

もともと私は、春に対して浮《う》わついた季節というイメージしかなく、むしろ自分の誕生月が秋だったので、しっとりと落ち着いた秋を愛していました。しかし、病院で見た桜の花で一変したのです。父親が亡くなったとき庭に苗木《なえぎ》を植えたのも、桜の木でした。

もし私たちに「死」が訪れなければ、死に対する「生」という意識もまた、もつことができなかったでしょう。

人はよく「死んだらどうなるか」と考えますが、逆に、「死ななかったらどうなるか」と考えてみると、不死であることは一見、夢のような境涯《きょうがい》で喜ぶべきことであるかのように思われます。しかし、終わりがなく生きるということは、「生」がとりたてて言うべきことのない、あまりにも間延びのした、取るに足らないものになってしまうことを意味するでしょう。

だいいち、みんなが死ななかったら、人間が地球に住める数の臨界点をこえて、新しいいのちが育つための食料も場所も環境《かんきょう》もなくなってしまうでしょう。私たちが死んでいくからこそ、次のいのちが生きられるのです。つまり、私たちが死ぬということは、「[D]」なのです。

〔三〕 次の文章を読み、後の問いに答えなさい。（句読点や記号も一字にかぞえること、本文の行末にある数字は行数です。）

現代では、人生の最期を迎《むか》える場所は家から病院へと移り変わってきたと言いました。「死」はかつてないほど人々の身辺から遠ざけられ、「見えないもの」とされてきています。

同時に、生前から特別な用意をしなくても、また、そんなに関心をもたなくても、X死んだあとのことは家族が面倒《めんどう》をみてくれるといったこれまでの「あたりまえ」は、いま、じょじょに崩《くず》れてきています。

見えなくなったかと思いきや、「家族」というクッションがなくなりつつあるぶん、「死」はむき出しで個人に迫《せま》り来るものともなっている。「家」から「個」へという時代を迎えて、私たちは誰《だれ》しもが遅《おそ》かれ早かれ、「自分の死」というものに生きているときから向き合わざるを得なくなっているのです。

でも、①「生きているときから死に向き合う」のは、なにも悲壮《ひそう》感あふれることばかりではありません。［Ａ］、いつまでも同じ家族のメンバーとしてひとつ屋根の下で暮らさないからこそ、人は、お互《たが》いを想い合う気持ちを強くしているともいえるでしょう。

墓や葬送《そうそう》について研究したり活動したりする過程で、これまでたくさんの人に出会ってきました。「家の墓」が迫る継承《けいしょう》問題の前で窮屈《きゅうくつ》で不自由な思いをしたり、疑問をもったりしたことをきっかけに、「家」や「跡《あと》継《つ》ぎ」にとらわれない個人のお墓を生前から用意した人。頼《たよ》れる家族が誰もいないために、葬儀《そうぎ》やその他の死後の手続きや処理について、法にのっとった生前契約《けいやく》を第三者と結んだ人。

数多くうかがってきたそのような話に共通していたのは、誰にも気《き》がねなく、穏《おだ》やかに眠《ねむ》ることのできる場所を用意できたという大きな安心感と、自分の死後について、生きているあいだに心ゆくまで考えたという納得。そして、来たるべきその日に向けてじゅうぶんに準備したという、「死後の自立」をなしとげた晴れやかな満足感と誇《ほこ》りでした。

人がみずからの最期を少しも思い描《えが》くことなく、ただ遠ざけたいもの、忘れ去りたいものとしてしか「死」を考えないのであれば、それは私たちにとって、不安や恐怖《きょうふ》だけが満ちる得体の知《し》れないものでありつづけるでしょう。

［Ｂ］、出会った人たちから私が教えられたのは、たとえ死への恐怖そのものは克服《こくふく》できないとしても、人は自分らしい「死」の迎え方を考えることで、逆に、かぎりある「生」を愛おしみ、人生の最後まで後悔《こうかい》なく「生ききる」力をそこからくみとるものなのだ、ということでした。

「死」には、三つの種類があります。

ひとつは、一人称《いちにんしょう》の死。これは「私」「自分」の死です。

もうひとつは、二人称《ににんしょう》の死。家族や恋人《こいびと》、家族ほど近しい人の死で、深い悲しみや喪失《そうしつ》感をともなう人々の死です。

さらには、自分にとっては第三者のものである、三人称《さんにんしょう》の死。

あなたもきっと、生きているあいだに「二人称の死」を見送り、「三人称の死」に接し、やがて、みずからの「一人称の死」を迎えるでしょう。また、あなたのその「一人称の死」は、誰かにとっては身を切られるような「二人称の死」となり、別の誰かにとっては「一人称の死」となるのです。

このときの「わたし」の心情の説明として最も適当なものを次の中から選び、記号で答えなさい。

ア　自分のたたかいを周りに知られたら多大な心配をかけることを思い知り、今後は誰にも気づかれないようにしなければと思いつつも、隠し通すことができるか心細くなっている。

イ　心配と好奇心の入り混じった周囲の目から自分を守るためには、膀胱とのたたかいを終えたふりをしなければならず、授業を抜け出さずに我慢できるかという不安を感じている。

ウ　膀胱とのたたかいに加えて、今後は周囲からのからかいや陰口にも耐える必要が生じたと知り、いじめにあうのではないかという不安と悲しみで、胸が張り裂けそうになっている。

エ　自分を守ってくれるはずの母親ですら理解者ではないことを思い知り、誰にも頼ることなく一人でたたかっていかなければならないのだと痛感し、心が折れそうになっている。

問四　――線部③「ミチ・ヒロの『ヒロ』も一時期、通ってたって」とありますが、美園がこの話を「わたし」にしたのはなぜだと考えられますか。理由として最も適当なものを次の中から選び、記号で答えなさい。

ア　自分の好きなミチ・ヒロの「ヒロ」が心に大きな悩みをもっていたことを知ることによって、「わたし」が今後ミチ・ヒロに興味を持つことを期待したから。

イ　悩みとは無縁《むえん》に見えるミチ・ヒロの「ヒロ」ですら心の病気で通院していたと知らせることで、病院に行くことへのためらいをなくしてほしいと思ったから。

ウ　自分が一番大切にしているミチ・ヒロの話とからめて「わたし」の悩みを考えることで、「わたし」のことを非常に心配していることを知らせたいと考えたから。

エ　ミチ・ヒロの「ヒロ」にとって薬がお守りであるという話を糸口にして、二人のおそろいのお守りの話をして友好関係を復活させることを願ったから。

問五　本文の内容と表現についての説明として最も適当なものを次の中から選び、記号で答えなさい。

ア　33行目「あ、あたしこの曲」で始まる会話文では、次々と話題が移り変わっていき、「わたし」が久しぶりに友達と楽しい時間を過ごしている様子が描写されている。

イ　69行目「ステージの大音響が……」以降の部分では、ステージの音とみんなの声が対比され、周囲からの一言一言に「わたし」が傷ついていく様子が描かれている。

ウ　115行目「目の前にすっと大きな影が立ちはだかった」の部分では、親友の美園を「影」と表現し、彼女こそが「わたし」の悩みの原因であることが暗示されている。

エ　181行目「海から陸へと逆行しているのはわたしだけだ」という最後の比喩表現によって、「わたし」の悩みが解決し、これから希望へと向かうことが示されている。

問六　――線部X「ずっと親友のままでいられなくて、ごめん」とありますが、あなたは親友とはどのような存在だと考えますか。本文の内容に触れた上で、現時点でのあなたの考えを書きなさい。

誘《さそ》いを待ってるだけで、ごめん。
助けてもらってばかりで、ごめん。
秘密を打ちあけられなくて、ごめん。
ひとりしゃべらせてばかりで、ごめん。
X ずっと親友のままでいられなくて、ごめん。

どっしり肝《きも》がすわっていて、話がおもしろくて、たまに攻撃《こうげき》してくる他の子たちからも守ってくれた、美園。いっしょにナントカウオを追いかけた、美園。

変わってゆくわたしたちは、もうこれまでみたいに、自然といっしょにはいられないのかもしれない。けど……。

そばにいてくれて、ありがとう。

勇気を出して、お守りをもらいに行ってみるよ。

あと……。

今度、ミチ・ヒロのライブのDVD、観てみる。

立ち並ぶ屋台のあいだを抜《ぬ》けて、バス停へと走る。膀胱のほうはたぶん、家に帰るまではもつ。あと一時間ちょっとで花火がはじまる。埠頭《ふとう》の前をはしる道路は、海へ向かう車や人の流れで混雑している。海から陸へと逆行しているのはわたしだけだ。

（河合《かわい》二湖《にこ》『深海魚《しんかいぎょ》チルドレン』より）

※１　美園……「わたし」の小学校からの親友で、ミュージシャンのミチ・ヒロの大ファン。中学に入ってクラスが分かれてから、なんとなく仲がぎくしゃくするようになった。

問一　＝＝線部Ⅰ・Ⅱの言葉の意味として最も適当なものを次の中からそれぞれ選び、記号で答えなさい。

Ⅰ「もはや」
ア　もうすぐ
イ　おそらく
ウ　今となっては
エ　いつの間にか

Ⅱ「奈落の底」
ア　ぬけ出すことのできない困難な状態
イ　行き詰まった中で救いの手を求める状態
ウ　今にも危機が訪れようとしている状態
エ　あきらめの気持ちが先立っている状態

問二　――線部①「これまで普通に……魔の年齢」とありますが、「わたし」がここで「できなくなった」と感じているのはどのようなことですか。最も適当なものを次の中から選び、記号で答えなさい。

ア　孤独なたたかいをすることもなく、一時間落ち着いて授業を受けつづけること。
イ　周囲の友だちにとけこんで、次々と変わる話題にも対応して楽しくおしゃべりをすること。
ウ　周囲の人たちに心を開いて、自分か抱えている悩みについて率直に打ち明けること。
エ　同級生から浮かないように、周囲の状況をよく見て彼女《かのじょ》たちと同じようにふるまうこと。

問三　――線部②「わたしのこころも、破裂しそうだ」とありますが、

まずい。②わたしのこころも、破裂しそうだ。

そのとき、目の前にすっと大きな影《かげ》が立ちはだかった。

行きなよ、と影はささやいた。

「用事ができて先に帰ったって、みんなには後で言っとくから」

わたしを体の陰《かげ》に隠《かく》したまま、美園は言った。

「病院へは、行ったの？」

「ううん、まだ。お母さんに相談したんだけど、気のせいだろうって」

「つらいんだったら、病院に行ったほうがいいと思う。わたしだったら、親が連れてってくれるまでギャアギャア騒ぐ。それでも無視されたら、ひとりで勝手に行く」

「病院……って、何科に？」

「うーん、内科とか泌尿器科《ひにょうきか》とか、あとは心療内科《しんりょうないか》？　③ミチ・ヒロの『ヒロ』も一時期、通ってたって」

「ヒロが？」

「うん。吃音《きつおん》、っていうのかな。小学生のとき、なにかしゃべろうとすると、言葉がつまって出なくなった時期があるんだって。でも、薬を飲んだり、いろんな病院をぐるぐるしてるうちに、いつのまにか治ってたらしいよ、雑誌のインタビューで言ってたんだけど」

ヒロがしゃべっている姿は、テレビで何度も見たことがある。早口の関西弁で、たたみかけるようにしゃべっている。小柄《こがら》で勝気そうな男の人の姿が浮かぶ。

「ぜんぜん、そんなふうには見えなかった」

「ほんと、しゃべりのことで悩んでたなんて、わかんないよね。今もけっこう噛《か》むことがあるけど、噛んじゃうことすら、ネタにしてるもん」

ミチ・ヒロのネタを思い出したのか、美園がゲラゲラと笑う。

「結局、なにが効いたのかよくわかんないけど、思いきってちゃんと病院で診《み》てもらったこと自体がよかったんじゃない？　薬は飲まなくなっても、まだポケットに入れて持ち歩いてるってさ」

「なんか、お守りみたい」

「実際、そんなもんなのかも。ずっと不安だったり悩んだりするくらいだったら、気軽に病院に行ったっていいと思うよ。ほら、お正月に神社に初詣《はつもうで》に行ったとき、おそろいのお守りをもらったじゃん？　あんなかんじでさ」

ほら帰りなよ、と美園はわたしを軽く押した。

あたたかな手が、一瞬《いっしゅん》、わたしの肩に触《ふ》れる。

「ありがとう。ごめんね」

「なんであやまるの？」

美園は言った。

「すぐにあやまるクセも、なおしなよ」

わたしは美園の陰でうなずいてから、そっと元クラスメイトたちの輪から離れた。

ゆっくりと後ずさりをして、ステージを囲む人垣《ひとがき》の中にまぎれる。美園の姿もうす闇と他の子たちの中にまぎれてしまって、もうわからない。

——さっきあやまったのは、クセじゃないよ。

わたしはふたたび輪の中に戻っていった美園に向かってつぶやく。

だけど、どうしてみんな、孤独なたたかいのことを知っているのだろう。

わたしは美園にも誰にも言っていないし……。

もしかして、お母さん？

目の前がすうっと暗くなる。ステージの大音響《だいおんきょう》が遠のくかわりに、みんなの声がやけにくっきりと聞こえはじめる。

「なになに？　なんの話？」

「宗谷って、一時間以上トイレを我慢《がまん》できないんだって。大変だよな」

「へー。地球に三分しかいれないウルトラマンみてえ。わたし、一時間以上教室にいられません、って？」

「漏《も》らしたら、シュワーッチ！　じゃなくて、ショバーッチ！　だもんな」

「いやだあ。きたなーい」

俵《たわら》田《だ》優《ゆう》子《こ》ちゃんがそばに来て、ぽんとわたしの肩《かた》をたたく。

「授業中に真帆ちゃんがよく保健室に行ってたのって、もしかして、それで？　先生にちゃんと言っといたほうがいいよ。配慮《はいりょ》してもらえるから」

ハルナも心配そうな顔で言う。

「わたしもお母さんから聞いたよ。つらかったね。ひとりで悩《なや》んでちゃダメだよ」

そして話題は使っている携帯《けいたい》電話の機種のことに。

でも、わたしの頭の中では、まだみんなの声がぐるぐる回っている。

お母さんは、いったいどういうつもりで他の母親に話してしまったんだろう。

誰かの秘密や悩みごとと引き替《か》えに？

いや違う。ただ、なんの悪気もなく言ってしまったのだ。

おもしろおかしくしゃべっているその光景が目に浮かぶようだ。母親やみんなにとっては、ほんとうに大したことでも気に病《や》むようなことでもないのだろう。だから、あんなふうに、さらっと口にして笑い飛ばせるんだ。

でも、わたしにとっては……。

浴衣の腰帯《こしおび》の下で、膀胱《ぼうこう》がかすかにふるえはじめる。

わたしの孤独なたたかいは、突然明るいところに引っぱりだされてしまった。

母親同士のネットワークを経由して、いろんな中学へちらばっていった元同級生から同じクラスの俵田さんまで、Ⅰもはやみんながわたしの膀胱の暴走のことを知っている。

大人は、悩みごとはひとりで抱《かか》えていないで、信頼《しんらい》できる人に相談しなさいという。

でも、身近に適当な人がいないときは、黙《だま》っていたほうがいいってこともあると思う。

話す相手を間違えてしまったら、もっとひどい傷を負うことになるなんて、誰も教えてくれなかった。

これからさらに孤独なたたかいがはじまる。わたしは果たしてたたかいに、耐《た》えられるのだろうか。

目の前にⅡ奈落《ならく》の底がちらついた。

破裂《はれつ》した、膀胱。

破裂した、深海魚のうきぶくろ。

魔女のキキも、たしか、わたしと同じ十三歳《さい》だった。

十三歳って、①これまで普通《ふつう》にできていたことが突然できなくなる、魔の年齢《ねんれい》なのかもしれない。

ちょっと会わない間に、みんなはいつのまにか新しい世界に順応していて、どんどん違《ちが》う方向へと進んでいってしまったらしい。たぶん、この先も進みつづけるのだろう。

わたしは果たして先へ進んでいるのだろうか。それともただ小学生のときと同じ場所で足踏《あしぶ》みしているだけなんだろうか。

それとも……。

二度と後戻りできないようなおかしな場所へ、足を踏み入れてしまったのではないだろうか？

海の方から吹《ふ》いてくる夕方の風が、熱気にあてられていた肌《はだ》を冷ましてくれる。

太陽が西の彼方《かなた》へ沈《しず》むにつれて、海辺には街からどんどん人が押《お》し寄せてくる。ステージのまわりはいよいよ騒《さわ》がしくなり、あたりはゆっくりと闇《やみ》に沈んでいく。

「あ、あたしこの曲好き」

「月九のエンディングでしょ。あれ、観てる？」

「観てる観てる～」

「あちーよ。ジュース飲みたくね？」

「あっちで売ってた。俺《おれ》、コーラ飲みてえ」

うす闇の中で、※1美園《みその》の声がした。等々力《とどろき》くんたち附属《ふぞく》や私立に行った子たちといっしょにキャアキャア騒いでいる。こないだ塾でわたしといっしょにいたときより、もっとずっと楽しそうにしている。

こうして立ってるだけじゃなくて、自分から美園の近くに行ったほうがいいんだろうな。

迷った末、集団から微妙《びみょう》に離《はな》れたところに立っていた。

ひととおりの子たちと挨拶を交わしたはずなのに、こうして時間が経《た》つにつれて、よけいに誰《だれ》が誰なのかわからなくなってきている。

「真帆《まほ》～。こっちにおいでよ」

急に名前を呼ばれて顔をあげると、元クラスメイトたちの輪の中から美園が手招きをしていた。みんな笑顔でこっちを見ている。

わたしも輪の中に入れてもらうけれど、話題の移り変わりが早くてついていけない。それにステージの音量も大きすぎて、みんなのしゃべっていることがよく聞き取れない。

どうやら井内響子《いうちきょうこ》さんにカレができたという話らしい。と思っていたら、それぞれの通っている学校の上級生がいかに怖《こわ》いかについて話している。と思っていたら、今度国道沿いにユニクロができるという話に。と思っていたら……。

「真帆ちゃん、トイレ大丈夫《だいじょうぶ》？」

隣《となり》でハルナが言った。

「出発してからもう一時間過ぎたけど、この辺ってトイレあるのかなあ」

「あるんじゃない？　人もこんなにいっぱいいるし、仮設トイレみたいなのが」

「ないと、宗谷《そうや》さん困るよね」

ぼうっとしている間に、話題はいつのまにかわたしのことになっていた。

【国語】〈五〇分〉〈満点：一〇〇点〉

〔一〕次の各問いに答えなさい。

問一 次の――線部について、漢字をひらがなに、カタカナを漢字に直しなさい。

① 大きな機械を操作する。
② 気に入った詩を朗読する。
③ 図書館は知識の源だ。
④ 時計が正確に時間を刻む。
⑤ 辛口《からくち》で知られたヒヒョウ家。
⑥ セイダイに誕生日を祝う。
⑦ ミンシュウの声を聴《き》く。
⑧ おじさんから手紙がトドく。
⑨ 墓前に花をソナえる。
⑩ 手に包帯をマく。

問二 次の1～3の四字熟語には誤った字が一つずつあります。例にならってそれぞれ正しく書き直しなさい。

〔例〕大器番成　番→晩
1 油断大適　□→□
2 大同小意　□→□
3 日新月歩　□→□

問三 次の1・2の言葉が対義語（反対語）の組み合わせになるように、□にあてはまる漢字一字をそれぞれ答えなさい。

1 容易↕困□　　2 結果↕原□

〔二〕次の文章を読み、後の問いに答えなさい。（句読点や記号も一字にかぞえること、本文の行末にある数字は行数です。）

中学一年の「わたし」（真帆《まほ》）は、中学に入ってから、激しい尿意《にょうい》とたたかうようになり、授業中一時間座っていることが非常につらくなる。意を決して母親に相談するが、深刻に受け止められず、余計に傷つく。そんな「わたし」の唯一《ゆいいつ》の心の支えは、お気に入りの喫茶店、「深海《しんかい》」で一人の時間を過ごすことだった。やがて夏を迎《むか》え、小学校の同級生が集まり、夏祭りに行くことになる。

女子も男子も。続々と懐《なつ》かしい顔ぶれが集まってくる。全部で二十人近くいるだろうか。女子はほぼ全員が浴衣姿。見た目がびっくりするくらい変わってしまった子もいれば、卒業したときのまんまの子もいる。

わたしも何人かの子と久しぶりの挨拶《あいさつ》を交わした。でも、ただそれだけだった。

中学生になって打ちこんでいるのは孤独《こどく》なたたかいで、趣味《しゅみ》は『深海』にいること。

友だちのことも部活のことも塾《じゅく》のことも、わたしにはみんなと共有できる話題がない。

前は、なにをどんなふうにしゃべってたんだろう。

昨日あったこととか、ふと思ったこととか、それから……。

特に意識もせずにしゃべっていたから、考えたこともなかった。わたしはある日突然《とつぜん》飛べなくなった『魔女《まじょ》の宅急便《たっきゅうびん》』のキキみたいに、それができていたときの感覚を取り戻《もど》そうとする。

でも、話したいことは浮《う》かんでこない。みんなと顔を合わせるのは数か月ぶりなのに。

【英　語】（50分）　＜満点：100点＞

1. ［C］と［D］の関係が［A］と［B］の関係と同じになるように，［D］の（　）内に入れるのに最も適当なものを次の中から一つ選び，記号で答えなさい。

(1) ［A］ Germany ― ［B］ country　　［C］ Japanese ― ［D］（　　）
　ア．weather　イ．music　ウ．language　エ．mountain

(2) ［A］ grape ― ［B］ fruit　　［C］ cucumber ― ［D］（　　）
　ア．meat　イ．vegetable　ウ．animal　エ．juice

(3) ［A］ August ― ［B］ summer　　［C］ December ― ［D］（　　）
　ア．spring　イ．autumn　ウ．fall　エ．winter

(4) ［A］ foot ― ［B］ feet　　［C］ mouse ― ［D］（　　）
　ア．mece　イ．moot　ウ．mice　エ．month

2. 英文が表すものを次の中から一つ選び，記号で答えなさい。

(1) the sister of your father or mother
　ア．lady　イ．aunt　ウ．cousin　エ．grandmother

(2) the round object that moves around the earth
　ア．star　イ．Mars　ウ．cloud　エ．moon

(3) having an acid taste like lemon
　ア．spicy　イ．salty　ウ．sour　エ．oily

(4) an electrical machine that you put slices of bread in
　ア．dryer　イ．toaster　ウ．washer　エ．cleaner

3. 対話を読んで（　）にあてはまる答えとして最も適当なものを，次の中から一つ選び，記号で答えなさい。

(1) Boy : Hello, this is Tom. Is Mike there?
　Girl : (　　　　　　　). He's in the park.
　ア．I've already done it　イ．I think you know him
　ウ．I can't hear you　エ．I'm afraid he's not

(2) Boy : Do you want to go on a picnic?
　Girl : (　　　　　　　).
　ア．You're welcome　イ．Good luck
　ウ．Don't worry　エ．I'd love to

(3) Mother : What do you want for dinner?
　Son : (　　　　　　　).
　ア．You didn't want it　イ．You're not going tonight
　ウ．I'd really like some steak　エ．I'm sorry about that

(4) Boy : Excuse me. Can I walk to the station from here?
　Girl : (　　　　　　　). Please ask someone else.

ア．Yes, it's very cold　　イ．It's the blue train
ウ．Sorry, I don't know　　エ．Turn right at the next corner

(5) Boy : I'm sorry I'm late. I got up late.
Girl : (　　　　　). We still have enough time before the game begins.
ア．Don't worry　　イ．Please take it back
ウ．It's very easy　　エ．It's ready now

(6) Girl 1 : Why don't we go to a movie this weekend?
Girl 2 : (　　　　　). I've wanted to see that new comedy.
ア．That sounds good　　イ．That's too expensive
ウ．Have fun　　エ．Never mind

(7) Boy 1 : You didn't come to school yesterday. (　　　　　)?
Boy 2 : I had to go to the dentist.
ア．How's the weather　　イ．What happened
ウ．How did you go there　　エ．What's the date today

4. 下記の①～⑦の英文はカナダに関するスピーチ原稿です。内容構成の点から各英文を分類すると，図１のようになります。図１の内容構成となるように(a)～(g)の英文を並べかえると，どのような英文となるかを次のページの図２の①～⑦に当てはめて答えなさい。なお，②には(a)の英文，⑤には(b)の英文，⑦には(c)の英文が入ることとします。

① Canada is one of the best countries in the world to live in.
② First, Canada has an excellent health care system.
③ All Canadians have access to medical services at a reasonable price.
④ Second, Canada has a high standard of education.
⑤ Students are taught by well-trained teachers and are encouraged to continue studying at university.
⑥ Finally, Canadian's cities are clean and efficiently managed.[※1]
⑦ Canadian cities have many parks and lots of space for people to live in.

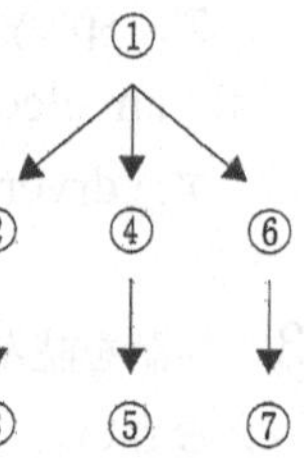

図１

(a) Honesty is the key factor to maintain the friendship forever.
(b) Understanding the differences can make the relationship more mature[※2].
(c) If your friend helps you even when you are wrong, that friend can be your true friend.
(d) For understanding each other's emotions, you have to be open to each other.
(e) A true friend will always want your happiness.
(f) Patience[※3] and acceptance[※4] are other factors for friendship to last long.
(g) Supportivenes s[※5] is a necessary part in being a true friend especially when you are in a bad situation.

※１　efficiently managed：効率的に管理されている　※２　mature：成熟した
※３　patience：忍耐　※４　acceptance：受け入れること　※５　supportiveness：協力的であること

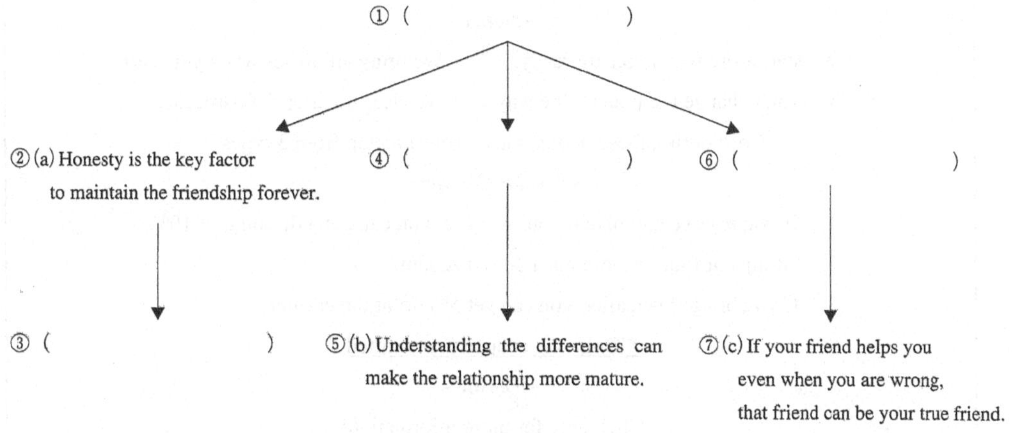
①（　　　　　　　　）
②(a) Honesty is the key factor to maintain the friendship forever.
④（　　　　　　　　）
⑥（　　　　　　　　）
③（　　　　　　　　）
⑤(b) Understanding the differences can make the relationship more mature.
⑦(c) If your friend helps you even when you are wrong, that friend can be your true friend.

図２

5. 次の広告の内容に関して，(1)～(3)の各問いに対する答えとして最も適当なものを，次の中から一つ選び，記号で答えなさい。

BBQ PARK HOSODA

Do you know the authentic American barbecue?

We have great quality of charcoal, vegetable, and meat.

"We can't be bothered to prepare many things."

"We need to clear up after the barbecue."

These problems will be resolved if you use our place.

We look forward to your visit!

~Opening times~

Mon.-Fri. 11:00 am - 10:00 pm.

Weekends Noon - 6:00 pm.

*We are closed on national holidays.

*Every seat is available only for 2hours.

~Tickets (Tax included)~

		Plan A	Plan B	Plan C
Food (each person)		Beef (100g) Vegetables (100g)	Beef (100g) Chicken (100g) Vegetables (100g)	Beef Chicken Pork Vegetables
Price (each person)	Mon - Fri	1500 yen	3000 yen	5000 yen
	Weekends	3000 yen	4000 yen	6000 yen
Service		1 drink for each person	All you can drink	All you can drink and eat

~Notice~

・We start a fire when you are ready. ・We bring all dishes when you start.

・You can't change the plan on the way. ・We clear up after the barbecue.

Considering these points, please select a plan from 3 types.

~Special Coupon~

1. If you reserve any plan on our website, you can get a discount of 10%.
2. Groups of four or more get a 20% discount.
3. If you bring this leaflet, you can get 5% off at the cashier.

* Only one coupon is permitted

~Website~

Click here for more information!

http://www.bbqparkhosoda.com

(1) There are 5 people in your family. You will go to BBQ at the end of next week. You like to eat as much food as you can. How much should you pay?

ア．20,000 yen　イ．24,000 yen　ウ．28,000 yen　エ．30,000 yen

(2) What should you do to get a discount?

ア．Book by phone.　イ．Bring seasonings.

ウ．Visit the website.　エ．Show a leaflet.

(3) According to this leaflet, which of the following is true?

ア．You can get a discount of 10% when you show this leaflet at the cashier.

イ．You don't have to clear up if you choose any plan.

ウ．When you have 3 people or more, you can use the table as much as you want.

エ．You can get a discount up to 25%.

6. 次のメールの内容に関して，(1)～(5)の各問いに対する答えとして最も適当なものを，次の中から一つ選び，記号で答えなさい。

From: Jack Eastwood
To: Richard Eastwood
Date: July 9
Subject: Summer Vacation

Dear Dad,

Hello. How is everything in Washington? I cannot believe that it has been already 2 months since you started working at the office there, being away from our home. Are you used to living alone now?

What is your plan for this summer? Will you be able to come home? Mom and I are planning to have a barbecue party on July 20th. We are going to invite our neighbors too. We wanted to ask Grandpa and Grandma to join our party, but they are going to Italy for a week and they are going to leave on the day of the party. I really wanted to see them at the party but not this time. They said they would come to see us after the trip. They also said that they wanted to see you. It will be great if you can stay home for 2 weeks or so.

Your son,
Jack

From: Richard Eastwood
To: Jack Eastwood
Date: July 9
Subject: Re: Summer Vacation

Hi, Jack,
I am glad to hear from you. I cannot believe 2 months have passed, already. I am doing well, but I miss you every day. All the people I work with are nice, and I am helped by them in many ways. One of my coworkers gave me his sofa the other day so that I can watch TV comfortably now.

I am sure I can have 2 weeks off work during summer. I haven't seen our neighbors for a while, so I have many things I want to talk to them about. I didn't know that Grandpa and Grandma were going to Italy.
Really? It's wonderful. They have wanted to go to Europe since I was little. I am happy that their dream is finally going to come true. I will go back home the day before the party. Then I can see people I am close to. I cannot wait to see you and everyone. Take care of yourself and help your mother, OK?

Love,
Dad

(1) Why is Richard in Washington now?
ア. For vacation. イ. For his dream.
ウ. For a barbecue party. エ. For work.

(2) How long has Richard lived in Washington?
ア. Since May. イ. Since June.
ウ. For 2 weeks. エ. For a week.

(3) Who is coming to the barbecue party?
ア. People in the neighborhood are.
イ. Neighbors and grandparents are.
ウ. Grandparents are.
エ. Coworkers are.

(4) What have Jack's grandparents wanted to do for a long time?

ア. They have wanted to go to the party.

イ. They have wanted to travel America.

ウ. They have wanted to visit Europe.

エ. They have wanted to come home.

(5) Why is Richard happy?

ア. Because his dream is coming true.

イ. Because his son can talk to neighbors.

ウ. Because his parents can come to the party.

エ. Because he heard that his parents were going to Italy.

7. 次の英文の内容に関して，(1)～(5)の各問いに対する答えとして最も適当なもの，または文を完成させるのに最も適当なものを，次の中から一つ選び，記号で答えなさい。

The Little Mermaid

In this kingdom, everyone is allowed to swim to the ocean surface and see the world above once they turn 15. The young mermaid was incredibly excited, and longingly awaited[※1] her time to see the unknown. Finally that day came for her.

She finally made it to the surface of the beautiful ocean, bathed[※2] in moonlight. The first thing she saw was a ship.

She swam closer and closer to the ship and peeked[※3] inside. Brightly clothed humans were dancing happily on the deck[※4].

"Happy birthday, prince!" somebody shouted[※5].

"Thank you!" said a young man in white clothes as he smiled and raised his glass.

"He is tall and handsome...what a gorgeous prince he is!" thought the Little Mermaid. As she watched[※6] the prince with fascination, the moon disappeared into the clouds. The sky became dark and strong winds raged[※7] over the ocean.

"Oh no! A storm is coming! The ship is going to sink!" said the crew as they ran about the rocking deck. The prince was soon thrown overboard into the stormy sea. The Little Mermaid swam to the drowning prince and held him in her arms as she swam to the beach.

"Prince, prince...open your eyes!" she urged[※8], but he wouldn't open his eyes no matter how hard she shook or slapped[※9] him.

The storm finally came to an end, and the beach was slowly bathed in sunlight.

"Oh dear! Someone has been washed ashore! Come and help!" cried a young girl running from afar.

The young princess laid the prince on the beach and hid herself behind some rocks. The prince came to life as soon as she held him in her arms.

"Thank you! How beautiful you are! What's your name?" he asked in a feeble[※10] voice while staring at the girl.

"Oh no!" The Little Mermaid went back to the bottom of the ocean in tears.

"What happened above the water? Did the seagulls[※11] peck[※12] you?" the older sisters asked, but the young mermaid gave no reply. The harder she tried to forget about the prince the more she seemed to think of him.

One day, the Little Mermaid went to see a witch[※13] in secret.

"Hmm, I see. You fell in love with a human and you say you want to become a human, too," said the witch as she glanced[※14] at the princess. "You'll need legs to become a human. Of course, I can make your wish come true. But the legs that replace your tail will hurt every time you walk. Furthermore, if you cannot marry the prince, you will turn into sea foam[※15]. Are you sure you want to do this?"

"I am sure," said the Little Mermaid. The witch smirked[※16] and said, "Fine. I will change your tail into legs. In exchange, you will have to give me your beautiful [A]." "All right." As soon as she nodded[※17], her tail painfully changed into two legs. But she couldn't make a sound even though she wanted to groan[※18]. She soon passed[※19] out.

『英語で読みたい　世界の名作』

※１　await : 待つ　※２　bath in moonlight : 月光を浴びる　※３　peek inside : ちらっと中をのぞく
※４　deck : （船の）デッキ／甲板　※５　shout : さけぶ
※６　watch ～ with fascination : ～に見とれる　※７　rage : 暴れる　※８　urge : せきたてる
※９　slap : 平手で打つ　※10　feeble : 弱々しい　※11　seagull : カモメ　※12　peck : つつく
※13　witch : 魔女　※14　glance : ちらっと見る　※15　foam : 泡　※16　smirk : にやにや笑う
※17　nod : うなずく　※18　groan : うなる　※19　pass out : 気絶する

(1) The Little Mermaid watched the prince with fascination because

ア. she saw a human for the first time.
イ. she fell in love with him at first sight.
ウ. she wanted to know what he did.
エ. she was interested in his clothes.

(2) The Little Mermaid went back to the bottom of the ocean in tears because

ア. the seagulls pecked her.
イ. she thought the prince would love someone else.
ウ. she thought she would turn into sea foam.
エ. the prince wouldn't open his eyes.

(3) What happened to the Little Mermaid after she went to see a witch?

ア. She changed her tail into legs.
イ. She traveled back through time.
ウ. She became a young princess.
エ. She married the prince.

(4) Which of the following word is suitable for [A].

ア. hair　イ. eyes　ウ. hands　エ. voice

(5) Which of the following statement **doesn't** match the text?

ア. The Little Mermaid met the prince when she was 15 years old.

イ. The prince thought the Little Mermaid saved his life.

ウ. The prince didn't see the Little Mermaid.

エ. The prince didn't fall in love with a young princess.

第1回

2021年度

解　答　と　解　説

《2021年度の配点は解答欄に掲載してあります。》

＜算数解答＞《学校からの正答の発表はありません。》

1　(1)　4　(2)　21　(3)　31.4　(4)　4
2　(1)　5　(2)　11　(3)　4　(4)　173　(5)　49　(6)　67　(7)　400
3　(1)　38.88cm^2　(2)　11.44cm^2　(3)　16cm^2
4　(1)　3通り　(2)　12通り　(3)　105通り
5　(1)　299997　(2)　1　(3)　4852

○推定配点○
各5点×20　計100点

＜算数解説＞

1　(四則計算)

(1)　$\frac{1}{4}\div\frac{1}{24}-0.25\times8=4$

(2)　$\square=\{2021+(36+64)\}\div101=21$

(3)　$(6+3+1)\times3.14=31.4$

(4)　$\frac{1}{14}+\frac{1}{84}+\frac{1}{15}+\frac{1}{60}+\frac{1}{16}+\frac{1}{48}=\frac{1}{12}\times3=\frac{1}{4}$

重要 2　(差集め算，和差算，速さの三公式と比，推理，統計と表，割合と比，平均算，方陣算，規則性，平面図形，立体図形)

(1)　120－80＝40(円)，320÷40＝8(個)より，
最初のりんごの個数は(18－8)÷2＝5(個)

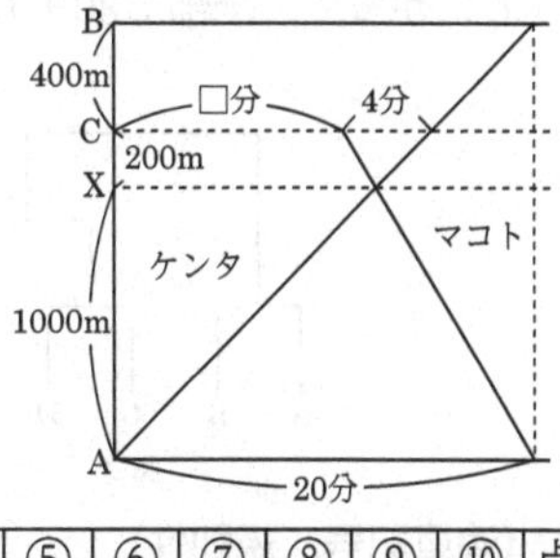

(2)　右のグラフにおいて，CX間の2人の時間差が4分，
XA間の2人の時間差が4×(1000÷200)＝20(分)
である。したがって，ケンタ君がAC間を進む時間
は20÷1600×1200＝15(分)，マコト君がCを出発
したのは15－4＝11(分後)である。

(3)　表より，2人が同じ答え方をした
問題は8問であり，トオル君は⑤の×
と⑩の○で2問多く正解した。
したがって，2人が両方正解したのは4問である。

	①	②	③	④	⑤	⑥	⑦	⑧	⑨	⑩	点数
トオル	×	○	×	○	×	○	×	×	×	○	6
タクミ	×	○	×	○	○	○	×	×	×	×	4

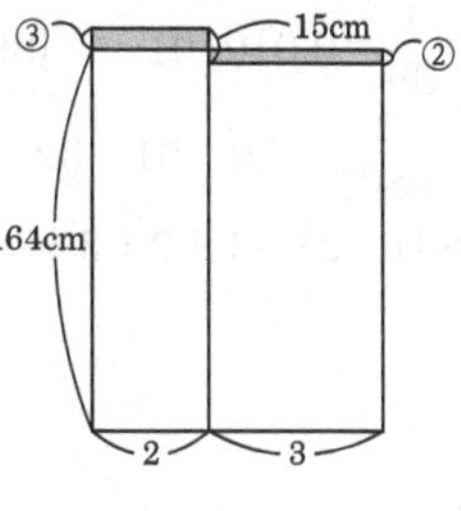

(4)　右図において，色がついている部分の面積が等しく
男子の平均身長は164＋15÷(3＋2)×3＝173(cm)

(5)　黒いタイルは1回目に1個，2回目に4×4＝16(個)，
3回目に8×4＝32(個)である。

したがって，合計$1+16+32=49$(個)

(6)　右図において，三角形ADIは全体の$\frac{1}{5}\times\frac{4}{10}=\frac{2}{25}$，三角形BFEは全体の$\frac{2}{5}\times\frac{1}{4}=\frac{1}{10}$，三角形CHGは全体の$\frac{2}{4}\times\frac{3}{10}=\frac{3}{20}$　したがって，斜線部の面積は$100\times\left\{1-\left(\frac{2}{25}+\frac{1}{10}+\frac{3}{20}\right)\right\}=67(\mathrm{cm}^2)$

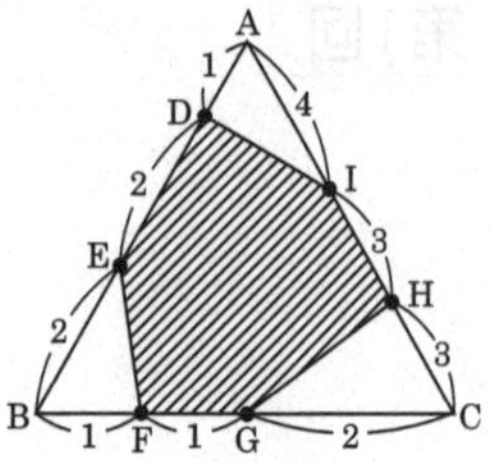

(7)　1辺が8cmの立方体から右図の立体を除去すると，
$8\times8\times8-(2\times2+4\times4+6\times6)\times2=$
$512-112=400(\mathrm{cm}^3)$

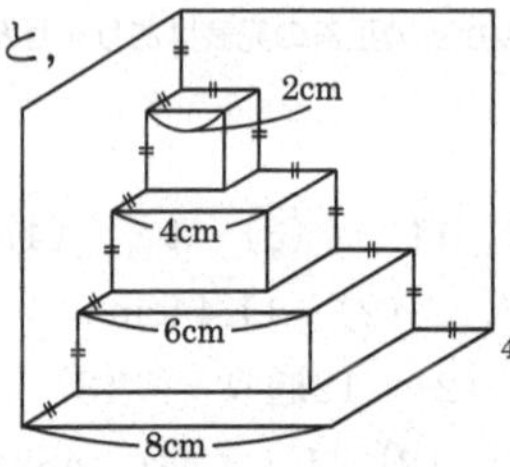

重要 **3** **(平面図形)**

(1)　図1より，$8\times8-4\times4\times3.14\div2=$
$64-25.12=38.88(\mathrm{cm}^2)$

(2)　図2より，$(4+8)\times4\div2-4\times4\times3.14\div4$
$=24-12.56=11.44(\mathrm{cm}^2)$

(3)　図3より，半径CO×COの面積は$4\times4\times2$
$=32(\mathrm{cm}^2)$である。したがって，色がついた部分の面積は$4\times4\times3.14\div2+4\times4-32\times3.14$
$\div4=16(\mathrm{cm}^2)$

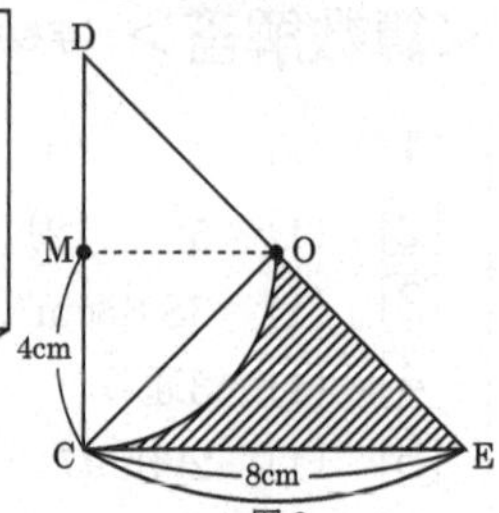

図2

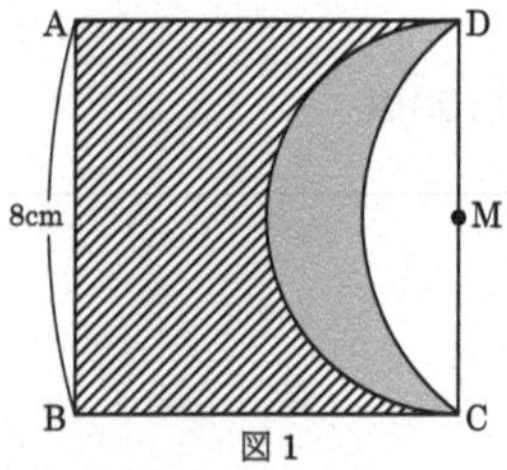

図1

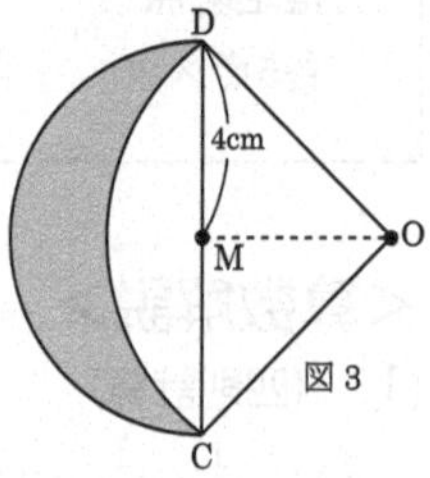

図3

やや難 **4** **(場合の数)**

(1)　図アより，4人の組わ合わせは$4\times3\div2\div2=3$(通り)

(2)　図イより，4人の組わ合わせは$4\times3\div2\times2=12$(通り)

(3)　図ウより，5人の組わ合わせは$5\times4\div2\times3=30$(通り)
図エと(1)より，5人の組わ合わせは$5\times3=15$(通り)
図オより，5人の組わ合わせは$5\times4\div2\times3\times2\times1=60$(通り)
したがって，全部で$30+15+60=105$(通り)

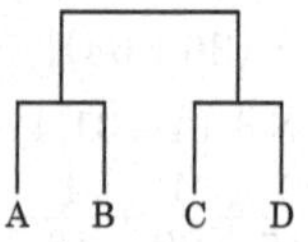

図ア

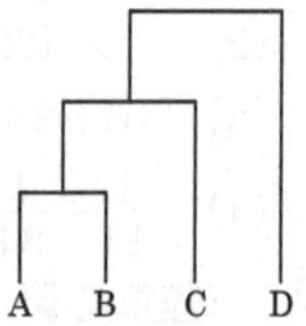

図イ

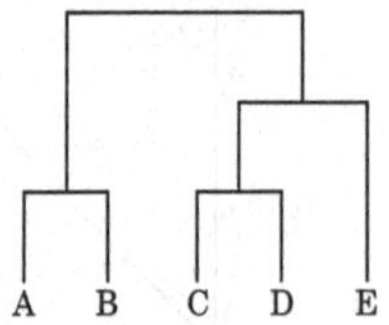

図ウ

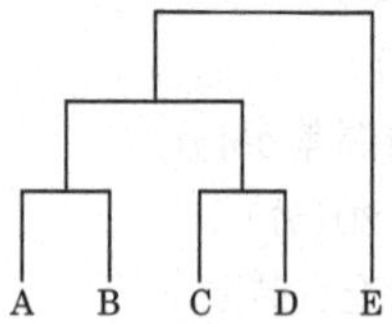

図エ

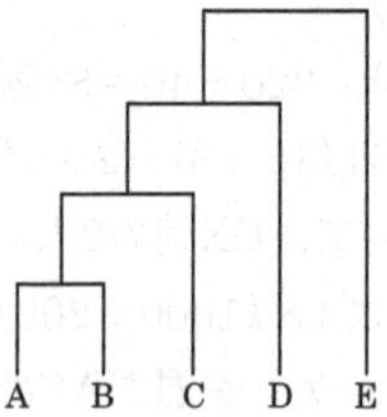

図オ

5 **(演算記号，規則性)**

重要 (1)　$[7,\ 5]=14285+71428+57142+85714+28571+42857=(1+4+2+8+5+7)\times11111$
$=299997$

(2)　$\frac{1}{99}=0.010101\cdots$　$[99,\ 2]=01$

やや難 (3)　$\frac{1}{9801}=00\quad01\quad02\quad\sim\quad96\quad97\quad99\quad00\quad01\quad\cdots$
$[9801,\ 2]=1+2+3+\sim+97+99=(1+97)\times97\div2+99=49\times97+99=4852$

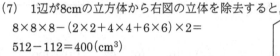

★ワンポイントアドバイス★

[2](2)「速さと時刻はグラフを描くと分かりやすく，(6)「三角形の面積比」を利用しよう。[4]「トーナメント戦」は簡単そうで簡単ではなく，最後の[5](3)「1÷9801」は，その場で計算するわけにはいかない。

＜理科解答＞《学校からの正答の発表はありません。》

[1] 問1 ア　問2 イ　問3 エ　問4 ウ　問5 エ　問6 イ　問7 ア
問8 ウ　問9 イ　問10 ウ

[2] 問1 b $\frac{1}{2}$倍　c 2倍　d $\frac{2}{3}$倍　問2 b なし　c 1　d 4
問3 ア，イ，ウ，カ

[3] 問1 動脈血　問2 ア，イ，ウ，エ，カ　問3 ア　問4 8640L　問5 表面積
問6 (例) 感染しないように不要不急の外出は控える。そのために家で過ごす時間が増し食事も自宅ですることが多くなったので，保存食を買いだめする人が増えた。また自宅での時間が長くなったので，本やボードゲームが多く売れた。外出するときはできるだけ密を避け，必ずマスクをする。帰宅した際は消毒用のアルコールや薬用せっけんで手を消毒，手洗いする。体調がすぐれない時は，体温を測定し高ければ保健所等，指定されたところに連絡し，その指示に従うことも大切である。

○推定配点○

[1] 各2点×10　[2] 各2点×7　[3] 問6 6点　他 各2点×5　計50点

＜理科解説＞

[1] (理科総合―小問集合)

基本 問1 鏡に映る像が見えるのは，物体からの光が鏡で反射されるからである。

基本 問2 物体に働く浮力の大きさは，物体が押しのけた水の重さに相当する。①では水につかっている部分が②，③より少ないので，浮力もそれらに比べて小さい。②と③では物体がすべて水に沈んでいるので，浮力は同じになる。

基本 問3 二酸化炭素は無色・無臭の気体であり，水に少し溶け酸性を示す。石灰水に吹き込むと白く濁る。

重要 問4 青色リトマス紙が赤色になると水溶液は酸性である。紫キャベツは酸性で赤色，中性で紫色，アルカリ性で緑から黄色を示す。フェノールフタレインは酸性，中性では無色で区別がつかない。アルカリ性では赤色になる。BTB溶液は酸性で黄色，中性で緑色，アルカリ性で青色になる。

重要 問5 アルコールランプを消すときは，斜め上からふたをかぶせる。

基本 問6 血液の中の酸素を運ぶ働きをするものは赤血球である。赤血球中のヘモグロビンが酸素と結びついて，体内に酸素を運ぶ。

基本 問7 スライドガラスの上にかぶせる薄いガラス板をカバーガラスという。

基本 問8 夏至の日の真夜中に北に見えるのはカシオペア座である。さそり座は南，ペガスス座は東，

しし座は西に見える。

基本 問9　たい積作用でできる地形は扇状地で，川が山地から平野に出るあたりでできる。V字谷は侵食作用でできる地形である。

基本 問10　台風は，日本の南の海上で発生した最大風速が秒速17m以上の熱帯低気圧をさす。

2　(回路と電流―回路を流れる電流)

基本 問1　(b)　豆電球を直列に2個つなぐと，抵抗の大きさは2倍になり電流は$\frac{1}{2}$倍になる。

(c)　豆電球を並列に2個つなぐと，抵抗の大きさは$\frac{1}{2}$倍になり電流は2倍になる。

(d)　回路全体の抵抗の大きさは$\frac{3}{2}$倍になり，電流は$\frac{2}{3}$倍になる。

問2　(b)で電流が240mAになるとき，同じ電池の数で(a)の回路につなぐと電流は480mAになる。電池5個でもこの電流の大きさにならないので，答えは「なし」。(c)で240mAになるとき(a)では120mAなので，電池は1個である。(d)で240mAになるとき(a)では360mAなので，電池は4個である。

問3　(a)　並列部分で分かれた電流は，ア，イの回路とウの回路を通りこれらを点灯させるが，エのLEDの接続の向きが電流の流れない向きなので，ここには電池が流れない。

(b)　カを流れた電流は並列部分にさしかかると，抵抗のない真ん中の回路を流れるのでそのほかの回路には流れない。

3　(人体―血液の循環)

基本 問1　酸素を多く含む血液を動脈血という。

重要 問2　肺で酸素を受け取った血液が動脈血であり，心臓から体の各部に送り出される。ウが肺静脈，アが脳にいく動脈，イは体の各部にいく動脈で，エは肝臓へ，カは腎臓へ向かう動脈である。

重要 問3　肺が空気を取り入れるとき，横隔膜が下がり，肋骨が上がることで肺が広がり空気が肺に流れ込む。

問4　子供が1回の呼吸で取り込む酸素の量は，500×0.6＝300mL。3秒に1回呼吸するとき，1分間では20回呼吸する。1日に吸い込む空気の量は，300×20×60×24÷1000＝8640L

問5　小さな袋に分かれた方が同じ体積でも表面積が大きくなり，多くの酸素を取り込むことができる。

問6　カップ麺，お菓子，納豆，ホットケーキミックスなどはためて置ける食料品で，買い物に出かける回数を減らすことができる。トイレットペーパー，本，ボードゲームは家出の時間が長くなるため多く売れた。マスク，エタノール，薬用せっけんは消毒用，感染防止用に必要なもの。体温計は感染の有無を確認するため。ゴム手袋は感染者が出たときなど，ウィルスで汚染されたものに触れないため。感染しないためには，不要不急の外出を控え，外出するときは密を避けマスクなどで飛沫感染を防ぐ。家に帰ったらすぐに手洗い，うがいを行う。

★ワンポイントアドバイス★

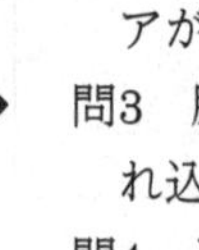

基本的な内容の問題がほとんどである。教科書をしっかりと理解することがポイントである。最後の問題は記述式なので，自分の考えを文章に短くまとめる練習をしておこう。

＜社会解答＞《学校からの正答の発表はありません。》

1　問1　宮城県　問2　ア　問3　ウ　問4　ア　問5　地熱　問6　イ　問7　エ
2　問1　イ　問2　ウ　問3　エ　問4　雪舟　問5　ア　問6　ウ→ア→イ　問7　エ
3　問1　エ　問2　イ　問3　ウ　問4　エ　問5　行政権　問6　ア　問7　世論
4　問1　ア　問2　イ　問3　南北問題　問4　①　例　A　子どもに留守番をさせているときに，様子がわかるだけでなく世話もできるなら便利だから。　B　テーマパークや遊園地などで，アトラクションや乗り物の待ち列に並んでいる際に，親だけあるいは子どもだけ飲み物や食べ物を買いにいかずにすむので便利だし安心できるから。　C　登山やイベントなどで，途中で飲み物を手軽に買えるなら，熱中症対策にもなり安心できるし便利だから。　②　A　ドローンに子どもやペットの世話をする機能をつけると重くなるのと，飛ぶドローンに子守をさせるのは危険かもしれない。飛ぶことにこだわらずに走行するロボットにすればよい。　B　大人数の客がそれぞれ利用すると，ドローンが空中で混み合い危険になる。航空機の管制をやるのと同様のことを行う装置，設備をつくる。
C　人ごみの中や登山道の場合，むやみにドローンを降下させると危険になる。利用できるスポットをあらかじめ決めておき，そこへ飛ぶルートは多くの人がいる場所を避けて設定する。

○推定配点○
1　各2点×7　2　各2点×7　3　各2点×7　4　問4　各1点×2　他　各2点×3
計50点

＜社会解説＞

1　(日本の地理－災害に関連する地理の問題)

問1　三陸海岸は岩手県から宮城県の南部にかけて太平洋側に広がるリアス海岸。

問2　ア　三陸沖を流れる暖流は日本海流で，寒流が千島海流。日本海側を流れる暖流が対馬海流で，寒流はリマン海流。

問3　ウ　日本の場合，原子力発電所と火力発電所は基本的に海沿いに立地している。火力発電所はその燃料として使う化石燃料を海外からの輸入に頼っているので，搬入がしやすい海沿いの方が便利であり，原子力発電所は基本的に電力の大消費地からはあまり遠くはないが，人口密集地域を避けた場所の海沿いに設置されている。海沿いというのは万が一の場合に原子炉の暴走を止めるのには原子炉の中に大量の水を入れるのがひとつの方法で，そのためには海沿いが便利であるため。水力発電所は日本の場合，ダムの周辺に設置するのが一般的なので，内陸の山間の場所が多い。

やや難　問4　ア　割合はグラフの数値をそのまま見ればよいが，発電量はその割合の数値を総発電量にかけ合わせて求めないとわからない。1980年と2000年とでは総発電量が2倍近く増えており，水力の発電量は2000年の方が多くなるので誤り。

問5　日本では九州地方と東北地方に地熱発電の発電所が集中している。

基本　問6　イ　ももの生産では山梨県，福島県，長野県，和歌山県に次いで山形県も多い。

やや難　問7　エ　津波の恐れがある場合には一刻も早く高台に避難するのが鉄則。

2　(日本の歴史－日本の様々な時代の宗教に関連する問題)

基本　問1　イ　十七条の憲法は聖徳太子が役人の心得として出したもの。アは中大兄皇子，ウは聖徳太子は推古天皇の摂政，エは仁徳天皇についてのものなのでそれぞれ誤り。

重要 問2　ウが正しい。桓武天皇は平安時代，鑑真が来日したのは東大寺大仏が完成した後。

問3　ア　書院造ではなく寝殿造り。　イ　この内容は奈良時代の東大寺正倉院の御物についてのもの。　ウ　この内容は室町時代。

問4　雪舟は15世紀から16世紀にかけて生きた人物で，最初は京都相国寺で絵を学び，その後，明にわたり修行をして帰国し，水墨山水画を大成した。

問5　ア　ザビエルはスペインの人であり，スペインやポルトガル，フランスはキリスト教のカトリック信者が多い国。イギリスやオランダはカトリックは少数派。

問6　ウ　1635年→ア　1637年→イ　1639年の順。

やや難 問7　ア　中国との貿易もあったので誤り。　イ　朝鮮との国交回復に力をつくし，朝鮮との貿易を認められたのは対馬の宗氏なので誤り。　ウ　琉球王国を支配したのは対馬藩ではなく薩摩藩なので誤り。

3　(政治―三権に関連する問題)

重要 問1　ア　日本の国会を構成するのは衆議院と参議院。貴族院はかつての帝国議会の時代のもの。　イ　衆議院の任期は4年で解散もあり，参議院の任期は6年で解散はない。　ウ　現在の日本の選挙制度では選挙権は満18歳以上になると与えられる。

やや難 問2　ア　裁判員裁判は殺人，傷害，強盗，放火などの重大事件の刑事裁判の第一審で取り入れられているのみですべての裁判ではない。　ウ　現在の日本の裁判は三審制で，四審ではない。　エ　原告と被告とになるのは民事裁判で，民事裁判の場合には有罪無罪という判決はあり得ない。

問3　ウ　検察庁は法務省に所属し行政権に属する。

問4　ア，イ　都道府県知事や市町村長は住民が直接選挙で選ぶもの。　ウ　最高裁長官は内閣が指名し，天皇が任命する。

問5　行政権は三権の中で政治を行う権力。日本などの議院内閣制では内閣が握り，アメリカなどの大統領制では大統領が握る。

基本 問6　イ　国民審査は総選挙時に実施されるもので，国民が最高裁判所裁判官が適正か否かを審査するもの。　ウ　違憲立法審査権はすべての裁判所がもつもので，最終的な判断を下すのは最高裁判所。　エ　裁判のやり直しなど，裁判の内容に三権の他の権力が干渉することはできないので誤り。

問7　世論は具体的な姿かたちがあるものでもないが，国民があることについてどういう意見を持っているかという形で，一般的に示されるもので，個々人の国民の声ではない。

4　(総合問題―先端技術に関する問題)

重要 問1　ア　2019年6月に開催された大阪サミットで，2050年までに海洋プラスチックゴミの汚染をなくすという合意がなされた。

問2　イ　2020年2月の段階でのWHOの事務局長はエチオピア出身のテドロス・アダノム。潘基文は2007年～2016年の国連事務総長，アントニオ・グテーレスは2017年～2021年現在の国連事務総長，マーガレット・チャンはテドロスの前のWHO事務局長。

問3　南北問題は，一般に北半球に多い先進国と，南半球に多い発展途上国との経済格差のこと。先進国は主に工業製品を輸出し，発展途上国は農林水産物や地下資源の輸出が多く，工業製品の方が付加価値が大きいので，経済格差が貿易をやる中でどんどん広がっていく。

やや難 問4　①　子どもがいる保護者という視点から見た場合に，ドローンにどのようなことが期待できるのかを考えてみるとよい。　②　ドローンは一般的には自動操縦可能な飛行型のロボットを指し，現在多いのは小型のプロペラを4つ持つもの。現在は，これにカメラをつけて空撮が可能なものが多いが，それ以外にも応用性はある。技術的に設問の発表内容のものを実現するのは難しそうではあるが，そこは度外視して自分なりの視点での問題点とその解決策を考えられればよいと思われる。

★ワンポイントアドバイス★

試験時間が短いので，解答できそうな設問を見つけて確実に答えていくことが合格への道筋。設問の指示や条件をよく見ることが大事。

＜国語解答＞《学校からの正答の発表はありません。》

〔一〕 問一 ① げんかく ② ひょうり ③ お(りる) ④ わけ ⑤ 縦横
⑥ 水蒸気 ⑦ 縮尺 ⑧ 寒暖 ⑨ 捨(てる) ⑩ 亡(くなった)
問二 1 位→意 2 財→在 3 定→低 問三 1 (消)費 2 雑(然)

〔二〕 問一 Ⅰ イ Ⅱ エ 問二 ア 問三 ウ 問四 ア 問五 ア
問六 (例) 皆が凛のためではなく，それぞれの勝手な理由で凛に優しくしていることを凛も分かっているが，見せかけの優しさは，結局凛を傷つけてしまっている。凛は〈やくたたず〉と言われても，相手を怒って傷つけずに「分からない振り」をしており，相手も気づかない心配りができることが，本当の優しさだと思う。

〔三〕 問一 エ 問二 ア 問三 イ 問四 エ 問五 ウ 問六 (例) 私は「個人の価値観に他者は不干渉だとする個人主義」の考え方に賛成である。個人が持つ価値観がさまざまにあることで，いろいろな角度から物事をとらえることができるようになるからだ。自分の価値観が尊重されることで，それぞれの人生がより自分らしく，充実したものになると思う。もちろん，誰かを傷つけるような価値観ではないことも重要だ。

○推定配点○

〔一〕 問三 各3点×2 他 各2点×13
〔二〕 問一 各2点×2 問六 10点 他 各5点×4
〔三〕 問一 4点 問六 10点 他 各5点×4 計100点

＜国語解説＞

〔一〕 **(反対語，四字熟語，漢字の読み書き)**

基本 問一 ①は，不正やごまかしなどを許さない，きびしい態度や様子。②の「表裏一体」は，二つのものの関係が密接で切りはなせないこと。③の音読みは「コウ」。熟語は「降水(こうすい)」など。④の音読みは「ヤク」。熟語は「通訳(つうやく)」など。⑤は，南北と東西，あらゆる方向のこと。⑥は，水が蒸発して気体となったもの。⑦は，実物より縮めて描くこと，また，その縮小する一定の比率。⑧は，寒さと暖かさ。⑨の反対語は「拾(ひろ)う」。⑩の音読みは「ボウ・モウ」。熟語は「存亡(そんぼう)」「亡者(もうじゃ)」など。

やや難 問二 1は，「上意」＝上の者の考えや命令，が「下達」＝下の者に伝わること。2の「自由」「自在」

はどちらも，じゃまされることなく思い通りにできるという意味。3は，「平身」＝体をかがめてひれふして，「低頭」＝頭を低く下げること。

重要　問三　1の，生活に必要な物資などをつくりだすという意味の「生産(せいさん)」の対義語は，使ってなくすという意味の「消費(しょうひ)」。2の，きちんと整っているさまという意味の「整然(せいぜん)」の対義語は，いろいろなものが入りまじってまとまりがないさまという意味の「雑然(ざつぜん)」。

〔二〕（小説－心情・情景・細部の読み取り，ことばの意味，記述力）

基本　問一　Ⅰの「躊」「躇」いずれも，ためらう，ぐずぐずするという意味。Ⅱの「威」「嚇」いずれも，相手を脅す，脅かすという意味。

問二　傍線部①直後で，自分がなんの役にも立てないことが悲しくて泣いている凛を，「励ませばいいのか，突き放せばいいのか。どう助けていいのか，見守ればいいのか」困っている美沙樹の心情が描かれているので，アが適当。イの「何に悩んでいるのか，見当がつかず」，エの「自分を拒絶しているように思えて」は描かれていないので不適当。ウの「これからのことを考えれば」も読み取れないので不適当。

重要　問三　傍線部②は，優子のマネージャーだったのに，自分が「なんの役にも立てな」かったということをきっかけに，「解き放してしまった」ものである。②の「封印していた思い出」とは，「小学校二年生」の時→クラスメイトの二人の男の子たちが自分の存在を笑っていたこと，「小学校四年生」の時→三人の同級生に〈やくたたず〉という紙を見せられたこと，「中学三年生」の時→平穏な学校生活だったが，友達は凛を〈やくたたず〉だと思っていることが分かったこと，というものであるので，ウが適当。自分が〈やくたたず〉であることに触れていない他の選択肢は不適当。

問四　傍線部③は，泣いている凛に「いじめられたの」と聞いても，「力強く首を左右に振った」凛に対するものである。泣いていたのに「一生懸命笑顔を作って母親に見せた」→つらいことを表に出さずに一人で抱え込んでしまうのではないか，と真由美は心配しているので，アが適当。つらいことや悩みを，凛が抱え込んでしまうことを説明していない他の選択肢は不適当。

重要　問五　「幼心に，……」で始まる場面では，二人のクラスメイトの男の子にいじめられ，笑われている凛がまだ「一九センチの足裏」であると描写することで，小さな凛がいじめられていることに痛々しさが感じられるので，アが適当。(　)は美沙樹や凛の心情も表しており，「真由美は娘から〈我慢〉を感じ取った」ともあるので，イは不適当。「一つ，二つ，三つ，四つ」は，学年が上がってもいじめが繰り返されていることを表しているので，「精神的成長の見られない凛の幼さ」とあるウも不適当。「悪意と戦った瞳」は，「負けない意志を幼顔に表した」ものであり，「負けてたまるか！」という気持ちで「ただ黙って睨みつけた」ので，「直接言い返す勇気のない凛の弱さ」とあるエも不適当。

やや難　問六　「中学生になってからは……」から始まる場面でも，友達や周りの仲間の，凛に対する「優しさ」が描かれているので，皆の凛に対する「優しさ」と，傍線部Xの「分からない振りという優しさ」を考えてみる。本文で描かれている皆の「優しさ」と，凛の「優しさ」の違いを具体的に考察しながら，自分の考える「優しさ」を説明していこう。

〔三〕（論説文－要旨・大意・細部の読み取り，接続語，記述力）

問一　空欄Aは，直前の内容の具体例が続いているので「例えば」が入る。空欄Bは，直前の内容を理由とした内容が続いているので「だから」が入る。空欄Cは，直前の内容とは相反する内容が続いているので「しかし」が入る。

基本　問二　傍線部①のある段落で，①を通して他人と関係を持っている，①を通したかかわり，ということを述べているので，アが適当。

問三　傍線部②のある段落で，カリスマといわれる人々が「そうした立場でいられるのは，多くの人々がその人物を崇拝したり，もてはやしたりするから」であることを述べているので，イが適当。「崇拝したり，もてはやしたりする」人が多く集まることで，カリスマという立場にいられるということを説明していない他の選択肢は不適当。

重要　問四　傍線部③のある段落で，孤独を選択するということは「かかわりを持たないというかかわりのかたち」を選択することであり，人を無視してかかわりを持たないことも，一つのかかわりのかたちであるため②である，ということを述べているので，エが適当。無視されることも一つのかかわり方であることを説明していない他の選択肢は不適当。

重要　問五　アは「我々に一番……」で始まる段落，イは「ここまで話してきた……」から続く3段落，エは「このように考えると……」で始まる段落でそれぞれ述べている。「さらにいうと，……」から続く2段落で，自分という存在は他者とのかかわりの中にしか存在できず，社会によって異なることを述べているが，ウの「自分自身に何ができるかが問題であり，つきつめれば個人の問題だ」とは述べていないので不適当。

やや難　問六　解答例では，個人が持つ価値観がさまざまにあることで，いろいろな角度から物事をとらえることができるようになるということを理由に，賛成の立場で説明している。反対の立場では，自分さえよければいいという自分勝手な価値観を持つ人がいると，協力し合うことが難しい，などの理由が挙げられる。いずれの立場も，理由を明確にして述べていこう。

★ワンポイントアドバイス★

小説では，登場人物の心情をていねいに追っていこう。

第2回

2021年度

解 答 と 解 説

《2021年度の配点は解答欄に掲載してあります。》

＜算数解答＞《学校からの正答の発表はありません。》

1 (1) 12.8 (2) 86 (3) 2021 (4) 5412

2 (1) 33 (2) 5 (3) 27.5 (4) 12 (5) 15 (6) 135 (7) 66.345

3 (1) 141 (2) ○○◎○ (3) 7個

4 (1) 毎秒4cm (2) $345.6cm^2$ (3) 1296

5 (1) 27個 (2) ア・ウ (3) $572cm^2$

○推定配点○

各5点×20(5(2)完答) 計100点

＜算数解説＞

1 (四則計算)

(1) 7×(49＋15)÷35＝64÷5＝12.8

(2) 11×(42÷3)－68＝86

(3) □＝(40＋26)×30＋41＝2021

(4) 11×(369＋690－567)＝11×492＝5412

2 (演算記号，数の性質，場合の数，四則計算，割合と比，平均算，推理，平面図形)

基本 (1) 6×7－2×3－(5×3－3×4)＝36－3＝33

図ア

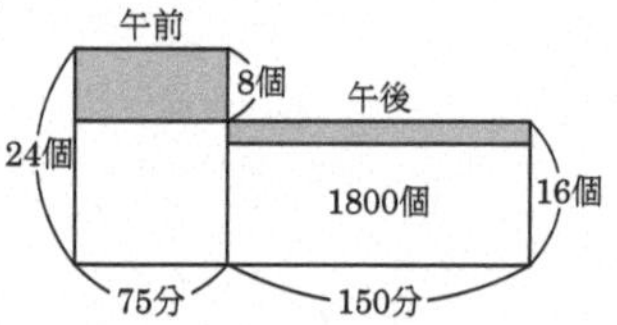

重要 (2) $\frac{3}{6}=\frac{1}{2}$のとき…$\frac{ア}{イ}=\frac{1}{2}=\frac{2}{4}=\frac{4}{8}$

$\frac{4}{6}=\frac{2}{3}$のとき…$\frac{ア}{イ}=\frac{1}{3}=\frac{3}{9}$

したがって，全部で3＋2＝5(通り)

基本 (3) (□＋15)÷6＝15 □＝15×6－15＝75 75÷6＋15＝27.5

やや難 (4) 午前中の製作時間…1800÷24＝75(分)

図アにおいて，色がついた部分の面積は等しく，午後の製作時間は{1800＋(24－16)×75}÷16＝150(分)である。

したがって，午後は1分間に1800÷150＝12(個)製作する。

図イ

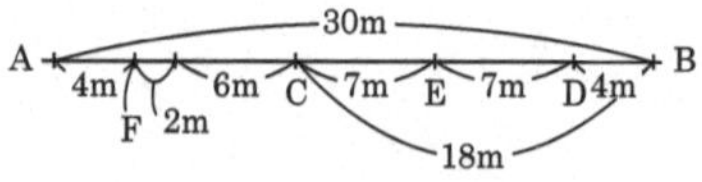

重要 (5) 図イより，FはEより，7＋6＋2＝15(m)西の位置にいる。

図1

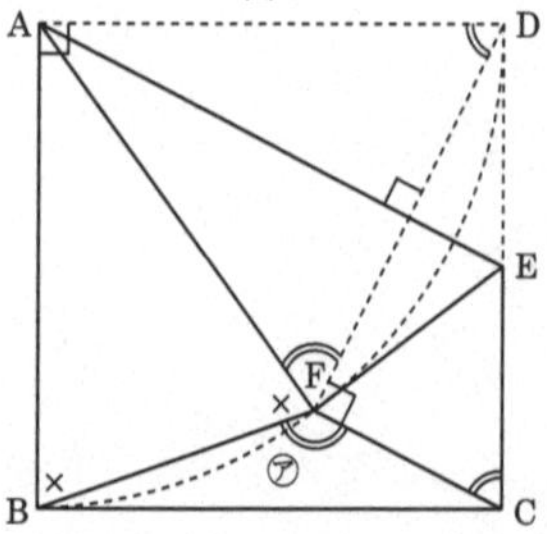

やや難 (6) 図1において，四角形ABFDの角BFDは(360－90)÷2＝135(度)，角BFCは135＋90＝225(度)である。したがって，角㋐は360－225＝135(度)

重要 (7)　図2において，網目部分の面積の和は
$8\times2+2\times4-1+3\times2+3.14\div4+(4+2)\times2\times2+$
$2\times2\times3.14=29+0.785+24+12.56=66.345(\mathrm{cm}^2)$

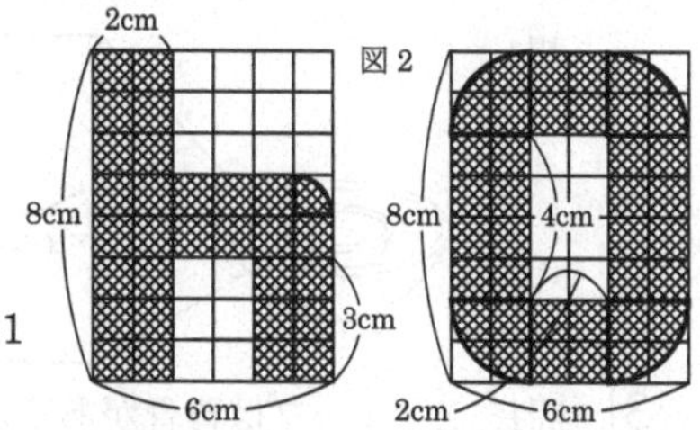

重要 3 (規則性)

(1)　3進法の問題であり，下図より，$3\times2+27\times2+81=141$

(2)　$49=27+9\times2+3+1$より，○○◎○

(3)　$1\times3\times3\times3\times3\times3\times(3\times2)=729\times2=1458$
したがって，□が7個必要である。

1	3	9	27	81
	◎		◎	○

重要 4 (平面図形，相似，図形や点の移動，速さの三公式と比，割合と比)

(1)　直角三角形ABCの3辺の長さの比は$4:3:5$
である。図1より，点Qの秒速は
$(60-45\div5\times4)\div(9-3)=4(\mathrm{cm})$

(2)　図1より，三角形PAQの面積は$48\times36\div2\div60\times24$
$=345.6(\mathrm{cm}^2)$　　【別解】図2より，$36\div5\times4\times24\div2$

(3)　図3より，15秒後のCZの長さは$27\div9\times15=45(\mathrm{cm})$
AZは$75-45=30(\mathrm{cm})$，ZQは$30\div5\times3=18(\mathrm{cm})$
であり，たこ形ZYBXの面積の2倍は
$60\times45-(24\times18+27\times36)=1296(\mathrm{cm}^2)$

図1
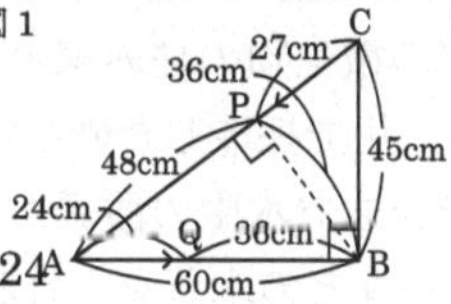

図2
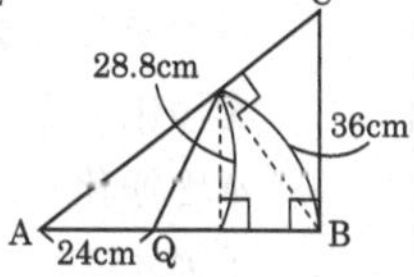

図3
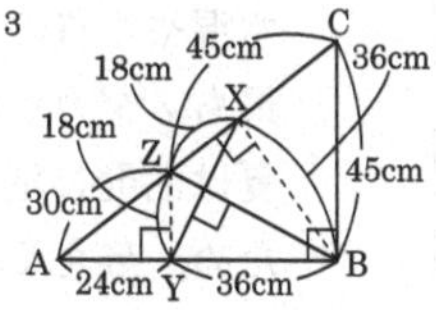

5 (平面図形，立体図形)

重要 (1)　赤い面がある小さい立方体を除いた小さい立方体は
$(5-2)\times(5-2)\times(5-2)=27$(個)

(2)　1面だけ赤い小さい立方体$3\times3\times6=54$(個)のうち，
$3\times3\times3=27$(個)を使って立方体を構成するとき，
展開図イ・エでは，赤い面が2面連続するので不適。
したがって，ア・ウがあてはまる。

やや難 (3)　赤い面の面積…$5\times5\times6=150(\mathrm{cm}^2)$
青い面の面積…右図の例において，青い面(○印)
の数は$(3\times3-2)\times4=28$(面)すなわち$28\mathrm{cm}^2$
したがって，白い面の面積は$6\times125-(150+28)=572(\mathrm{cm}^2)$

イ
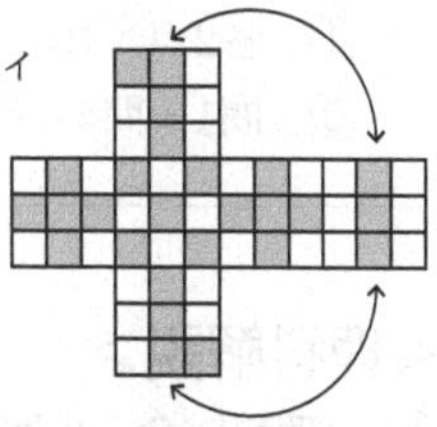

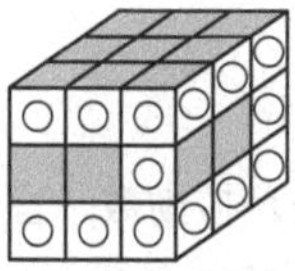

エ
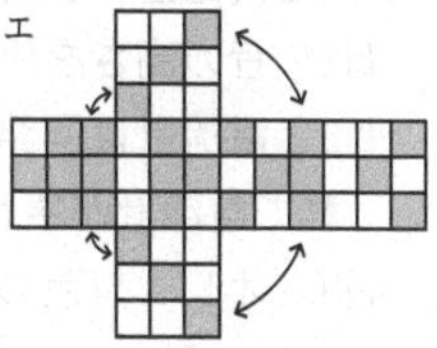

★ワンポイントアドバイス★

差がつきやすい問題は2(4)「1分間に製作される個数」，(6)「正方形のなかの角度」であり，3「3進法」，4「3：4：5の直角三角形」，5「立方体の表面の色」は，問題をよく読めば難しくはない。まちがえた問題は，反復練習しよう。

＜理科解答＞《学校からの正答の発表はありません。》

1　問1　イ　　問2　ア　　問3　ウ　　問4　ウ　　問5　エ　　問6　エ　　問7　ウ
問8　ウ　　問9　エ　　問10　イ

2　問1　イ　　問2　エ　　問3　60%

問4

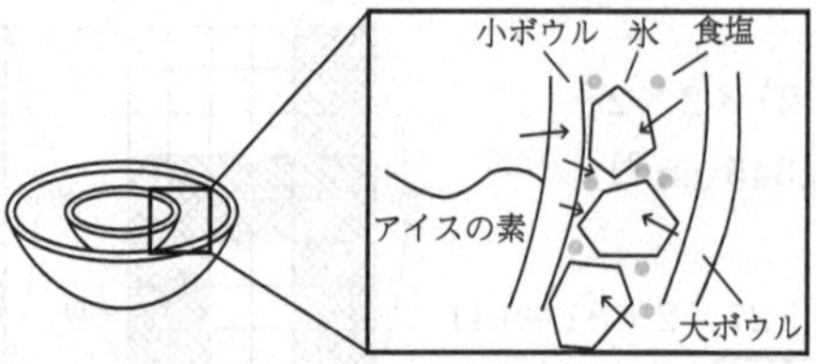

3　問1　Xグループは背骨があるが，Yグループは背骨がない。　問2　イ　問3　D

問4　陸上に卵を産むため，乾燥から守るために殻がある。　問5　あ　子を守り世話する　い　子を世話しない

問6　水道水は塩素を抜くため一昼夜以上汲み置きする。

バクテリアなどの微生物の住み家となったり，メダカのフンやえさの食べ残しを分解し水を浄化するため，川で採取した砂を水槽に敷く。

水を浄化し，光合成で水中の酸素が増え，メダカが卵を産み付ける場所になるため，ホテイアオイやマツモなどの水草を入れる。

水温や水質の急激な変化を防ぐため，大きな水槽を用いる。

最もメダカが活発に運動する温度の25℃～28℃に保つため，温度計を用いる。

夏は活発に活動するのでエサも多く食べ，冬は冬眠に近い状態でエサはほとんど食べないため，与えるエサの量を季節によって調整する。

○推定配点○

1　各2点×10　　2　各3点×4

3　問1・問4　各3点×2　　問6　4点　　他　各2点×4　　計50点

＜理科解説＞

基本 **1　(理科総合―小問集合)**

問1　音の高さを決めるのが振動数，音の大きさを決めるのが振幅である。

問2　電流計は回路に直列でつなぎ，－端子には最も大きい値の端子からつなぐ。大きな電流が流れて電流計が壊れることのないため。

問3　オレンジ色の炎が出るのは酸素が足りないためである。空気調整ねじを反時計回りに回して空気の量を増やす。

問4　アンモニアは水に大変よく溶け空気より軽いので，上方置換法で集める。

問5　溶けたロウは容器に接している部分から固まる。固体になるとロウの体積が小さくなるため，中央部分がへこむ。

問6　リパーゼは脂肪の分解酵素ですい液に含まれる。トリプシンはタンパク質の分解酵素ですい液に含まれる。ペプシンもタンパク質の分解酵素で胃液に含まれる。アミラーゼはデンプンの分解酵素でだ液に含まれる。

問7　白色は光を反射するので，太陽からの熱で温度が上がるのを防ぐ効果がある。

問8　岩石や鉄などの固体でできる惑星を地球型惑星といい，水素やヘリウムなどの気体を主成分とする惑星を木星型惑星という。

問9　地震の規模(エネルギーの大きさ)を示すのがマグニチュード，揺れの大きさを表すのが震度である。

問10　三日月は太陽から遅れて3時間後に南中し，日没後3時間ほどして西の空に沈む。

2 (物質の状態変化─三態変化)

問1　小ボウルから熱が外に伝わりやすい素材のものが適切である。金属のステンレスは熱を伝えやすいので最適である。

重要 問2　固体が液体に変わる温度を融点という。氷に食塩を入れているので，融点は0℃より低くなる。−4℃を選択する。

問3　全体の熱のうち21%が水分を氷に変えるのに使われているので，1000×0.21=210gの水が氷に変わる。アイスクリーム中の水分の割合は，(210÷350)×100=60%

問4　氷が水から熱を奪い，食塩を溶かした水の温度が0℃より下がる。水が接している小ボールから熱を奪い，小ボールはアイスの素から熱を奪う。

3 (生物総合─生物の分類)

重要 問1　Xのグループは背骨のある動物でセキツイ動物と呼ばれる。Yのグループは背骨のない無セキツイ動物である。

重要 問2　イルカはほ乳類なので，おなかの中で子供を育てる。

基本 問3　コウテイペンギンは鳥類であり，体が羽毛でおおわれている。Dのグループに属する。

問4　殻のない卵を産むのは魚類と両生類で，水の中に卵を産む。殻がある卵を産むのはハ虫類と鳥類である。水中の卵は乾燥することはないが，陸上で生まれた卵は乾燥するのを避けるために殻がある。

問5　子供が成長するまで親が守ったり，世話するものは途中で死ぬ割合が少なくなるので，産卵数が少ない。一方，親が子供を世話しない動物では，大人になるまでに多くが死んでしまうため，あらかじめ多くの卵を産む。

問6　水道水は塩素で消毒してあるので，水を一昼夜以上汲みおいて塩素を抜いてから水槽に入れる。川で採取した砂利を敷くとこれにバクテリアが住みつき，メダカのフンやエサの食べ残しを分解するので水質の低下が防げる。ホテイアオイやマツモなどの水草を入れると，メダカの隠れ場所になったり，産卵場所になる。また光合成を行い酸素を供給したり，水質の浄化を行う。水槽は大きいほうが水質が変化しにくく，水温の急激な変化を防げる。温度計を設置し水温が適切に保たれるようにする。メダカが活発に活動するのは25℃～28℃付近である。エサは夏場は活動が活発なので多く与えるが，冬は冬眠に近くほとんど食べないのであまり与えなくてよい。

★ワンポイントアドバイス★

基本的な内容の問題がほとんどである。小問集合でしっかりと得点することがポイントである。最後の問題は記述式なので，自分の考えを文章に短くまとめる練習をしておこう。

＜社会解答＞《学校からの正答の発表はありません。》

1 問1　イ　問2　①　エ　②　ア　問3　まき網　問4　ア　問5　イ
問6　エコタウン　問7　再生可能

2 問1　日本書紀　問2　木簡　問3　ウ　問4　ア　問5　ア　問6　農地改革
問7　エ

3 問1　議院内閣制　問2　民主党　問3　宇宙軍　問4　イスラエル　問5　エ

問6　エ

[4]　問1　エ　　問2　チバニアン　　問3　シンギュラリティ　　問4　(例)　①　A　従来の広告の出し方とは違うことで，注目を集めやすい。　B　高所作業の会社は人件費や安全対策の費用がかさむので，このドローンはそれを抑えることにつながる。　C　舞台やコンサートなどの撮影は従来のやり方だとカメラの設置場所などの制約が大きかったが，ドローンだとその問題をある程度は解決できる。　②　A　広い範囲の人から見えるようにすると，ドローンが大きくないと見えない。ビルの壁面などにドローンから広告を投影すれば，ドローンの大きさはあまり関係なくなる。　B　ビルのガラスなどにヘリコプターのようなドローンが近づくのは危険。作業をする場所までは飛ぶにしても，作業中はビルの壁面やガラスなどにくっつくような機体にする。　C　舞台で何らかのパフォーマンスがなされている場で，多くの観客がいる上を飛ばすのは危険。観客席や舞台の上の飛行経路を設定し無線で誘導する。

○推定配点○

[1]　各2点×8　　[2]　各2点×7　　[3]　各2点×6　　[4]　問4　各1点×2　　他　各2点×3
計50点

＜社会解説＞

[1]　(日本の地理－日本の資源に関する問題)

重要　問1　ア　天然ガスも燃やせば二酸化炭素を排出する。　ウ　石油危機が起こったのは1970年代。　エ　水力発電の割合は3%強の数値で推移しており，2010年と2018年とで比べれば割合は大きくなっている。

問2　この選択肢の中で分かりやすいのはアで，1月，12月の降水量が大きくなっているので，日本海側の新潟県十日町のものとわかる。残りのイ，ウ，エのグラフはいずれも夏が高温で降水量も多く，冬は乾燥するものとなっている。この中で，イは最低気温が20℃弱なので，沖縄の那覇あたりのもの，ウとエでは，ウの方が降水量が少なく気温が高めなので，瀬戸内あたりのものと考えられ，エが東京のものと判断できる。

問3　まき網漁法は，群れを成して泳いでいる魚をまとめて捕獲するのには効率の良い方法だが，ともすると獲りすぎることもあり，近年，水産資源が減少気味になっている中でまき網漁法を行うことへの批判もある。

問4　日本が原油や天然ガスを輸入している国の分布をみると，ペルシア湾周辺の西アジアの地域に集中しており，この地域では紛争も多く，そのことが原油の安定した供給を妨げることにもつながってしまうという問題がある。1970年代の2度の石油危機も，第四次中東戦争やイラン・イラク戦争が原因。

問5　イ　エネルギー関連のことがらを専門的に扱うのは経済産業省の外局の資源エネルギー庁。

やや難　問6　エコタウンはかつての通産省と環境省が1997年に創設した，環境・リサイクル産業の育成と地域振興を結び付けた事業のこと。

基本　問7　再生可能エネルギーは自然由来の，太陽光や風力，水力，地熱などのエネルギーで，これらを使って発電を行っても，これらのものそのものは減るものでもなく繰り返しその発電を行え，また二酸化炭素などの有害なものを排出することなく発電できるという特色がある。

[2]　(日本の歴史－様々な時代に関する問題)

問1　日本書紀は天武天皇の子の舎人親王らが編纂し720年に完成した歴史書。

やや難 問2　木簡は薄い木の板を文字などを記すために使われたもの。昔は紙がまだなかったか貴重なものであったので，木の板である木簡を現在の紙の代わりのものとして，荷札やメモ用紙などの用途で使っていた。

基本 問3　ア　五人組の制度が出てくるのは江戸時代。　イ　応仁の乱は室町時代。　エ　太閤検地を実施したのは安土桃山時代。

問4　ア　1832年から37年にかけて天保の大飢饉が起こったが，これに対して幕府が救済措置などを起こさないことに反発し，大塩平八郎が反乱を起こした。

問5　ア　富岡製糸場は1872年に操業を始めた官営模範工場で，群馬県の富岡にフランス式の技術を導入してつくられた。

重要 問6　GHQは太平洋戦争後に，日本において様々な面での民主化政策を進め，農地改革もその一つで，地主が小作人を支配していた構造を非民主的なものとして，地主の土地を国が買い上げ，それを小作人に安く売り渡すことで，多くの小作人を自作農とし，地主と小作人の関係を解消させた。

問7　エ　足利義満が1401年に明との間で国交を開き，1404年に明から勘合符を得て勘合貿易を始めており，文章Cの元寇から永仁の徳政令の時代と，文章Dの江戸時代の松平定信による寛政の改革の間の時期にあたる。

3　**(政治—2020年の国際情勢に関連する問題)**

重要 問1　議院内閣制はイギリス発祥の政治形態で，議会の信任を得て内閣が政治を行い，内閣は議会に対して政治の責任を負うというもので，三権分立の形としては立法権の議会と行政権の内閣とが密接な関係にあり，三権が等しく分かれている大統領制とは異なる。

問2　現在のアメリカでは二大政党として民主党と共和党が存在し，大統領選挙，議会議員の選挙においてこの両陣営の駆け引きが行われている。

問3　アメリカでは空軍の中に1980年代に宇宙に関する部門がつくられていたが，2019年にそれを宇宙軍として分ける形になった。ただし，まだそのトップは空軍の長官が兼ねている。一方で，宇宙空間に関しては1960年代につくられた宇宙条約というものがあり，宇宙空間の平和利用がうたわれており，なおかつ国家による他の星の領有が禁じられてはいるが，あいまいなところも多い。

問4　イスラエルは地中海の東奥に位置する国で，アフリカ大陸のエジプトと国境を接するアジアの西端の国。この国は，ナチスドイツによる迫害を受けたユダヤ人が第二次世界大戦後に建国した国で，現在のアメリカでは経済界などで活躍しているユダヤ人も多く，アメリカの政治に対しての影響力もある。

問5　エ　香港は，19世紀のアヘン戦争でイギリスが中国から獲得し，100年以上にわたって支配していたが，1997年に中国に返還し，その後はしばらくは中国の中では特殊な立ち位置の場所として配慮されていた。しかし，近年，中国で政府批判をして中国本土で逮捕されそうになると香港に逃げ出すこともあり，また香港の人々が中国政府への批判を行うこともあり，締め付けが厳しくなってきていた。

問6　エ　G7の構成国はアメリカ，イギリス，フランス，ドイツ，イタリア，日本，カナダ。ジョンソン首相はイギリス，メルケル首相はドイツ，マクロン大統領はフランス。中国はオブザーバーとしてサミットに参加したことはあるが正規の参加国にはなったことはない。

4　**(総合問題—先端技術に関する問題)**

問1　エ　2020年4月に，緊急事態宣言がまず出されたのは東京都，神奈川県，千葉県，埼玉県，大阪府，兵庫県，福岡県の7都府県で，その後4月17日に全国に拡大された。

問2　地球上の地磁気のNとSとが，過去において何度か逆転していた時代があり，77万4400年前から12万9000年前までの時期もそういう時期であり，このことがはっきりとわかる地層が千葉県の市原市で見つかり，そのことからチバニアンという名称がつけられた。

やや難　問3　シンギュラリティとは人工知能AIなどの技術が，自ら人間よりも賢い知能を生み出すことが可能になる時点を示すもの。現在のペースで技術が進歩していくことを考えると2045年がそのタイミングになるともされている。

やや難　問4　①　企業を経営する立場で考えた場合に，A，B，Cそれぞれのドローンの有用性は見いだせるので，自分が想定する企業となじむように考えていけば解答することは可能であろう。
②　A～Cについて，それぞれの内容から想定されそうな問題点とその解決策を考える問題。現実的に考えた場合の技術的な課題などは多々あるが，現実的なことを考えようとすると思考を進めるのは難しくなるので，ある程度柔軟に考え，課題とその解決策にそれなりのつながりが見られれば，解答としては十分なものなのではないだろうかと思われる。

★ワンポイントアドバイス★

問題を丁寧に見ていき，求められていることを確実に把握することが大事。割と容易に解答できるものとそうでないものとの差が大きいので，できそうなものを確実に答えて得点できるようにしていくことが大事。

＜国語解答＞《学校からの正答の発表はありません。》

〔一〕　問一　①　そうさ　②　ろうどく　③　みなもと　④　きざ(む)　⑤　批評
⑥　盛大　⑦　民衆　⑧　届(く)　⑨　供(える)　⑩　巻(く)
問二　1　適→敵　2　意→異　3　新→進　問三　1　(困)難　2　(原)因

〔二〕　問一　Ⅰ　ウ　Ⅱ　ア　問二　イ　問三　エ　問四　イ　問五　イ
問六　(例)　膀胱の暴走で悩み，そのことを皆に知られてしまった「わたし」に，美園はさりげなく寄りそってくれている。表面的に楽しいことだけでつき合うのではなく，美園のように，相手の悩みにも真剣に耳をかたむけ，相手のペースに合わせて寄りそっていくことができるのが親友だ。親友とは，お互いに助け合い，力になれる存在だと思う。

〔三〕　問一　ア　問二　ただ遠ざけ～を考えない　問三　ア　問四　エ　問五　ア
問六　(例)「死んだあとのことは家族が面倒をみてくれる」という「あたりまえ」について，私は反対である。自分が死んだあとを家族に任せるのは，家族であっても負担になってしまうし，自分が望まない形になってしまう可能性がある。自分の死後のあり方を，家族や周りの人に伝え準備をすることが，自分自身を最後まで大切にすることにもなると思う。

○推定配点○
〔一〕　問三　各3点×2　他　各2点×13
〔二〕　問一　各2点×2　問六　10点　他　各5点×4
〔三〕　問一　4点　問六　10点　他　各5点×4　計100点

＜国語解説＞

〔一〕（反対語，四字熟語，漢字の読み書き）

基本　問一　①は，機械などをあやつって動かすこと。②は，声に出して読み上げること。③は，物事が始まったり起こったりするもの。音読みは「ゲン」。熟語は「起源(きげん)」など。④の音読みは「コク」。熟語は「深刻(しんこく)」など。⑤は，物事の善悪や優劣などを指摘して自分の評価を述べること。⑥は，りっぱで大規模なこと。⑦は，国家や社会を構成している一般の人々。⑧の部首は「尸(しかばね)」。⑨の音読みは「キョウ・ク」。熟語は「供給(きょうきゅう)」「供養(くよう)」など。⑩の音読みは「カン」。熟語は「圧巻(あっかん)」など。

やや難　問二　1は，「油断」は大きな敵であるということから，たいしたことはないと油断していると，思わぬ失敗をすること。2は，「小異」＝小さな点では異なるが，「大同」＝全体的にはほとんど同じであること。3は，月日とともに着実に進歩していくこと。「進歩」を分けて，日に月に進歩するという意味を表している。

重要　問三　1の，たやすくやさしいという意味の「容易(ようい)」の対義語は，非常に難しいという意味の「困難(こんなん)」。2の，ある原因や行為から生じた状態や事がらという意味の「結果(けっか)」の対義語は，ある物事や状態が生じるもとになることという意味の「原因(げんいん)」。

〔二〕（小説－心情・情景・細部の読み取り，ことばの意味，記述力）

基本　問一　Ⅰは「最早」と書き，事態などがすでに終わって変えられないところまで進んでいるさまを表し，今となっては，もう，すでに，という意味。Ⅱの「奈落」は仏教用語で地獄(じごく)のことで，深くて底の知れない状態，すなわちぬけ出すことのできない，どうにもならない状態のこと。

問二　傍線部①前で，「みんなと共有できる話題がない」「前は，なにをどんなふうにしゃべってたんだろう」「特に意識もせずにしゃべっていたから，考えたこともなかった」「……できていたときの感覚を取り戻そうとする」という「わたし」の心情が描かれているので，イが適当。これまでできていたこと＝友だちとおしゃべりすること，を説明していない他の選択肢は不適当。

重要　問三　傍線部②前で，「わたし」の膀胱の暴走のことを皆が知っているのは，お母さんから母親同士のネットワークを経由して広まったからであることを知り，お母さんに話したことで「もっとひどい傷を負うことにな」り，お母さんにも頼れず，これからはじまる孤独なたたかいに耐えられるのだろうか，という「わたし」の絶望的な心情が描かれているので，エが適当。これから始まる孤独なたたかいに，誰も頼れないことを説明していない他の選択肢は不適当。

問四　傍線部③後で，テレビに出ているミチ・ヒロの「ヒロ」も吃音でいろんな病院に通って，いつのまにか治っていたという話をしながら，「気軽に病院に行ったっていいと思うよ」と美園が「わたし」に話していることから，イが適当。病院に行くことを気軽にとらえてほしいという美園の心情を説明していない他の選択肢は不適当。

重要　問五　「『あ，あたしこの曲好き』」で始まる会話文は，楽しそうに会話をしている同級生たちの様子で，「わたし」はその同級生の集団から「離れたところに立っていた」ので，アは不適当。「ステージの大音響が……」以降では，皆が膀胱の暴走のことを知っていたことがわかり，「ひどい傷を負うことに」なった「わたし」のことが描かれているので，イは適当。「目の前に……」で始まる場面の美園は「わたし」を気づかってくれて，そんな美園は「あたたかな手」であったことも描かれているので，ウは不適当。最後の場面では，皆は花火を見るために海へ向かっているが，膀胱の暴走で自分だけは家に帰ることを描いているので，「悩みが解決し」とあるエも不適当。

やや難　問六　「わたし」にとって美園は，さりげなく「わたし」のそばにいて，膀胱の暴走のことも「わたし」に寄りそって話をしてくれる親友として描かれている。「わたし」に対する美園の態度や話をふまえて，「親友」とはどのような存在であるかを，具体的に説明していこう。

〔三〕 **(論説文－要旨・大意・細部の読み取り，接続語，記述力)**

問一　空欄Aは，直前の内容につけ加えた内容が続いているので「それに」が入る。空欄Bは，直前の内容とは相反する内容が続いているので「しかし」が入る。空欄Cは，直前の内容を理由とした内容が続いているので「だから」が入る。

基本　問二　傍線部①後「人がみずからの……」で始まる段落で，人が自らの最期を少しも思い描くことなく「ただ遠ざけたいもの，忘れ去りたいものとしてしか『死』を考えない(31字)」と述べており，この部分が①とは反対の姿勢になっている。

重要　問三　傍線部②後で「桜の花」は，長い入院の日々を抜けた先には自分にも春が訪れることを信じさせてくれたこと，死にゆくときも，桜の花吹雪の美しい光景の中でなら幸せだろうと思わせられたこと，という筆者の思いを述べているので，アが適当。イの「散りゆく桜の花びらに人生のはかなさを重ね合わせ，どうせ短い人生なら」，ウの「何度も花を咲かせる様子……自分もきっと生まれ変わるはずだ」，エの「生きることの楽しさに気づいた」はいずれも述べていないので不適当。

問四　空欄D前後で，私たちが死んでいくからこそ，次のいのちが生きられること，過去に生きた人たちのDNAや想いなどを受け継いで私たちは生きていること，を述べているので，Dには，後に引き継ぐという意味のエが適当。

重要　問五　イは「墓や葬送に……」から続く4段落，ウは「もうひとつは……」から続く7段落，エは「人はよく……」から続く2段落でそれぞれ述べている。「見えなくなったかと……」から続く2段落で，「家族」というクッションがなくなりつつあるぶん，「自分の死」と向き合わざるを得なくなっているが，同じ家族のメンバーとして一緒に暮らさないからこそ，お互いを想い合う気持ちを強くしているともいえる，と述べているので，アの「家族との関係が希薄になった」は適当でない。

やや難　問六　解答例では，家族の負担や自分自身を大切にすることにつながるということを理由に，反対の立場で説明している。賛成の立場では，自分のことを一番知っている身近な家族に任せることが自然なことである，などの理由が挙げられる。自分の死後というのは，なかなか想像しづらいテーマであるが，本文の内容も参考にしながら，自分の考えを率直に述べていこう。

★ワンポイントアドバイス★

選択問題では，選択肢の説明のどこが正しく，あるいは間違っているか，本文とていねいに照らし合わせて確認しよう。

＜英語解答＞《学校からの正答の発表はありません。》

1. (1) ウ　(2) イ　(3) エ　(4) ウ
2. (1) イ　(2) エ　(3) ウ　(4) イ
3. (1) エ　(2) エ　(3) ウ　(4) ウ　(5) ア　(6) ア　(7) イ
4. ① e　③ d　④ f　⑥ g
5. (1) イ　(2) エ　(3) イ
6. (1) エ　(2) ア　(3) ア　(4) ウ　(5) エ
7. (1) イ　(2) イ　(3) ア　(4) エ　(5) イ

○推定配点○

4. 各4点×4　他　各3点×28　計100点

MEMO

大切なことはメモしておこうネ！

解答用紙集

○月×日　△曜日　天気（合格日和）

◆ご利用のみなさまへ

＊解答用紙の公表を行っていない学校につきましては，弊社の責任において，解答用紙を制作いたしました。

＊編集上の理由により一部縮小掲載した解答用紙がございます。

＊編集上の理由により一部実物と異なる形式の解答用紙がございます。

人間の最も偉大な力とは、その一番の弱点を克服したところから生まれてくるものである。――カール・ヒルティ――

東京学参株式会社

細田学園中学校(第1回)　2024年度

◇算数◇

※ 139%に拡大していただくと，解答欄は実物大になります。

1

(1)		(2)	
(3)		(4)	

2

(1)		(2)		(3)	
(4)		(5)		(6)	
(7)					

3

(1)		(2)		(3)	

4

(1)			
(2)	番目	(3)	番目

5

(1)	cm^2	(2)	cm^2	(3)	cm^3

細田学園中学校(第1回)　2024年度　◇理科◇

※ 149%に拡大していただくと，解答欄は実物大になります。

1

問1		問2		問3		問4		問5	
問6		問7		問8		問9		問10	

2

問1		問2	
問3			
問4			

3

問1		問2	
問3	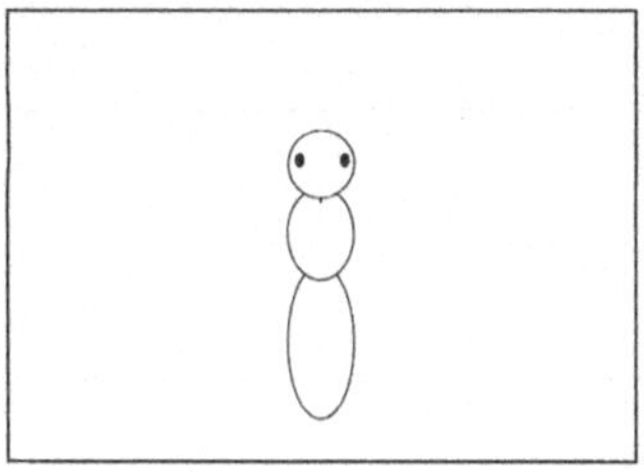		
問4			

細田学園中学校（第1回）　2024年度

◇社会◇

※ 145％に拡大していただくと，解答欄は実物大になります。

1

問1		問2	①		②		問3		問4	
問5					問6				

2

問1		問2		問3		問4		問5	
問6		問7		問8					

3

問1		問2	年	問3			
問4		問5		問6		問7	

4

問1		問2		問3	

問4

［①］

［②］

◇国語◇

細田学園中学校（第１回）　２０２４年度

※　１４９％に拡大していただくと、解答欄は実物大になります。

【一】

問一　①強権　②組閣　③略す　④留める　⑤キョウギ　⑥チュウギ　⑦ケンサ　⑧スイサツ　⑨ネる　⑩ハカ参り

問二　1　→　　2　→　　3　→

問三　1　　2

【二】

問一　Ⅰ　　Ⅱ

問二

問三

問四

問五

問六

【三】

問一

問二

問三

問四

問五

問六

細田学園中学校(第2回)　2024年度

◇算数◇

※ 139%に拡大していただくと，解答欄は実物大になります。

1

(1)		(2)	
(3)		(4)	

2

(1)		(2)		(3)	
(4)	：	(5)		(6)	
(7)					

3

(1)	cm^2	(2)	cm^2	(3)	cm^2

4

(1)		(2)	番目	(3)	番目

5

(1)		(2)		(3)	

細田学園中学校（第2回）　2024年度　◇理科◇

※ 152％に拡大していただくと，解答欄は実物大になります。

1

問1		問2		問3		問4		問5	
問6		問7		問8		問9		問10	

2

問1		問2		問3		問4	太陽	地球	月
問5	あ		い					
	う							
	であるから。							

3

問1	ア						
	イ 	問2	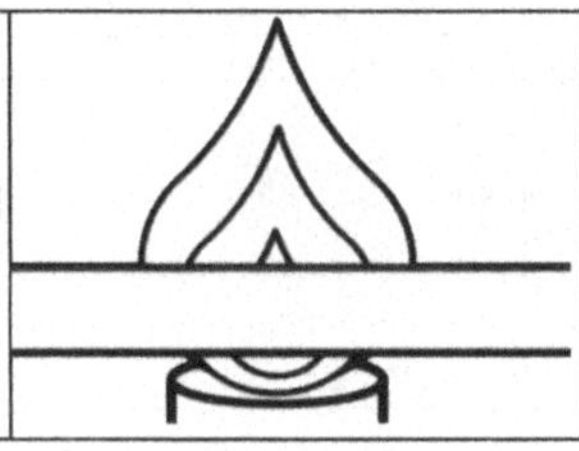	問3	(1)	(2)	
問4							

細田学園中学校(第2回)　2024年度　◇社会◇

※ 147%に拡大していただくと，解答欄は実物大になります。

1

問1	盆地	問2		問3		問4	
問5		問6					

2

問1	遺跡	問2		問3		問4	

問5		問6	①		②	治外法権		関税自主権	

3

問1	X		Y		問2		問3	
問4		問5		問6				

4

問1		問2		問3	

問4	[①]
	[②]

2024年度 細田学園中学校(第２回)

◇国語◇

※１４９％に拡大していただくと，解答欄は実物大になります。

[一]

問一
① 遺産
② 中腹
③ 率 いる
④ 招 く
⑤ センモン
⑥ カクメイ
⑦ フクソウ
⑧ ジュンビ
⑨ チヂ む
⑩ ハンシャ 的

問二
1 →
2 →
3 →

問三
1
2

[二]

問一 Ⅰ Ⅱ

問二

問三

問四

問五

問六

[三]

問一

問二 Ⅰ 〜

問二 Ⅱ

問三

問四

問五

細田学園中学校(第2回)　2024年度

◇英語◇

※ 137％に拡大していただくと，解答欄は実物大になります。

1．

⑴	⑵	⑶	⑷

2．

⑴	⑵	⑶	⑷

3．

⑴	⑵	⑶	⑷	⑸

⑹	⑺

4．

①	③	④	⑦

5．

⑴	⑵	⑶

6．

⑴	⑵	⑶	⑷	⑸

7．

⑴	⑵	⑶	⑷	⑸

細田学園中学校（第1回）　2023年度

◇算数◇

※ 139％に拡大していただくと，解答欄は実物大になります。

1

(1)		(2)	
(3)		(4)	

2

(1)		(2)		(3)	
(4)		(5)		(6)	
(7)					

3

(1)		(2)	
(3)			

4

(1)		(2)		(3)	番目

5

(1)	cm^3	(2)	cm^3	(3)	cm^3

細田学園中学校（第1回）　2023年度　　◇理科◇

※ 152％に拡大していただくと，解答欄は実物大になります。

1

問1		問2		問3		問4		問5	
問6		問7		問8		問9		問10	

2

問1			
問2		問3	Aと　　，Dと　　をつなぐ
問4			

3

問1		問2		問3	
問4					

細田学園中学校（第1回）　2023年度

◇社会◇

※ 149％に拡大していただくと，解答欄は実物大になります。

1

問1		問2	①		②		問3	
問4	①		②		問5			

2

問1		王朝名		問2		問3		問4		問5	
問6		問7									

3

問1		問2		問3		問4		問5	
問6		問7							

4

問1		問2		問3					
問4	[①]								
	[②]								

◇国語◇

細田学園中学校（第1回）　2023年度

※ 149％に拡大していただくと，解答欄は実物大になります。

[一]

問一

① 潔白
② 刷新
③ 雑貨
④ 幼　い
⑤ ランボウ
⑥ キリツ
⑦ シャザイ
⑧ ソウテイ
⑨ シリゾ　ける
⑩ ジシャク

問二　1 →　2 →　3 →

問三　1 告　2 心

[二]

問一　Ⅰ　Ⅱ

問二

問三

問四

問五　〜

問六

[三]

問一

問二

問三

問四

問五

問六

細田学園中学校（第1回）　2023年度

◇英語◇

※ 143％に拡大していただくと，解答欄は実物大になります。

1.

(1)	(2)	(3)	(4)

2.

(1)	(2)	(3)	(4)

3.

(1)	(2)	(3)	(4)	(5)
(6)	(7)			

4.

①	③	④	⑥

5.

(1)	(2)	(3)

6.

(1)	(2)	(3)	(4)	(5)

7.

(1)	(2)	(3)	(4)	(5)

細田学園中学校（第2回）　2023年度　　◇算数◇

※ 139％に拡大していただくと，解答欄は実物大になります。

1

(1)		(2)	
(3)		(4)	

2

(1)		(2)		(3)	
(4)		(5)		(6)	
(7)					

3

(1)	番目	(2)		(3)	

4

(1)	通り	(2)	通り	(3)	通り

5

(1)	cm^2	(2)	cm^2	(3)	cm^2

細田学園中学校（第2回）　2023年度　◇理科◇

※ 149%に拡大していただくと，解答欄は実物大になります。

1

問1		問2		問3		問4		問5	
問6		問7		問8		問9		問10	

2

問1		問2	
問3	cm^3	問7	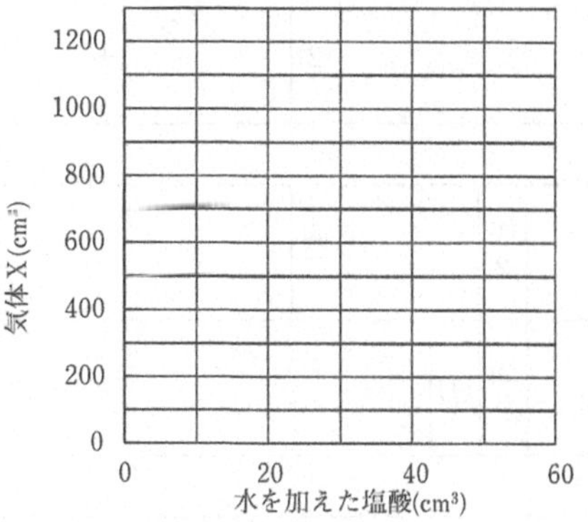
問4	cm^3		
問5	cm^3		
問6	cm^3		

3

問1	A		B	
問2	C		D	
問3				

細田学園中学校(第2回)　2023年度

◇社会◇

※ 152％に拡大していただくと，解答欄は実物大になります。

1

問1		問2		問3		問4		問5	
問6		問7							

2

問1		問2		問3		問4		問5	
問6	(1)		(2)	→	→	→			

3

問1		問2		問3		問4	
問5		問6	(1)		(2)		

4

問1				問2		問3	

問4	[①]
	[②]

◇国語◇

細田学園中学校(第2回)　2023年度

※152%に拡大していただくと，解答欄は実物大になります。

[一]

問一
① 祝賀　会
② 策略
③ 尊　い
④ 易　しい
⑤ ソウゾウ
⑥ メンミツ
⑦ アッカン
⑧ フクザツ
⑨ イキオ　い
⑩ エダ

問二
1 →
2 →
3 →

問三
1 開
2 道

[二]

問一 Ⅰ Ⅱ

問二

問三

問四

問五

問六

[三]

問一

問二

問三

問四 ～

問五

問六

細田学園中学校（第1回）　2022年度　◇算数◇

※ 143％に拡大していただくと，解答欄は実物大になります。

1

(1)		(2)	
(3)		(4)	

2

(1)		(2)		(3)	
(4)		(5)		(6)	
(7)					

3

(1)	cm	(2)	：	(3)	：　：

4

(1)	個	(2)	cm	(3)	図形

5

(1)	枚	(2)	枚	(3)	

細田学園中学校（第1回）　2022年度

◇理科◇

※ 154％に拡大していただくと，解答欄は実物大になります。

1

問1		問2		問3		問4		問5	
問6		問7		問8		問9		問10	

2

問1	回	秒	問2	
問3				
問4				

3

問1	A		B	
問2				15 / 30
問3				
問4				

細田学園中学校（第1回）　2022年度

◇社会◇

※ 154％に拡大していただくと，解答欄は実物大になります。

1

問1		問2	ガス	問3		問4	
問5	車	問6		問7	

2

問1		問2		問3	→　→	問4	
問5	(1)		(2)		問6		

3

問1		問2		問3		問4		問5	
問6		問7							

4

問1		問2		問3	

問4	[①]
	[②]

◇国語◇

細田学園中学校(第1回)　２０２２年度

※１５４％に拡大していただくと、解答欄は実物大になります。

[一]

問一

① 貿易
② 混雑
③ 退　く
④ 額
⑤ ヨウケン
⑥ ニンメイ
⑦ リエキ
⑧ ブンタン
⑨ アズ　ける
⑩ ソナ　えて

問二　1　2　3

問三　1　段　2　心

[二]

問一　Ⅰ　Ⅱ

問二

問三

問四

問五

問六

[三]

問一

問二

問三

問四

問五

問六

細田学園中学校（第1回）　2022年度

◇英語◇

※ 143％に拡大していただくと，解答欄は実物大になります。

1.

(1)	(2)	(3)	(4)

2.

(1)	(2)	(3)	(4)

3.

(1)	(2)	(3)	(4)	(5)

(6)	(7)

4.

③	④	⑤	⑦

5.

(1)	(2)	(3)

6.

(1)	(2)	(3)	(4)	(5)

7.

(1)	(2)	(3)	(4)	(5)

細田学園中学校（第2回）　2022年度　◇算数◇

※ 143％に拡大していただくと，解答欄は実物大になります。

1

(1)		(2)	
(3)		(4)	

2

(1)		(2)		(3)	
(4)		(5)		(6)	
(7)					

3

(1)	（　，　，　，　）	(2)	種類	(3)	（　，　，　，　）

4

(1)		(2)		(3)	

5

(1)	倍	(2)	：	(3)	cm^2

細田学園中学校（第2回）　2022年度

◇理科◇

※ 154％に拡大していただくと，解答欄は実物大になります。

1

問1		問2		問3		問4		問5	
問6		問7		問8		問9		問10	

2

問1			問2				
問3			問4	ア		ウ	
問5	条件		水の量	mL	問6	mL	

3

問1						
問2						
問3	A		B		C	
	D		E			
問4						

細田学園中学校(第2回)　2022年度

◇社会◇

※ 154%に拡大していただくと，解答欄は実物大になります。

1

問1		問2		問3		問4	

問5	(1)	肉牛－　　　　もも－	(2)		問6	

2

問1		問2		問3	→ →	問4	

問5		問6		問7	

3

問1		問2		問3		問4	(1)	(2)	

問5		問6	

4

問1		問2		問3	

問4	[①]
	[②]

◇国語◇

細田学園中学校(第2回)　２０２２年度

※１５４%に拡大していただくと，解答欄は実物大になります。

[一]

問一
- ① 規約
- ② 加勢
- ③ 採算
- ④ 旧友
- ⑤ オガ　む
- ⑥ チイキ
- ⑦ チョウシャ
- ⑧ ソウバン
- ⑨ カブシキ
- ⑩ イタ　む

問二
- 1 □ → □
- 2 □ → □
- 3 □ → □

問三
- 1 □ 算
- 2 □ 憶

[二]

問一　Ⅰ　Ⅱ　Ⅲ

問二

問三

問四

問五

問六

問七

[三]

問一

問二

問三

問四

問五

問六

問七

問八

◇算数◇

※ 147％に拡大していただくと，解答欄は実物大になります。

1

(1)		(2)	
(3)		(4)	

2

(1)		(2)		(3)	
(4)		(5)		(6)	
(7)					

3

(1)	cm^2	(2)	cm^2	(3)	cm^2

4

(1)	通り	(2)	通り	(3)	通り

5

(1)		(2)		(3)	

細田学園中学校（第1回）　2021年度　◇理科◇

※ 154％に拡大していただくと，解答欄は実物大になります。

1

問1		問2		問3		問4		問5	
問6		問7		問8		問9		問10	

2

問1	b	倍	c	倍	d	倍
問2	b		c		d	
問3						

3

問1		問2		問3	
問4	L	問5			

問6	

細田学園中学校（第1回）　2021年度

◇社会◇

※ 154％に拡大していただくと，解答欄は実物大になります。

1

問1	県	問2		問3		問4	
問5	発電	問6		問7			

2

問1		問2		問3		問4	
問5		問6	→ →	問7			

3

問1		問2		問3		問4		
問5			権	問6		問7		

4

問1		問2		問3				

問4	[①]
	[②]

◇国語◇

細田学園中学校(第１回)　２０２１年度

※１５４%に拡大していただくと、解答欄は実物大になります。

【一】

問一

①	②	③	④	⑤
厳格	表裏	降りる	訳	ジュウオウ

⑥	⑦	⑧	⑨	⑩
スイジョウキ	シュクシャク	カンタン	ス　てる	ナ　くなった

問二　1　→　　2　→　　3　→

問三　1　消　　2　然

【二】

問一　Ⅰ　Ⅱ

問二

問三

問四

問五

問六

【三】

問一

問二

問三

問四

問五

問六

細田学園中学校（第2回）　2021年度　　　　◇算数◇

※ 149％に拡大していただくと，解答欄は実物大になります。

1

(1)		(2)	
(3)		(4)	

2

(1)		(2)		(3)	
(4)		(5)		(6)	
(7)					

3

(1)		(2)	
(3)	個		

4

(1)	毎秒　　　cm	(2)	cm^2	(3)	

5

(1)	個	(2)		(3)	cm^2

細田学園中学校（第2回）　2021年度

◇理科◇

※ 154％に拡大していただくと，解答欄は実物大になります。

1

問1		問2		問3		問4		問5	
問6		問7		問8		問9		問10	

2

問1		問2		問3	%
問4	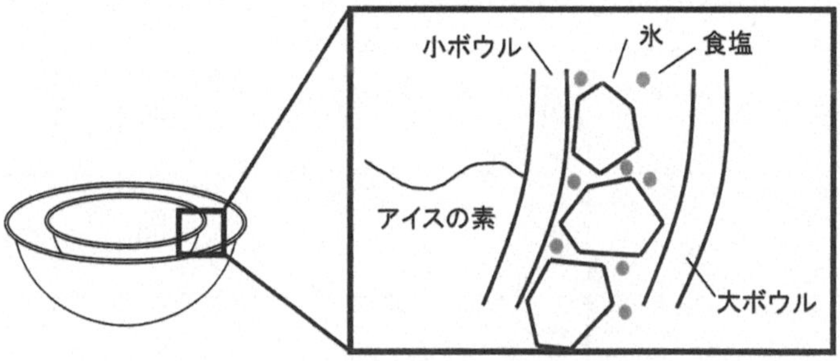				

3

問1			
問2		問3	
問4			
問5	あ	い	
問6			

細田学園中学校（第2回）　2021年度

◇社会◇

※ 154%に拡大していただくと，解答欄は実物大になります。

1

問1		問2	①		②		問3		問4		
問5		問6		問7							

2

問1					問2		問3			
問4		問5		問6					問7	

3

問1		問2	党				
問3		問4		問5		問6	

4

問1		問2		問3	

問4	〔①〕
	〔②〕

◇国語◇

細田学園中学校(第2回)　2021年度

※156%に拡大していただくと、解答欄は実物大になります。

【一】

問一
① 操作
② 朗読
③ 源
④ 刻む
⑤ ヒヒョウ
⑥ セイタイ
⑦ ミンシュウ
⑧ トドく
⑨ ソナえる
⑩ マく

問二　1 →　2 →　3 →

問三　1 困　2 原

【二】

問一　Ⅰ　Ⅱ

問二

問三

問四

問五

問六

【三】

問一

問二　〜

問三

問四

問五

問六

細田学園中学校(第2回)　2021年度

◇英語◇

※ 143%に拡大していただくと，解答欄は実物大になります。

1.

(1)	(2)	(3)	(4)

2.

(1)	(2)	(3)	(4)

3.

(1)	(2)	(3)	(4)	(5)

(6)	(7)

4.

①	③	④	⑥

5.

(1)	(2)	(3)

6.

(1)	(2)	(3)	(4)	(5)

7.

(1)	(2)	(3)	(4)	(5)

〈ダウンロードコンテンツについて〉

本問題集のダウンロードコンテンツ、弊社ホームページで配信しております。現在ご利用いただけるのは「2025年度受験用」に対応したもので、**2025年3月末日**までダウンロード可能です。弊社ホームページにアクセスの上、ご利用ください。

※配信期間が終了いたしますと、ご利用いただけませんのでご了承ください。

中学別入試過去問題シリーズ

細田学園中学校　2025年度

ISBN978-4-8141-3226-3

[発行所] 東京学参株式会社

〒153-0043　東京都目黒区東山2-6-4

書籍の内容についてのお問い合わせは右のQRコードから　⇒

※書籍の内容についてのお電話でのお問い合わせ、本書の内容を超えたご質問には対応できませんのでご了承ください。

2024年4月17日　初版